SISTEMA DE PROTEÇÃO DO PATRIMÔNIO CULTURAL

ANÁLISE CONSTITUCIONAL, CIVIL, PENAL, ADMINISTRATIVA, AMBIENTAL E DOS PRINCÍPIOS

SISTEMA DE PROTEÇÃO DO PATRIMÔNIO CULTURAL

ANÁLISE CONSTITUCIONAL, CIVIL, PENAL, ADMINISTRATIVA, AMBIENTAL E DOS PRINCÍPIOS

2023

Michael Schneider Flach

ALMEDINA

SISTEMA DE PROTEÇÃO DO PATRIMÔNIO CULTURAL
ANÁLISE CONSTITUCIONAL, CIVIL, PENAL, ADMINISTRATIVA,
AMBIENTAL E DOS PRINCÍPIOS

AUTOR: Michael Schneider Flach

DIRETOR ALMEDINA BRASIL: Rodrigo Mentz
EDITORA JURÍDICA: Manuella Santos de Castro
EDITOR DE DESENVOLVIMENTO: Aurélio Cesar Nogueira
ASSISTENTES EDITORIAIS: Letícia Gabriella Batista e Tacila da Silva Souza
ESTAGIÁRIA DE PRODUÇÃO: Natasha Oliveira

DIAGRAMAÇÃO: Almedina
DESIGN DE CAPA: FBA

ISBN: 9786556279824
Novembro, 2023

Dados Internacionais de Catalogação na Publicação (CIP)
(Câmara Brasileira do Livro, SP, Brasil)

Flach, Michael Schneider
Sistema de proteção do patrimônio cultural :
análise constitucional, civil, penal, administrativa,
ambiental e dos princípios / Michael Schneider Flach.
-- São Paulo : Almedina, 2023.

ISBN 978-65-5627-982-4

1. Direito constitucional - Brasil 2. Direito e
deveres 3. Patrimônio cultural (Direito) I. Título.

23-171409 CDU-34:791.83(81)

Índices para catálogo sistemático:

1. Brasil : Patrimônio cultural : Direito
34:791.83(81)
Eliane de Freitas Leite - Bibliotecária - CRB 8/8415

Este livro segue as regras do novo Acordo Ortográfico da Língua Portuguesa (1990).

EDITORA: Almedina Brasil
Rua José Maria Lisboa, 860, Conj.131 e 132, Jardim Paulista | 01423-001 São Paulo | Brasil
www.almedina.com.br

SOBRE O AUTOR

Doutor e Mestre em Ciências Criminais, Especialista em Direito Penal Contemporâneo, Promotor de Justiça desde 1998, Professor da Pós-graduação e do Curso Preparatório às Carreiras Jurídicas da Fundação Escola Superior do Ministério Público do RS, autor do livro: Dos Delitos contra o Patrimônio Cultural e o Urbanismo na Lei dos Crimes Ambientais, Diretor da Revista do Ministério Público do RS, Sócio Fundador do Instituto Eduardo Correa (IEDC: Ciências Criminais, Direito Constitucional e Filosofia do Direito, América e Europa), Associado da ABRAMPA (Associação Brasileira dos Membros do Ministério Público do Meio Ambiente)

DEDICATÓRIA

Ao longo da história brasileira, e apesar da evolução, o patrimônio cultural recebeu um tratamento jurídico aquém do devido, em especial diante da sua importância.

Ao longo da história da humanidade, e apesar das várias conquistas, as mulheres ainda não têm recebido o devido reconhecimento, mormente diante da sua importância indissolúvel e inafastável para a sociedade mundial.

Por conta disto, dedico a presente obra às mulheres da minha vida.

A minha incansável e heroica esposa Patrícia, que me concedeu o privilégio de ser pai das minhas amadas filhas Martina e Elizabeth.

A minha incrível mãe Liane Helena, que me deu a vida, e é uma das pessoas mais aguerridas que já conheci.

A minha exemplar irmã Ana Paula, mãe das minhas queridas sobrinhas Nathália e Alexandra.

E, por fim, a todas as demais mulheres da minha família e da minha consorte.

NOTA DO AUTOR

A obra que ora apresentamos investiga o sistema de proteção do patrimônio cultural no Brasil, com foco nos bens materiais edificados, procurando diagnosticar as deficiências em solo pátrio e apontar para a necessidade do incremento dos mecanismos de defesa, bem como da codificação das normas brasileiras para uma tutela eficiente do bem jurídico.

Para tanto, dividimos o estudo em três partes. A primeira aborda o conceito do patrimônio cultural, a sua ordem de direitos e deveres estabelecidos na Constituição Federal, e a categoria de direitos no qual se enquadra, orbitando entre os direitos sociais e fundamentais. Também são tratados os princípios de proteção do patrimônio cultural. A segunda parte examina os instrumentos pelos quais a sua tutela se revela, seja por meio de lei, ato administrativo ou decisão judicial, oriundos dos três poderes e entes federativos. Com especial destaque para o emprego do direito penal como instrumento de proteção do patrimônio cultural, iniciando pela necessidade de tutela penal do bem jurídico em questão, e abordando os deveres de proteção sobre este, sem que tal impacte indevidamente os correlatos direitos de defesa.

Esta proteção penal, que, indubitavelmente, é devida, precisa ser desempenhada de acordo com o princípio da proporcionalidade nos seus três vetores (adequação, necessidade e proporcionalidade em sentido estrito), sem que seja negligenciada uma das suas vertentes, consistente no postulado da proibição da proteção deficiente. Na terceira, e última parte, são formuladas de críticas e apontamentos sobre o sistema brasileiro de proteção, analisando-se o mandado constitucional de tutela penal e os deveres de proteção do patrimônio cultural, além das desproporções do sistema e a insuficiência do âmbito protetivo em solo pátrio, para ao final a formular indicações para o aperfeiçoamento da ordem jurídica nacional, o que passaria pela edição de um "Estatuto do Patrimônio Cultural".

O livro apregoa a necessidade da ressignificação do bem jurídico patrimônio cultural, reconhecendo e aumentando o seu grau de importância e conferindo-lhe os devidos e necessários instrumentos para a sua defesa e promoção, os quais passariam pela sistematização das normas a respeito do patrimônio cultural em um estatuto único, assim como pela qualificação dos mecanismos penais, tanto na ampliação dos únicos quatro tipos ora existentes, como pelo incremento das sanções estabelecidas, para além dos atuais patamares, cuja cominação consideramos por demais insípidas, estando todas sujeitas à justiça negocial.

O profundo estudo que forma a presente obra é parte integrante dos trabalhos desenvolvidos durante o Doutorado em Ciências Criminais da PUC-RS (na qual a Tese apresentada pelo autor foi Aprovada com Louvor), bem como decorre de estadia na Faculdade de Direito da Universidade de Coimbra, no âmbito do Instituto Jurídico, como pesquisador convidado.

MICHAEL SCHNEIDER FLACH
Doutor em Ciências Criminais - PUC-RS
Promotor de Justiça – MP/RS

APRESENTAÇÃO

A obra de Michael Schneider Flach, trazida a lume no contexto de instigantes reflexões que vêm sendo desenvolvidas, em agendas nacionais e estrangeiras, em torno do marco dos cinquenta anos da Convenção para a Proteção do Patrimônio Mundial, Cultural e Natural, editada pela UNESCO em 1972, deve ser saudada com entusiasmo pela comunidade jurídica e por aqueles que, em outros domínios do conhecimento, laboram com a temática.

No cenário interno, a iniciativa de edição do novo título da literatura jurídica, como especial referência no campo doutrinal, emparelha-se com outros importantes marcos comemorativos da efeméride: O Simpósio Internacional de Direito do Patrimônio Cultural e Natural: Os Próximos Cinquenta Anos, realizado, em março de 2023, pelo Centro de Estudos Judiciários, pelo Superior Tribunal de Justiça e pela UNESCO, e que projetou avanços na vertente jurisprudencial, com a aprovação dos enunciados sobre o tema; o Seminário Nacional do Direito do Patrimônio, realizado em Ouro Preto, em abril de 2023, que resultou na Carta de Ouro Preto para a Legislação Brasileira de Patrimônio Cultural, importando em relevante contribuição à Legística.

A pesquisa empreendida por Michael Schneider Flach tem por objeto a análise do sistema de proteção do patrimônio cultural no Brasil e em Portugal, com ênfase nos bens materiais edificados, que constituem um pano de fundo emblemático para a explicitação dos pontos nodais da matriz de análise. O realce dado ao patrimônio edificado não exclui do âmbito da pesquisa a consideração do patrimônio imaterial, seja na associação deste ao patrimônio material na perspectiva de sustentabilidade, seja na qualificação do patrimônio edificado pela interface com a diversidade, com as comunidades presentes no território situacional daquele. Seu percurso é balizado por método comparativo adequado para a aproximação dos núcleos dos regimes jurídicos da proteção patrimonial pátria e lusitana, com vistas à identificação do estágio das ordens em cotejo, em recorte voltado para a apuração de externalidades positivas e negativas de cada qual, bem assim para avaliação qualitativa dos sistemas e sedimentação de alternativas. Em outra dicção: por meio de investigação de lógica comparativa, o autor busca diagnosticar, nesses sistemas, o padrão de (in)eficiência da tutela; (in)suficiência de mecanismos de defesa; (in)compatibilidade da ordem protetiva infraconstitucional com a matriz constitucional; e, sobretudo, a avaliação do grau de (des)acatamento de valores do patrimônio cultural ou de significados dos correspondentes bens jurídicos em perspectiva intergeracional. E vai além do diagnóstico: evolui na busca de solução, levando em conta suplementos da leitura comparada, associados a outros recursos epistemológicos.

Roland Barthes afirma que a "investigação é o nome prudente que, sob a imposição de certas condições sociais, damos ao trabalho da escritura: a investigação está ao lado da escritura, é uma aventura do significante". Segundo o autor francês, para que aquela alcance a condição epistemológica, precisa da linguagem, sendo inevitável a escritura, para além da fala.[1]

Em O Sistema de Proteção do Patrimônio Cultural, alinham-se pesquisa e texto, ambos de padrão exemplar.

Evidencia-se, na pavimentação do trabalho, uma percuciente pesquisa, resultado do adequado tracejo metodológico, do diálogo das fontes e da correta abordagem comparativa. Vislumbra-se, igualmente, um esforço de incursão em regimes protetivos de outros Estados, tendo em vista a possibilidade de conexões de seus elementos com o objeto central das indagações científicas, ou, ainda, a avaliação de institutos correlatos pertinentes aos campos axiomáticos da pesquisa.

Esta, "aventura do significante", que é o elemento tangível do signo, faz intrincado percurso pelas sendas do patrimônio cultural, vasculhando construções legislativas, jurisprudenciais, administrativas e doutrinárias, com propósito exauriente. Tudo a revelar o pesquisador determinado e familiarizado com os veios da pesquisa acadêmica ou científica. O esforço comparativo não se esgota no exercício de compreensão das deficiências e virtudes dos quadros em análise; ao contrário, expande-se e reafirma-se em movimento propositivo.

[1] BARTHES, Roland. Escritores, intelectuais, professores. In: BARTHES, Roland. Intelectuais, Professores e outros ensaios. Lisboa: Presença, 1975, p. 25-61.

A construção textual, à sua vez, sobre ser de cariz elegante enquanto conteúdo e linguagem, é feita com cientificidade, a confirmar o intelectual primoroso. Ela reflete, com fidelidade, a problematização que inspirou o autor na definição do escopo de sua pesquisa e desafiou o seu esforço acadêmico – diga-se hercúleo – para o pleno domínio do objeto, o que ele logrou alcançar. É que, a despeito da força caudalosa das múltiplas indagações, variáveis e paradoxos do iato campo de análise, o autor verte o relatório de sua pesquisa em curso coerente e evolutivo, apresentando as hipóteses de sua investigação e procedendo, com rigor, à validação de cada uma.

Pode-se dizer que a escritura de Michael Schneider Flach apresenta-se sob rigoroso controle do autor, organizada em uma estrutura bem hierarquizada de temas e tópicos em torno de verdadeiros eixos de pesquisa e reflexão, sem intercorrências de contingências, ou mera agregação de conteúdos aleatórios.

O texto flui, assim, em convergência para o intento do autor de, em primeiro plano, validar a posição do sistema pátrio de proteção ao patrimônio cultural em patamar aquém da escala de eficiência da tutela imposta pela Constituição de 1988 para os bens jurídicos correspondentes. Nessa direção, o autor aponta como fatores determinantes da defasagem a carência de mecanismos de defesa, a inadequação dos mecanismos penais e a insuficiência de sanções.

Para superação da defasagem apurada, defende ele a necessidade de incremento ou qualificação daqueles mecanismos, tanto por meio da ampliação dos tipos penais, hoje limitados a quatro, como pelo estabelecimento de sanções para além dos patamares atuais, que ele julga de cominação insípida. A solução, segundo o autor, demanda reformulação profunda, em especial mediante atuação legislativa. Recomenda que, nesse intento, possa o Brasil mirar-se no sistema português por ele apontado como protótipo, embora nele se verifiquem algumas dificuldades recorrentes em outros sistemas; e, finalmente, como chave de abóboda, ele sustenta a codificação da disciplina esparsa em seara de proteção ao patrimônio cultural.

Orientado por esse escopo de análise e proposição, o autor retomou o fio das reflexões, perpassando três eixos temáticos, cuja força motriz é dirigida para 6 capítulos. O primeiro eixo do trabalho move-se em busca do tracejamento de uma propedêutica do Direito do Patrimônio, para o que são desenvolvidos o traçado histórico das circunstâncias internas e externas que marcaram as iniciativas voltadas para a identificação e proteção do patrimônio cultural, e ainda o resgate das normas nacionais e internacionais que assinalaram, em especial, o arremedo de formação do arcabouço do sistema jurídico brasileiro de proteção e sua evolução. À conta do mesmo propósito, cuidou-se, igualmente, de sistematização de elementos da autonomia do novel ramo jurídico.

Assim é que se intentou, com suporte na ordem normativa, pátria e estrangeira, bem assim nas doutrinas correspondentes, o assentamento da conceituação do patrimônio cultural e de outros núcleos semânticos do respectivo regime jurídico, sem descurar a plasticidade de categoria conceitual aberta daquele, pregnada e (re)significada na dinâmica e facticidade de sua apropriação. Cuidou-se da identificação das dotações de direitos e das obrigações previstas na Constituição no tocante ao patrimônio cultural (art. 216 da CF-BR), procedendo-se à sua caracterização e ao seu enquadramento ou localização no domínio dos direitos e deveres fundamentais em interface com os direitos sociais.

Na sequência, tem-se o núcleo central do regime jurídico do patrimônio cultural, no qual são tratados a principiologia da proteção do patrimônio cultural, com louvável inovação no desdobramento dos princípios ambientais da solidariedade intergeracional e da sustentabilidade, com seus dramas, paradoxos, riscos da retórica do direito e advertências, e, ainda, os instrumentos legislativos, administrativos ou judiciais pelos quais a tutela se revela nas diversas esferas federativas.

Há de se enfatizar, levando-se em conta o eixo em comento, a importância da contribuição do autor para a consolidação do processo de autonomização do Direito do Patrimônio, em coro com a de históricos defensores dessa autonomia; o aporte de uma Propedêutica do aludido ramo, sem descurar as interseções com ou do Direito Ambiental e do Direito Urbanístico, levado a efeito pelo autor é contributo que merece ressonância.

O segundo eixo é alimentado pelos achados da pesquisa acerca do emprego do direito penal como instrumento de proteção do patrimônio cultural, da necessidade da tutela penal do bem jurídico em questão e do amplo dever de proteção. Segundo assevera o autor, esta proteção penal é indubitavelmente devida, e encontra, no princípio da proporcionalidade, a base hermenêutica em seus três vetores, sem que se possa negligenciar qualquer deles, a teor do postulado da proibição da proteção deficiente.

No terceiro e último eixo do trabalho, sob o título de críticas e apontamentos sobre o sistema brasileiro de proteção, o autor analisa o mandado constitucional de tutela penal e os deveres de proteção do patrimônio cultural, bem como aponta as desproporções do sistema e a insuficiência da tutela em solo pátrio, vindo a formular indicações para o aperfeiçoamento da ordem jurídica nacional, na medida em que deficiências, insuficiências e mazelas, explícitas ou veladas, reclamam um decisivo esforço do Poder Legislativo para aperfeiçoamento da ordem normativa. Nesse sentido, o autor defende a codificação do ramo, isto é, sustenta a bandeira de um Estatuto do Patrimônio Cultural, instrumento hábil a catalisar as normatividades parciais esparsas nas ordens correlatas hoje concorrentes.

A reflexão conclusiva do autor sobre o quadro atual aqui aportada, a invocar maior atenção ao patrimônio cultural e ao aperfeiçoamento da ordem normativa, dialoga com as proclamações da Carta de Ouro Preto, voltadas para subsidiar o legislador brasileiro no mister da proteção do patrimônio cultural.

Por fim, como estudiosa da temática desde o final dos anos oitenta, sob as luzes do Mestre Paulo Neves de Carvalho, e uma das pioneiras na literatura jurídica específica, desejo homenagear os autores que pavimentaram os caminhos do Direito do Patrimônio até aqui, não importam as adversativas que possam suscitar, eis que, certamente, serão elas comuns em relação aos que assumem abrir veredas para desbravar sertões do Direito. Aplausos a todos que se debruçaram sobre questões cruciais da temática e compartilharam suas reflexões em seminários, congressos, academias, em artigos, obras individuai e coletivas.

Aplausos especiais a Michael Schneider Flach, que, honrando a trilha percorrida, em postura crítica e arrojada, entrega à comunidade jurídica obra de excepcional valor como pesquisa e textualidade, desafiando a reflexão e avançando em linha propositiva. Estou certa de que a obra de Michael Schneider Flach, para além de verter luz ao campo labiríntico do patrimônio cultural, estimulará a reflexão crítica e manterá novos títulos na literatura jurídica. Seja ela farol da solidariedade intergeracional, para a prática da temperança de que fala François Öst[2] – como respeito ao passado, vivência do presente e abertura para as possibilidades do futuro-, sem quebra de qualquer dos elos da cadeia temporal.

Saudações calorosas ao autor, com os agradecimentos por me proporcionar: a agradável leitura de seu trabalho em fase editorial; o diálogo silencioso com o profissional de reconhecida expertise em Patrimônio Cultural e Natural; o orgulho de compartilhar o espaço literário com o intelectual de escola para a Apresentação de seu livro; e, finalmente, a oportunidade de participar desse verdadeiro ritual de luminância, a entronização da

[2] ÖST, François. O tempo do direito. Lisboa: Piaget, 1999.

obra intitulada O Sistema de Proteção do Patrimônio Cultural no universo da literatura jurídica especializada, que muito se alumia e enriquece com o novo título.

Esta obra, fruto de esforço hercúleo de pesquisa, de engenhosa construção textual e de coragem instigante e propositiva, está destinada ao sucesso, restando indispensável sua leitura pelos atores dos sistemas de Justiça, de proteção patrimonial, por pesquisadores e acadêmicos afeiçoados à temática.

Ótima leitura!
Com carinho e respeito fraternal,
Belo Horizonte, Outono de 2023.

Maria Coeli Simões Pires
Graduada em Direito pela Pontifícia Universidade
Católica de Minas Gerais- PUCMinas.
Mestre e Doutora em Direito pela Faculdade de Direito
da Universidade Federal de Minas Gerais.
Professora de Direito Administrativo junto à FDUFMG.
Advogada.
Autora do livro "Da Proteção ao Patrimônio Cultural:
o tombamento como principal instituto". (2ª ed. revista, ampliada
e atualizada. Belo Horizonte: Editora Del Rey, 2022).

PRÓLOGO

"Sistema de Proteção do Patrimônio Cultural", do Doutor em Direito e Promotor de Justiça, Michael Schneider Flach é um curso abrangente e com o rigor científico necessário para quem busca fundamentos jurídicos para estruturar e desenvolver o conhecimento em torno da temática da tutela dos bens culturais.

Sob a égide do Estado Democrático de Direito e partindo de pressupostos de pluralismo, sustentabilidade e participação, o autor teve a coragem e a competência suficientes para apontar a necessidade de atualização da legislação brasileira de patrimônio cultural e, de modo vanguardista, sugerir e plantar as bases do que poderá vir a ser um Código ou Lei Geral do Patrimônio Cultural Brasileiro.

A partir de uma vasta bibliografia, nacional e internacional, o autor se debruça, articula e expõe, de modo estruturado e lúdico, o regime jurídico nacional de tutela dos bens culturais, especialmente aqueles materiais, e isso o faz de maneira efetivamente comparada, balizando experiências europeias e latinas sobre o tema, sem que isso signifique juízos inadequados sobre modelos melhores e piores ou a importação de instrumentos alienígenas indiferentes às realidades culturais e sociais tão peculiares de nosso país.

Flach evidencia a autonomia didática e científica do Direito do Patrimônio Cultural de modo coerente e adequado à transversalidade da matéria. Se por um lado a "intercomunicabilidade" dessa área do Direito com os demais ramos jurídicos é uma marca do Direito do Patrimônio Cultural, por outro, a sua autonomia teórica e metodológica é imprescindível para que se compreenda, de modo adequado, o bem jurídico patrimônio cultural.

A obra se mostra apropriada tanto para acadêmicos interessados em densificar suas pesquisas na área, como para magistrados, membros do Ministério

Público, advogados e demais operadores do Direito que trabalham os conflitos e a judicialização da matéria. Mesmo trazendo um vasto aparato de julgados e casos práticos, o autor não se furta de, ontologicamente, tratar dos principais conceitos, princípios e a própria dogmática aplicável ao Direito do Patrimônio Cultural.

Enfim, o Brasil ganha com esta obra mais um pilar rumo a consolidação do Direito do Patrimônio Cultural que, nos dizeres do Ministro Herman Benjamin, "deixa de ser uma nota de rodapé na doutrina jurídica, para que esteja na linha de frente das preocupações primeiras de todos os juristas brasileiros".

Prof. Dr. Carlos Magno de Souza Paiva
Doutor em Direito Público pela PUC-MG
Professor da Graduação e Pós-graduação em Direito
Universidade Federal de Ouro Preto

PREFÁCIO

Este livro é uma contribuição valiosa para a reflexão e compreensão do regime jurídico do patrimônio cultural no cenário brasileiro. Em texto elegante e de leitura agradável, Michael Schneider Flach analisa, com profundidade, o atual cenário jurídico da tutela jurídica dos bens culturais materiais edificados. Para isso, faz um estudo comparado entre o sistema protetivo pátrio e o português, além de aportar subsídios dos regimes espanhol e italiano nesta matéria.

A pesquisa é centrada no regime jurídico do patrimônio cultural edificado e a escolha não poderia ser mais feliz: seja porque permite ao público leitor compreender o mosaico protetivo brasileiro, com suas falhas mas também com seus princípios, institutos e instrumentos, os quais refletem nossa memória e também os valores de referência e o modo de ser e viver do povo brasileiro; seja porque expõe argumentos seus e dos melhores doutrinadores e experiências locais e da comunidade internacional, que permitem pensar em outros modelos normativos protetivos e compreender que as dificuldades na proteção dos bens culturais não são um "desacerto tupiniquim" e estão presentes em contextos nos quais, há séculos, já se discute as melhores formas de lidar com as heranças e culturas materiais.

As manifestações contemporâneas de cultura e a concepção de patrimônio cultural com novos subsídios advindos de documentos internacionais foram incorporadas pelos Estados Democráticos, inclusive pelo Brasil. O patrimônio cultural brasileiro, de acordo com a Constituição, é constituído pelos bens de natureza material e imaterial, tomados individualmente ou em conjunto, portadores de referência à identidade, à ação, à memória dos diferentes grupos formadores da sociedade brasileira, nos quais se incluem: formas de expressão, modos de fazer, criar e viver, criações científicas, artísticas e tecnológicas, obras objetos, documentos, edificações e demais espaços destinados às manifestações artístico-culturais e conjuntos urbanos e sítios de valor histórico, paisagístico, artístico, arqueológico, paleontológico, ecológico e científico (art. 216 da CF).

Nosso texto constitucional abarcou a imaterialidade na consideração dos bens que integram o patrimônio cultural brasileiro, ampliando os instrumentos protetivos dos bens culturais, inclusive com abertura para mencionar "outras formas de acautelamento" (art. 216, §1º), numa ruptura evidente da exclusividade ou preponderância do tombamento. Nesse contexto, as formas protetivas abordadas neste livro, por instrumentos administrativos, políticas públicas e ações judiciais, cível ou penal, são úteis tanto no cotidiano dos que lidam com a tutela dos bens culturais como no aprofundamento dos estudos sobre o assunto.

Pensar na proteção de um bem cultural edificado num contexto de movimento e constante atualização de demandas pelos atores, nos cenários sociopolíticos e sistemas jurídicos, dentre outros fatores, é um desafio enfrentado com argúcia pelo autor. Após definir patrimônio cultural, o autor alerta que "apesar de sua aparente estabilidade como herança recebida, o patrimônio cultural não é um legado imutável (...). E, em que pese a estabilidade das normas legais e dos seus princípios, ele possui um conceito aberto e pode estar sujeito a constante reelaboração e redefinição, de acordo com componentes científicos, econômicos, identitários, religiosos, políticos, ideológicos e emocionais." Assim, para além da discussão conceitual e da entrega de uma definição de patrimônio cultural apta a ser usada nas tarefas cotidianas dos atores do sistema de Justiça, a perspectiva de "busca do equilíbrio instável entre herança e demandas dos tempos presente e futuro" permeia o raciocínio desenvolvido em todo o livro, fornecendo subsídios para proteção do patrimônio edificado não apenas pela geração presente como também pelas futuras gerações. O direito intergeracional, aliás, tem status constitucional no artigo 225, que versa sobre meio ambiente como bem essencial que deve ser defendido e preservado pela sociedade e pelo Poder Público tanto para geração presente como para as futuras.

Apesar de o livro abordar a tutela jurídica do patrimônio cultural como matéria com certa autonomia e personalidade, com princípios e instrumentos próprios, o autor faz interessantes ligações entre meio ambiente e patrimônio cultural, entre direito das cidades e bens culturais, como bens que se amparam em uma mesma família jurídica ou bloco normativo. Abre inclusive um tópico para tratar do bem cultural como bem ambiental. Nesse sentido, dentre tantos insights, destaco o princípio decorrente do princípio ambiental da solidariedade intergeracional ou da equidade, denominado por Michael Flach como princípio multigeracional. Nas palavras do autor, o objetivo deste princípio é "o envolvimento de múltiplas gerações nos três tempos de nossa existência. No caso, este patrimônio é um testemunho do passado, um objeto erigido em tempo anterior, mas que possui fruição e representatividade no presente, sendo uma responsabilidade da sociedade e do Poder Público atual a sua conservação e preservação, de modo que esteja disponível também para o gozo e fruir das gerações futuras."

Quando se pensa na relação intergeracional e no legado cultural que perdurará, surgem como alguns dos pontos mais debatidos no cenário mundial e também brasileiro: o fortalecimento da identidade cultural, o respeito à diversidade cultural, o vínculo da comunidade com seu território e a compreensão dos elos afetivos ou de memória que ligam os indivíduos de uma comunidade a seus bens culturais. A Constituição brasileira e as normas internacionais indicam que, em sua essência, a proteção dos bens culturais apenas tem sentido em um contexto vivo, de compartilhamento de experiências e de conhecimentos em uma perspectiva interdisciplinar. Embora a pesquisa esteja centrada no patrimônio material e edificado, o autor traz o patrimônio imaterial e a memória, a identidade, a ação e os valores de referência dos grupos formadores da sociedade brasileira para o centro da reflexão sobre as diversas variantes existentes para a sustentabilidade cultural, especialmente a sustentabilidade dos bens culturais construídos. Como aponta Michael Flach, a tutela do patrimônio edificado também precisa se estruturar numa ótica sustentável, sendo recomendável, em suas palavras, "que se desenvolva uma política de valorização sustentável dos bens, de modo a conciliar a expansão deste patrimônio com a demanda sempre crescente por mais recursos, em especial, em termos ambientais e na ocupação do espaço urbano."

Já seria de bom tamanho se a obra revisitasse e aportasse mais elementos teóricos aos conceitos, institutos, instrumentos e princípios. Este livro faz isso sim. No entanto, o autor adentra também em novidades, nos temas mais pulsantes de agora e do futuro. Assim, a unificação das normas brasileiras sobre patrimônio cultural, com a edição de um estatuto, é apresentada como uma alternativa para uma tutela eficiente do bem jurídico. Soma-se a essa ideia, a melhor qualificação dos mecanismos penais, tanto na ampliação dos poucos tipos delitivos com aumento das sanções atualmente previstas.

Depois de tudo que já foi dito, encerro afirmando que apesar de eu ter acompanhado alguns momentos da pesquisa acadêmica de Michael e participado de sua banca de qualificação do doutorado, considerei, num rápido instante, que ele havia optado por um caminho difícil e arriscado ao escrever este livro: o de associar a defesa do patrimônio cultural edificado e seu amplo acesso pela comunidade com a rica e alentada apresentação e discussão de conceitos, institutos e instrumentos do patrimônio cultural, mesclando o tempo inteiro as bases teóricas e normativas nacionais com as estrangeiras.

É possível que a dificuldade que vislumbrei ao folhear o original, que agora honrosamente apresento, sequer tenha sido cogitada por Michael, que sabia que iria estudar muito, que tinha capacidade produtiva e que repetiria dedicação profissional como promotor de justiça na aventura de pesquisador; já o risco, este existiu e foi dissipado pela ousadia e disposição do autor em superar limites, com a finalidade de apresentar uma tese acadêmica inovadora e de qualidade. Mas, em alguma medida, minha consideração inaugural fazia sentido. Afinal, escolher a erudição e tratar o leitor como um interlocutor qualificado e interessado, capaz de apreender e compreender uma imensa gama de informações, é difícil e arriscado.

Pois bem. Tenho certeza que o público leitor concordará comigo no sentido de que foram superados quaisquer dificuldades ou riscos que poderiam ocorrer.

Membro do Ministério Público do Rio Grande do Sul, com vasta atuação na defesa da sociedade, dos hipossuficientes e dos direitos coletivos, com expertise na temática ambiental e patrimônio cultural, conhecimento que transporta para o exercício do magistério, Michael Flach considerou, corretamente, que possuía bagagem para acertar em cheio em suas doses de dedicação e ousadia na apresentação escrita de sua pesquisa. E mais: ao escolher essa trilha, o autor demonstrou profundo respeito ao seu objeto de estudo, aos doutrinadores que o inspiraram e ao público que se beneficiará com sua pesquisa. O caminho percorrido se apresentou como uma jornada agradável, profícua, que segura, com generosidade e sabedoria, na mão dos que mergulham na leitura, para lhes mostrar tanto a paisagem completa, como cada detalhe – desde a pedrinha colorida que embeleza até o aparente insignificante buraco, com potencial de se tornar uma cratera na primeira chuva.

Cada travessia leva a diversos questionamentos, que levam à vontade de ler, conhecer e saber mais sobre as formas de proteger o patrimônio cultural brasileiro. Assim é esse livro, que já nasce imprescindível.

São Paulo, Outono de 2023.

Inês Virgínia Prado Soares

Mestre e doutora em Direito pela Pontifícia Universidade Católica de São Paulo. Desembargadora Federal no TRF3.

Autora do livro “Direito ao (do) Patrimônio Cultural brasileiro” (Editora Fórum, 2009).

SUMÁRIO

1. CONCEITUANDO O PATRIMÔNIO CULTURAL

Pretendemos aqui abordar a conceituação do Patrimônio Cultural, verificando de que forma é abordado na doutrina, o significado da expressão *bem cultural*, bem como a sua inclusão no arcabouço legislativo dos respectivos ordenamentos, os quais possuem a capacidade de defini-lo.

A consistência do patrimônio cultural reside na importância de estabelecermos um conceito que detenha uma certa abrangência, mas, ao mesmo tempo, possibilitando uma abertura para se adaptar à realidade sempre em transformação, permitindo uma evolução do que sejam os bens culturais.

1.1 A conceituação de patrimônio e de bem cultural

O termo patrimônio deriva do latim *patrimonium*, em relação aos bens que uma pessoa herdaria dos seus antepassados.[3] A palavra cultura tem idêntica raiz de *cultus*, aplicando-se às atividades humanas mais variadas.[4] Em termos amplos refere-se à produção material e imaterial de indivíduos, de uma coletividade ou mesmo da humanidade. E, no aspecto legal, é a produção humana tutelada juridicamente, ligada "às artes, à memória coletiva e ao repasse dos

[3] TUGORES TRUYOL, Francesca; FERRES PLANAS, Rosa. *Introducción al patrimonio cultural*. España: Trea, S. L., 2006, p. 17.

[4] ACEDO PENCO, Ángel; PERALTA CARRASCO, Manuel. El régimen jurídico del patrionio cultural. Madrid: Dykinson, 2016, p. 15, 17 e 69, cita que de acordo com a Real Academia Española cultura significa "conjunto de conocimientos que permite a alguien desarrollar su juicio crítico", e que para os autores pode ser sintetizado como o "conjunto de modos de vida y costumbres, conocimientos y grado de desarrollo artístico, científico, industrial, en una época, grupo social, etc." Ainda, aponta o patrimônio cultural como o "conjunto de bienes que han sobrevivido y que se pretende proteger", sejam bens móveis, imóveis ou imateriais, podendo ser de caráter artístico, histórico, arqueológico, documental, bibliográfico, paleontológico, científico ou técnico.

saberes, e vinculada ao ideal de aprimoramento," visando à dignidade de indivíduos e da espécie como um todo.[5]

O *patrimônio* é um conceito jurídico e, se "utilizado no sentido mais amplo, como conjunto de direitos e deveres", pode quedar-se ainda além do que se pretenderia incluir na expressão "patrimônio cultural". E, por certo, esta sua noção "implica uma desconstrução do conceito privatístico" de patrimônio, como ligado à propriedade e ao valor econômico da coisa, para "atender ao critério político seguido pelo legislador, ligado à sua concepção" cultural. Logo uma noção de patrimônio cultural em termos jurídicos "passa por uma teorização do lugar da cultura na comunidade que procura estabelecer" a sua regulação.[6]

De acordo com França, o "conceito de Património é um conceito que, por ser histórico, remete para um conceito de História", e um "processo de estruturas sucessivas, ao longo do tempo".[7] Enquanto que os bens culturais possuem existência individual ou conjunta, material e ou imaterial, podendo ser de um pertencimento cultural ou integrarem parte de um acervo municipal, estadual, nacional ou até da humanidade.

Para Jorge Miranda, a cultura é tudo que tem significado espiritual e relevância coletiva, o que se reporta a bens não econômicos e o que tem a ver com a criação humana.[8] A cultura envolve as relações humanas no espaço

[5] CUNHA FILHO, Francisco Humberto. Cultura e democracia na Constituição Federal de 1988: a representação de interesses e sua aplicação ao programa nacional de apoio à cultura. Rio de Janeiro: Letra Legal, 2004, p. 49; e CUNHA FILHO, Francisco Humberto. Direitos culturais como direitos fundamentais no ordenamento jurídico brasileiro. Brasília: Brasília Jurídica, 2000, p. 22-3. TELLES JÚNIOR, Goffredo. *Direito quântico – ensaio sobre o fundamento da ordem jurídica*. São Paulo: Max Limonad, 1985, explica que cultura é "tudo aquilo que o homem acrescenta às cousas, quando pratica os atos designados ao verbo cultivar".

[6] PINTO, Eduardo Vera-Cruz. Contributos para uma perspectiva histórica do direito do património cultural em Portugal. In *Direito do património cultural*, op. cit., p. 205-8.

[7] FRANÇA, op. cit., p. 23-5, argumenta que tal se deve ao filósofo inglês Francis Bacon, e ao seu *Novum Organum*, "nele, em 1620, se torna a natureza 'historiável' – a natureza e a nossa experiência de homens", dando um "sentido historiável a nossa experiência". Após, em torno de 1750, surgem os movimentos Neogótico e Neoclássico e que "vão desembocar no Romantismo", então "nos finais do séc. XVIII e princípios do séc. XIX que temos de nos deter para ver que respeito e que consideração passou a haver pelo Patrimônio". De acordo com BAUMER, op. cit., p. 66-7, para Bacon, a filosofia natural deve considerar-se "a grande mãe das ciências", como o suporte da árvore do conhecimento, a partir do qual os outros ramos ganham consistência e crescem. Nela está o "reino humano do conhecimento", o qual o homem adquire por meio do sentido e por vezes da ciência em geral, tendo ele direito e poder sobre esta natureza.

[8] MIRANDA, Jorge. O património cultural na constituição portuguesa. In: Novos Estudos de Direito do Património Cultural, tomo II, RAMOS, José Luís Bonifácio; CLARO, João Martins, Vila Franca de Xira: Petrony, 2019, p. 7.

e no tempo, o passado e o futuro, a evolução humana e a sua civilização. Tal impacta no patrimônio cultural que "incorpora qualidades emotivas no processo de identificação e apropriação dos signos e símbolos, sempre evoluindo e agregando novos valores aos bens que conformam o patrimônio cultural reconhecido pelo Estado".[9]

A cultura "abrange todos os objetos ou operações que a natureza não produz", dentro de um "conjunto de atividades lúdica ou utilitárias, intelectuais e afetivas que caracterizam especificamente um determinado povo".[10] Podendo tanto se falar da cultura de um determinado grupo social como também da universal, enquanto herança pública e social da humanidade tal qual um todo.

Da junção de *patrimônio* com *cultural* temos um conjunto de objetos (móveis ou imóveis) e de manifestações decorrentes tanto da produção humana como da sua interação com a natureza, e da própria paisagem, revestidos de importante testemunho do progresso da civilização e da herança histórica de uma sociedade, enquanto referencial e elemento significativo desta e da identidade do seu povo.[11]

Estabelecendo cultura como resultado da produção humana, temos enquanto patrimônio cultural uma abrangência mais restrita, consistente em produções que "por suas peculiaridades (especiais atributos de antiguidade, raridade, beleza, exemplaridade, autoria, vínculo com fatos históricos,

[9] GALVÃO JUNIOR, José Leme. A preservação do patrimônio cultural como direito à memória. In: Patrimônio Cultural Brasileiro. Poder Judiciário, Tribunal de Justiça do Distrito Federal e Territórios, 2022, p. 15 e 18.

[10] SARAIVA, Antônio José. O que é cultura. Lisboa: Difusão Cultura, 1993, p. 11.

[11] PEREIRA JÚNIOR, Magnos Vasconcelos. Patrimônio cultural e institucionalização da memória coletiva. *Biblio 3 W, Revista Bibiliográfica de Geografía y Ciencias Sociales*, Universidad de Barcelona, vol. XXIII, nº 1239, jun. 2018, p. 3, concluindo que o patrimônio cultural reforça o sentido de comunidade, ele "se herda, se transmite, se modifica e se aprimora" nas gerações; CUSTÓDIO, Helita Barreiro. Normas de proteção ao patrimônio cultural brasileiro em face da constituição federal e das normas ambientais. *Revista de Direito Ambiental*, RT, vol. 6., abr.-jun. 1997, p. 18, pontua que pelos valores e elemento básico da civilização, hoje o patrimônio cultural "constitui complexo de bens jurídicos protegidos em todos os níveis de governo", mundialmente; e QUINTERO, Alberto Blanco-Uribe. El derecho humano al paisaje y la calidad de vida. In: *Libro homenaje al Dr. Pedro Nikken*, BREWER-CARÍAS, Allan R.; CORAO, Carlos Ayala, Caracas: Jurídica Venezolana, 2021, p. 1449, ao pontuar que: "el paisaje, bien o valor común jurídicamente tutelado, comprensivo de lo ambiental o natural (patrimonio natural), y de lo cultural (patrimonio cultural), desde lo universal y excepcional hasta lo local y cotidiano o tradicional, requiere de la implementación de políticas públicas de definición, valoración y ordenación territorial, con indispensable consulta pública y participación ciudadana, mediando la sensibilización y la educación para la ciudadanía y en derechos humanos, especialmente en lo ambiental y patrimonial, y de la efectiva disposición de acciones judiciales en manos de las personas real o potencialmente afectadas en su calidad de vida".

memoráveis, significância social, etc.) representam marcos identitários", para determinado bem cultural, povo e sociedade.[12]

Ainda que o patrimônio cultural inclua em sua definição a cultura, nem toda a cultura é patrimônio cultural, mas apenas a parte assim reconhecida a partir de valores próprios, "num processo de seleção crítica no qual alguns objetos ou práticas são convertidos em bens culturais" – apesar de, desde sempre, conterem em seu âmago o conceito de cultura.[13]

O patrimônio cultural é um conceito que abarca todo um conjunto de objetos, materiais ou imateriais, isolados ou reunidos, que são de interesse e dignos de proteção por determinada sociedade, pela importância e valor a ele atribuídos enquanto bens culturais, sem relação direta com o seu valor pecuniário e independente da sua titularidade.

Para Concepcion Rodriguez a cultura é um conceito amplo e genérico suscetível de múltiplas acepções, mas que pode ser definido como conjunto de modos de vida, costumes, conhecimentos e diferentes graus de desenvolvimento em diversas áreas, como arte, ciência e até indústria, de um determinado povo, e que adquire conteúdo preciso em sua referência à civilização humana e vinculação com a história. E neste contexto, um bem será considerado como cultural e deverá ser protegido pela ordem jurídica em virtude de suas qualidades e características que sejam relevantes para sociedade, seja em virtude do seu valor histórico, artístico, arqueológico, documental ou mesmo ambiental.[14]

[12] MIRANDA, Marcos Paulo de Souza. Introdução ao patrimônio cultural, Belo Horizonte: Editora 3i Ltda., 2021, p. 21-2, complementado que "É o patrimônio cultural que nos faz ser o que somos, representando o signo diferencial e a identidade sintetizadora dos valores básicos das formas de ser, fazer e existir do nosso povo, diferenciando-nos dos demais"

[13] GONZÁLES-VARAS, op. cit., p. 23. Invoca Edward Burnett Tylor no ensaio Primitive Cultura de 1871, segundo o qual a cultura é "todo esse complejo que comprende conoscimeientos, creencias, arte, moral, derecho, constumbre y otras capacidades y hábitos adquiridos por el hombre en tanto que miembro de una sociedade." A partir de tal definição são encontrados três elementos, de que a cultura: pertence ao gênero humano, é um fenômeno social e universal.

[14] BARRERO RODRIGUEZ, Concepción. La ordenación jurídica del patrimonio histórico. Civitas, 1990, p. 168-9 e 196. Arrematando que: "bienes culturales son aquellos que nos aproximan al conocimiento de las formas de vivir, pensar y sentir de los hombres en concretas coordenadas de tiempo y lugar, resulta evidente que es ésta una cualificación que depende de las propias características intrínsecas al bien, de sus valores objetivos con independencia de la significación concreto en el mundo de la norma. *El Patrimonio Cultural es, por tanto, un concepto que vive en el proprio ámbito de la realidad extrajurídica, de tal manera que cuando la Constitución reclama de los poderes públicos que garanticen su conservación y promuevan su enriquecimiento está aludiendo a una realidad subyacente cuya existencia en el orden jurídico no precisa, en principio, de declaración alguna.* E este sentido, el texto constitucional no

É possível também pontuar uma noção temporal com o patrimônio cultural, e a própria evolução e mudança em torno dos seus valores.[15] Todavia, de modo geral, podemos estabelecê-lo como uma forma de herança, com a transmissão do objeto e do seu valor, aliado à transmissão das próprias gerações que o tenham recebido e legado, formando um ciclo no qual o patrimônio cultural é, ao mesmo tempo, emissor e receptor de valores. Trata-se de um fio condutor levado ao longo de gerações, frente ao qual devem ser empregadas as devidas cautelas, para evitar que se desgaste e seja danificado, o que levaria ao fim da sua riqueza e do seu legado.[16]

A redação constitucional do art. 216[17] representa grande evolução em relação aos preceitos do antigo Decreto-lei 25/1937,[18] de modo que avançamos para além da característica de *monumentalidade*. Ainda assim, a lei de tombamento segue este com valor intrínseco e externo de grande valia, com raízes

hace otra cosa que acoger un concepto que ya existe en el orden de lo real, sobreponiéndole por razones de interés de un mandato jurídico. La norma fundamental toma, dicho en otros términos, un valor un interés perteneciente al mundo fáctico, convirtiéndolo en uno de los principios que conforman su sistema de valores".

[15] PASTOR PÉREZ, Ana; DÍAZ-ANDREU, Margarita. 2022. Evolución de los valores del patrimonio Cultural, *Revista de Estudios Sociales* 80: 3-20, p. 7. Disponível em: https://doi.org/10.7440/res80.2022.01. Acessado em 05 maio 2022. Explica que: "los valores históricos y estéticos, que fueron los primeros en ser apreciados en Europa a inicios del siglo XX (Riegl 1903), y que se centraban en un reconocimiento del objeto o monumento por haber sobrevivido al paso del tiempo o por representar una serie de cualidades técnicas que reflejan la evolución de las habilidades humanas de fabricación o artesanía. Antiguamente, en Europa, la conservación de monumentos recaía principalmente en miembros de la monarquía, la aristocracia y las clases dirigentes, que, junto con la Iglesia, aportaban, entre otras cosas, la financiación para ello, como lo demuestran los varios edictos de los siglos XVII y XVIII realizados en Italia (Baldwin Brown [1905] 2011, 130). La apreciación de las cualidades históricas y estéticas de los monumentos seguía siendo un factor clave a principios del siglo XX [...]". Ver também: JARAMILLO URIBE, Germán. Nuevos desafíos entre el discurso oficial y local del patrimonio cultural inmueble. Revista Territorios 44 / Bogotá, 2021, p. 1-21. Disponível em: https://eds.p.ebscohost.com/eds/pdfviewer/pdfviewer?vid=9&sid=8bc2a033-8779-4298-96db-3d4b4837fb39% 40redis. Acessado em 08 maio 2022.

[16] FONTAL MERILLAS, Olaia. El patrimonio cultural para el futuro: in paso por la postmodernidad. In: *I Congreso Iberoamericano del Patrimonio Cultural, GARCÍA OTERO*, Juan Maria (Org.), Madrid: Associaciación Española de Gestores de Patrimonio Cultural, 2011, p. 323.

[17] Constituição Federal. Art. 216. Constituem patrimônio cultural brasileiro os bens de natureza material e imaterial, tomados individualmente ou em conjunto, portadores de referência à identidade, à ação, à memória dos diferentes grupos formadores da sociedade brasileira [...].

[18] Decreto-lei nº 25/1937. Art. 1º Constitue o patrimônio histórico e artístico nacional o conjunto dos bens móveis e imóveis existentes no país e cuja conservação seja de interêsse público, quer por sua vinculação a fatos memoráveis da história do Brasil, quer por seu excepcional valor arqueológico ou etnográfico, bibliográfico ou artístico.

no latim monumentum, de "monere" ou "lembrar", está ele ligado à ideia de um passado eloquente de uma memória importante, sendo erigido justamente por conta da grandiosidade de eventos, personagens, locais, princípios ou outro valor, sejam positivos ou negativos.[19]

Com efeito, quando a Constituição Federal emite um conceito próprio e sólido de patrimônio cultural, bem como determina que a sua promoção e proteção pública e social pode ser realizada por "outras formas de acautelamento e preservação", temos uma fórmula de tutela que se alastra para muito mais do que meros aspectos normativos, congregando-se em campos diferentes e até cumulativos do direito (civil, penal e administrativo), conforme o caso.

Nesta linha, Souza Filho entende que o patrimônio cultural avança além do seu reconhecimento legal, pois o seu reconhecimento advém da expressão reveladora de uma determinada cultura, a qual é parte de um contexto maior (nacional ou até internacional). Desta forma, independente de instrumento legal, "com ou sem reconhecimento jurídico, o conjunto de bens materiais e imateriais que garantem ou revelam uma cultura são patrimônio cultural daquela cultura".[20]

Os bens culturais são específicos elementos eleitos da cultura elevados à condição de representativos dos valores culturais de uma determinada sociedade, independente do seu prévio reconhecimento por lei, ato administrativo ou decisão judicial, já que a Constituição não exige esta formalidade anterior.[21] Porém, é fundamental que ele seja portador de identidade cultural, o que também faz com que o mais relevante não seja o bem material ou

[19] CHOAY, op. cit., p. 11-19, defende que para os que edificam e os seus destinatários, esta lembrança veicula, sendo o monumento uma "defesa contra o traumatismo da existência, um dispositivo de segurança", o qual "assegura, acalma, tranquiliza, conjurando o ser do tempo" e tentando combater a angústia do aniquilamento. E GOFF Jaques Le. *História e memória*. Trad. Bernardo Leitão et al., *Campinas*: Unicamp, 1990, p. 535, explica que o "verbo *monere* significa 'fazer, recordar', de onde 'avisar', 'iluminar', 'instruir'. O *monumentum* é um sinal do passado. Atendendo às suas origens filológicas, o monumento é tudo aquilo que pode evocar o passado, perpetuar a recordação, por exemplo, os atos escritos".

[20] SOUZA FILHO, op. cit., p. 39, concluindo que "se o direito é capaz de criar normas protetoras, impondo ao Estado a sua proteção, é outra coisa. Cumpre ao povo detentor ou reconhecedor da cultura, a sua proteção, o que inclui exigir do Estado atos concretos nessa direção".

[21] Contudo, tal formalismo é essencial para a caracterização do crime de dano contra o patrimônio cultural e elemento constitutivo do tipo do artigo 62, I, da Lei nº 9.60/1998.

imaterial em si, mas o significado a ele atribuído, o qual exatamente se traduz no seu valor cultural.[22]

César Mantilla formula um conceito aberto e não fechado, considerando as alterações e movimentos nos processos e fenômenos culturais. Para ele o patrimônio cultural é o "conjunto de bens tangíveis e intangíveis que refletem uma herança cultural de um povo, etnia e/ou grupo social", os quais acabam por "determinar um sentido de pertencimento as suas distintas produções e imaginários simbólicos que se conservam e recriam de acordo com as dinâmicas e fatores externos que se impõe em sua essência e conteúdo".[23]

Para Gonzáles-Varas, o patrimônio cultural é formado a partir de uma seleção crítica de elementos de cultura, dentro daquilo que reconhecemos, valoramos e desejamos conservar. É o testemunho significativo, material e imaterial, legado pelas "comunidades humanas ao longo de sua existência e que permitem o conhecimento tanto das diversas culturas sucedidas no tempo, como das atuais", seja da cultura própria ou alheia e estrangeira.[24]

O patrimônio cultural constitui-se num suporte da identidade, diversidade e riqueza cultural, com a responsabilidade do poder público e da sociedade na sua conservação e transmissão. De modo que ele se converte em elemento fundamental para a identidade cultural, seja local, regional, nacional, internacional ou mesmo das minorias e sua diversidade cultural.[25] Primeiramente, a norma protege o objeto material contra riscos de dano e destruição e, conjuntamente, tutela os bens culturais, garantindo o seu uso e fruição.[26]

Apesar de sua aparente estabilidade como herança recebida, o patrimônio cultural não é um legado imutável, porém, uma seleção e definição que depende das valorações sociais, ideológicas e intelectuais realizadas em cada momento, bem como das relações mantidas com a memória e a história na dimensão do passado. E, em que pese da estabilidade das normas legais e dos seus princípios, ele possui um conceito aberto e pode estar sujeito a constante

[22] PAIVA, Carlos Magno de Souza. Direito do patrimônio cultural. Autonomia e efetividade, 2ª ed., Curitiba: Juruá, 2022, p. 83, 93-5.

[23] MANTILLA, César Uzcátegui. El patrimonio cultural bajo la luz de la globalización y el multiculturalismo. In: I Congreso Iberoamericano del Patrimonio Cultual. GARCÍA OTERO, Juan María (Coord.), Madrid, 2001, p. 703, tradução livre do autor.

[24] GONZÁLES-VARAS, op. cit., p. 25, tradução livre do autor.

[25] GONZÁLES-VARAS, op. cit., p. 25.

[26] GARCÍA FERNÁNDEZ, Javier. La protección del patrimonio cultural. Problemas de técnica legislativa que se suscitan en la legislación estatal y autonómica. *In: Estudios en homenage al Professor Martinéz Valls,* Alicante: Universidad de Alicante, 2000, vol. I, p. 221-9.

reelaboração e redefinição, de acordo com componentes científicos, econômicos, identitários, religiosos, políticos, ideológicos e emocionais.[27]

O determinante é que esse conjunto de bens recebidos em herança nos obriga para com a sua acolhida, reconhecimento, conservação, promoção e não dilapidação.[28] Trata-se de uma riqueza coletiva, tanto na sua formação como na sua transmissão e no reconhecimento dos seus valores e significados históricos, identitários, simbólicos ou outros relevantes, a partir do universo da cultura.[29]

Uma das suas características é o direito de fruição coletiva, a ser assegurada pelo Estado, pois embora o bem não seja público quanto à sua propriedade, possui tal condição quanto ao direito do seu gozo, inclusive podendo implicar restrições aos direitos do seu proprietário, para que seja efetivada esta fruição aos cidadãos. O alvo da tutela não repousa no objeto em si, fisicamente considerado, mas no valor que ele representa, sendo a sua forma material o sustentáculo que então também é protegido.

Em termos amplos, Ana Marchesan conceitua o patrimônio cultural como o "conjunto de bens, práticas sociais, criações, materiais ou imateriais" de uma nação e que, diante das suas específicas condições, fornece um diálogo temporal e espacial relacionados àquela cultura, constituindo-se tanto num testemunho, como numa referência às gerações atuais e posteriores, enquanto "valor de pertença pública, merecedor de proteção jurídica e fática por parte do Estado".[30]

[27] GONZÁLES-VARAS, op. cit., p. 22, 25 e 26. Explica que: "la noción de patrimonio cultural es compleja, pues es siempre crítica, dialéctica, problemática y cambiante, en cuanto no es una esencia inmutable sino más bien una noción elaborada por el pensamiento moderno y revisada por las ramificaciones de la posmodernidad; es una construcción histórica, social y cultural de carácter conceptual – como idea primero formada en la conciencia social y después reconocida en los bienes culturales. [...] 'el patrimonio es una selección subjetiva y simbólica de elementos culturales del pasado que son revitalizados, adaptados e reinventados desde y para nuestro presente'; no debemos olvidar, pues, que el concepto de patrimonio cultural se nutre del pasado pero se enuncia siempre desde el presente".

[28] Tratamos aqui daquilo que consideramos um patrimônio afetivo e positivo. Pois, é importante lembrar que, em alguma circunstância, pode representar uma herança odiosa e negativa, como seria, por exemplo no Brasil, uma reminiscência histórica da época da ditadura militar. Embora tal também deva ser passível de ser reconhecida, como uma mácula a não ser esquecida, nem repetida. Um exemplo emblemático disto, diz respeito aos antigos campos de concentração, locais do holocausto.

[29] GONZÁLES-VARAS, op. cit., p. 22-3.

[30] MARCHESAN, Ana Maria Moreira. *A Tutela do Patrimônio Cultural sob o Enfoque do Direito Ambiental*. Porto Alegre: Livraria do Advogado, 2007, p. 49-5 e 70-1, pontuando que "preservar um patrimônio nas suas características genuínas (o que não significa dizer afastá-lo de usos) é atitude de

Por sua vez, Helita Custódio considera patrimônio cultural o conjunto de "bens móveis ou imóveis, materiais ou imateriais, decorrentes tanto da ação da natureza como da harmônica ação conjugada da natureza e da pessoa humana", estando conectada a "reconhecidos valores vinculados aos diversos e progressivos estágios dos processos civilizatórios e culturais de grupos e povos".[31]

Esta autora também possui duas formas interessantes de delimitar o chamado estatuto do patrimônio. Na primeira delas inclui "o passado, o público e a prescindível materialidade". Em termos mais atuais, considera que o passado "conecta-se à ideia de testemunho", o público "concerne à natureza jurídica do patrimônio" e a citada "prescindível materialidade não consegue ser uma categoria capaz de distinguir um bem cultural qualquer de outro que granjeie o 'status' de bem integrante do nosso patrimônio cultural". Assim, conclui como "possível identificar, na ideia metajurídica de patrimônio cultural, pelos menos três categorias-chave: 1ª) a nação; 2ª) o testemunho; 3ª) a referência".[32]

Conforme Giancarlo Rolla, o patrimônio cultural tem por formação os *bens culturais* como um conjunto de objetos materiais e imateriais, e cujo elemento indissolúvel e notável é que a compreensão em torno do valor do bem, como forma de expressar a memória sob um determinado ponto, é exatamente o que o diferencia dos demais bens. De tal forma que o objeto de tutela destes bens reside muito mais na sua expressão enquanto referência do que valia material. Assim, tal categoria de objetos passa a cumprir uma função específica, de caráter cultural e social, cujo valor do bem se eleva na medida em que a sociedade o reconhece como digno e necessitado de tutela, cabendo ao Estado reconhecê-la, num juízo declarativo, e desempenhar os instrumentos para a sua proteção.[33]

resistência de conteúdo inegavelmente emancipatório, ainda que tal atividade traga como reflexos o fortalecimento da ideia de Estado-Nação [...] Se lembrarmos de objetos, construções, tradições do passado que resistem à ação do tempo e do homem, carregam eles consigo uma propriedade anamnésica, um valor de memória que vale mais do que qualquer reconstrução [...]."

[31] CUSTÓDIO, Helita Barreira. Normas de proteção ao patrimônio cultural brasileiro em face da Constituição Federal e das normas ambientais. *Revista de Direito Ambiental*, São Paulo, ano 2, nº 6, p. 18-9, abr.-jun. 1997.

[32] MARCHESAN, Ana Maria Moreira. A Importância da Preservação do Patrimônio Cultural na Pós-Modernidade. In: FREITAS, Vladimir Passos de (Org.), *Direito Ambiental em Evolução 4*. Curitiba: Juruá, 2005, p. 55-61; e MARCHESAN, op. cit., 2007, p. 44, expondo as suas razões.

[33] ROLLA, Giancarlo. Bienes culturales y constituición. Trad. Emilio Calderón Martín. *Revista del Centro de Estudios Constitucionales*, Madrid, ene.-abr. 1989, nº 2, p. 168-172.

De sua parte, Casalta Nabais pontua que, em regra, a expressão *patrimônio cultural* equivale à de *bens culturais*, sendo que esta surgiu em 1952 e destacou-se na Convenção de Haia de 1954 sobre proteção dos bens culturais no caso de conflito armado, e, após, nas Convenções da Unesco de 1970 e 1974, respectivamente, no tocante às medidas a adotar para obstar a importação, exportação e tráfico ilícito de bens culturais, e sobre a proteção do patrimônio mundial cultural e natural.[34]

Para este autor, patrimônio e bens culturais são duas formas de exprimir a mesma realidade, "a primeira na sua globalidade; a segunda, nos seus elementos ou componentes constitutivos". Tanto é, que a expressão bens culturais ingressou no ordenamento português em 1985, com a Lei do Patrimônio Cultural e a ratificação da citada Convenção da Unesco de 1970. Diante do que, conceitua o patrimônio cultural "como um conjunto de bens imateriais (criações jurídicas) que, nuns casos, estão ancorados em suportes materiais (infungíveis ou fungíveis), e, noutros casos, não tem qualquer suporte material".[35]

Já para Magno Paiva bem cultural, parte integrante do patrimônio cultural, traduz-se no "significado contido em uma expressão cultural, material ou imaterial, legitimamente considerado como um valor cultural representativo e expressivo", cujo teor é dirigido para a edificação da identidade cultural da pessoa ou de uma determinada comunidade, seja local ou até mundial, e com tutela assegurada na e orientada pela Constituição.[36]

Por sua vez Melo Alexandrino reflete que os bens culturais são "puramente ideais, virtuais, ou espirituais, criados pelo mundo do Direito sobre realidades do mundo da vida", fazendo com que tais bens, o bem jurídico-penal e os direitos fundamentais, constituam-se "verdadeiramente um atravessamento entre

[34] NABAIS, op. cit., p. 20. Ver também NABAIS, José Casalta. Noção e âmbito do direito do património cultural, *Revista do Centro de Estudos de Direito do Ordenamento, do Urbanismo e do Ambiente*, ano III, n. 2, 2000, p. 11-38. Disponível em: https://digitalis-dsp.uc.pt/bitstream/10316.2/5721/3/revcedoua6%20art.1%20 CASNAB.pdf. Acessado em 02 mai. 2022; e NABAIS, José Casalta. *Considerações sobre o quadro jurídico do património cultural em Portugal*, Revista de Direito da Cidade, vol. 2, nº 01, p. 1-19. Disponível em: https://www.e-publicacoes.uerj.br/index.php/rdc/article/view/11285. Acessado em 02 mai. 2022;

[35] NABAIS, op. cit., 2010, p. 21 e 50, o qual classifica o "direito do patrimônio cultural como um conjunto de normas de direito público" (de direito constitucional, administrativo, comunitário e internacional), e que estabelecem "um regime de direito público, relativamente a um objeto específico constituído pelos bens culturais. Bens estes que, sendo testemunhos com valor civilizacional (na expressão da Comissão Franceschini), são sempre, em si mesmos, bens imateriais ou espirituais".

[36] PAIVA, Direito do patrimônio cultural, op. cit., p. 95.

o mudo do Direito, o mundo da vida e o mundo da cultura". As implicações advindas da sua conceituação seriam: garantir no plano interno "a unidade de sentido do sistema de tutela"; propiciar uma "estruturação racional dos regimes jurídicos de proteção e valorização"; e também "servir de elemento basilar da construção dogmática do Direito do patrimônio cultural".[37]

Na Espanha, a Lei nº 16/1985, sobre o Patrimônio Histórico e os Bens de Interesse Cultural, explica em seu preâmbulo a obrigação de proteção do poder público e que o seu patrimônio é um testemunho da contribuição dos espanhóis para a civilização e de sua capacidade criativa contemporânea, além de ser uma riqueza coletiva e um elemento de identidade cultural. Classifica o objeto cultural como os bens móveis e imóveis, os arqueológicos e etnográficos, os museus, bibliotecas e arquivos, os quais devem ser protegidos, defendidos, conservados, fomentados e valorizados, enquanto objetivo do Estado Democrático de Direito.[38]

Instituída na Itália em 1964, para investigar a "tutela e valorização das coisas de interesse histórico, arqueológico, artístico e de paisagem" e concluída em 1966 com a publicação "Per la salvatezza dei beni culturali in Italia", a Comissão Franceschini apurou a situação dramática do estado de patrimônio cultural italiano, propondo reformas e rejeitando que estes bens estariam restritos a "coisas de interesse artístico e histórico". Na primeira das suas

[37] ALEXANDRINO, José de Melo. O conceito de bem cultural. In: Direito da cultura e do património cultural, GOMES, Carla Amado; RAMOS, José Luís Bonifácio (Org.), Lisboa: AAFDL, 2011, p. 239, 240 e 244.

[38] Preâmbulo, Lei 16/1985, Espanha: "Esta Ley consagra una nueva definición de Patrimonio Histórico y amplía notablemente su extensión. En ella quedan comprendidos los bienes muebles e inmuebles que los constituyen, el patrimonio arqueológico y el etnográfico, los museos, archivos y bibliotecas de titularidad estatal, así como el patrimonio documental y bibliográfico. Busca, en suma, asegurar la protección y fomentar la cultura material de vida a la acción del hombre en sentido amplio, y concibe aquella como un conjunto de bienes que en sí mismos han de ser apreciados, sin establecer limitaciones derivadas de su propiedad, uso, antigüedad o valor económico. [...] El Patrimonio Histórico Español es una riqueza colectiva que contiene las expresiones más dignas de aprecio en la aportación histórica de los españoles a la cultura universal. Su valor lo proporciona la estima que, como elemento de identidad cultural, merece a la sensibilidad de los ciudadanos. Porque los bienes que lo integran se han convertido en patrimoniales debido exclusivamente a la acción social que cumplen, directamente derivada del aprecio con que los mismos ciudadanos los han ido revalorizando. [...] Porque en un Estado democrático estos bienes deben estar adecuadamente puestos al servicio de la colectividad en el convencimiento de que con su disfrute se facilita el acceso a la cultura y que ésta, en definitiva, es camino seguro hacia la libertad de los pueblos." Disponível em: https://www.boe.es/buscar/pdf/1985/BOE-A-1985-12534-consolidado.pdf. Acessado em: 22 jun. 2021.

84 declarações, a Comissão concluiu que: "Pertencem ao património cultural da Nação todos os bens que tenham referência à história da civilização." Devendo estar submetidos a leis de proteção "os bens de interesse arqueológico, histórico, ambiental e paisagístico, arquivístico e bibliográfico, bem como qualquer outro bem que constitua testemunho material com valor de civilização".[39]

Com efeito, Massimo Giannini aponta o contraste entre o crescente interesse pelos bens culturais, perante a ação destrutiva do patrimônio cultural, fazendo com que o homem, apesar da sua força de criação, tenha se destacado no momento mais pela destruição.[40] Para ele, os bens culturais são um testemunho material de grande valor para a civilização, com características de historicidade e abrangência muito maior do que as *coisas da arte*.[41]

Para além do valor, ou da sua qualidade intrínseca, o que destaca os bens culturais são o seu interesse, enquanto referência para a civilização. O seu valor imaterial é indisponível, adjetiva-o, torna-o indivisível e vai além da valia material do objeto. Embora tenha por suporte um bem em si, o *bem cultural* não se confunde com este *bem material*. Ele é uma *entidade material*, inerente a uma ou mais entidades materiais, mas que é juridicamente distinta destas, na medida em que este meio material é o seu suporte físico, sem que se confunda propriamente com o bem jurídico.[42]

[39] ALEXANDRINO, José de Melo. O conceito de bem cultural. Instituto de Ciências Jurídico Políticas, Centro de Investigação de Direito Público, Universidade de Lisboa, disponível em https://www.icjp.pt/sites/default/files/media/565-466.pdf. Acessado em 08 ago. 2020.

[40] GIANNINI, Massimo Severo. *Difesa Dell'ambiente e del Patrimonio Naturale e Culturale*, Milano: Giuffrè, 1971, p. 249; e GIANNINI, Massimo Severo. *Uomini, leggi e beni culturali*, Milano: Giuffrè, 1971, p. 285.

[41] CASINI, Lorenzo. 'Todo es peregrino e raro...': Massimo Severo Giannini i Beni Culturali. *Rivista Trimestrale di Diritto Pubblico*, anno LXV, nº 3, 2015, p. 992-4, invocando as lições de Giannini. Ver também, CEZZI, Gabriella de Giorgi. Lo statuto dei beni culturali. *Rivista di Arti e Diritto on line*, Aedon, nº 3, dic. 2001, disponível em http://www.aedon.mulino.it/archivio/2001/3/degiorgi.htm. Acessado em: 08 ago. 2020; e MARTINI, Goastone. Disciplina urbanística e tutela del patrimonio storico artístico e paesistico, Milano: Giuffré, 1970; SCIULLO, Girolamo. I beni. In: Il direitto dei beni culturali. BARBATI, Carla; CAMMELLI, Marco; SCIULLO, Girolamo, Bologna: Il Mulino, 2003, p. 43 anota que "la disciplina giuridica che concerne le cose fungenti da suporto ai beni culturali, in quanto oggetto [...] di qualificazione come beni patromoniali".

[42] GIANNINI, Massimo Severo. I beni culturali. *Rivista Trimestrale di Diritto Pubblico*, 1976, p. 6-36, num conceito aos bens culturais materiais. Complementa Alexandrino, op. cit., 2020, com base em Gianinni, que "face à variedade de bens culturais, umas vezes há uma separação clara entre o suporte material e o bem cultural (no caso dos bens arqueológicos ou paleontológicos, por exemplo), dado que o suporte pode ser totalmente despido de valor comercial (ruínas); outras vezes, porém, o bem imaterial é dificilmente separável do bem patrimonial (caso dos bens culturais

De qualquer forma, Giannini considera o conceito jurídico ainda em aberto, liminar, relativo e funcional. Aberto, pois pode ser alterado pelas mutáveis realidades históricas. Liminar, pois as normas jurídicas não atribuiriam uma definição juridicamente pronta e fechada, mas sim que reenvia para outras disciplinas não jurídicas. Relativo, pois cada diploma pode trazer um conceito próprio e adaptado a sua realidade (como veremos no item seguinte) e porque pode variar de acordo com a categoria do bem cultural. E funcional, pois o conceito de bem cultural serve fundamentalmente à necessidade de sujeição de certas realidades, em especial da correspondente tutela jurídica e das consequências daí advindas.[43]

Enquanto um bem patrimonial pode ser público ou privado, no seu aspecto *cultural* este bem não pertenceria a ninguém, sendo algo de interesse público, comum e de fruição universal, sem que tal altere sua propriedade. E, independente da sua vinculação, o bem estaria sujeito ao regime da função social da propriedade, diante da prevalência do interesse público e social sobre esta; pois, ainda que garantida a disponibilidade e fruição, deve o proprietário utilizá-la de forma a zelar pela sua conservação e mantença enquanto bem cultural.[44]

Com efeito, os bens culturais distinguem-se por sua especial referência ao ser humano, a seus testemunhos significativos, ao seu entorno, à sua arte, história e cultura, independente de meras premissas materiais e estéticas, formando um elo entre gerações, de tal forma que as presentes são necessárias depositárias e responsáveis pela sua conservação e preservação em favor das

de interesse artístico) mas, ainda aí, não se pode afirmar uma correspondência unívoca entre o valor cultural e o valor comercial, na medida em que este é antes de mais nada determinado pelo mercado, ao passo que o valor cultural é apurado por especialistas de arte, mantendo-se portanto mesmo a esse nível a autonomia do bem imaterial."

[43] GIANNINI, Massimo Severo. I beni culturali, op. cit., p. 7-9.

[44] ALIBRANDI,Tommaso; FERRI, Piergiorgio. *I beni culturali e ambientali*: Milão: Giuffré, 1985, p. 25-9, aduzem: "la condizione giuridica delle cose di interesse artistisco e storico viene a dispengarsi in termini che non appaiono riconducibili al principio della 'funzione sociale' della proprietá [...] la gestione ed utilizzazione della cosa per cio che attiene al suo valore culturale resta al di fuori della sfera di disponibilitá e di controllo del soggeto cui la cosa stessa appartine in quanto 'bene patrimoniale'. [...] Il regime girudico del bene culturale si qualifica, dunque, intorno allá dúplice esigenza della conservazione e della pubblica fruizione."

gerações futuras.[45] Ele também se alicerça em outras questões, como tradição e diversidade cultural,[46] o que inclusive é garantido[47] normativamente.

Para atingir tal condição, os objetos culturais devem possuir algum tipo de característica especial que os torna "bens", e que, individualizados, formam um conjunto que é justamente o *patrimônio cultural*, seja ele com referência municipal, estadual, nacional ou até para a humanidade. Este *patrimônio* não precisar ter necessariamente valor econômico, podendo ser público ou privado, um bem de pessoa física ou jurídica, móvel ou imóvel (e este pode ser principal ou acessório) e mesmo imaterial (intangível). De tal modo que os bens culturais são, em verdade, "bens imateriais que não se identificam com as coisas que lhes servem de suporte", nas palavras de Canotilho e Vital Moreira.[48]

Encontramo-nos diante de realidades tanto materiais como imateriais, critérios jurídicos e extrajurídicos, relativos a valores inerentes à própria cultura, seja de uma comunidade ou até da humanidade, e que deve ser interpretada de forma aberta, flexível e ampla, graduando-se a valoração

[45] MONTERROSO MONTERO, Juan M. *Protección y Conservación del Patrimonio. Principios teóricos.* Santiago de Compostela: Tórculo, 2001, p. 37-9. VAQUER, Marcos. Estado y cultura: la función cultural de los poderes públicos em la constitución española. Madrid: Centro Editorial Ramón Areces, 1998, p. 234, também explica que o bem cultural corresponde à criação cultural que o forma, e não ao objeto físico nele incorporado.

[46] CUNHA, Paulo Ferreira da. Património cultural e direito: alguns desafios contemporâneos. In: Estudos em Homenagem ao Professor Doutor Heinrich Ewald Hörster, GONÇALVES, Luís Couto et al. (Org.), Coimbra: Almedina, 2012, p. 1371-84.

[47] De acordo com a Convenção sobre Proteção e Promoção da Diversidade das Expressões Culturais, artigo 2, item: "Princípio do respeito aos direitos humanos e às liberdades fundamentais. A diversidade cultural somente poderá ser protegida e promovida se estiverem garantidos os direitos humanos e as liberdades fundamentais, tais como a liberdade de expressão, informação e comunicação, bem como a possibilidade dos indivíduos de escolherem expressões culturais. Ninguém poderá invocar as disposições da presente Convenção para atentar contra os direitos do homem e as liberdades fundamentais consagrados na Declaração Universal dos Direitos Humanos e garantidos pelo direito internacional, ou para limitar o âmbito de sua aplicação". (Disponível em: https://unesdoc.unesco.org/ark:/48223/pf0000150224. Acessado em 05 jun. 2022). Tal Convenção foi incorporado ao direito brasileiro pelo Decreto nº 6.177/2007.

[48] CANOTILHO, J. J. Gomes, MOREIRA, Vital. *Constituição da República Portuguesa Anotada*, vol. I. 4.ª ed., Coimbra, 2007, p. 925. Ver também, CORREIA, Fernando Alves. *Direito do património cultural.* Oeiras: AAVV, 1996, p. 395; GOMES, Carla Amado. O património cultural na constituição. In: *Textos dispersos de Direito do Património Cultural e do Urbanismo*, Lisboa: AAFDL, 2008, p. 18-9; e SOUZA FILHO, op. cit., p. 30, 31 e 39.

e as consequências daí inerentes, de acordo com a própria relevância de determinado bem cultural. [49]

Conforme Díez Picazo e Gullón os bens e, em decorrência, o patrimônio cultural que eles integram, possuem como características classificatórias: a) *legalidade*, por serem uma criação do direito; b) *instrumentalidade*, por nascerem para um fim; c) *autonomia*, já que os distintos patrimônios devem estar livres de interferência entre eles; d) *unidade*, pois possuem uma identidade substancial; e) *intransmissibilidade*, na medida em que o bem não seria passível de alienação.[50]

Um dos fatores mais primordiais é que, a partir do seu reconhecimento, o bem jurídico passa a gozar do status de cultural e do devido âmbito de proteção, "por ser representativo, evocativo ou identificador de uma expressão cultural relevante, qualidades jurídicas que lhe se são próprias, sem altear o seu domínio e a sua forma.[51] Entretanto, entendemos que o conteúdo de *bem cultural* não é apenas uma definição jurídica, contudo, é uma realidade pré-constituída, e não constitutiva, a ser aclarada e declarada num estudo e abordagem interdisciplinar,[52] mas, em especial, integrada às ciências sociais e humanas.

Nesta etapa, a partir de um "complexo momento de reconhecimento de valores de comunhão comunitária, é ungida a boa e desejada existência de determinadas realidades sociais, reunindo esforços em prol da sua continuidade" e preservação,[53] ao cunhar determinado objeto como *patrimônio cultural*

[49] OROSCO PARDO, Guillermo; PÉREZ ALONSO, Esteban J. La tutela civil y penal del patrimonio histórico, cultural o artístico. Madrid: Mac Graw Hill, 1996, p. 46 e 56, "Son bienes de interés cultural aquellos muebles o inmuebles que poseen un valor o relevancia que por sus connotaciones históricas, artísticas, etnográficas, etc. les hace merecedores de tal calificación y por tanto dignos de ser tutelados por la normativa que los regula. Esta nota se acentúa en aquellos que han sido declarados con tales mediante el procedimiento adecuado por la autoridad competente, jurídicamente regulado [...]."

[50] DÍEZ PICAZO, Luís; GULLÓN, Antonio. Sistema de Derecho Civil, tomo II. Madrid: Tecnos, 2015, p. 55 e 397.

[51] SOUZA FILHO, op. cit., p. 29 e 30.

[52] NABAIS, op. cit., 2010, p. 49, explica que a inscrição do bem cultural, como num inventário, não possui natureza constitutiva, mas declarativa do seu valor prévio.

[53] D'ÁVILA, Fábio Roberto. Aproximações à teoria da exclusiva proteção de bens jurídicos no direito penal contemporâneo. *Revista Brasileira de Ciências Criminais*, nº 80, set.-out. 2009, p. 7-34, concluindo que: "Os bens jurídicos-penais não são – ou, ao menos, não devem ser – criados pelo direito. A difícil tarefa do direito penal não está, definitivamente, na sua produção, mas no seu adequado 'reconhecimento'. No reconhecimento de realidades que transcendem a ordem jurídico-penal e condicionam, o seu âmbito legítimo de tutela".

e, daí, *bem jurídico* merecedor de tutela, inclusive incriminando os ataques contra ele.

As implicações dogmáticas decorrentes desta definição e interação entre os *bens e o patrimônio cultural* são várias. O mundo do Direito vem reconhecer a valia dos bens culturais, a partir de realidades do mundo e nas vidas preexistentes, num autêntico atravessamento entre as esferas do Direito, da vida e da cultura. Apesar da "implicação entre a tutela da coisa e a tutela do bem imaterial, a lei está essencialmente preocupada com a protecção a dar à realidade imaterial".[54]

No tocante à "referência" do bem cultural, temos que o elemento passado deve fornecer um testemunho, o qual venha a interagir com os demais tempos, carreando elementos para a sua construção como patrimônio. Também, dentro da premissa de que a produção cultural opera de forma cumulativa e realiza a transmissão entre gerações, "o patrimônio cultural serve como uma espécie de alicerce sobre o qual a civilização como um todo se edifica e evolui". Assim, assumem a dignidade transmissiva temporal "os bens valorados em seu papel de referência", como ensinamento e material construtivo do futuro. E é exatamente esta interação e irrigação entre o pretérito, o presente e o futuro, que então "propicia o fluir civilizatório que terá condições de ser melhor planejado se puder contar com um acervo significativo dos tempos que foram."[55]

1.2 Conceitos previstos em disposições normativas

Em nível de conceituação legal, a Constituição Federal brasileira traz definição própria no art. 216º, de que o nosso patrimônio cultural é constituído pelos "bens de natureza material e imaterial, tomados individualmente ou em conjunto, portadores de referência à identidade, à ação, à memória dos diferentes grupos formadores da sociedade brasileira". Na sequência, enumera

[54] ALEXANDRINO, op. cit. em relação à propriedade, posiciona-se assim: "O bem cultural não tem proprietário, pois não pertence nem ao titular privado da coisa a que inere, nem à administração do património cultural (nem mesmo no caso de o bem patrimonial integrar o domínio público), daí que o proprietário privado não disponha de nenhum direito. Os procedimentos e os actos ablativos (direito de preferência, expropriação, etc.) a que eventualmente haja lugar têm por objecto o bem patrimonial e não o bem cultural, que já é público".

[55] MARCHESAN, op. cit., 2007, p. 49.

de forma aberta e exemplificativa, não restritiva, categorias de bens[56] e de patrimônio cultural.[57]

O Decreto-Lei nº 25/1937, do Brasil, traz como conceito que constitui "patrimônio histórico e artístico nacional o conjunto dos bens móveis e imóveis existentes no país e cuja conservação seja de interesse público", tendo por suporte a "sua vinculação a fatos memoráveis da história do Brasil, quer por seu excepcional valor arqueológico ou etnográfico, bibliográfico ou artístico".

A antiga Lei de Proteção Cultural de Portugal de 1985 previa no art.1º que: "todos os bens materiais e imateriais que pelo seu reconhecido valor próprio, devam ser considerados como de interesse relevante para a permanência e identidade da cultural portuguesa através do tempo".

A Comissão Sérvulo Correira, responsável pela reforma da lei de proteção portuguesa, no seu Relatório Intercalar de Lisboa do ano de 1998 aponta que os "bens culturais constituíram-se na categoria jurídica à volta da qual muitos dos regimes do património cultural se têm estruturado e reinterpretado", estando-se diante de um instituto relativamente estabilizado, o qual pressupõe fundamentalmente: "a presença de um bem imaterial (criação jurídica) ancorado num suporte material (excepcionalmente imaterial ou desmaterializado).[58]

Já a atual Lei de Portugal nº 107/2001, sobre "as bases da política e do regime de proteção e valorização do património cultural", conceitua no seu art. 2º, nº 1 que este é integrado por "todos os bens que, sendo testemunhos com valor de civilização ou de cultura portadores de interesse cultural relevante, devam ser objecto de especial protecção e valorização". De acordo com o seu art. 14º são bens culturais "os bens móveis e imóveis", que de algum modo "representem testemunho material com valor de civilização ou de cultura".

[56] O atual art. 215 da CF-BR refere os bens culturais: Art. 215. O Estado garantirá a todos o pleno exercício dos direitos culturais e acesso às fontes da cultura nacional, e apoiará e incentivará a valorização e a difusão das manifestações culturais. [...]
§ 3º A lei estabelecerá o Plano Nacional de Cultura, de duração plurianual, visando ao desenvolvimento cultural do País e à integração das ações do poder público que conduzem à:
I – defesa e valorização do patrimônio cultural brasileiro; II produção, promoção e difusão de bens culturais; [...] IV democratização do acesso aos bens de cultura.

[57] Dentre estes bens estão, art. 216: I – as formas de expressão; II – os modos de criar, fazer e viver; III – as criações científicas, artísticas e tecnológicas; IV – as obras, objetos, documentos, edificações e demais espaços destinados às manifestações artístico-culturais; V – os conjuntos urbanos e sítios de valor histórico, paisagístico, artístico, arqueológico, paleontológico, ecológico e científico.

[58] Comissão Sérvulo Correia, Relatório Intercalar da Comissão Encarregada de Apresentar uma Proposta de Lei de Bases do Património Cultural, Ministério da Cultura, Lisboa, 1998.

E pelo nº 3 do art. 2º, o interesse cultural relevante revela-se especialmente tendo em conta a representação do fator "histórico, paleontológico, arqueológico, arquitectónico, linguístico, documental, artístico, etnográfico, científico, social, industrial ou técnico, dos bens que integram o património cultural", os quais venham a refletir "valores de memória, antiguidade, autenticidade, originalidade, raridade, singularidade ou exemplaridade".

Com base na legislação portuguesa, Melo Alexandrino aponta que estamos diante de um conceito de bens culturais em vários sentidos. Em *sentido estrito*, o conceito decorre do art. 14º, nº 1, da Lei 107/2001. Em *sentido amplo*, abrange ainda "os bens imateriais que constituam parcelas da identidade e da memória coletiva portuguesa" (artigos 2º, nº 4, e 91º da Lei 107); "os contextos dos bens materiais ou imateriais que com eles possuam uma relação interpretativa e informativa" (art. 2º, nº 6 da Lei 107); bem como "outros bens imateriais ou valores culturais não tutelados" nesta lei ou que sejam objeto de lei própria. E os bens em *sentido impróprio*, nas "hipóteses em que uma norma se refira a bens culturais sem que estas realidades integrem sequer o património cultural" (seria o caso da referência do art. 78º, nº 2, da Constituição de Portugal).[59]

Na Itália o Decreto Legislativo nº 42/2004 institui o Código dos Bens Culturais e da Paisagem, o qual preceitua no seu artigo 2º que o seu patrimônio cultural é constituído pela paisagem e pelo bens culturais, sendo estes as coisas móveis e imóveis que tenham "interesse artístico, histórico, arqueológico, etno antropológico, arquivístico e bibliográfico e outros identificados por lei ou com base na lei como prova com valor de civilização".[60]

Na Espanha, a Lei 16/1985 prevê que o "Patrimônio Histórico Espanhol é a principal testemunha da contribuição histórica dos espanhóis à civilização universal e de sua capacidade criativa contemporânea", conceituando no seu artigo 1º que este é constituído por "bens imóveis e móveis de interesse artístico, histórico, paleontológico, arqueológico, etnográfico, científico ou técnico", além dos de caráter imaterial, fazendo "parte deste patrimônio documental e bibliográfico, sítios e sítios arqueológicos, bem como sítios naturais, jardins e parques, com valor artístico, histórico ou antropológico."[61]

[59] ALEXANDRINO, op. cit., 2011, p. 237.

[60] Disponível em: https://www.camera.it/parlam/leggi/deleghe/testi/04042dl.htm. Acessado em: 22 jun. 2021.

[61] Disponível em: https://www.boe.es/buscar/act.php?id=BOE-A-1985-12534. Acessado em: 22 jun. 2021.

O Tribunal Constitucional da Espanha, por ocasião da decisão STC 17/1991, pronunciou-se sobre os bens que devem ser entendidos como patrimônio cultural, afirmando que a existência de um "estatuto peculiar de determinados bens que, por estarem dotados de singulares características, resultam portadores de valores que lhes fazem credores de uma especial consideração e proteção". Sendo que tais bens são patrimônio cultural de todos os cidadãos espanhóis e também poderão ser de toda a comunidade internacional caso tenham alguma contribuição para ou tenham ingressado na história da cultura universal.[62]

A Convenção para a Proteção dos Bens Culturais, em caso de Conflito Armado (Haia, 1954), define os bens culturais, independente da sua origem ou proprietário, como aqueles móveis ou imóveis "que apresentem uma grande importância para o patrimônio cultural dos povos", seja em nível de arquitetura, arte e história, religiosos ou laicos, sítios arqueológicos, edifícios, centros os conjuntos de construções, manuscritos, livros, coleções científicas e outros objetos de interesse cultural. Nesta linha, o II Congresso Internacional de Arquitetos e Técnicos de Monumentos Históricos, de 1964, origina a Carta de Veneza, tratou sobre a conservação e restauração de monumentos e sítios que possuam significância cultural, sejam eles urbanos ou rurais, e independente do tipo de criação que albergam.

Por sua vez, pelo art. 2º da Convenção UNIDROIT (Instituto Internacional para a Unificação do Direito Privado) sobre bens culturais roubados ou ilicitamente exportados, consideram-se *bens culturais* aqueles que, "por motivos religiosos ou profanos, possuem importante valor arqueológico, pré-histórico, histórico, literário, artístico ou científico" e que integram uma das categorias enumeradas o anexo da Convenção, promulgada em Roma, no ano de 1995.[63] Tal diploma foi incorporado ao direito brasileiro pelo Decreto nº 3.166/1999.

Já pela Convenção da Unesco de Paris, 1972, o patrimônio cultural mundial "é constituído por bens de interesse excepcional, de valor universal, por vezes testemunhos únicos", pertencentes não apenas à nação na qual se encontram, mas a toda a humanidade, a qual cabe a sua "defesa e salvaguarda de modo a assegurar a sua transmissão às gerações futuras", já que a sua perda acarretaria o "empobrecimento do património de todos os

[62] ACEDO PENCO; PERALTA CARRASCO, op. cit., p. 70.

[63] Disponível em: http://www.patrimoniocultural.gov.pt/static/data/recursos/formularios/deolinda 4.11.2017/diplomaresolucaodaassembleiadarepublican342000.pdf. Acessado em 23 jul. 2022.

povos do mundo."[64] Tal Convenção divide os bens culturais em: *monumentos, conjuntos e locais de interesse*.[65]

Naquilo que interessa ao presente estudo, no tocante aos bens culturais materiais e, em especial aos imóveis, e da análise comparativa do sistema brasileiro e português, são três as suas categorias. Primeiro, os *Monumentos*: são obras de engenharia e arquitetura, escultura ou pintura monumentais; elementos ou estruturas arqueológicas (como grutas, cavernas e inscrições); grupos de elementos de valor universal excepcional do ponto de vista da história, da arte ou da ciência.[66]

Também, os *Conjuntos*: os quais são grupos de construções reunidos ou isolados, mas que pela sua arquitetura, unidade e "integração na paisagem, têm um valor universal excepcional" para a história, arte ou ciência. E os *Sítios*: que são "obras do ser humano ou obras conjugadas deste e da natureza, bem como zonas" (como sítios arqueológicos) com "um valor universal excepcional do ponto de vista estético, etnográfico ou antropológico."[67]

Enquanto divisão do Patrimônio Cultural, estes se compartimentam em três grandes categorias de elementos. Primeiramente, os da natureza e meio ambiente, como recursos naturais e paisagem. Segundo, os referentes ao conhecimento, às técnicas de saber e ao saber fazer (elementos não tangíveis). E o Terceiro que reúne os chamados "bens culturais que englobam toda sorte

[64] GALHARDO, Manuela. As convenções da UNESCO no domínio do património cultural, *Direito do património cultural*, op. cit., p. 97; e SANTOS, António Marques dos. Projecto de Convenção do UNIDROIT sobre a restituição internacional dos bens culturais roubados ou ilicitamente exportados. In *Direito do património cultural*, op. cit., p. 61-79.

[65] TEIXEIRA, Glória; SILVA, Sérgio. Direito do património cultural. Revista da Faculdade de Direito da Universidade do Porto, Coimbra Editora, ano V, 2008, p. 25-6, enumera as categorias elencadas na Convenção de 1972:

"Art. 1º – Para fins da presente Convenção serão considerados como património cultural:

Os monumentos. – Obras arquitectónicas, de escultura ou de pintura monumentais, elementos de estruturas de carácter arqueológico, inscrições, grutas e grupos de elementos com valor universal excepcional do ponto de vista da história, da arte ou da ciência;

Os conjuntos. – Grupos de construções isoladas ou reunidos que, em virtude da sua arquitectura, unidade ou integração na paisagem têm valor universal excepcional do ponto de vista da história, da arte ou da ciência;

Os locais de interesse. – Obras do homem, ou obras conjugadas do homem e da natureza, e as zonas, incluindo os locais de interesse arqueológico, com um valor universal excepcional do ponto de vista histórico, estético, etnológico ou antropológico."

O teor integral da convenção vide em: https://whc.unesco.org/archive/convention-pt.pdf. Acessado em 23 jul. 2022.

[66] GALHARDO, op. cit., p. 98, anotando que o valor universal excepcional é um termo da Unesco.

[67] GALHARDO, op. cit., p. 98.

de coisas, objetos, artefatos e construções obtidas a partir do meio ambiente e do saber fazer." Todos eles, merecedores e necessitados de preservação.[68]

Quanto a nós, dentro do estudo em pauta, conceituamos o patrimônio cultural como os bens materiais e imateriais, móveis e imóveis, isolados e em conjunto, públicos e privados, com e sem valor comercial, os quais por sua ligação direta ou indireta com a história, a sociedade e com fatores arqueológicos, etnográficos, artísticos, estéticos, bibliográficos, memoráveis, científicos, turísticos, paisagísticos e naturais (meio ambiente), possuem relevância que os distinguem dos demais, fazendo com que se revistam da qualidade de bem cultural. Impondo-se, pois, o direito e o dever de sua promoção e de preservação, pelos respectivos ramos jurídicos e mecanismos normativos.

Para além do valor monetário, ou da sua qualidade intrínseca, o brilho que faz reluzir os bens culturais são o seu interesse, enquanto referência de uma obra e um testemunho de cultura para a civilização. Em termos materiais, o bem físico é apenas aquilo que o materializa e exterioriza, pois o bem cultural vai além da massa física que lhe confere suporte. O objeto em si pertence ao proprietário, contudo, não é ele propriamente o dono exclusivo (no sentido imaterial de domínio absoluto) daquilo que se reveste este patrimônio, pois ele é dotado de interesse social.

A partir da nota declaratória do seu reconhecimento, agregam-se funções estruturantes e um sistema próprio de tutela, adquirindo do ponto de vista normativo o *quilate de bem jurídico*; e, portanto, merecedor e necessitado da devida proteção legal, seja ela civil, administrativa e até penal. Por sua vez, quando se torna um "bem especialmente protegido por lei, ato administrativo ou decisão judicial",[69] este selo singular, de valia reconhecida, une-se ao mandado de criminalização do art. 216, §4º, da Constituição Federal, dando suporte e sentido, por exemplo, à norma penal em branco do art. 62 da Lei nº 9.605/1998, a qual o protege de ataques que possam levar ao seu dano, por ação ou omissão.

[68] LEMOS, op. cit., p. 8-10, explicando que o *como preservar* "pressupõe uma série infinita de atividades e de posturas perante o elenco de bens culturais do nosso patrimônio, implicitando, inclusive, atuações interdisciplinares e julgamentos os mais variados". E VARINE-BOHAN, Huges. *Patrimônio cultural. A experiência internacional.* Notas de aula, de 12.8.1974. Edição em convênio: Universidade de São Paulo, Faculdade de Arquitetura e Urbanismo e Instituto do Patrimônio Artístico e Nacional, São Paulo, 1975, p. 24 e 66.

[69] FLACH, Michael Schneider. Crime e dano contra o patrimônio cultural por omissão. *Revista Magister de Direito Ambiental e Urbanístico*, nº 85, ago.-set. 2019, p. 88-92.

2. DO DIREITO AO PATRIMÔNIO CULTURAL

Na presente fase, realizaremos abordagem do patrimônio cultural enquanto não apenas um *direito* de fruição, como também um *dever* de preservação, com amarras e simetrias nos direitos sociais e fundamentais, de acordo com as cartas constitucionais analisadas.[70]

Ademais, importa estabelecer em que categoria se enquadra o direito do patrimônio cultural, o qual atualmente conquistou a condição de uma disciplina autônoma e transita entre os direitos sociais e fundamentais, inserido dentro do chamado meio ambiente cultural.

2.1 Do meio ambiente cultural

Em termos locais, preconiza Afonso da Silva que a cultura (no que está compreendido o patrimônio cultural) "é um direito constitucional fundamental que exige ação positiva do Estado", com a realização de uma efetiva política cultural. Esta será o meio pelo qual os Poderes Públicos irão propiciar a fruição de tal direito, "especialmente o acesso à cultura e a organização do patrimônio cultural". As normas dos artigos 215 e 216 da CF-BR são portadoras de eficácia, ainda que limitada, devendo o Estado criar as devidas normas para a plenitude das *relações jurídicas culturais*, pois são parte do *Direito da Cultura* e do *Patrimônio Cultural*.[71]

[70] Ver mais em: FLACH, Michael Schneider Flach. *A Consistência do Patrimônio Cultural, Conceito e Constitucionalização*. Revista Magister de Direito Ambiental e Urbanístico, ano XVII, nº 100, Fev-Mar 2022, p. 156-185.

[71] SILVA, José Afonso. *Ordenação constitucional da cultura*. São Paulo: Malheiros, 2001, p.48-52, explicando que "Sua natureza de direito fundamental decorre também das declarações internacionais e regionais dos direitos humanos. Assim, a Declaração Universal dos Direitos do Homem, art. 27

Idêntica simetria temos em relação ao meio ambiente, na medida em que o patrimônio cultural está inserido dentro do *meio ambiente cultural*[72] (além de se sua conexão o ordenamento urbano),[73] enquanto bens difusos de feição fundamental.[74] A titularidade do meio ambiente repousa sobre a coletividade e a sua utilização é de caráter público, então sob o prisma do interesse e da legitimação que possui é de categoria difusa e enquanto macrobem jurídico é de natureza pública.[75]

Ocorre que o meio ambiente é na verdade a interação de elementos naturais e artificiais, resultantes da intervenção humana, assim como os culturais, o que propicia o equilibrado e saudável desenvolvimento da vida humana.

[...]. Sua configuração como direito fundamental se destaca nas normas do Pacto Internacional dos Direitos Econômicos, Sociais e Culturais de 1966. Igualmente a Declaração Americana dos Direitos e Deveres do Homem, art. 13 [...]."

72 Por exemplo, a Carta de Nairobi da ONU e UNESCO de 1976, com conteúdo de "Recomendação sobre a salvaguarda dos conjuntos históricos e da sua função na vida contemporânea", preceitua que "os conjuntos históricos fazem parte do ambiente quotidiano dos seres humanos, assegurando a presença viva do passado que os modelou, e que esses conjuntos garantem a variedade de enquadramentos de vida correspondentes à diversidade da sociedade e que, por isso mesmo, adquirem um valor e uma dimensão humana suplementar". Disponível em: http://www.patrimoniocultural.gov.pt/media/uploads/cc/salvaguardaconjuntoshistoricos1976.pdf. Acessado em: 17 dez. 2020.

73 A Resolução Conama 306/2002, anexo I, XII, prevê ser o "Meio ambiente: conjunto de condições, leis, influência e interações de ordem física, química, biológica, social, cultural e urbanística, que permite, abriga e rege a vida em todas as suas formas."

74 FIORILLO, Celso Antônio Pacheco; RODRIGUES, Abelha Marcelo. Manual de direito ambiental e legislação aplicável. 2ª ed., São Paulo: Max Limonad, 1999, p. 27, explicam que da conjugação do art. 3º da Lei nº 6.938/1981 c/c o art. 225 da CF-BR, o grande meio ambiente enquanto fundamental para a sadia qualidade de vida divide-se em quatro, meio ambiente: natural, artificial, do trabalho e cultural. Também, FIORILLO, Celso Antônio Pacheco. Curso de direito ambiental brasileiro. 2ª ed., São Paulo: Saraiva, 2001, p. 48-52. ANDRADE, Filippe Augusto Vieira. O patrimônio cultural e os deveres de proteção e preservação. Temas de Direito Urbanístico 3, São Paulo: Ministério Público e Imprensa Oficial, 2001, p. 394, conclui que a Constituição atribui a todos a "fruição de bens difusos, incluindo os bens ambientais em seu sentido amplo e, portanto, à evidência, os bens que integram o patrimônio cultural." Ver WALCACER, Fernando Cavalcanti. Meio-ambiente urbano no Brasil. In: Dano ambiental. Prevenção, reparação e repressão. BENJAMIN, Antônio Herman (Org.), São Paulo: RT, p. 144-9; MAZZUOLI, Valerio de Oliveira. A proteção internacional dos direitos humanos e o direito internacional do meio ambiente. In: O novo direito administrativo, ambiental e urbanístico, São Paulo: RT, 2010, p. 81-104; GAVRONSKI, Alexandre Amaral. A tutela coletiva no século XXI e sua inserção no paradigma jurídico emergente. In: A ação civil pública após 25 anos, MILARÉ, Édis (Org.), São Paulo: RT, 2010, p. 37-59; e DOTTI, René Ariel. O patrimônio natural de um milhão de anos. In: Ação civil pública após 30 anos, MILARÉ, Édis (Org.), São Paulo: RT, 2015, p. 742-56.

75 BENJAMIN, Antônio Herman V. Função Ambiental. In: Dano Ambiental: prevenção, reparação e repressão. BENJAMIN, Antônio Herman V. (Org.), São Paulo: RT, 1993, p. 09-82.

Tanto é que, do ponto de vista legal, o próprio art. 216, V, da CF-BR, arrola os sítios de valor paisagístico e ecológico como patrimônio cultural, na linha do art. 1º, §1º, do Decreto-Lei nº 25/1937 e do art. 1º, III, da Lei nº 7.37/1985,[76] além do próprio reconhecimento pelo Supremo Tribunal Federal,[77] o que bem demonstra a sua íntima conexão.[78]

Em verdade, por ser "aspecto essencial para a preservação da vida digna dos seres humanos, a cultura é interesse difuso constitucionalmente tutelado, constituindo-se em uma das dimensões do conceito jurídico de 'meio ambiente'." Na decisão direta de inconstitucionalidade nº 340, em análise de medida cautelar, o Supremo definiu que o meio ambiente é fracionado em meio ambiente natural, artificial (ou urbano), laboral e cultural. Apesar do meio ambiente urbano também se constituir em uma emanação cultural, "a valoração diferenciada dos aspectos culturais num sentido mais estrito

[76] Lei 7.327/1985, Art. 1º Regem-se pelas disposições desta Lei, sem prejuízo da ação popular, as ações de responsabilidade por danos morais e patrimoniais causados: l – ao meio-ambiente; [...] III – a bens e direitos de valor artístico, estético, histórico, turístico e paisagístico; Decreto-Lei nº 25/1937, Art. 1º Constitue o patrimônio histórico e artístico nacional o conjunto dos bens móveis e imóveis existentes no país e cuja conservação seja de interêsse público, quer por sua vinculação a fatos memoráveis da história do Brasil, quer por seu excepcional valor arqueológico ou etnográfico, bibliográfico ou artístico. [...] § 2º Equiparam-se aos bens a que se refere o presente artigo e são também sujeitos a tombamento os monumentos naturais, bem como os sítios e paisagens que importe conservar e proteger pela feição notável com que tenham sido dotados pela natureza ou agenciados pela indústria humana.

[77] STF: "A incolumidade do meio ambiente não pode ser comprometida por interesses empresariais nem ficar dependente de motivações de índole meramente econômica, ainda mais se se tiver presente que a atividade econômica, considerada a disciplina constitucional que a rege, está subordinada, entre outros princípios gerais, àquele que privilegia a 'defesa do meio ambiente' (CF, artigo 170, VI), que traduz conceito amplo e abrangente das noções de meio ambiente natural, de meio ambiente cultural, de meio ambiente artificial (espaço urbano) e de meio ambiente laboral. Doutrina. Os instrumentos jurídicos de caráter legal e de natureza constitucional objetivam viabilizar a tutela efetiva do meio ambiente, para que não se alterem as propriedades e os atributos que lhe são inerentes, o que provocaria inaceitável comprometimento da saúde, segurança, cultura, trabalho e bem-estar da população, além de causar graves danos ecológicos ao patrimônio ambiental, considerado este em seu aspecto físico ou natural" (STF; ARE 840731; Relator Ministro Celso de Mello; DJE 1/2/2017; p. 1.039).

[78] SILVA, José Afonso da. *Direito urbanístico brasileiro.* São Paulo: RT, 1981, p. 435; FREITAS, Vladimir Passos de. *A Constituição Federal e a efetividade das normas ambientais.* São Paulo: RT, 2000, p. 93; RODRIGUES, José Eduardo Ramos. Bens culturais e sua tutela jurídica: tombamento, registro, ação civil pública. In: *A ação civil pública após 25 anos*, op. cit., p. 375-9; MANCUSO, Rodolfo de Camargo. *Ação civil pública.* 5ª ed. São Paulo: RT, 1997, p. 32-3; CUSTÓDIO, Helita Barreira. Normas de proteção ao patrimônio cultural brasileiro em face da Constituição Federal e das normas ambientais. *Revista de Direito Ambiental*, nº 6, 1997, p. 18.

justifica a distinção". De qualquer forma, o "reconhecimento da índole ambiental inerente ao patrimônio cultural enfatiza a essencialidade deste interesse para a vida com dignidade, bem como seu caráter transgeracional".[79]

Afinal, o direito ambiental não está limitado a aspectos da natureza, estando também compreendidos no seu enfoque de proteção os elementos criados pelo homem, na sua ação e interação com os preexistentes e naturais. De modo que "toda a riqueza que compõe o patrimônio ambiental transcende a matéria natural e incorpora também um ambiente cultural, revelado pelo patrimônio cultural."[80] Ademais, "contendem com a proteção do meio ambiente os direitos fundamentais clássicos da inviolabilidade da vida humana e da integralidade física", além da própria dignidade da pessoa, "direitos que fazem parte do núcleo duro de qualquer Constituição que contenha um capítulo de direitos fundamentais" e que aparecem em vários textos após meados do século XX.[81]

Assim, o Patrimônio Cultural é um dos aspectos do meio ambiente, sendo que os seus princípios interagem e são aplicados por si só, exigindo pequenas modulações para se adaptar as suas características próprias. De modo que juntos temos a tríade do Meio Ambiente, do Patrimônio Cultural e do Urbanismo,[82] voltados a interesses e direitos difusos, entre os quais o direito à cidade, à fruição da natureza, à sustentabilidade e à proteção intergeracional de tais categorias, a qual deve ser perpetrada desde o presente até o futuro. Trata-se pois de um conjunto, o meio ambiente natural e o artificial, compreendido pela ação transformadora do homem junto ao seu meio e entorno, criando espaços urbanos e edificando o patrimônio cultural.

Podemos então afirmar que existe uma inter-relação entre meio ambiente e patrimônio cultural, sujeitos a uma influência recíproca, como quando dito patrimônio, conformado por bens, que representa uma referência à história da civilização, constitui uma parcela concreta do meio ambiente e do seu entorno.[83]

[79] MAROJA, Carlos. A proteção jurídica ao patrimônio cultural. *In: Patrimônio Cultural Brasileiro*, op. cit., p. 39.

[80] REISEWITS, Lúcia. Direito ambiental e patrimônio cultural: direito à preservação da memória, ação e identidade do povo brasileiro. São Paulo: Juarez de Oliveira, 2004, p. 63

[81] VON MÜNCH, Ingo. A proteção do meio ambiente na constituição. *Revista Jurídica do Urbanismo e do Meio Ambiente*, Coimbra nº 1, junho 1994, p. 47.

[82] Sobre a temática ver: MIRANDA, Marcos Paulo de Souza. Tutela do patrimônio cultural brasileira: doutrina, jurisprudência e legislação. Belo Horizonte: Del Rey, 2006; LOMBARDI, Eduardo Augusto. Direito coletivo urbano. Belo Horizonte: Del Rey, 2016.

[83] RENART GARCÍA, op. cit., p. 147-8

Da mesma forma é possível a inclusão ambiental no conceito do patrimônio cultural, quando estamos diante da ação do homem sobre determinado objeto de interesse daquele, com os bens ambientais querendo incorporar uma referência à própria história da civilização.[84]

Ao mesmo tempo, fará uma interação com os valores urbanísticos, quando o patrimônio cultural e a proteção territorial irão exigir uma integração entre espaços naturais, culturais e urbanos.[85] Tal relação fica ainda mais evidente a partir do cotejo e da própria disposição sobre os bens ambientais, culturais e urbanísticos, em sequência dentro dos artigos 45 a 48[86] da Constituição da Espanha.

[84] BARRERO RODRÍGUEZ, Concepcion. La Ordenación jurídica del patrimonio histórico, Madrid: Civitas, 1990, p. 190 e ss. Explica tal relação entre bens culturais e ambientais quando em referência à história da civilização sejam eles relevantes para o conhecimento de "los modos de vivir, pensar y sentir de los hombres en épocas pasadas; cuando, por el contrario, nos hallemos antes bienes en los que el valor o interés que los hace dignos de preservación y custodia es un elemento puramente natural, estaremos fuera de la órbita del interés cultural y fuera, en consecuencia, de la noción de Patrimonio Cultural."

[85] RENART GARCÍA, op. cit., p. 149-50, inclusive invocando a Lei 4/1989 de Conservação dos Espaços Naturais e da Flora e Fauna Silvestre, quando no seu art. 10.2 proclama a proteção de áreas e elementos naturais que ofereça um singular interesse do ponto de vista cultural. Quando no art. 16 considera como monumentos naturais as formações que reúnam um especial interesse por sua singularidade ou importância científica, cultural ou paisagística. E no art. 17 relaciona como *paisagens protegidas* os "lugares concreto do ambiente natural que, por seus valores estéticos e culturais, sejam merecedores de uma proteção especial". Ver também: ALCALE SÁNCHEZ, Maria. Delitos urbanísticos. Barcelona: CEDECS, 1997.

[86] Artículo 45.
1. Todos tienen el derecho a disfrutar de un medio ambiente adecuado para el desarrollo de la persona, así como el deber de conservarlo.
2. Los poderes públicos velarán por la utilización racional de todos los recursos naturales, con el fin de proteger y mejorar la calidad de la vida y defender y restaurar el medio ambiente, apoyándose en la indispensable solidaridad colectiva.
3. Para quienes violen lo dispuesto en el apartado anterior, en los términos que la ley fije se establecerán sanciones penales o, en su caso, administrativas, así como la obligación de reparar el daño causado.
Artículo 46.
Los poderes públicos garantizarán la conservación y promoverán el enriquecimiento del patrimonio histórico, cultural y artístico de los pueblos de España y de los bienes que lo integran, cualquiera que sea su régimen jurídico y su titularidad. La ley penal sancionará los atentados contra este patrimonio.
Artículo 47.
Todos los españoles tienen derecho a disfrutar de una vivienda digna y adecuada. Los poderes públicos promoverán las condiciones necesarias y establecerán las normas pertinentes para hacer efectivo este derecho, regulando la utilización del suelo de acuerdo con el interés general para impedir la especulación. La comunidad participará en las plusvalías que genere la acción urbanística de los entes públicos.

Conforme Carla Amado Gomes, o direito do patrimônio cultural tutela a memória de um povo; enquanto o direito do ambiente visa assegurar a sobrevivência dos membros de uma comunidade no presente e no futuro; já o urbanismo contempla os instrumentos por meio dos quais se pretende promover a correta gestão e fruição do espaço urbano. O patrimônio cultural "tutela valores da civilização, disciplinando a intervenção de entidades públicas e privadas em bens de interesse cultural". O meio ambiente regula as intervenções humanas sobre os bens ecológicos, para a sua correta preservação e desenvolvimento. E o urbanismo objetiva a correta ordenação do espaço da cidade, limitando a ocupação, uso e transformação do solo.[87]

Possuem eles autonomia e normas distintas, mas também intercomunicabilidade, interações e convergência de objetivos. Estão de certa forma unidos no plano constitucional português dentro do capítulo dos direitos econômicos, sociais e culturais, "o que justifica a sua feição objetiva, a título de tarefa do Estado", tendo por função uma "natureza de interesses de realização comunitária". Tanto o patrimônio cultural como o meio ambiente e o urbanismo "são grandezas que se fruem, mas que não se possuem", sendo "causa e consequência de uma vivência cívica cada vez mais intensa por parte das populações".[88]

Nessa interação, explica Jorge Miranda que o patrimônio cultural faz parte do ambiente em sentido lato; que um ambiente degradado afeta o patrimônio cultural que nele se situe; que proteger, preservar e valorizar o meio ambiente e o patrimônio cultural pressupõe idênticas vontades, atitudes, atividades sociocultural e o emprego de políticas públicas. Assim, a classificação e a proteção de paisagens e sítios favorecem o meio ambiente e a preservação dos valores culturais; o desordenamento urbanístico afeta os monumentos, e áreas culturais degradadas são desfavoráveis ao meio ambiente.[89]

Artículo 48.
Los poderes públicos promoverán las condiciones para la participación libre y eficaz de la juventud en el desarrollo político, social, económico y cultural.
Constitución Española, disponível em: https://www.boe.es/legislacion/documentos/Constitucion CASTELLANO.pdf. Acesso em 23 abr. 2022.

[87] GOMES, Carla Amado. Textos dispersos de direito do património cultural e de direito do urbanismo. Lisboa: AAFDL, 2008, p. 143-7. Ver também AMARAL, Diogo Freitas. Ordenamento do território, urbanismo e ambiente: objecto, autonomia e distinções. *Revista Jurídica do Urbanismo e do Meio Ambiente*, Coimbra nº 1, junho 1994, p. 11-22.

[88] GOMES, Carla Amado, op. cit., p. 141-2.

[89] MIRANDA, Jorge, op. cit., 2019, p. 19.

Com efeito, para alguns, ao incluir o meio ambiente como um bem jurídico, o constituinte delimitou um novo direito fundamental, diante da sua relação com a vida e a dignidade da pessoa humana, pois estes necessitam do meio para se desenvolver. Temos então, que as matérias relacionadas de forma direta ou indireta com o *meio ambiente*, como no caso do *patrimônio cultural*, acabam se projetando sobre o *domínio dos direitos fundamentais*, tanto pelo modo com que foram inseridos na Carta Magna, como pelo fato de ser o "Estado Democrático de Direito à garantia, à promoção e à efetivação desses direitos".[90]

Nesse modelo as novas normas constitucionais configuraram o meio ambiente como um direito fundamental, capaz de vincular todos os poderes públicos e por si só dotada de eficácia em termos de normatividade. Pois ao se determinar que todos têm um direito ao meio ambiente equilibrado daí resulta incumbência tanto ao Estado como aos seus cidadãos. E, nesse passo, a integridade ambiental vem a se constituir por si só um bem jurídico autônomo, conectada ao ambiente natural e ao princípio da dignidade da pessoa humana,[91] o que também se aplica ao próprio meio ambiente cultural.

Assim, vige tanto um *direito ao ambiente* como um *direito à proteção do meio ambiente* e, ao mesmo tempo. "um direito fundamental autônomo do indivíduo" e um direito coletivo e difuso, e uma obrigação dos poderes públicos na sua consecução e tutela.[92] E também, "enquanto reconduzíveis a direitos, liberdades e garantias ou a direitos de natureza análogas", os direitos ao meio ambiente são "direitos de autonomia ou de defesa das pessoas perante

[90] MEDEIROS, Fernanda Luiza Fontoura. *Meio ambiente direito e dever fundamental*. Porto Alegre: Livraria do Advogado, 2004, p. 113-4, a qual qualifica "o direito à proteção ambiental como um legítimo direito fundamental, uma vez que diz diretamente com a própria dignidade da vida humana. [...] Esse entendimento é manifestado não apenas no Brasil, mas também em diversos outros ordenamentos jurídico-constitucionais e nos tratados e convenções [...]". Na mesma linha SARLET, Ingo Wolfgang. *Dignidade da pessoa humana e direitos fundamentais na Constituição Federal de 1988*. Porto Alegre: Livraria do Advogado, 2001, p. 35 e 81-2, explana que os direitos fundamentais são concretizações do direito ou princípio fundamental da pessoa humana, consagrado na CF-BR. Ver MAZZUOLI, Valerio de Oliveira. A proteção internacional dos direitos humanos e o direito internacional do meio ambiente. In: *O novo direito administrativo, ambiental e urbanístico*, op. cit., p. 122-40.

[91] SILVA, José Afonso da. Fundamentos constitucionais da proteção ao meio ambiente. *Revista de Direito Ambienta*l, São Paulo, nº 27, p. 51-7, jul.-set. 2002 e GAVIÃO FILHO, Anizio Pires. *Direito fundamental ao ambiente*, Porto Alegre: Livraria do Advogado, 2005, p. 26-36.

[92] CANOTILHO, J. J. Gomes. *Estudos sobre direitos fundamentais*, 2ª ed. Coimbra: Coimbra Editora, 2008, 183-4.

os poderes, públicos e sociais".[93] Revelando primeiramente uma obrigação de *non facere*, para a não afetação do equilíbrio ambiental, mas sim um dever de conservação e cuidado, como forma de garantir o desfrute para as gerações presentes e futuras.

Tal direito à preservação do meio ambiente é tão abrangente e prevalente, que o próprio Supremo Tribunal Federal já decidiu que a "atividade econômica não pode ser exercida em desarmonia com os princípios destinados a tornar efetiva a proteção do meio ambiente." De tal forma que "não se alterarem as propriedades e os atributos que lhe são inerentes", sob pena de provocar "inaceitáveis comprometimento da saúde, segurança, cultura, trabalho e bem-estar da população, além de causar graves danos ecológicos ao patrimônio ambiental".[94] Assim, na composição entre os valores e princípios em conflito, deve "ser preservado o interesse da coletividade, interesse público primário", dentro os quais o "direito de acesso à cultura".[95]

Dentro das dimensões objetivas e subjetivas dos direitos fundamentais, enquanto defesa e prestação, o meio ambiente cultural assume forma de direito de defesa, no sentido de não afetação e de preservação. Já enquanto direito à prestação, vem a exigir do Estado e da sociedade a sua devida proteção. A união de ambos os direitos e a atuação conjunta do Poder Público e da comunidade, permitirá que a coletividade usufrua de um *meio ambiente saudável* e de um *patrimônio cultural preservado*, o que não é facultativo, mas é um *direito* e um *dever*.

Nesta linha, explana Vieira de Andrade que os "direitos ao ambiente e à fruição do patrimônio cultural não se limitam ao direito à intervenção prestadora do Estado". Mas exige uma atuação conjunta de todos, "num quadro de reciprocidade e de solidariedade", assumindo uma configuração de *direitos circulares*, dentro de interesses comuns e que vão além de bens individuais.[96]

O que, transportado para o ordenamento nacional, confere, ao lado do mesmo direito, um *dever fundamental de preservação*, conforme o próprio teor do art. 216, §1º, da CF-BR, comanda por expresso, ao determinar que o Estado, com a colaboração comunitária, "promoverá e protegerá o patrimônio cultural brasileiro", por meio de diversos instrumentos legais.

[93] MIRANDA, Jorge, op. cit., 2018, p. 131.

[94] STF, Rel. Min. Celso de Mello, DJ 03-02-2006.

[95] STF, Rel. Min. Eros Grau, ADI 1.950, DJ 02-06-2006.

[96] ANDRADE, José Carlos Vieira de. *Os direitos fundamentais na constituição portuguesa de 1976*. 3ª ed. Coimbra: Almedina, 2004, p. 157.

Uma das decorrências desse quadro é a exigência de um *mínimo existencial* e de níveis aceitáveis de tutela, diante do dever conjunto de preservar o meio ambiente cultural e não permitir a sua degradação de nenhuma forma, seja por ausência, deficiência ou insuficiência da devida proteção.

Do mesmo modo, pende a *proibição de retrocesso* dos atuais níveis protetivos, não podendo o Poder Público autorizar, tolerar ou atribuir guarida a condutas negativas e que possam vulnerar os bens culturais, seja por ação ou omissão, da parte de particulares ou de qualquer órgão público. Assim, "cumpre ao Estado responder oportunamente e de forma eficiente pelo exercício de seu dever de proteção para o fim de assegurar" uma tutela suficiente para tais bens jurídicos.[97]

Portanto, essa ordem de direitos e deveres é tão forte que gera uma obrigação inafastável para os poderes públicos, inclusive de proibição da tutela deficiente, com relação ao meio ambiente cultural. No que, os "deveres de proteção do Estado contemporâneo estão alicerçados" em seu compromisso assumido "por meio do pacto constitucional, no sentido de tutelar e garantir nada menos do que uma vida *digna e saudável* aos seus cidadãos" e o seu patrimônio cultural preservado. De modo que não apenas deve se omitir de condutas que violem tais direitos, como também deve agir em seu favor, com medidas positivas.[98]

Com efeito, pontua Jorge Miranda que "enquanto reconduzíveis a direitos, liberdades e garantias ou a direitos de natureza análoga, os direitos atinentes ao patrimônio cultural são direitos de autonomia da pessoa perante os poderes públicos e sociais que a condicionam ou envolvem". Tem tanto uma estrutura negativa de respeito, abstenção e *non facere*, como uma pretensão de não afetação, livre acesso e "fruição dos bens culturais, com os correspondentes meios de promoção e garantia".[99]

Nessa linha, "há direitos fundamentais conexos com a proteção do património cultural" e também há direitos que emergem quando ele confluir com "certas situações subjetivas – sejam direitos relativamente autônomos, sejam direitos de iniciativa, de promoção ou de defesa, sejam direitos com

[97] AYALA, Patrick de Araújo. Direito fundamental ao ambiente e a proibição de regresso nos níveis de proteção ambiental na Constituição brasileiro. In: *Dano ambiental na sociedade de risco*, LEITE, José Rubens Morato (Coordenador). São Paulo: Saraiva, 2012, p. 120-9.

[98] SARLET, Ingo Wolfgang; FENSTERSEIFER, Tiago. Notas sobre os deveres de proteção do estado e a garantia da proibição de retrocesso em matéria (sócio) ambiental. In: *Dano ambiental na sociedade de risco*, op. cit., p. 134-9.

[99] MIRANDA, Jorge, op. cit., 2019, p. 21-3

estrutura de direitos, liberdades e garantias ou com estrutura de direitos sociais". Assim, os "interesses e direitos relativos ao patrimônio cultural têm de ser compaginados com os restantes direitos fundamentais, numa tarefa de concordância prática".[100]

2.2 Os direitos e deveres constitucionais em torno do patrimônio cultural

A construção de um arcabouço normativo em torno do *direito do patrimônio cultural* pressupõe o conhecimento do processo histórico de tais matérias pelo legislador, além de uma educação e participação "comunitária dirigida para o significado histórico do patrimônio como símbolo de cultura e de identidade nacional". Assim, este direito do patrimônio cultural será um "conjunto de normas jurídicas, conformadas com um sentimento geral de respeito pelos valores simbolizados nesses bens ou coisas protegidas", cuja legitimidade e eficácia dependerá da sociedade, para além das figuras de Estado.[101]

De onde, os deveres para com o patrimônio cultural não se restringem a uma obrigação estatal, na medida em que pelo art. 216, §1º, da Constituição Federal do Brasil (CF-BR), cabe ao Poder Público, junto com a comunidade, promover e proteger o patrimônio cultural brasileiro.

Na mesma linha da Constituição da República de Portugal, que no seu art. 78º prevê como direito de todos a fruição e criação cultural e um dever comum "preservar, defender e valorizar o património cultural". Devendo o Estado, junto com os agentes culturais "promover a salvaguarda e a valorização do património cultural, tornando-o elemento vivificador da identidade cultural comum".

De tal forma que a "garantia da eficácia das normas legais que positivem o direito" do patrimônio cultural dependerá "não apenas na quantidade ou qualidade formal dos diplomas legais", nem somente da "rapidez ou eficiência

[100] MIRANDA, Jorge, op. cit., 2019, p. 24-5. Explica que tal tarefa nem sempre é fácil. De uma parte, tais interesses e direitos podem justificar restrições de outros direitos, como de propriedade e reais. Mas também deve ter em conta outros direitos, como a inviolabilidade do domicílio e a liberdade religiosa.

[101] PINTO, op. cit., p. 237. COSTA, Rodrigo Vieira. Cultura e patrimônio cultural na Constituição da República de 1988 – a autonomia dos direitos fundamentais. *Revista CPC*, São Paulo, nº 6, mai.-out. 2008, p. 21-46, "analisa a definição de cultura e patrimônio cultural sob a ótica do novo ramo autônomo da ciência jurídica denominado Direitos Culturais".

do aparelho coercitivo colocado ao seu serviço", mas em muito da "adesão da comunidade ao seu cumprimento".[102]

Portanto, temos que o patrimônio cultural é um assunto que diz respeito a toda a sociedade, indo além das mãos estatais. Além disso, não está ele centralizado apenas na União, por conta da obrigação comum a ela, aos Estados e Municípios, pelo art. 23, III, da CF-BR.[103] De modo que é um interesse de todos e de cada um dos membros da comunidade, "enquanto conjunto de pessoas livres, responsáveis e minimamente conscientes de sua condição de cidadãos", seja no corpo local, regional, nacional ou até na humanidade.[104]

Diante do que, tratamos de *direitos e deveres fundamentais sobre o patrimônio cultural*, os quais, além de direitos de caráter social e cultural, são eles reconduzíveis a autênticos "direitos, liberdades e garantias ou a direitos de natureza análoga", enquanto figura de "autonomia da pessoa perante os poderes públicos e sociais que a condicionam ou envolvem". Tanto de pretensões negativas (abstenção e *non facere*), como positivas (acesso, promoção, garantia, preservação), configurando "regras de eficácia imediata, de vinculação das entidades públicas e privadas", além de restrição às próprias restrições.[105]

Na outra face, configura o dever de múltiplos agentes públicos e privados no sentido de *preservar, valorizar e defender* o seu patrimônio cultural, enquanto dever fundamental, com força ainda maior do que os desdobramentos de um direito. Daí decorrem várias consequências, como a conservação de bens culturais pelo proprietário e sanções no âmbito da responsabilidade civil e penal.

[102] PINTO, op. cit., p. 237.

[103] Art. 23. É competência comum da União, dos Estados, do Distrito Federal e dos Municípios: [...] III – proteger os documentos, as obras e outros bens de valor histórico, artístico e cultural, os monumentos, as paisagens naturais notáveis e os sítios arqueológicos;

[104] NABAIS, op. cit., 2010, p. 35-6.

[105] MIRANDA, Jorge. *Manual de direito constitucional*, Tomo I, Coimbra: Coimbra, 1998, p. 271, referindo-se aos artigos 18º, 19º e 78º da Constituição portuguesa: Artigo 18º – Força Jurídica. 1. Os preceitos constitucionais respeitantes aos direitos, liberdades e garantias são diretamente aplicáveis e vinculam as entidades públicas e privadas. 2. A lei só pode restringir os direitos, liberdades e garantias nos casos expressamente previstos na Constituição, devendo as restrições limitar-se ao necessário para salvaguardar outros direitos ou interesses constitucionalmente protegidos. 2. A lei só pode restringir os direitos, liberdades e garantias nos casos expressamente previstos na Constituição, devendo as restrições limitar-se ao necessário para salvaguardar outros direitos ou interesses constitucionalmente protegidos. 3. As leis restritivas de direitos, liberdades e garantias têm de revestir carácter geral e abstrato e não podem ter efeito retroativo nem diminuir a extensão e o alcance do conteúdo essencial dos preceitos constitucionais. Ainda, conferir p. 471-7 sobre o meio ambiente. Ver MIRANDA, Jorge. Notas sobre cultura, constituição e direitos culturais. *Revista do Ministério Público do Rio de Janeiro*, nº 66, out.-dez. 2017, p. 95-107.

Além do fato de que, a nosso ver, segue sendo o poder público o principal responsável por proteger o patrimônio cultural, a sua conservação e valorização.

Para ilustrar, dentro um destes deveres está o de "preservação", que é um conceito genérico, não restrito a uma única forma ou norma. Nele podemos compreender toda e qualquer ação do Estado que vise a conservar a memória de fatos ou valores culturais de uma Nação. É importante acentuar este aspecto já que, do ponto de vista normativo, existem várias possibilidades de formas legais de preservação. A par da legislação, há também as atividades administrativas do Estado que, sem restringir ou conformar direitos, caracterizam-se como ações de fomento que têm como consequência a preservação da memória.[106]

De qualquer forma, a tutela não se esgota enquanto tarefa do Estado na medida em que a proteção do patrimônio cultural acaba sendo um direito e um dever fundamental de todos, de: acesso, fruição, preservação, valorização e defesa do patrimônio cultural, o qual de algum modo conecta-se à própria realização da dignidade da pessoa humana, e cujo exercício deve ser assegurado na maior medida do possível, ponderando-se eventuais interesses em conflito.

Trata-se aqui daquilo que a doutrina lusitana denomina de *Constituição Cultura*l, dentro da "indissociabilidade da 'existência digna' de uma expressão cultural e, ao mesmo tempo, à inseparabilidade da 'democracia cultural' de um dever de cuidado pelas prestações culturais" materiais, como a de preservação, o que deve ser garantido para a sociedade.[107]

O certo é que a proteção e a promoção do patrimônio cultural não se tratam mais e apenas de uma "simples obrigação unilateral do Estado", todavia figuram também como "verdadeiros direitos e deveres dos cidadãos", pois junto ao *direito* à sua *fruição*, está coligado o *dever* de o *defender*. De tal forma que a "salvaguardada e a valorização do patrimônio cultural podem implicar a restrição de outros direitos fundamentais",[108] como o próprio direito de propriedade, por conta de limitações oriundas, por exemplo, do tombamento.

Por fim, no tocante aos interesses a serem protegidos por meio dos direitos e deveres inerentes à tutela do patrimônio cultural, sintetiza Tomasevicius Filho

[106] CASTRO, Sonia Rabello de. *O estado na preservação de bens culturais. O tombamento*. São Paulo: Renovar,1991, p. 5; e NABAIS, op. cit., p. 105-8.

[107] CANOTILHO, J. J. Gomes. *Direito constitucional e teoria da constituição*. 7ª ed., Coimbra, Almedina, 2003, p. 349 e 385, aduzindo ser a cultura "parte do património da humanidade".

[108] CANOTILHO, Gomes J. J., MOREIRA, Vital. *Constituição da república portuguesa anotada*, vol. I, 4ª ed.. Coimbra: Coimbra editora, 2007, p. 279 e 927.

que o primeiro é o "relacionado à educação, ou à 'paideia' contemporâneas, correspondente aos valores culturais da sociedade." O segundo é a "formação e preservação das identidades nacionais", ao permitir que o "indivíduo seja reconhecido como membro do grupo" de modo que a sua conservação faz com que a tradição a ele associada não se perca, fazendo com que tal identidade se mantenha, por conta da própria continuidade da existência do bem. E o terceiro interesse é a historiografia, "ao fazer do bem cultural um documento da época, por meio do qual se permite explicar e compreender o passado com a máxima objetividade possível", como por meio de antigos artefatos e de edifícios de época.[109]

2.3 O direito social fundamental ao patrimônio cultural

Em se tratando de um *direito social fundamental* cumpre ao Estado o dever de prestação e proteção (e este também como uma decorrência do seu monopólio da força legítima), para que as gerações atuais e futuras possam usufruir de tais bens. Esta defesa do patrimônio cultural se projeta em face dos particulares e também do próprio contexto da atual "sociedade de risco", o que abrange eventos naturais, acidentes ou outros. Também, se estende a chamada "proteção contra si mesmo", no tocante às decisões e opções que o responsável assume.[110] Tais questões do risco e do autogerenciamento cabem perfeitamente nos exemplos dados dos sinistros recentes em Museus brasileiros.

Ainda, tem-se o dever de promoção, o qual claramente aparece nos artigos 215, §3º[111] e 216, §1º, da CF-BR. Tal dever se aplica a todos os direitos fundamentais, do mesmo modo ao patrimônio cultural, na medida em que o Estado Social deve se "preocupar com as questões de efetivo acesso aos bens jusfundamentalmente protegidos, e não apenas com a sua mera garantia

[109] TOMASEVICIUS FILHO, op. cit., p. 216-7.

[110] NOVAIS, op. cit., 2010, p. 259-60.

[111] Art. 215. O Estado garantirá a todos o pleno exercício dos direitos culturais e acesso às fontes da cultura nacional, e apoiará e incentivará a valorização e a difusão das manifestações culturais.
§ 3º A lei estabelecerá o Plano Nacional de Cultura, de duração plurianual, visando ao desenvolvimento cultural do País e à integração das ações do poder público que conduzem à:
I defesa e valorização do patrimônio cultural brasileiro;
II produção, promoção e difusão de bens culturais;
III formação de pessoal qualificado para a gestão da cultura em suas múltiplas dimensões;
IV democratização do acesso aos bens de cultura;
V valorização da diversidade étnica e regional.

jurídico-formal". Ou seja, não basta apenas protegê-los face aos perigos, é importante que os poderes públicos viabilizem o acesso a tais categorias de bens. Fazendo com que tudo que é aplicável aos direitos de liberdade também o seja "na mesma medida e com idênticos condicionamentos, às correspondentes modalidades e dimensões dos direitos sociais".[112]

Sempre que a norma constitucional conter um comando normativo preciso, denso e determinável, independente de ser um direito fundamental puro ou social derivado dele, mas que exige uma atuação estatal (sem obstáculo financeiro relevante), tem-se que a "vinculação jurídica que resulta da norma constitucional é plena, a norma é diretamente aplicável e o controle judicial sobre a respectiva aplicação é total".[113]

Afinal, os deveres de proteção eventualmente exigem prestações fáticas e materiais, mas sobretudo se realizam por via de prestações normativas, com base na criação de normas de proteção. Tal nos conduz ao fato de que no Brasil inexiste um Estatuto de Proteção do Patrimônio Cultural ou mesmo uma consolidação de leis protetivas. Estando a sua tutela restrita a instrumentos dispersos (que analisaremos em breve), o principal ainda é o decreto-lei de tombamento, concebido no distante ano de 1937.

Ocorre que tal política de lacuna e omissão ainda perdura, em que pese a clareza e a determinação constitucional de promoção e de tutela do patrimônio cultural. Enquanto isto, Portugal, que possui uma estrutura simétrica na sua Constituição sobre tal ordem de direitos, detém um instrumento real e efetivo, na Lei nº 107/2001, a qual trata sobre a proteção, a valorização e as políticas públicas em torno do patrimônio cultural.

A proteção devida também se manifesta em relação à obrigatória não diminuição dos direitos tutelados, seja na qualidade ou na quantidade dos níveis protetivos. O que faz com que eventual ausência, supressão, redução ou regresso no âmbito de tutela, como no penal (seja por meio de tipos, sanções ou de instrumentos normativos), ou mesmo em políticas públicas de fortalecimento, ativariam as correspondentes contramedidas, no que diz respeito aos princípios da proibição da insuficiência e da proibição do retrocesso.

No tocante à proibição de insuficiência, esta desempenha um papel tão importante no controle das omissões, tal como a proibição de excesso sobre as restrições. De modo que no "domínio do controle direito de constitucionalidade da omissão das medidas destinadas a realizar os direitos fundamentais

[112] NOVAIS, op. cit., 2010, p. 261-2 e 267.

[113] NOVAIS, op. cit., 2010, p. 270 e 277.

positivos, designadamente os direitos sociais" é que incidirá a vedação da prestação insuficiente, com as consequências legais a ela inerentes.[114]

Para tanto, deve ser identificada a "delimitação positiva do conteúdo mínimo do direito ou dos deveres estatais" que devem ser realizados bem como a "desrazoabilidade da situação objetiva e subjetiva em que ficam os potencialmente destinatários das medidas estatais de ajuda", como decorrência dos efeitos negativos que a não realização dos deveres prestacionais (proteção e promoção) gera em relação aos afetados individual ou coletivamente.[115]

Tem-se aqui uma ligação com a necessidade de "criação de pressupostos de uma liberdade", a qual deve ser efetiva e real, "aportando numa relação de compromisso entre um amplo reconhecimento de pretensões e prestações positivas". O que faz com que os direitos fundamentais sociais figurem como "necessários à defesa e manutenção dos direitos fundamentais de liberdade", numa posição em que resultam garantidos por "princípios jurídicos fundamentais" e posições expressas na constituição.[116]

Desse modo, o objeto "típico dos direitos fundamentais sociais seria constituído pelo chamado 'mínimo de existência material", como uma medida daquele que é o menor grau de proteção, como nos direitos de educação. O conteúdo deste *mínimo existencial de direito* está ligado ao próprio princípio da dignidade humana, de tal forma que este mínimo não pode ser sacrificado e sequer submetido à ponderação, para que seja preservada a essência dos direitos, os quais se constituem num compromisso fundamental do Estado para com o cidadão, já que a sociedade e o povo são os verdadeiros titulares da soberania.[117]

Para Vieira de Andrade trata-se do mínimo para uma "existência condigna", a qual não se destina apenas a garantir a sobrevivência, "mas ainda o 'livre' desenvolvimento da personalidade e à inclusão na sociedade", como acesso a bens, serviços e a fruição de um patrimônio cultural preservado.[118] Assim, temos que a realização de um mínimo exigível é medida requerida pelo próprio princípio da dignidade da pessoa humana e os compromissos

[114] NOVAIS, op. cit., 2010, p. 299-300.

[115] NOVAIS, op. cit., 2010, p. 307.

[116] QUEIROZ, Cristina. O princípio da não reversibilidade dos direitos fundamentais sociais. Coimbra: Coimbra Ed., 2006, p. 92 e 106.

[117] QUEIROZ, op. cit., p. 95-7 e 100.

[118] ANDRADE, Vieira J. C. O "direito ao mínimo de existência condigna" como direito fundamental a prestações estaduais positivas. Uma decisão singular do Tribunal Constitucional. Anotação ao Acórdão do Tribunal Constitucional nº 509/2002. In: *Jurisprudência Constitucional*, vol. I, 2004, p. 29.

do Estado para com a sociedade, em especial, frente aos direitos fundamentais, sociais e culturais.

Neste campo, o "objeto de proteção da norma diz respeito tanto à garantia *geral e abstrata* como à *posição jurídica individual* de cada cidadão", seja em relação ao caráter objetivo ou subjetivo da proteção requerida e ofertada. Fazendo com que o conteúdo do direito fundamental e a essência do seu mínimo transcenda a "esfera da liberdade individual do respectivo titular para se apresentar como uma espécie de 'última barreira' na concretização do direito." De tal modo que esta "função positiva ou objetiva do conteúdo essencial" venha a impor "a 'exigibilidade', a 'adequação' e a 'proporcionalidade em sentido estrito' dos atos do poder público face aos fins que estes se propõem legitimamente prosseguir".[119]

Circunstâncias que tornam obrigatória a não violação do princípio da proporcionalidade, de que não sejam adotadas medidas de supressão, ou a incidências de omissão, ou atuações desarrazoadas, o que poderia configurar a incidência da vedação de proteção insuficiente, o que é repelido pelo respectivo direito fundamental social em pauta.

Por sua vez, o já citado controle da *desrazoabilidade* exposto por Reis Novais desloca-se do campo da delimitação do "direito para o terreno de uma avaliação de das consequências da omissão estatal" na esfera dos afetados. Assim, considera-se que há um déficit "inconstitucional de prestação quando a omissão estatal deixa os cidadãos afetados numa situação pessoal intolerável, desrazoável, à luz dos padrões de um Estado de Direito Social".[120]

Esta omissão fere o princípio da proibição da insuficiência, pois no "quadro dos direitos fundamentais sociais o Estado encontra-se vinculado à prossecução de um objetivo determinado" diretamente ligado ao princípio da proporcionalidade. E mais, o Estado encontra-se de tal forma vinculado a um dever de proteção, que ele é forçado de modo irrenunciável a "conceder ao direito fundamental tudo o que o bem jurídico em causa o exigir".[121]

[119] QUEIROZ, Cristina. *Direitos fundamentais*. Coimbra: Coimbra Ed. 2004, p. 213 e 216, inclusive referindo Alexy, Canotilho e Vital Moreira

[120] NOVAIS, op. cit., 2010, p. 310. Entendemos que a razoabilidade está ligada ao subprincípio da proporcionalidade em sentido estrito já examinado.

[121] QUEIROZ, op. cit., 2006, p. 107-10. Acrescentando que o "Tribunal Constitucional Federal alemão tem vindo a conceder protecção aos direitos fundamentais sociais sempre que o legislador haja permanecido inactivo, isto é, sempre que o legislador não tenha actuado no quadro de um 'dever de proteção' constitucionalmente requerido, ou quando o legislador, mesmo tendo actuado, haja permanecido, de forma inequívoca, aquém (: 'proibição da insuficiência)" ou além (: 'proibição do excesso') dos limites constitucionalmente apostos à sua competência legislativa de conformação".

Esta situação desvantajosa, frente aos padrões mínimos de proteção em favor dos titulares do direito, será comparada aos "efeitos que seriam previsivelmente gerados com uma outra atuação estatal de prestações comportável no quadro dos recursos e disponibilidades do Estado".[122]

Ausência e prejuízo neste particular que facilmente deslumbramos pela inexistência de um Estatuto do Patrimônio Cultural ou outro instrumento que venha a formalizar um nível mínimo de codificação positivada, e uma materialização mínima no campo prestacional e de tutela, para a consecução e fruição de um patrimônio cultural ao alcance da sociedade, conservado e apreciável.

A incompatibilidade desta lacuna é reforçada pelo fato de que o desenvolvimento dos instrumentos legislativos com base na constituição não seria custoso e não afetaria a reserva do possível. E atenderia uma necessidade básica, dentro da já referida e chamada "reserva do politicamente adequado e oportuno." E mais, do mesmo modo geraria efeitos sobre a dimensão de defesa, na medida em que o Estado também deve respeitar e preservar os direitos sociais e fundamentais previstos, ainda que venha colidir, afetar ou restringir outros direitos, como já mencionado pode ocorrer em relação à propriedade.

A importância e o nível de afetação de tal omissão é tão forte que a constituição lusitana no seu art. 22º[123] prevê por expresso que os entes públicos são responsáveis por omissões praticadas no exercício das suas funções e que em consequência violem direitos, liberdades e garantias, ou gerem prejuízo. Quanto a nós aqui nos debruçamos em demonstrar o quão prejudicial para os institutos e direitos do patrimônio cultural tem sido a omissão legislativa brasileira.

Ainda, o art. 18º da Constituição de Portugal[124] assegura que os preceitos sobre direitos são diretamente aplicáveis e vinculam os entes públicos

[122] NOVAIS, op. cit., 2010, p. 311.

[123] Artigo 22.º Responsabilidade das entidades públicas

O Estado e as demais entidades públicas são civilmente responsáveis, em forma solidária com os titulares dos seus órgãos, funcionários ou agentes, por ações ou omissões praticadas no exercício das suas funções e por causa desse exercício, de que resulte violação dos direitos, liberdades e garantias ou prejuízo para outrem.

[124] Artigo 18.º Força jurídica

1. Os preceitos constitucionais respeitantes aos direitos, liberdades e garantias são diretamente aplicáveis e vinculam as entidades públicas e privadas.

2. A lei só pode restringir os direitos, liberdades e garantias nos casos expressamente previstos na Constituição, devendo as restrições limitar-se ao necessário para salvaguardar outros direitos ou interesses constitucionalmente protegidos.

3. As leis restritivas de direitos, liberdades e garantias têm de revestir carácter geral e abstrato e não podem ter efeito retroativo nem diminuir a extensão e o alcance do conteúdo essencial dos preceitos constitucionais.

e privados, além da proteção contra restrições não expressamente autorizadas na constituição. E mais, quando o seu art. 20º, nº 5,[125] garante que, para a defesa dos direitos, liberdades e garantais, a lei deve assegurar procedimentos judiciais para a efetiva tutela em tempo útil contra ameaça ou violações de tais direitos, está implícito a necessidade de mecanismos legislativos prévios que venham a assegurar a materialização, tramitação e fruição de tais direitos, para que então possam eles ser cobrados e garantidos pela via judicial, sempre que estiverem em situação de perigo ou dano.

Quanto ao sistema pátrio, um exemplo efetivo de ataque, de risco de restrição indevida, de violação ao direito fundamental social não expressamente autorizada, de retrocesso nos níveis de tutela (retrocesso que afeta o seu conteúdo essencial e sequer está suficientemente demonstrado), da criação de um quadro de proibição deficiente e de colisão direta contra o art. 216 da Constituição brasileira, encontramos claramente no recente Projeto de Lei n° 2396-2020, apresentado na Câmara Federal, que pretende realizar alterações no Decreto-Lei nº 25/37 e enfraquecer o instituto do tombamento.

Por fim, podemos pontuar que o assim chamado *meio ambiente cultural* produz um elo intergeracional e configura uma das formas de garantir a dignidade da pessoa humana,[126] dentro dos direitos humanos fundamentais. Pois, quando se preserva um determinado patrimônio, como no caso dos bens imóveis, garanta-se a tutela da identidade cultural, as raízes de uma determinada comunidade e forma-se uma garantia de que tal valioso arcabouço não será extinguido.

[125] Artigo 20.º Acesso ao direito e tutela jurisdicional efetiva

1. A todos é assegurado o acesso ao direito e aos tribunais para defesa dos seus direitos e interesses legalmente protegidos, não podendo a justiça ser denegada por insuficiência de meios económicos. [...]

5. Para defesa dos direitos, liberdades e garantias pessoais, a lei assegura aos cidadãos procedimentos judiciais caracterizados pela celeridade e prioridade, de modo a obter tutela efetiva e em tempo útil contra ameaças ou violações desses direitos.

[126] MATEUS, Douglas Predo; COROMINAS, Vivian Valverde. A proteção do patrimônio histórico edificado como garantia da dignidade da pessoa humana e do desenvolvimento sustentável. Revista do Direito de Língua Portuguesa, Lisboa, ano V, nº 9, jan.-jun. 2017, p 53. Os autores argumentam ainda com o Pacto Internacional sobre Direitos Econômicos, Sociais e Culturais, quando este afirma que: "Reconhecendo que, em conformidade com a Declaração Universal dos Direitos do Homem, o ideal do ser humano livre, liberto do medo e da miséria não pode ser realizado a menos que sejam criadas condições que permitam a cada um desfrutar dos seus direitos econômicos, sociais e culturais, bem como dos seus direitos civis e políticos".

2.4 O caráter fundamental do direito ao patrimônio cultural

Conforme Peter Häberle, a tutela do patrimônio cultural nacional é apenas um fragmento de um contexto maior: "toda Constituição vive por fim da dimensão cultural." Assim, a "preservação do bem cultural, as liberdades culturais especiais, as cláusulas expressas da herança cultural e todos os artigos culturais estatais formam sobretudo as explicações especiais" e gerais daquilo que forma a "dimensão cultural da Constituição." Afinal, a Constituição não é apenas o conjunto geral e jurídico de regras normativas de um ordenamento, mas ela também figura como "a expressão de um estado de desenvolvimento cultural, meio de auto-representação dos povos, espelho de seu legado cultural e alicerce de sua esperança".[127]

Embora expresso pelo constituinte originário, não sendo propriamente um *direito fundamental nato*, defendemos a sua feição e natureza *análoga* a este, como sujeito ao *regime geral dos direitos fundamentais*, ou podendo enquadrar-se nos chamados *direitos materialmente fundamentais*, por conta do catálogo aberto constitucional, da sua valia e posição no ordenamento.

Ou, a partir de Canotilho, podemos firmar que seria um direito "com a mesma dignidade subjetiva dos direitos, liberdades e garantias", gerando direitos de prestação e de proteção, os quais não podem ser vulnerados nem pelo Estado, nem por particulares. Além, das "*imposições legisferantes*, apontando para a obrigação de o legislador atuar" de forma positiva, criando "condições materiais e institucionais para o exercício desses direitos". [128]

[127] HÄBERLE, Peter. National-verfassungstaatlicher und universaler Kulturgüterschutz – ein Textstufenvergleich. In: Tübinger Schrifetn zum internationalen und europäischen Recht. Prinzipien des Kulturgüterschutzes – Ansätze im deutschen, europäischen und internationalen Recht. vol. 37. Berlin: Duncker und Humblot, 1996, *apud* COSTA, Rodrigo Vieira Costa. A ideia do código de proteção do patrimônio cultural enquanto paradigma da simplificação dos direitos culturais. In: IV Encontro de Estudos Multidisciplinares em Cultura, 28 a 30 de maio de 2008, Faculdade de Comunicação/UFBa, Salvador-Bahia-Brasil. Ver HÄBERLE, Peter. Teoria de la constitucíon com ciência de la cultura. Madrid: Tecnos, 2006, p. 23, o qual registra que a Constituição é a "expressão de um certo grau de desenvolvimento cultural, um modo de auto-representação própria de um povo, espelho do seu legado cultural" (tradução livre).

[128] CANOTILHO, op. cit., p. 403-9, exemplifica como direitos de natureza análoga os culturais; e que direitos fundamentais materiais conformariam um "espaço de liberdade de decisão e de autorrealização, servindo simultaneamente para assegurar ou garantir a defesa desta subjetividade pessoal. No plano jurídico-constitucional, trata-se de uma distinção dificilmente compatível com o regime geral dos direitos fundamentais positivamente consagrados. Por um lado, e não obstante a dicotomia entre direitos, liberdades e garantias e direitos econômicos, sociais e culturais, a Constituição qualificou ambas as categorias de direitos como direitos fundamentais".

Com efeito, é preciso observar que os modelos de Estado Democrático de Direito brasileiro[129] e lusitano[130] operam como um "sistema normativo aberto de regras e princípios", com as chamadas: *estrutura dialógica* e *capacidade de aprendizagem*, com legitimação "para captarem a mudança da realidade e estarem abertas às concepções cambiantes" de direito, justiça e sociedade.[131]

Ocorre que, "para além do conceito formal de constituição (e de direitos fundamentais), há um conceito material", sobre direitos que, por seu conteúdo e substância "pertencem ao corpo fundamental da constituição de um Estado, mesmo não constando expressamente" do seu catálogo escrito. Então, temos as seguintes categorias de direitos fundamentais: positivados (os do título II da CF-BR: direitos e garantias fundamentais); direitos dispersos (por força do art. 5º, §2º, da CF-BR); direitos implícitos positivados (decorrentes do regime e dos princípios adotados); direitos derivados de tratados e convenções internacionais sobre direitos humanos (aprovados na forma do art. 5º, §3º, da CF-BR); e direitos fundamentais que repousam na legislação infraconstitucional.[132]

[129] Constituição Federal do Brasil, Art. 5º, §2º Os direitos e garantias expressos nesta Constituição não excluem outros decorrentes do regime e dos princípios por ela adotados, ou dos tratados internacionais em que a República Federativa do Brasil seja parte.

[130] Constituição da República de Portugal: Artigo 16.º Âmbito e sentido dos direitos fundamentais.
1. Os direitos fundamentais consagrados na Constituição não excluem quaisquer outros constantes das leis e das regras aplicáveis de direito internacional.
2. Os preceitos constitucionais e legais relativos aos direitos fundamentais devem ser interpretados e integrados de harmonia com a Declaração Universal dos Direitos do Homem.
Artigo 17.º Regime dos direitos, liberdades e garantias. O regime dos direitos, liberdades e garantias aplica-se aos enunciados no título II e aos direitos fundamentais de natureza análoga.

[131] CANOTILHO, op. cit., p. 1159-76, explicando que: "(1) é um *sistema jurídico* porque é um sistema dinâmico de normas; (2) é um *sistema aberto* [...]; (3) é um *sistema normativo*, porque a estruturação das expectativas referentes a valores, programas, funções e pessoas, é feita através de normas; (4) é um *sistema de regras e de princípios*, pois as normas do sistema tanto podem revelar-se sob a forma de *princípios* como sob a sua forma de *regras*." [...] o que "permite a descodificação, em termos de um 'constitucionalismo adequado" [,,,], da estrutura sistémica, isto é, possibilita a compreensão da constituição como *sistema aberto de regras e princípios*". Então, "no seu conjunto, regras e princípios constitucionais valem como 'lei': o *direito constitucional é direito positivo*. Neste se sentido se fala na '*constituição como norma*' (Garcia de Enterria) e na '*força normativa da constituição*' (K. Hesse), a complexa articulação da 'textura aberta' da constituição com a positividade constitucional sugere, desde logo, que a garantia da força normativa da constituição não é tarefa fácil, mas se o direito constitucional é um direito positivo, se a *constituição vale como lei*, então as regras e princípios constitucionais devem obter *normatividade* regulando jurídica e efectivamente as relações da vida (P. Heck), dirigindo as condutas e dando segurança e expectativas de comportamentos (Luhmann)."

[132] SARLET, Ingo Wolfgang. *Curso de direito constitucional.* 5ª ed., São Paulo: Saraiva, 2016, p. 322-7.

O patrimônio cultural não consta do catálogo expresso de direitos fundamentais,[133] nem dos sociais (artigos 5º e 6º da Constituição brasileira), estando localizado dentro do título da "Ordem Social".[134] Todavia, entendemos que a nossa estrutura constitucional permite a sua previsão implícita dentro dos direitos fundamentais, a partir do critério abrangente. Para ilustrar, pontuamos que o art. 5º, LXXIII, da CF-BR, instituiu a ação popular para a tutela do patrimônio cultural e do meio ambiente, cabendo lembrar que remédios constitucionais são garantias instrumentais dirigidas à proteção de direitos fundamentais e a sua eficácia.

Então, como a ação popular é "uma garantia fundamental, os direitos por ela tutelados devem ser considerados direitos fundamentais, independentes da localização topográficas destes direitos" na nossa Constituição Federal. O que reforça que o patrimônio cultural "deve ser reconhecido como direito em sentido formal e *materialmente* fundamental", ou como um *direito fundamental implícito*, decorrente dos princípios e regime autorizados pelo art. 5º,

[133] PAIVA, Carlos Magno de Souza. O Direito fundamental ao patrimônio cultural em tempos de isolamento social. *In: Direitos culturais: múltiplas perspectivas (vol. V) – impactos da pandemia*. CUNHA FILHO, Francisco Humberto; LINS, Mateus Rodrigues; AGUIAR, Marcos Pinto, Fortaleza: UECE, 2021, p. 170-1, defende que "Poder-se-ia sim afirmar que, o direito ao patrimônio cultural, materialmente considerado, constitui um direito fundamental, especialmente em razão da abertura dada pelo §2º, do Art. 5º da CR, que estabelece que os direitos e garantias expressos nesta Constituição não excluem ouros decorrentes do regime e dos princípios por ela adotados, ou dos tratados internacionais em que a República Federativa do Brasil seja parte". Assim, é possível aferir "a condição de direito fundamental própria ao patrimônio cultural, a partir da compreensão amadurecida, abrangente e plural dos documentos de Direito Internacional, especialmente aqueles que versam sobre Direitos Humanos. Inclusive, a própria Declaração Universal dos Direitos Humanos traz duas alusões ao papel da cultura na vida do ser humano. Tanto para dizer que "todo ser humano tem o direito de participar livremente da vida cultural da comunidade", como para destacar que "a todo ser humano, como membro da sociedade, é garantido os direitos culturais indispensáveis à sua dignidade e ao livre desenvolvimento da sua personalidade". Ver também FRANCA FILHO, Marcílio Toscano; DANTAS, Lima Álvaro Jáder. A cidadania cultural e a acessibilidade a prédios e sítios de valor histórico e cultural. *In: Direitos culturais: múltiplas perspectivas (vol. V)*, op. cit., p. 245-62.

[134] CUNHA FILHO, Humberto. Teoria dos direitos culturais. Fundamentos e finalidades. 2ª ed., São Paulo: SESC Edições, 2020, p. 49-50, assim se posiciona: "Já se sabe que a Constituinte de 1987/88, ao tratar especificamente da cultura, o fez em seção que está 2010 artigos distantes do famoso artigo 5º, o que principia o título *Dos Direitos e Garantias Fundamentais.* A designação diferenciada e a distância, por assim dizer, topográfica não são suficientes para eliminar o enquadramento dos direitos culturais no rol dos fundamentais, pois como assevera Canotilho, 'Não se trata de uma classificação contraposta à dos direitos, liberdades e garantias. São apenas diferentes destes, sujeitos ao regime geral dos direitos fundamentais'. Da exposição, infere-se que, em gênero, os direitos culturais são fundamentais, restando averiguar quais garantias institucionais estão disponíveis para sua plena efetivação".

§2º da CF-BR, o que lhe confere aplicabilidade imediata, vinculação dos poderes públicos e dos particulares (art. 5º, §1º), bem como a submissão aos limites formais e matérias de reforma constitucional,[135] para fins de evitar erosão e retrocesso de direitos.

Sob tal fundamento esgrima Magno Paiva da possibilidade de se "afirmar que o direito ao patrimônio cultural, materialmente considerado, constitui um direito fundamental mormente em razão da abertura dada pelo §2º, do art. 5º" da Constituição Federal. Assim, é possível aferir "a condição de fundamentalidade do direito ao patrimônio cultural a partir da compreensão amadurecida, abrangente e plural dos documentos normativos de Direito Internacional", como a Declaração Universal dos Direitos Humanos da ONU que estabelece a garantia aos direitos culturais, como indispensáveis à dignidade e ao livre desenvolvimento da pessoa.[136]

Ademais, "é relevante apontar que na única oportunidade em que a nossa Constituição nomeia um direito, cuja mera 'ameaça de lesão' já estaria sujeita às punições da Lei, é para se referir ao Patrimônio Cultural". Aqui temos um forte indicador da sua importância e da sua infungibilidade como elemento inerente tanto ao desenvolvimento do indivíduo e à construção da sua personalidade como à identidade em torno de uma comunidade.[137]

[135] GOMES, Nestor Castilho; GUSSO, Luana de Carvalho Silva. Patrimônio cultural e direitos fundamentais: os desafios para uma ordenação constitucional da cultural. *Constituição, Economia e Desenvolvimento: Revista da Academia Brasileira de Direito Constitucional*, Curitiba, vol. 9, nº 17, jul.-dez. 2017, p. 364 e 368-70, acrescendo que: "acaso fosse necessário recorrer ao princípio da dignidade da pessoa humana, ainda assim seria possível sustentar a fundamentalidade material do direito ao patrimônio cultural. Isso porque para que exista dignidade é preciso a valorização do patrimônio cultural material e imaterial do ser humano", por ser "imprescindível para a formação da personalidade humana e, em especial, para a concretização da dignidade". Também, DIMOULIS, Dimitri; LUNARDI, Soraya. Curso de processo constitucional: controle de constitucionalidade e remédios constitucionais. São Paulo: Atlas, 2011, p. 351. Ver MORAES, Alexandre de. Direito constitucional. 17ª ed., São Paulo: Atlas, 2005, p. 166-170, 732, 738-740.

[136] PAIVA, Carlos Magno de Souza. A intensidade normativa e o núcleo essencial do direito ao patrimônio cultural: considerações em tempo de isolamento social. *Revista do Ministério Público do Rio Grande do Sul*, nº 91, jan-jun. 2022, p. 123-4.

[137] PAIVA, Carlos, op. cit., 2022, p. 125 e conclui: "Sendo assim, daquilo que foi dito acima, pode-se inferir que o direito ao patrimônio cultural é sim um direito fundamental, materialmente considerado e, portanto, contemplado pelo Título II da Constituição da República, que estabelece os 'Direitos e Garantias Fundamentais'. Ainda que de modo coadjuvante, está amparado pela garantia fundamental da ação popular, mas, especialmente, por decorrer de um elemento basilar na construção da personalidade do sujeito e da identidade coletiva, além de ser um Direito Humano por força da DUDH, também é um direito fundamental".

Prosseguindo, basta ver que as matérias sobre direitos e garantias fundamentais de nossa constituição expandem-se ao longo de todo o seu texto, e mesmo fora do catálogo original do art. 5º, para abarcar outros vetores, com os próprios princípios. De tal modo, que o seu rol está construído como *numerus apertos* e não hierarquizados, o que permite concluir que o direito ao patrimônio cultural, ainda que não expresso, pode ser considerado como de "viés fundamental".

Ocorre que os direitos fundamentais posicionam-se no nosso ordenamento como "pilar dos pilares", de modo que usufruem "primazia quase (senão) absoluta, sobre qualquer outra postulação política, econômica e social concorrente", conforme o seu patamar. Sua função legitimante é indiscutível, o que "atrai a primazia do princípio hermenêutico 'na dúvida, a favor dos direitos fundamentais' e da prevalência da norma de direitos fundamentais mais favorável." Assim, diante da evolução da sociedade, das suas necessidades e do sistema, o quadro dos direitos fundamentais não poderia ser *numerus clausus*. De modo que o seu rol é aberto e sempre passível de acréscimos, de acordo com fatores temporais, novos anseios e carências humanas.[138]

Com efeito, entre outros fundamentos deste teor, temos a pretensão da Constituição ser um documento duradouro, eficaz e atualizado, de modo a se adaptar a dinâmica social e a aceleração dos tempos modernos, fazendo valer a sua força normativa, oriunda também da própria interpretação. No que se inclui tanto os princípios expressos, como os implícitos, pois estes "apesar de não possuírem enunciados linguísticos na Constituição, são igualmente considerados normas jurídicas", numa decorrência da própria lógica do sistema. Assim, esta abertura também é "impulsionada pela textura diferenciada dos princípios constitucionais como elementos de alta relevância", o que garante uma "maior capacidade de acomodação e atualização perante o nascimento de novos conceitos e valores adjacentes a um corpo coletivo".[139] Entre tais

[138] SAMPAIO, José Adércio Leite. Teoria da constituição e dos direitos fundamentais. Belo Horizonte: Del Rey, 2013, p. 550 e 556.

[139] LEITE, George Salomão; LEITE, Glauco Salomão. A abertura da Constituição em face dos princípios constitucionais. In LEITE, George Salomão (Org.), *Dos princípios constitucionais. Considerações em torno das normas principiológicas constitucionais*, 2ª ed., São Paulo: Método, 2008, p. 19, 23-4. Por sua vez, RODRIGUES, Francisco Luciano Lima. Direito ao patrimônio cultural preservado – um direito e uma garantia fundamental. Revista Pensar, Fortaleza, abr. 2007, p. 59-60, conclui que "há uma relação indissolúvel entre a necessidade de o Estado preservar estes bens, ditos de interesse cultural, e o reconhecimento do direito ao patrimônio cultural preservado como um [...] direito análogo aos direitos e garantias fundamentais, baseado no princípio da dignidade da pessoa humana", pilar base da nossa república e que garante ao indivíduo a preservação da sua cultural.

princípios podemos citar o da proporcionalidade (na sua dupla vertente) e, entre os valores, o patrimônio cultural, enquanto direito e dever de promoção e de proteção.

Assim, a partir de uma interpretação sistemática, temos que o art. 216, da CF-BR, seria análogo aos direitos e garantidas fundamentais, enquanto direito à preservação do patrimônio cultural, da identidade e cultura, dos valores materiais e imateriais e da memória dos grupos formadores da nossa sociedade, de interesse coletivo. Inclusive, o próprio Supremo Tribunal Federal firmou que a nossa constituição reconheceu por expresso a "necessidade de tutelar e salvaguardar o patrimônio histórico-cultural, enquanto direito fundamental de terceira geração", assim considerado em virtude da sua "titularidade difusa, não individualizada, mas pertencente a uma coletividade".[140]

É importante sublinharmos que não estamos diante de um "elenco taxativo de direitos fundamentais", a sua enumeração, que não é de rigor exemplificativa, é "aberta, sempre pronta a ser preenchida ou complementada" por via de novos direitos para além daqueles que foram contemplados em determinado momento constitucional". O que verificamos por expresso, tanto no art. 5º, §2º da Constituição brasileira, como no art. 16, nº I, da Constituição portuguesa, redigidos como uma autêntica "cláusula aberta ou de não tipicidade de direitos fundamentais".[141]

Portanto, podemos concluir que o direito ao patrimônio cultural possui natureza de direito *implícito* ou *análogo* aos direitos fundamentais.[142] Neste ponto, basta atentar a forma com que a nossa Carta Constitucional foi conformada,[143] sem a pretensão de possuir um rol exaustivo e exclusivo

[140] STF, RE AgR 1.222.920 SC, 2ª Turma, Rel, Min. Ricadro Lewandoski, DJE 21-03-200, p. 97.

[141] MIRANDA, Jorge. Direitos fundamentais, 2ª ed. Coimbra: Almedina, 2018, p. 181.

[142] MIRANDA, Jorge. Os direitos fundamentais na ordem constitucional portuguesa. *Revista Española cíe Derecho Constitucional*, año 6, número, 18, sep.-dec. 1986, p. 130, defende que "Desde que sejam direitos fundamentáis no sentido e no contexto atrás definidos, também poderáo ser direitos de natureza análoga á dos direitos, liberdades e garantías. Como há pouco dissemos, o regime de direitos, liberdades e garantias compreende um regime material (arts. 18° e segs.), um regime orgânico (arts. 167°, 168° e 164°) e um regime de limites materiais de revisão constitucional (art. 290°). [...] Finalmente, o regime dos direitos, liberdades e garantías só se aplica a verdadeiros direitos fundamentáis ou aplica-se a todas as figuras contidas no título II da parte I, sejam direitos, garantías institucionais ou outras? Aplica-se a todas as figuras".

[143] Também, a Carta de Portugal permite tal aplicação por expresso: Artigo 17º Regime dos direitos, liberdades e garantias. O regime dos direitos, liberdades e garantias aplica-se aos enunciados no título II e aos direitos fundamentais de natureza análoga.

de direitos, não restrita a cláusulas positivadas e sem o necessário apego a uma topografia de valores.

A sua natureza é de permanecer aberta e passível de atualização a novos direitos, sejam eles de existência ou de reconhecimento recente. E, neste particular, está perfeitamente identificado o meio ambiente e o patrimônio cultural. Além da sua conexão direta com o princípio e da dignidade da pessoa humana (artigo 1º, III, da CF-BR), e da sua própria existência, já que se trata de bens de uso comum do povo, fundamental à sadia qualidade de vida e ao seu desenvolvimento cultural.

A partir deste reconhecimento do caráter fundamental do patrimônio cultural, destaca Marcos Miranda, entre as suas consequências, a imprescritibilidade das ações reparatórias dos seus danos, a possibilidade de sua defesa mediante o manejo dos mais variados instrumentos, como a ação civil pública, e a necessária atuação do Ministério Público na sua tutela, não apenas como autor processual, mas também intervindo como *custos legis*.[144]

Ora, o ambiental natural é perene em nosso planeta e vários monumentos históricos atravessaram milênios. Ainda que em séculos anteriores pudéssemos identificar a construção de instrumentos jurídicos em favor da proteção destes bens jurídicos, apenas no século XX receberam, tomaram forma e cresceram com a grandeza que hoje ostentam. Basta ver que só em 1981 o Brasil concebe a sua "política nacional do meio ambiente", pela Lei nº 6.938. Ainda, apesar de reconhecido em 1988, e repousar em nossas entranhas ao longo de cinco séculos, apenas em 2000 é instituído o "registro de bens culturais de natureza imaterial", pelo Decreto nº 3.551.

E mais, passado em torno de dois séculos, e apesar de reconhecimento prévio, as cidades mineiras do ciclo do ouro e as obras de Aleijadinho foram listadas e tombadas oficialmente só em 1938. Ou seja, bens e valores de existência antiga, mas que foram cunhados com selo legal e elevados a determinado patamar em momento posterior, estando em posição privilegiada após a atual Constituição, cujos mecanismos de abertura permitem que o patrimônio cultural aspire índole e teor de direito análogo a fundamental.

Portanto, temos que o rol dos direitos fundamentais de uma Constituição deve adaptar-se à ordem e ao processo de formação e transformação de valores, com simetria na realidade material e fática da sua época, para que possa assegurar com harmonia e eficácia os próprios fins e propósitos da carta

[144] MIRANDA, Marcos Paulo de Souza. Introdução ao direito do patrimônio cultural brasileiro, Belo Horizonte: 3i editora, 2021, p. 59-60.

constitucional. No que a sua abertura permitirá a atualização do catálogo de direitos, de acordo com as demandas temporais e contemporâneas, materializando determinada categoria de direitos e a sua respectiva fruição, ainda que não formalmente citados pelo constituinte.

Tal processo faz parte da própria "força normativa da Constituição", na qual a norma constitucional não tem existência autônoma em face da realidade e está conectada com questões técnicas, políticas, econômicas, sociais, históricas e naturais, para além das próprias condições de vigência e eficácia, não sendo "apenas expressão de um ser, mas também de um dever ser", no qual o poder de sua normatividade está diretamente ligado ao âmbito de sua efetividade.[145]

A partir do que, mais do que prever, a Constituição poderá fixar uma direção prática e uma ordenação objetiva aos seus preceitos fundamentais, implícitos ou explícitos, dando vazão a sua força vital, seja no presente ou no futuro, realizando-se como força ativa de orientação e transformação. Pois "quanto mais intensa for a vontade de Constituição, menos significativa hão de ser as restrições e os limites impostos à força normativa da Constituição".[146]

Nesta linha, entendemos como perfeitamente caracterizado e delineado em nossa carta os valores em torno do patrimônio cultural e sua importância sistêmica, com verdadeira feição e caráter de direito análogo à fundamental. E, na medida em que "direitos fundamentais não podem existir sem deveres",[147] temos aqui reforçada a importância dos bens culturais, enquanto objetos memorativos do passado e de significado irrenunciável para as presentes e futuras gerações. Ao mesmo tempo em que toca a estas, em conjunto com o Poder Público, a correlata obrigação de promoção e defesa destas riquezas, permitindo tanto a sua fruição, como a completude do necessário elo e ciclo intergeracional.

Assim, o patrimônio cultural desponta na sua feição de direito fundamental, dentro de um conjunto de posições jurídicas, como um direito a prestações fáticas e também normativas. De onde surge o próprio direito à proteção dos objetos culturais e à sua fruição coletiva, autorizando o Estado a normalizar condutas e atividades, delimitar âmbitos de atuação e prescrever atividades lesivas a tais bens jurídicos, enquanto ilícitos penais, ou infrações administrativas, ou sujeito a medidas civis.

[145] HESSE, Konrad. *A força normativa da constituição.* Porto Alegre, SAFE: 1991, p. 14-17.

[146] HESSE, op. cit., p. 18-24.

[147] HESSE, op. cit., p. 21.

Na espécie, como o próprio "conceito jurídico de bem cultural é ainda um conceito liminar, aberto, relativo e funcional": *funcional* por não ser fechado, pois as normativas também remetem à interdisciplinaridade de fontes não jurídicas; *aberto* por estar passível de mutação às realidades históricas e sociais; *relativo* por várias razões, pois cada ordenamento pode conter a sua conceituação, e esta depende de necessidades concretas de proteção e de valorização, além de se mostrar variável de acordo com as diversas categorias de interesse cultural; e *funcional*, na medida em que "o conceito de bem cultural serve essencialmente à necessidade de sujeição de certas realidades (testemunhos palpáveis, mas também perecíveis) a uma especial tutela jurídica," o que determinará o regime jurídico de acordo com o princípio da necessidade de tutela pública, e porque tanto o conceito, como o regime, atendem ao fim da fruibilidade universal.[148]

Assim, a própria variação e construção ao longo do tempo de certos grupos de direitos, pode ser verificada na evolução das gerações de direitos fundamentais. Afinal, estes não são fruto de um momento único, mas geracional, sem que os subsequentes levem à extinção dos anteriores, e, sim, à soma e à permanência, manifestando-se tanto em face do indivíduo, como da coletividade.

Os de Primeira Geração possuem ligação com a era do Iluminismo e dizem repeito às liberdades, estando conectados aos direitos civis e políticos, como a vida, a igualdade e a propriedade. Foram os primeiros a serem constitucionalizados, tendo por foco o indivíduo e a oposição perante o Estado. Reconhecem a autonomia dos particulares, como resistência ao Estado, um direito de defesa e de abstenção ("direito negativo").

A Segunda Geração surge no período entre guerras, na primeira parte do século XX. Aqui, o Estado não apenas deve intervir, como é o responsável pela sua concretude e financiamento. As características são o teor coletivo, prestacional, movido pela diminuição das desigualdades, em favor de um mínimo de dignidade existencial, com a tutela dos menos favorecidos, para que possam subsistir e fruir do básico. São direitos notadamente sociais (saúde, trabalho, educação, cultura, previdência e habitação). É o Estado de bem-estar social

[148] ALEXANDRINO, op. cit., o qual conclui que: "são três as implicações fundamentais do conceito de bem cultural: (i) garantir a unidade de sentido do sistema de tutela no plano interno; (ii) proporcionar uma estruturação racional dos regimes jurídicos de protecção e valorização; e (iii) servir de elemento basilar da construção dogmática do Direito do património cultural. Em suma, no primeiro caso, o conceito tem relevo político-legislativo, no segundo, um relevo prático e, no terceiro, um relevo científico".

(welfare state) ou Providência ("direito positivo"). Sem nenhum tipo de oposição, tal categoria vem a somar-se e a interagir com os de primeira geração.

Os de Terceira Geração estão ligados ao humanismo, universalidade, solidariedade e fraternidade, surgindo após a 2ª Guerra Mundial (Criação da ONU-1946, e Declaração Universal dos Direitos Humanos-1948). Guardam relação com a autodeterminação dos povos, o progresso e a qualidade de vida. A concepção tem por escopo o gênero humano (não o indivíduo), devendo suplantar grupos, ideologias e regimes políticos. Como exemplo citamos o meio ambiente equilibrado, o patrimônio cultural protegido e, em termos coletivos, os direitos os resguardados pelo Código de Defesa do Consumidor (Lei 8.078/1990).

A Quarta Geração é recente e decorre da globalização, compreendendo direitos à democracia, ao pluralismo, à informação. Tem ligação com a proteção futura da vida, saúde e cidadania. Exemplo são as questões em torno e da genética e das novas tecnologias.[149] Por sua vez, uma quinta dimensão de tais direitos é defendida por juristas como Paulo Bonavides, os quais estariam conectados às questões em torno da paz mundial.[150]

Na espécie, nos posicionamos que o direito em estudo orbita entre a segunda e a terceira geração. Naquela, pelas suas características enquanto pretensão, prestação e direito coletivo. Nesta, conectados a fatores da identidade nacional, aos direitos dos povos, ao progresso que não anula as conquistas e os valores do passado e às questões em torno do ordenamento urbano correto, do meio ambiente sadio e do patrimônio cultural preservado.

Por sua vez, em Portugal defende-se que ao incluir uma *Constituição Cultural* na sua Carta constituiu de certa forma um *Estado Cultural*. Ou seja, de um lado um "*Estado de direito cultural*, obrigado a respeitar a liberdade e a autonomia cultural do cidadão", enquanto liberdades culturais; e de outro lado um "*Estado democrático cultural*, emprenhado no alargamento e na democratização da cultura", enquanto *direitos à cultura*.[151]

[149] FLACH, Michael Schneider. A relação entre os direitos fundamentais e os coletivos. *Revista do Ministério Público do RS*, nº 83, mai.-mar. 2018, p. 109-10, pontuando ainda que num "passado recente reconhecemos o direito ao meio ambiente, no presente nos debruçamos sobre o valor da água, e no futuro poderemos estar debatendo questões da biogenética."

[150] BONAVIDES, Paulo. *Curso de direito constitucional*, 29ª ed., São Paulo: Malheiros, 2014, p. 576-95; e BONAVIDES, Paulo. A quinta geração dos direitos fundamentais, *Direitos Fundamentais & Justiça*, v. 3, abr.-jun. 2008, p. 82-93. Ver SAMPAIO, op. cit., p. 568-579.

[151] CANOTILHO, op. cit., 2003, p. 887-8.

Aqui, o *patrimônio cultural* vem a ser um dos próprios elementos caracterizadores da República, sendo atribuído ao Estado a tarefa de sua defesa, proteção e valorização,[152] e que não pode ser renunciada. Temos aqui tanto uma "Constituição cultural objetiva – a referente às instituições culturais e às incumbências do Estado e da sociedade" –, como uma "Constituição Cultural subjetiva – a referente aos direitos fundamentais".[153]

Conforme Carla Amado Gomes, a "Constituição chama o tema da realização cultural dos cidadãos – uma procura existencial que encontra uma referência imprescindível no patrimônio cultural", inserido no "âmago do Estado Social de Direito (art. 2º CRP), fomentando uma concepção dinâmica dos bens culturais". Para além da postura meramente protecionista, o Estado também assume uma função de interventor nas atividades culturais acentuando a importância do elemento cultural como fator de "consolidação da democracia social e justifica a elevação do patrimônio cultural a 'elemento vivificador da identidade cultural comum' [art. 78/2, al.c]".[154]

Tal âmbito de proteção conferido pelo art. 78 da Constituição de Portugal compreende tanto o direito de fruir dos bens culturais como o dever da sua preservação. E, apesar de inserido no capítulo dos direitos econômicos, sociais e culturais, o dispositivo em pauta "não constitui apenas um apelo programático à intervenção do Estado e outras entidades públicas na conservação e dinamização do patrimônio cultural nacional". Pois, além da estrutura positiva, ainda agrega o dever de abstenção de partes públicas ou privadas da prática de atos lesivos a este patrimônio. Dentro de um sistema de corresponsabilização dos entes públicos e privados na defesa, valorização e promoção do patrimônio cultural.[155]

Igualmente na Espanha podemos identificar uma "Constituição Cultural" ou um "Estado de Cultura", relativo aos direitos fundamentais e ao mandato dirigido aos poderes públicos em prol de sua conservação e enriquecimento,

[152] CANOTILHO; MOREIRA, op. cit., p. 279 e 928, colocando ainda que "a salvaguarda do património cultural suscita problemas de restrição e conservação"; sendo que "o direito à fruição e criação cultural traduz-se ainda em variadas incumbências do Estado (*lato sensu*) compreendendo o poder público em geral", e que "adquirem a natureza de verdadeiras imposições constitucionais", como direitos de *natureza positiva*.

[153] MIRANDA, Jorge, op. cit., 2019. Ver também CUNHA, Paulo Ferreira da. Direitos fundamentais. Fundamentos e direitos Sociais. Lisboa: Quid Juris, 2014, p. 271-77.

[154] GOMES, Carla Amado. O patrimônio cultural na Constituição. In: Textos Dispersos de Direito do Patrimônio Cultural e de Direito do Urbanismo, GOMES, Carla Amado (Org.), AADFDL: Lisboa, 2018, p. 13.

[155] GOMES, Carla Amado, op. cit., 2018, p. 14.

dentro de um caráter coletivo e promocional do Estado Social, valorizando os elementos culturais dentro das próprias disposições políticas e econômicas.[156]

Nesta linha, Gerardo Ruiz manifesta-se que a universalização da Constituição cultural não é apenas um sintoma de uma preocupação geral em torno do fenômeno de proteção dos bens culturais, mas um indicativo de um emergente "*status culturalis*" ou Estado de cultura característico do constitucionalismo moderno, e que demonstra a importância do patrimônio cultural no sistema de valores do Estado Social e Democrático de Direito.[157]

Tanto é, que no seu preâmbulo a Carta espanhola firma o compromisso de proteger a todos os seus cidadãos nos direitos humanos, suas culturas e tradições, bem como trabalhar para o progresso da cultura, a fim de garantir a todos uma digna qualidade de vida. O que demonstra a ligação dos valores culturais com o próprio Estado de Direito e com o bem-estar sócio-cultural.[158]

Prosseguindo, nas disposições preliminares de tal Constituição o art. 9.2 determina aos poderes públicos promover a liberdade e a igualdade e facilitar a participação de todos os cidadãos na vida cultural e social, o que está conectado com o próprio art. 10.1 que trata da dignidade da pessoa. Culmina com o seu art. 44.1 o qual determina que os "poderes públicos promovam e tutelem o acesso à cultura a que todos tem direito", ou seja, um direito de todos e um dever do Estado de "fazer efetivo esse direito fundamental à cultura

[156] GARCÍA RENART, Felipe. El delito de daños al patrimonio cultural español. Granada: Comares, 2002, p. 141.

[157] RUIZ-RICO RUIZ, Gerardo. Introducción metodológica sobre el estúdio de la cultura por el derecho constitucional. In: Constitución y Cultura, op. cit., p. 29-31, e acrescenta: "Em esta redimensión y ampliación de los compromisos constitucionales a favor del principio cultural ha tenido que ver bastante el impulso desarrollado en el derecho convencional, y la propuesta que se hace desde esa esfera normativa de un inédito *contrato social en materia de cultura y naturaleza* (Häberle). El efecto principal de esta teoría convierte a los estados en 'fideicomisarios' responsables de la protección no solo de su cultura sino también de aquellos bienes culturales que tiene un valor universal para el conjunto de la humanidad. Quizás la mejor aportación de la teoría del autor alemán se centra en la comprensión de la Constitución no solamente como un conjunto de disposiciones normativas enclavada en la cúspide del ordenamiento jurídico, sino en su valor como exponente fidedigno de la 'autorepresentación cultural de un pueblo'."

[158] GARCÍA RENART, op. cit., p. 142. Ainda invoca a lição de ÁLVAREZ ÁLVAREZ de que "difícilmente puede haber acceso a la cultura y libertad de creación cultural fuera del Estado de Derecho, y difícilmente puede existir convivencia democrática y sociedad avanzada sin una preferente atención a la cultura que haga que la sociedad entera llegue a ser una sociedad culta, que se proponga con objetivos primarios la convivencia y el avance o progreso". Interessante também citar que VAQUER CABALLERÍA, Marcos. Estado y cultura: la función cultural de los poderes públicos en la Constitución española. Madrid: Centro de Estudios Ramón Areces, 1998, p. 106, fala de direito público cultural.

e, em consequência, à conservação", o enriquecimento e a proteção do seu patrimônio cultural, propiciando os mecanismos de gozo e fruição por parte dos seus cidadãos.[159]

O seu teor fundamental é reforçado no art. 46 da sua Constituição de 1978 ao ordenar aos poderes públicos que garantam a conservação, promovam e enriqueçam o patrimônio cultural e os bens que o integram, independente da sua titularidade ou regime jurídico. Além de cominar um mandado de que a lei penal deve sancionar os atentados contra o patrimônio cultural.[160] Ainda, importante destacar, que tal dispositivo localiza-se no acervo do Título I, referente aos *direitos e deveres fundamentais*, abrigado no Capítulo III, dos *princípios reitores da política social.*

Aqui incide uma obrigação múltipla dos poderes do Estado na defesa e no apoio do patrimônio cultural, seja no presente ou no futuro, para a sua plena garantia.[161] O Estado é o sujeito ativo desta proteção que se propaga de forma "*propter rem*", a titularidade dos bens protegidos é tanto pública, como privada, e até mesmo dos objetos eclesiásticos, e o alvo é o patrimônio histórico, cultural e artístico de todos os povos espanhóis. Ainda, não basta a mera conservação, sendo também necessária a promoção do seu enriquecimento, com obrigações que compreendem a proibição de demolição, alteração e exportação, além da imposição de crimes.[162]

Tal disposição configura a tutela do patrimônio cultural como um autêntico "fim de Estado", no qual deve ser perseguida a consecução de um objetivo protetivo na maior medida do possível. Outrossim, configura uma "garantia institucional", na medida em que a conservação do seu patrimônio histórico

159 GARCÍA RENART, op. cit., p. 143-5. A previsão do art. 44 está compreendida na seguinte posição: Capítulo Segundo: Derechos y libertades. Sección 1ª: De los derechos fundamentales y de las libertades públicas. Sección 2ª: De los derechos y deberes de los ciudadanos. Capítulo Tercero: De los principios rectores de la política social y económica.

160 Artículo 46. Los poderes públicos garantizarán la conservación y promoverán el enriquecimiento del patrimonio histórico, cultural y artístico de los pueblos de España y de los bienes que lo integran, cualquiera que sea su régimen jurídico y su titularidad. La ley penal sancionará los atentados contra este patrimonio.

161 ALZAGA VILLAAMIL, Oscar. Comentario sistematico a la constitución española de 1978. Madrid: Del Foro, 1978, p. 328.

162 GARRIDO FALLA, Fernando, et al. Comentarios a la constitución. Madrid: Civitas, 1985, p. 827-8, explicando no aspecto criminal a obrigação de que "la ley penal en cumplimiento del mandato constitucional, sancione los atentados contra este patrimonio. Mandato que constituye expresivo testimonio de la consciencia que tiene el legislador de la gravedad de tales atentados y da necesidad de frenarlos".

jamais pode ser negligenciada, nem o atual nível de tutela reconhecido na constituição pode ser reduzido, sob pena de inconstitucionalidade.[163]

Igualmente, o art. 46 da Carta espanhola cria uma vinculação entre cultura, educação, livre desenvolvimento da personalidade, meio ambiente e patrimônio cultural como um todo, o que se estende aos poderes públicos e aos particulares, no sentido de conservar, restaurar, investigar e promover este patrimônio por várias formas, enquanto bem coletivo e dotado de função social.[164]

Esta ordem de valores da Constituição espanhola manifesta-se de forma tão forte sobre o seu sistema, que a doutrina e jurisprudência local posicionam-se no sentido de que sequer é necessária uma declaração formal (como a administrativa), para que os bens culturais sejam protegidos, por conta da cominação constitucional, em que pese possam sim eles já estarem classificados de alguma forma (como o inventário).[165]

A partir da Carta espanhola Lopéz Bravo firma o caráter fundamental do patrimônio cultural, o qual tem experimentado uma expansão no seu objeto e finalidade, inclusive em resposta aos novos tempos; e cujo acesso, fruição e preservação estão ligados ao pleno desenvolvimento da personalidade,

[163] RUIZ MIGUEL, Carlos. La protección del patrimonio cultural desde la constitución. *Revista de Derecho Político*, nº 63, 2005, p. 59-61. Ver também: RUIZ MIGUEL, Carlos. Multiculturalismo e constitución. *Cuadernos Constitucionales de lá Cátedra Fradrique Furrió Cerriol*, nºs 36/37, 2001, p. 5 e ss.

[164] OROSCO PARDO; PÉREZ ALONSO, op. cit., p. 51, "Se trata de un 'bien colectivo no patrimonial' a preservar [...] representan y sirven al enriquecimiento de la persona, tienen una función formadora y educativa de la sensibilidad del espíritu humano, y ayudan a comprender el entrono, el pasado y el presente de una civilización. Con ello se pone de manifiesto la función social que desempeñan así como su conexión con los valores, principios y derechos constitucionales, vertebrales de una comunidad, que posee toda persona como individuo y en cuanto miembro de una comunidad, más o menos universal."

[165] OROSCO PARDO; PÉREZ ALONSO, op. cit., p. 41-8. Citando as decisões: Sentencia del Tribunal Supremo, Sala 4ª, de 13 de abril de 1981: "*el derecho social a la cultura, que transciende incluso de los límites nacional para ser objeto de creciente regulación internacional y que en el campo espiritual viene ya inserto en el patrimonio colectivo de la humanidad, presenta unas acusadas cualidades de esencialidad e importancia que hace inexcusable aplicar su legislación protectora en el sentido más favorable a los fines de conservación de los bienes culturales a que se refiere*". Também a Sentencia de la Sala 2ª, de 12 de novembro de 1991, sobre o roubo de objetos artísticos de uma igreja: "*se trata de tallas únicas con evidente valor artístico que datan del siglo XVIII, y aparecen incorporadas al retablo mayor de la iglesia de donde fueran sustraídas; su existencia secular, formando parte del conjunto mencionado, transciende a la memoria colectiva, constituyendo parte del Patrimonio histórico, cultural y artístico de la nación*". Acrescentam os autores que tal sentença foi modificada pelo Tribunal Supremo, tendo este afirmado: "*Este es el criterio que se ha impuesto en la doctrina científica en tanto que el precepto constitucional no exige la previa declaración administrativa y permite que se actúe en la protección penal cualquiera que sea el régimen jurídico y su titularidad.*"

do direito à qualidade da vida, e às necessidades vitais tanto em termos individuais como comunitários, o que dentro de um Estado Social configura os poderes públicos como organizadores e garantes da liberdade plena da sociedade.[166]

Para este autor o patrimônio cultural é um direito que possui um conjunto de deveres e obrigações divididos em dois grandes núcleos. Um público, que obriga os órgãos de Estado a atuar em favor da sua conservação, salvaguarda, promoção, desenvolvimento e difusão. E um outro privado, pertencente aos cidadãos, e que consistiria no direito de acesso e conhecimento aos bens culturais, o direito de desfrute, o direito à pluralidade cultural, o direito de exigir do Estado ações em favor do patrimônio cultural, com a sua conservação, proteção e difusão.[167]

Temos então que a tutela do patrimônio cultural consubstancia-se num valor inapropriável, partilhado por todos, dentro de um interesse coletivo e difuso em favor da sua proteção e dinamização. Tal é inerente ao próprio direito à cultura, contribuindo para a "realização da democracia participativa e do desenvolvimento da personalidade dos cidadãos, princípios basilares de um Estado de Direito assente na dignidade da pessoa humana".[168]

Essa conformação protetiva não está restrita um modelo de Estado Democrático de Direito, pois está coligada ao Estado Social, o qual desponta do cruzamento de objetivos econômicos, políticos e sociais, que vem a se reconduzir num "imperativo de promoção do bem-estar dos cidadãos, com

[166] LÓPEZ BRAVO, Carlos. El patrimonio cultural en el sistema de derechos fundamentales. Sevilla: Universidad de Sevilla, 1999, p. 140 e 148, acrescentando que "El hombre sólo alcanzará su plenitud intelectual, espiritual y moral, cuando haya hecho efectivo su fundamental derecho a recibir una educación adecuada y cuando esta educación se vea complementada con ele conocimiento y disfrute de los bienes de la Cultura." Na mesma linha: VITTORIO FROSINI, Los derechos humanos en la era tecnológico, *In: Derechos humanos y constitucionalismo ante el tercer milenio*, PÉREZ LUÑO, Antonio Enrique, Madrid: Marcial Pons, 1987, p. 87; e CASTRO CID, Benito. Los derechos económicos, sociales y culturales. Análisis a luz de la teoría general de los derechos humanos, León: Universidad de León, 1993, p. 161.

[167] LÓPEZ BRAVO, op. cit., p. 150, complementando que "En este sentido, podemos hablar de un derecho al patrimonio cultural encuadrado en la tercera generación, como derecho fundamental en fase de concreción y consagración constitucional, ya que la vigente Constitución española de 1978 lo mantiene entre los principios rectores de la política social y económica". Ver também LÓPEZ BRAVO, Carlos. El derecho al patrimonio cultural. Tese de Doutoramento, Orientador Antonio-Enrique Perez Luño, Universidad de Sevilla, 1999.

[168] GOMES, Carla Amado, op. cit., 2018, p. 15, explicando que a defesa do patrimônio cultural é assegurada pelo direito de ação popular, conforme Lei 83/1995, c/c o art. 52/3º, da CRP.

respeito pelos seus direitos, liberdades e garantias e na observância dos princípios constitucionais da democracia e legalidade".[169]

Aqui os poderes públicos asseguram a existência das estruturas jurídicas aptas a alcançar os objetivos constitucionais e dar-lhes continuidade. E embora a tarefa da salvaguarda e valorização do patrimônio cultural seja primeiro da competência do Estado, como promotor da democracia cultural, também incidem os comportamentos e as corresponsabilidades dos cidadãos, em favor da sua tutela, da mobilização cívica e da luta contra o seu esquecimento e perecimento.[170]

Igualmente, o "imperativo de proteção e valorização do patrimônio cultural que irradia da Constituição assenta na elaboração de um conceito jurídico, construído a partir do reconhecimento de um valor que se desprende" dos objetos materiais quando nele se incorpora o patrimônio cultural, de modo que a categoria de *bem cultural* levará a sua identificação, classificação e tutela. Este reconhecimento enquanto bem cultural está ancorado no valor objetivo da cultura e justificado na "atenção conferida pela Constituição ao patrimônio cultural e a elevação da sua proteção e valorização da tarefa fundamental do Estado (art. 9º/e)", concretizado na respectiva legislação protetiva.[171]

Com efeito, podemos verificar que o art. 9º da Constituição da Itália determina que a República promova o desenvolvimento da *cultura* e da *ciência*, e que tutele "a paisagem e o património histórico e artístico da Nação".[172] Assim, a relação entre esta Constituição e a proteção dos bens culturais é biunívoca, pois este dever vem a representar um dos princípios fundamentais da Carga Magna, ao mesmo tempo em que o conceito desta é capaz de influir até na qualificação em torno do *patrimônio cultural*, ao lado do ônus de preservá-lo e de desenvolver a cultura nacional. Ou seja, aqui foi constitucionalizada a própria *função cultural*, que realizam os *bens de interesse cultural*, e cujo desenvolvimento prático mínimo foi colocado em aberto, capaz de atender aos interesses sociais em mutação.[173]

169 GOMES, Carla Amado, op. cit., 2018, p. 48.

170 GOMES, Carla Amado, op. cit., 2018, p. 49.

171 GOMES, Carla Amado, op. cit., 2018, p. 16, 21 e 46. Acrescentando que a "fruição dos bens culturais deve ser entendida numa perspectiva dinâmica, de enriquecimento individual e coletivo. Fruir o patrimônio é conhecê-lo, apreciá-lo, vivê-lo e para alcançar esses objetivos é necessário, em primeiro lugar, estabelecer o acesso aos bens culturais".

172 MUSSO, SPAGNA, Enrico. Lo Stato di cultura nella Constituzione italiana, Napoli: Morano, 1961.

173 ROLLA, op. cit., p. 163-5, complementando que: "No parece aventurado comparar el artículo 9 de la Constitución con las páginas de un libro que el constituyente ha querido dejar en blanco y que se van llenando poco a poco de contenidos normativos al madurar el interés social por los

De tal forma, que a proteção dos bens culturais tem se mostrado um elemento essencial no novo modelo de *Estado de Direito Constitucional*, já que estes também se definem por sua *cultura*, seja no preâmbulo, como direito ou dever fundamental, mandado constitucional, ou uma cláusula geral de tutela junto às liberdades culturais e aos direitos de participação. Pode-se dizer, que a cultura tem se conformado como um "quarto elemento" do Estado, do seu poder e dever, e da proteção de bens culturais, inclusive como uma das finalidades dos poderes públicos, seja pela utilização do direito penal, do privado ou da sua combinação. Temos então um novo *Direito Constitucional Cultural* e um modelo de *Constituição como Cultura*, pois um Estado também se define por sua cultura e a liberdade só pode ser plena por vias culturais. As cláusulas em torno da cultura e dos seus bens são parte da *dimensão cultural da constituição*, e a proteção destes está em compasso e a serviço da identidade cultural do seu povo e da nação.[174]

Com propriedade pontua Mário Serrano que nos modernos textos constitucionais verificamos um "direito fundamental à cultura, desdobrado em diferentes direitos culturais e moldado segundo a evolução de sucessivos fundamentais". As constituições liberais surgiram ligadas às liberdades e, agora,

temas de la salud, del ambiente y de la calidad de vida. La cultura y los bienes culturales pueden introducirse en el catálogo de los derechos de la llamada 'tercera generación', es decir, entre las posiciones subjetivas que surgen como consecuencia del rápido desarrollo científico y tecnológico o que han sido inducidas por la exigencia de instaurar un nuevo orden humanitario basado sobre un desarrollo equilibrado y no patógeno, sobre la tutela del patrimonio común de la humanidad. No es una casualidad que diversas convenciones internacionales les reconozcan la cualidad de patrimonio común de la humanidad. [...] La expresión lingüística 'bien cultural' ha tenido éxito, sobre todo, en el ordenamiento internacional, que la utiliza en numerosos acuerdos y convenciones. Un primer grupo obliga a las partes contratantes a establecer planes de tutela de los bienes a proteger, a introducir medidas de salvaguardia e incentivos para su restauración y conservación, a contrastar con los adecuados aparatos la exportación y el comercio ilegal, a facilitar la circulación de los conocimientos científicos, a desarrollar la investigación en los sectores idóneos para mejorar la restauración y la conservación, así como a emprender las adecuadas actividades de educación social. Un segundo grupo de normas internacionales tiene por objeto la protección de los bienes culturales en caso de conflicto armado"

[174] HÄBERLE, Peter. La protección constitucional y universal de los bienes culturales: un análisis comparativo. Revista Española de Derecho Constitucional, año 18, nº 54, sep.-dic. 1998, p. 11-38, arrematando que: "*La libertad solo se convierte en libertad 'plena' a través de la cultura. La persona consigue 'andar de pie' gracias a la cultura. [...] La protección de los bienes culturales sólo es un aspecto de algo más complejo: cada Constitución propia de un Estado constitucional parece animada por la dimensión de lo cultural. [...] La Constitución no sólo es un texto jurídico o un conjunto de reglas normativas, sino que también es expresión de un determinado nivel de desarrollo cultural, es expresión de la autorrepresentación cultural de un pueblo, espejo de su patrimonio cultural y fundamento de sus esperanzas.*" (p. 23-8).

no Estado social, passam a ser incorporados os direitos sociais e culturais, fazendo com que estes modernamente sejam reconhecidos como direitos de terceira geração, tal como os direitos de participação.[175]

Passamos a ter então uma *Constituição Cultural*, um *Estado Cultural* ou uma *ordem constitucional da cultura*, como princípios e normas inscritos na lei maior e pertinentes à temática cultural, as quais ali figuram como um valor essencial e dirigido à proteção da cultura, desdobrados no reconhecimento de um direito subjetivo voltado à sua plena realização, pelo estabelecimento de tarefas e deveres de atuação do Estado em prol do acesso dos seus cidadãos à fruição cultural. Já em termos de patrimônio cultural, a sua proteção e valorização constituem-se num fator primordial para a "consolidação de uma identidade comunitária e para a realização da dignidade da pessoa humana".[176]

Na espécie, anota Reis Novais que para as Constituições de Brasil e Portugal, e apesar das suas respectivas especificidades, os *direitos sociais* são *direitos fundamentais* e assim foram integrados e estão reconhecidos pelas respectivas Cartas, com uma relevância plena. Ainda, revelam um dever de observância e vinculação por parte dos poderes públicos, o qual se traduz na manutenção do direito, no respeito e na abstenção de ataques e em deveres positivos de proteção e de promoção, além das respectivas decorrências frente os particulares.[177]

Com efeito, o patrimônio cultural, enquanto integrante da cultura, faz parte dos direitos sociais, mas estes também são direitos constitucionais que usufruem "do regime dos direitos fundamentais enquanto normas jurídicas vinculativas de força superior e gozam desse regime relativamente a todo o seu conteúdo, tal como os direitos de liberdade". Fazendo com que todos os poderes públicos estejam "constitucionalmente vinculados pelos direitos sociais, enquanto direitos fundamentais".[178]

Uma das diferenciações entre os direitos fundamentais puros e a sua forma enquanto direitos sociais encontramos no que diz respeito às prestações, já que a disponibilidade destes podem ser limitadas à reserva do possível. Ainda assim, aqui o Estado está obrigado a uma prossecução otimizada,

[175] SERRANO, Mario Medes. A protecção dos direitos culturais: cultura e património na experiência jurídica e judiciária portuguesa. Revista do Centro de Estudos Judiciários, II, 2013, p. 385.

[176] SERRANO, op. cit., p. 385 e 392, inclusive com amparo em Jorge Miranda, Gomes Canotilho, Vital Moreira, Peter Häberle e Vasco Pereira.

[177] NOVAIS, op. cit., 2010, p. 251-4 e 271.

[178] NOVAIS, Jorge Reis. Direitos sociais. Teoria jurídica dos direitos sociais enquanto direitos fundamentais. Coimbra: Coimbra editora, 2010, p.84.

"progressiva e gradual dos direitos sociais à medida e com os condicionamentos das respectivas disposições financeiras". Tal situação pode justificar restrições, contudo, desde que não ponham em causa a própria existência do direito, devendo haver uma reserva mínima para o provimento adequado e oportuno da correspondente realização positiva, de modo que eles sejam preservados e providos tanto quanto possível.[179]

Outra diferença diz respeito ao âmbito de aplicação, pois nem sempre os direitos sociais são "diretamente aplicáveis a partir exclusivamente da norma constitucional de garantia". Contudo, tal em nada afeta o seu âmbito de eficácia, pois a norma será integrada pelo legislador ordinário e a fruição do direito também pode ser assegurada pelas vias judiciais, na medida do possível de cada caso. Além do fato de que o legislativo fica vinculado à ordem constitucional, não podendo editar medidas que a contraírem e sendo inválidas disposições anteriores que estejam em conflito com o previsto na Constituição,[180] o que entendemos ser o caso do Decreto-lei nº 3.866/1941,[181] o qual trata sobre o *destombamento*.

Ainda assim tais fatores são relativos, pois após a sua conformação legal o direito social adquire igual ou maior determinabilidade que alguns direitos gerais de liberdade. Principalmente se tendo em conta que após alguns anos de vigência da Constituição "todos os direitos fundamentais, de liberdade ou sociais, já foram objeto de conformação infraconstitucional".[182]

Desse modo, uma das principais características entre os direitos de liberdade e garantias, e os direitos sociais e culturais está em dois critérios: "a diferente determinabilidade de conteúdo constitucional dos direitos em causa", bem como "a diferente natureza dos deveres estatais diretamente envolvidos, com a consequente diferença de natureza das reservas que os afetam." Também, enquanto nos direitos de liberdades e garantias o foco de direitos fundamentais é o acesso individual a bens de liberdade, autonomia pessoal e participação política, nos direitos sociais e culturais privilegia-se o acesso ao rol de tais direitos "relacionados com o bem-estar e as condições materiais de vida".[183]

[179] NOVAIS, op. cit., 2010, p. 305, 315, 345-7.

[180] NOVAIS, op. cit., 2010, p. 366-9.

[181] TELLES, Mário Ferreira de Pragmácio; COSTA. O (in)verso da proteção do patrimônio cultural: análise do instituto jurídico do cancelamento de tombamento. Disponível em: http://www.publicadireito.com.br/artigos/?cod=42dac78c17149caa. Acessado em: 03 abr. 2021.

[182] NOVAIS, op. cit., 2010, p. 344-5.

[183] NOVAIS, op. cit., 2010, p. 340-5.

Acrescenta-se ainda em termos de diferenciação, a competência orgânica do constituinte, único autorizado a disciplinar questões em torno de direitos, liberdades e garantias, enquanto que o legislador ordinário dispões de meios para atuar frente aos direitos sociais e culturais. De qualquer forma, o que se destaca em termos diferenciadores é o critério estrutural, "atinente à diferente determinabilidade de conteúdo e natureza dos deveres estatais da correspondente realização".[184]

Prosseguindo, temos os deveres prestacionais dos *direitos sociais fundamentais* com a "dedução dos correspondentes direitos ou pretensões à respectiva realização", advindo a incumbência estatal de "assegurar o cumprimento desses deveres e observância desses direitos". De tal modo que os "direitos sociais constitucionalmente consagrados passam a ser direitos individualmente titulados, oponíveis ao Estado e judicialmente impostos à observância da maioria democrática", numa autêntica "consagração dos direitos sociais como direitos fundamentais." No nosso caso, o exemplo seria o direito de acesso e fruição à bens culturais e o correspondente dever público de sua preservação.[185]

Igualmente, a posição de *trunfos contra a maioria* é "aplicável aos direitos sociais enquanto direitos fundamentais", de forma que o "preconceito ideológico da maioria não serve de justificação para restringir direitos sociais". Para tanto, irá prescindir dos pressupostos da democracia, da integração comunitária, da participação e do fato de que tais direitos beneficiam a comunidade e servem-na. O que perfeitamente se ajusta ao patrimônio cultural, na medida que a sua proteção não apenas obriga o Estado e o ônus de conformar as suas políticas públicas para tanto, mas também requer a conjunção colaborativa da comunidade, conforme a própria letra do art. 216, §1º, da CF-BR. De qualquer modo, os "direitos sociais existem e valem numa dada ordem jurídica, não porque o governo concorde ou a maioria no poder assim o entende, mas porque a Constituição o impõe.[186]

Aponta JR Novais que os direitos sociais são direitos fundamentais e assim estão reconhecidos pela Constituição, fazendo com que gozem de uma proteção jurídica qualificada, com a supremacia de suas normas perante toda a ordem jurídica e a vinculação dos poderes constituídos aos respectivos comandos, sob pena de inconstitucionalidade. Ou seja, a proteção material dos direitos de liberdade e dos direitos sociais tem de ser a mesma, pelo fato

[184] NOVAIS, op. cit., 2010, p. 371-3.
[185] NOVAIS, op. cit., 2010, p. 322-3.
[186] NOVAIS, op. cit., 2010, p. 325-7 e 330.

de serem "direitos fundamentais constitucionalmente consagrados e, logo, impostos normativamente à observação de todos os poderes constituídos". O que impõe, por exemplo, limites de revisão constitucional e blindagem contra a erosão dos objetos resguardados por tais categorias de direito.[187]

Outra consequência diz respeitos aos limites, às restrições e à possibilidade de cederem perante outros direitos. O que é facilmente demonstrado no fato de que o direito à propriedade cede e comporta restrições quando confrontado com o dever de preservação do patrimônio cultural e o direito a sua conservação. Fazendo com que a propriedade privada possa sofrer restrições decorrentes do tombamento ou mesmo supressão, como no caso da desapropriação por ausência de condições do proprietário na manutenção do bem, ou mesmo por utilidade pública e interesse social, autorizados pelo art. 19, §1º, do Decreto-lei nº 25/1937, art. 5º, "k", do Decreto-lei nº 3.365/1941, e art. 2º, VIII, da Lei nº 4.132/1962, respectivamente.

Conclui Reis Novais que "todo o núcleo do regime material pretensamente específico dos direitos, liberdades e garantias se aplica, em toda a sua extensão e com o mesmo alcance, aos direitos sociais". Inclusive, a "proteção absoluta contra restrições não expressamente autorizadas pela Constituição" também se "aplica indiferentemente a direitos de liberdade e a direitos sociais". O mesmo em relação à "vinculação das entidades públicas e privadas" a tais categoriais de direito, o que gera deveres de proteção, "responsabilidade das entidades públicas por ações ou omissões", bem como "uma obrigação geral de respeito para os direitos sociais de outros particulares".[188]

Assim, o "direito fundamental à cultura, surge na Constituição Portuguesa, dotada de múltiplas 'faces', encontrando-se consagrado tanto ao nível dos 'direitos, liberdades e garantias'", como também dos "direitos econômicos, sociais e culturais". A partir do que, são consagrados "o direito de fruição do patrimônio cultural", o "dever fundamental dos particulares em matéria de defesa e de valorização do patrimônio cultural", além de "um grande número de deveres, tarefas e princípios jurídicos de atuação dos poderes públicos", os quais se encontram obrigados "à realização imediata das posições jurídicas subjetivas fundamentais", dentro do chamado "Estado de cultura".[189]

[187] NOVAIS, op. cit., 2010, p. 358-60

[188] NOVAIS, op. cit., 2010, p. 363-5.

[189] SILVA, Vasco Pereira da. *A cultura a que tenho direito. Direitos fundamentais e cultura.* Coimbra: Almedina, 2007, p. 68-70.

O "direito de fruição do patrimônio cultural trata-se de um direito fundamental, de natureza especial em relação ao direito de fruição cultural". A ele corresponde o respectivo "dever estadual de promoção e de salvaguarda do patrimônio cultural", o qual confere aos indivíduos um correlativo direito subjetivo, com o próprio "dever fundamental a cargo dos cidadãos de preservação, defesa e valorização do patrimônio cultural". Ou seja, temos aqui um quadro de deveres gerais, os quais se manifestam tanto em face dos poderes públicos como dos particulares, e que tanto podem ser de natureza objetiva, como subjetiva.[190]

O âmbito de obrigação dos particulares tem uma configuração de "poderes-deveres". Por exemplo, "o dever de defender, preservar e de valorizar o patrimônio cultural diz respeito a todos os cidadãos, mas apresente um conteúdo mais forte relativamente aos titulares de direitos reais sobre bens culturais"; criando em contrapartida um direito, como o de gozar de algum tipo de benefício fiscal ou de colaboração estatal para o custeio da preservação de tais bens. Já frente aos poderes públicos, os seus deveres assumem uma posição passiva destinada à realização dos direitos fundamentais em torno do patrimônio cultural.[191]

No âmbito amplo do domínio da cultura, as normas de direito fundamental possuem entre si uma "unidade de sentido", no fato de que "todas elas dizem respeito à realização cultural de cada indivíduo na vida em sociedade, que é uma dimensão essencial da dignidade da pessoa humana". Neste meio, temos tanto uma ordem de proteção jurídica subjetiva, como também uma tutela jurídica objetiva, os quais produzem tanto vínculos ativos, como passivos, seja entre sujeitos públicos e privados, o que facilmente é dedutível da leitura do art. 78 da Constituição de Portugal, no que diz respeito aos direitos dos indivíduos e da sociedade de fruição do patrimônio cultural, aos respectivos deveres públicos e privados de defesa e valorização do patrimônio cultural.[192]

Diante do que, o direito fundamental à cultura é simultaneamente um "direito subjetivo integrante das relações jurídicas multilaterais de cultura" como também um "princípio atributivo de um estatuto jurídico de cidadania cultural *(status culturalis)*". Numa dimensão negativa e de abstenção, temos a vinculação entre *cultura e liberdade*, numa "liberdade que tem literalmente

[190] SILVA, Vasco, op. cit., p. 80-2.

[191] SILVA, Vasco, op. cit., p. 82-3.

[192] SILVA, Vasco, op. cit., p. 87-9 e 94.

como 'objeto e tarefa' a cultura", tanto do indivíduo como do povo. E na dimensão positiva temos a obrigação e a necessidade de intervenção dos poderes públicos para a realização dos direitos culturais.[193]

É de se observar que tanto na Constituição portuguesa, como na brasileira, é consagrado o "direito fundamental à cultura como conceito-quadro" e um "verdadeiro direito subjetivo público", pois confere aos "titulares uma posição jurídica de vantagem, fundada na Constituição e que vai se refletir nas relações jurídicas" públicas e privadas, tanto no que diz respeito ao direito individual e coletivo de fruição do patrimônio cultural como em relação ao *dever fundamental* amplo de defesa e de valorização do patrimônio cultural.[194]

Apresenta-se como uma dimensão negativa, que "protege os seus titulares de quaisquer agressões provenientes de entidades públicas ou privadas", bem como uma "dimensão positiva que obriga à atuação dos poderes públicos para a sua conformação". Reveste-se de uma "dimensão subjetiva, enquanto direitos subjetivos públicos" e também de uma "dimensão objetiva, como princípios jurídicos" ou estruturas objetivas da sociedade. [195]

Os direitos subjetivos possuem a face negativa, contra agressões como um direito de defesa, e uma face positiva de proteção subjetiva e deveres de atuação dos poderes públicos para a proteção e a consecução dos direitos e das posições de vantagens dos seus titulares. E como princípios jurídicos ou estruturas objetivas da comunidade são direitos fundamentais orientados como "conjunto de valores e princípios conformadores de todo o sistema jurídico", voltados à aplicação, à interpretação e à "consagração de tarefas, princípios ou regras jurídicas de atuação a cargo dos poderes públicos".[196]

Em termos de patrimônio cultural temos uma disposição constitucional consagradora, que "atribui aos particulares a possibilidade de fruição individual de um bem jurídico, livre de agressões ilegais provenientes de entidades públicas ou privadas", além de "estabelecer deveres ou tarefas aos poderes públicos necessários para a sua concretização".[197]

Na sua face subjetiva destacam-se o direito de não agressão e a liberdade contra agressões públicas; o direito a atuações dos poderes públicos; o direito

[193] HÄBERLE, Peter. Teoria de la constitución como ciencia de la cultura. Tecnos: Madrid, 2000, p. 80-3 e 180.

[194] SILVA, Vasco, op. cit., p. 113-4.

[195] SILVA, Vasco, op. cit., p. 114.

[196] SILVA, Vasco, op. cit., p. 114-5.

[197] SILVA, Vasco, op. cit., p. 121.

a um mínimo de intervenção estatal; e o direito à proteção estatal em face de agressões provenientes de terceiros.[198]

O direito de não agressão se revela em "não atentar contra", a uma forma de resistência contra ataques públicos, o que configura numa obrigação negativa de abstenção. O direito de prestação é positivo e consiste no dever de atuação concreta do Estado, para que seja atingida a sua consecução, como na forma de promoção. O direito à intervenção mínima está voltado à proteção básica no núcleo essencial do direito, dirigido a sua concretização efetiva e também como forma de não violar a proibição da insuficiência, manifestado, por exemplo, no desenvolvimento de instrumentos de tutela e ainda de proteção penal do bem jurídico. Por fim, os poderes públicos devem agasalhar o direito fundamental contra ataques alheios, sejam internos ou externos, na medida em que tal categoria de direitos também vincula os particulares.

Já na faceta objetiva estamos diante de "princípios estruturantes do ordenamento jurídico ou estruturas objetivas da sociedade", por via da consagração constitucional de tarefas públicas conectados ao direito fundamental à cultura (e ao seu desdobramento no tocante ao patrimônio cultural), e que "funcionam como padrões de atuações e critérios de controle dos poderes públicos".[199]

Nesta dimensão destacam-se três aspectos principais. Primeiro, o de que os direitos fundamentais à cultura assumem o "'caráter de normas de competência negativa'", cuja função é 'repelir' normas ordinárias de conteúdo contrário, a serem afastadas da ordem jurídica".[200]

Em segundo lugar, os critérios de interpretação e de conformação, já que "os direitos fundamentais possuem uma natureza de princípios jurídicos que obrigam e informam toda a ordem jurídica, vinculando os poderes públicos a atuar no sentido da sua concretização", além de operarem como "critério de interpretação e integração de lacunas das normas jurídicas". Trata-se aqui da *eficácia horizontal* e da *força irradiante* de tais direitos.[201]

Por terceiro, os direitos fundamentais possuem uma dimensão programática, "que obriga os poderes públicos a atuar de forma continuada e permanente para a sua realização", dentro de uma certa margem de apreciação e decisão, a qual necessita ser preenchida e atendida pelos órgãos de Estado,

198 SILVA, Vasco, op. cit., p. 122-3.

199 SILVA, Vasco, op. cit., p. 130.

200 SILVA, Vasco, op. cit., p. 131.

201 SILVA, Vasco, op. cit., p. 132.

de acordo com as respectivas circunstâncias de momento e lugar,[202] na medida do possível, mas sem jamais desbordar do seu teor mínimo irrenunciável.

Em termos finais, podemos anotar que embora a nossa Constituição forneça um conceito de patrimônio cultural, podemos avançar ainda mais em termos de conceituação, de modo a definir os bens mais específicos, necessitados e merecedores de tutela. Do mesmo modo, é preciso compreender que o patrimônio cultural não é apenas um direito de fruição coletiva, mas ele também encerra uma ordem de deveres que obriga primeiramente ao Poder Público e envolve também a sociedade no que diz respeito à sua tutela e promoção.

Ainda, embora esteja implícito que o meio ambiente e o patrimônio cultural são direitos sociais, com feição análoga aos direitos fundamentais, a valia de tais direitos e a sua posição constitucional estão a reivindicar um reconhecimento mais expresso sobre a sua natureza, em especial pela sua grandeza transgeracional, como algo que nos foi legado pelas gerações passadas, com o compromisso de cuidarmos e mantermos no presente, de modo a garantir a sua preservação e fruição para os tempos futuros.

[202] SILVA, Vasco, op. cit., p. 132-3.

3. DOS PRINCÍPIOS RELATIVOS AO PATRIMÔNIO CULTURAL NO DIREITO BRASILEIRO

Passaremos doravante a realizar a análise dos princípios aplicáveis à proteção do patrimônio cultural, de acordo com os padrões classificatórios dominantes na doutrina nacional. Posteriormente, será analisada a conexão destes, com os princípios incidentes ao meio ambiente.

Desde já, assinalamos que o nosso ordenamento não estabelece propriamente princípios em torno do patrimônio cultural, o que seria relevante em termos da sua proteção e valorização. Ainda assim, encontramos esta principiologia de forma direta ou indireta em vários dispositivos e na nossa doutrina, os quais verificaremos a seguir.

3.1 Dos princípios do patrimônio cultural

Passaremos a analisar os princípios do patrimônio cultural, a partir da doutrina dominante.

3.1.1 Princípio da Prevenção

A prevenção possui esteio em diversas áreas, sendo também um objeto do direito penal quanto antecipa as suas barreiras protetivas ou nos casos dos crimes de perigo. A prevenção busca evitar e contornar condutas negativas, capazes de representar algum risco ou lesão ao bem jurídico.

Ora, quando se está diante de um dano que pode até mesmo apresentar efeitos irreversíveis, como a destruição de um prédio histórico por ausência de cuidados, o ideal é desde já valer-se da prevenção e providenciar os estudos e reparos necessários.

A realidade dos atuais riscos ao meio ambiente e ao patrimônio cultural são um desafio permanente na tarefa estatal para sua efetiva tutela, seja como prevenção, precaução ou reparação, os quais ainda assim não são capazes de fornecerem uma forma protetiva infalível e em tempo integral. A prevenção é antecipatória, preferencial e mais completa do que qualquer tipo de ressarcimento, baseando-se num risco iminente ou provável, de modo a fornecer resposta pronta e preventiva aos perigos de dano.

Em termos de patrimônio cultural a aplicação do princípio da prevenção envolve indicações normativas, inclusive dos valores constitucionais, os deveres do Estado e do poder público como um todo, além do envolvimento da sociedade.

Em termos estatais pende a obrigação de "conceber e efetivar meios que permitam acautelar o valor cultural dos bens antes de qualquer agressão". Mais do que se preocupar com quem tem o ônus de preservar e conservar o bem, no cumprimento da lei fundamental é preciso consagrar mecanismos que previnam e acautelem eventuais ataques, como no caso do ordenamento do território e da avaliação de impacto ambiental.[203]

Em termos de patrimônio edificado a destruição é permanente e para sempre. O restauro do objeto danificado até é possível, mas o do prédio demolido não. Afinal, a "restauração, por melhores que sejam seus resultados, por mais perfeita que seja a reconstituição histórica, nunca corresponderá, com exatidão, à edificação" primeva,[204] como de uma obra do século XVIII.

Por razões ainda maiores, a sua reconstrução não pode ser aceita como compensatória ou reparatória em sua plenitude, pois já não é mais a mesma estrutura nativa e original, mas, tão somente, uma réplica de si mesmo, uma reprodução no presente, daquilo que foi até então. Não teremos mais o prédio em todo o seu esplendor e originalidade, contudo, uma versão recente e quiçá caricata. Por maior que seja o esmero nos detalhes e na reprodução, ele jamais será o mesmo, pois a sua essência e alma estão sepultadas em definitivo.

[203] SILVA, Suzana Tavares. Da 'contemplação da ruína' ao patrimônio sustentável. Contributo para uma compreensão adequada dos bens culturais. Revista do centro de estudos de direito do ordenamento, do urbanismo e do ambiente, Coimbra, nº 10, ano V, 2002, p. 79.

[204] Supremo Tribunal Federal, Ação Direta de Inconstitucionalidade nº 2.544-9, Rel. Min. Sepulveda Percence, j. 12/06/2002, vide http://portal.stf.jus.br/jurisprudencia/.

A prevenção também tem por fundamento a responsabilidade no causar perigo ao patrimônio cultural e com as consequentes obrigações de *fazer e de não fazer*. Em termos de meio ambiente cultural tal princípio se releva na conduta de inibir e limitar mais adiante a margem do perigo, a criação possível de danos, de modo que o risco residual deva ficar restrito a fatores mínimos.[205]

Assim, estamos diante de uma situação de "irrepetibilidade", o que reforça a necessidade de prevenção, pois o ato de destruir é irreversível.[206] Para tanto, se mostram fundamentais os instrumentos de proteção, por via de ato administrativo, lei ou decisão judicial, os quais, ao gravarem um *bem* como *especialmente protegido*, conseguem desempenhar não apenas uma função *protetiva* como também em termos *preventivos* e de *precaução*.

Um exemplo prático vislumbramos no artigo 56 da Lei dos Crimes Ambientais,[207] quando esta criminaliza na forma dolosa e culposa uma série de atividades relativas a produtos tóxicos, perigosos e nocivos à saúde humana, os quais estejam sendo manipulados em desacordo com exigências legais e regulamentares.

[205] REHBINDER, Eckard. *Los princípios del derecho ambiental en la Republica Federal Alemana*. Buenos Aires: Fundación Manliba, 1987, p. 157; e AYALA, Patrick de Araújo. A dupla face da responsabilidade civil ambiental: o lugar da prevenção e da precaução em um direito de riscos. In: *Ação civil pública após 30 anos*, MILARÉ, Edis (Org.), São Paulo: RT, 2015, p. 684-93.

[206] CONDESSO, Fernando dos Reis. *Direito do ambiente*. Coimbra: Almedina, 2001, p. 1201, anota: "o olhar que lançamos, [...], sobre as nossas cidades e sobre o património construído, que estas contêm e a percepção da necessidade de os proteger resultam, em grande parte, de termos também compreendido que a sua destruição é irreversível".

[207] Art. 56. Produzir, processar, embalar, importar, exportar, comercializar, fornecer, transportar, armazenar, guardar, ter em depósito ou usar produto ou substância tóxica, perigosa ou nociva à saúde humana ou ao meio ambiente, em desacordo com as exigências estabelecidas em leis ou nos seus regulamentos: Pena – reclusão, de um a quatro anos, e multa.
§ lo Nas mesmas penas incorre quem:
I – abandona os produtos ou substâncias referidos no caput ou os utiliza em desacordo com as normas ambientais ou de segurança;
II – manipula, acondiciona, armazena, coleta, transporta, reutiliza, recicla ou dá destinação final a resíduos perigosos de forma diversa da estabelecida em lei ou regulamento.
§ 2º Se o produto ou a substância for nuclear ou radioativa, a pena é aumentada de um sexto a um terço.
§ 3º Se o crime é culposo:
Pena – detenção, de seis meses a um ano, e multa.

Em termos de norma internacional localizamos a prevenção no artigo 4º[208] da Lei Geral do Ambiente da Argentina (Lei nº 25.675). Também, tal postulado pode ser verificado na Declaração de Estocolmo de 1972 (Declaração da Conferência de ONU no Ambiente Humano),[209] em especial no Princípio 21.[210]

Da mesma forma, na Diretriz 2004/35/CE de 2004 do Parlamento Europeu e do seu Conselho, a qual trata da prevenção, reparação e responsabilização por danos ambientais e estabelece no seu art. 5º: "Ação Preventiva. 1. Quando não se tiverem verificado danos ambientais, mas houver uma ameaça iminente desses danos, o operador tomará sem demora as medidas de prevenção necessárias".[211]

3.1.2 Princípio da Precaução

O perigo de dano atual e iminente é a "essência da tutela preventiva, destinada a evitar o dano", cuja proximidade de violação é uma situação real, seja em termo de perda parcial ou total. Este risco que precede o ilícito também representa um desvalor, o qual "deve ser removido ou minimizado como forma de garantia da tranquilidade social ou da estabilidade da relação jurídica".[212]

[208] Prevê o dispositivo que: "las causas y las fuentes de los problemas ambientais se atenderán en forma prioritaria e integrada, tratando de prevenir los efectos negativos que sobre el ambiente se pueden producir." Ver OLIVEIRA, Celso Maran de; ESPÍNDOLA, Isabela Battistello. Harmonização das normas jurídicas ambientais nos países do mercosul. Disponível em: https://www.scielo.br/j/asoc/a/9KtFNSt45kHvJJ3cXSk5Tbt/?format=pdf&lang=pt. Acessado em 29 mar. 2022.

[209] PERETTI, Enrique; CAFFERATTA, Néstor A. A 50 años de la declaración de estocolmo. El cambio de paradigma y la resignificación del principio 21. *Revista de Derecho Ambiental*, Buenos Aires, nº 71, jul.-set. 2022, p. 94-103.

[210] Princípio 21. Em conformidade com a Carta das Nações Unidas e com os princípios de direito internacional, os Estados têm o direito soberano de explorar seus próprios recursos em aplicação de sua própria política ambiental e a obrigação de assegurar-se de que as atividades que se levem a cabo, dentro de sua jurisdição, ou sob seu controle, não prejudiquem o meio ambiente de outros Estados ou de zonas situadas fora de toda jurisdição nacional. Disponível em: https://cetesb.sp.gov.br/posgraduacao/wpcontent/uploads/sites/33/2016/09/Declara%C3%A7%C3%A3o-de-Estocolmo-5-16-de-junho-de-1972-Declara%C3%A7%C3%A3o-da-Confer%C3%AAncia-da-ONU-no-Ambiente-Humano.pdf. Acessado em 29 mar. 2022.

[211] Disponível em: https://eur-lex.europa.eu/legal-content/PT/TXT/PDF/uri=CELEX:52016DC0204&from=IT. Acessado em 29 mar. 2022.

[212] PAULA, Paulo Afonso Garrido de. Tutela de precaução. In: *Ação civil pública após 30 anos*, MILARÉ, Edis (Org.), São Paulo: RT, 2010, p. 674-5.

A precaução se esteia no fato de que "a ausência de certeza não pode adiar a adoção de medidas de prevenção do risco". Seja pela incerteza científica, com riscos imprevisíveis e ausência de segurança; ou mesmo por uma avaliação científica de risco; ou ainda por uma possibilidade de dano grave e irreversível. Nesses casos, deve o legislador enviar a mensagem de que dada conduta é de tamanho risco que deve ser evitada, não podendo se assumir os riscos que podem surgir daquela atividade.[213]

Se vários riscos são possíveis, nem todos terão maior capacidade de um dano em concreto. A "prevenção está para o dano assim como a precaução está para o risco", aquela relaciona-se diretamente com o conteúdo da norma protetiva e esta protege a situação de estabilidade decorrente desta mesma norma. Logo, a precaução é uma espécie de tutela satisfativa, o fim principal perseguido é o de atingir um patamar estável na relação jurídica do direito material que está sob risco, seja por conta de ação ou omissão. Esta tutela atenderá à garantia da inafastabilidade da jurisdição e da necessidade social de atuação e pacificação de conflitos, os quais são contemplados pela nossa própria Constituição.[214]

A precaução é uma decorrência da própria prevenção, sendo o seu reconhecimento enquanto princípio mais recente. Em termos simples, ela se posiciona num estágio prévio ainda a precaução. Pois, além dos riscos já conhecidos na atualidade, outros existem que ainda não foram diagnosticados,[215] ou estão ainda em fase de pesquisa ou no estágio atual da humanidade, ainda não é possível ter uma certeza maior sobre o seu âmbito de periculosidade.

Em termos ambientais a sua visualização é mais fácil, por exemplo, naquilo que diz respeito à escassez dos recursos naturais que poderemos enfrentar. Já, em termos de patrimônio cultural, podemos ilustrar nos riscos que a poluição pode trazer para os bens edificados, em especial, para a conservação das fachadas. Ou ainda em relação ao trânsito de veículos ou de pessoas em sítios históricos, não tanto pelos números atuais, no entanto, procurando antecipar uma sobrecarga futura, ainda que na atualidade não seja possível estimar com precisão o seu grau de impacto. Também, no caso de emprego de técnicas

[213] SANTIAGO, Alex Fernando. Fundamentos do direito penal ambiental. Belo Horizonte: Del Rey, 2015, p. 157-9.

[214] PAULA, op. cit., p. 676-7. Ver SPADONI, Joaquim Felipe. Tutela preventiva e repressiva do ilícito e do dano. In: *Efetividade da Tutela Ambiental*, SOARES JÚNIOR, Jarbas. MIRANDA, Marcos Paulo de Souza; PITOMBEIRA, Sheila. Belo Horizonte: Del Rey, 2008, p. 1-11.

[215] LEITE, José Rubens Morato; AYLA, Patrick Araújo. Direito ambiental na sociedade de risco. Rio de Janeiro: Forense Universitária, 2002, p. 62.

não comprovadas de restauro, ou de metodologia não recomendada de construção no entorno de bens tombados.

Em nível legislativo, podemos localizá-lo no Brasil no art. 9º, III, (impacto ambiental) da Lei nº 6.938/1981 (Política Nacional do Meio Ambiente), no art. 225, §1º, V (controle sobre a produção, comércio e emprego de técnicas, métodos e substâncias com risco para a vida, sua qualidade e o meio ambiente), da Constituição Federal, no art. 54, §3º[216] (medidas de precaução e delito de poluição) da Lei nº 9.605/1998, e também na Lei nº 11.105/2005, que "estabelece normas de segurança e mecanismos de fiscalização de atividades que envolvam organismos geneticamente modificados – OGM e seus derivados", por meio da criminalização no seu art. 29[217] de várias condutas de manipulação de OGM e derivados, sem autorização ou em desacordo com as normas legais.

Outrossim, o localizamos na Declaração do Rio da ECO-92, no seu Princípio 15, o qual preconiza que o "princípio da precaução deve ser amplamente observado pelos Estados, de acordo com as suas capacidades." E que no caso de "ameaça de danos sérios ou irreversíveis, a ausência de absoluta certeza

[216] Art. 54. Causar poluição de qualquer natureza em níveis tais que resultem ou possam resultar em danos à saúde humana ou que provoquem a mortandade de animais ou a destruição significativa da flora:
Pena – reclusão, de um a quatro anos, e multa.
§ 1º Se o crime é culposo:
Pena – detenção, de seis meses a um ano, e multa.
§ 2º Se o crime:
I – tornar uma área, urbana ou rural, imprópria para a ocupação humana;
II – causar poluição atmosférica que provoque a retirada, ainda que momentânea, dos habitantes das áreas afetadas, ou que cause danos diretos à saúde da população;
III – causar poluição hídrica que torne necessária a interrupção do abastecimento público de água de uma comunidade;
IV – dificultar ou impedir o uso público das praias;
V – ocorrer por lançamento de resíduos sólidos, líquidos ou gasosos, ou detritos, óleos ou substâncias oleosas, em desacordo com as exigências estabelecidas em leis ou regulamentos:
Pena – reclusão, de um a cinco anos.
§ 3º Incorre nas mesmas penas previstas no parágrafo anterior quem deixar de adotar, quando assim o exigir a autoridade competente, medidas de precaução em caso de risco de dano ambiental grave ou irreversível.

[217] Art. 29. Produzir, armazenar, transportar, comercializar, importar ou exportar OGM ou seus derivados, sem autorização ou em desacordo com as normas estabelecidas pela CTNBio e pelos órgãos e entidades de registro e fiscalização:
Pena – reclusão, de 1 (um) a 2 (dois) anos, e multa.

científica não deve ser utilizada como razão para postergar medidas eficazes e economicamente viáveis para prevenir a degradação".[218]

A precaução se distingue da prevenção, pois nesta "se tende a evitar um dano futuro, porém certo e mensurável"; enquanto que a precaução "busca impedir a criação de um risco com efeitos ainda desconhecidos" e imprevisíveis, operando num autêntico âmbito marcado pela incerteza.[219] Não se trata, pois, do mesmo princípio, porém, de valores que interagem entre si e se complementam.

Conforme Ana Marchesan, podemos vislumbrar a precaução como um ícone na relação atual entre ciência e direito, diante da "falibilidade e da relatividade da ciência e da necessidade de o direito atuar no sentido de evitar danos irreparáveis" a bens como o meio ambiente e o patrimônio cultural. Daí, a autora colhe duas consequências, a adoção de diferentes e elevados *standards qualitativos* no exercício de atividades com perigo em potencial e a adoção, em face do criador de risco, de uma lógica da inversão do ônus da prova – em termos de direito civil e administrativo, mas que cremos não aplicável no âmbito penal. Além da necessária aplicação da cautela e até mesmo da vigilância sobre determinados bens, em fase de estudo ou sobre os quais ainda não se tem a necessária certeza sobre a dimensão exata do seu valor.[220]

3.1.3 Princípio da Função Social da Propriedade

Conforme Orlando Gomes a função social da propriedade conduziu a "privatização de determinadas faculdades", além da "criação de um complexo de condições para que o proprietário possa exercer seus poderes, ao lado da

[218] Conferência das Nações Unidas sobre meio ambiente e desenvolvimento, Carta do Rio de Janeiro. Disponível em: https://www.scielo.br/scielo.php?script=sci_arttext&pid=S0103-40141992000200013. Acessado em 09 out. 2020.

[219] SANTIAGO, op. cit., p. 159-60. Na mesma linha CAFFERATTA, Néstor. El princípio de prevención en el derecho ambiental. Revista de Direito Ambiental, nº 0, Buenos Aires: Lexis Nexis, 2004, p. 42: "la prevención es una conducta racional frente a un mal que la ciencia puede objetivar y mensurar, o sea que se muevo dentro de la certidumbres de la ciencia. La precaución – por el contrario – enfrenta la otra naturaleza de la incertidumbre: la incertidumbre de los saberes científicos de en si mismos" Ver também: CAFFERATTA, Néstor. Princípio precautório en el derecho ambiental argentino e brasilero. Revista de Direito Ambiental, nº 5, Buenos Aires: Lexis Nexis, 2006.

[220] MARCHESAN, op. cit., 2007, p. 128-30.

organização de exercer certos direitos elementares ao domínio".[221] Na espécie, tal função consiste no "reequilíbrio das situações jurídicas estruturantes do direito de propriedade, mediante a redução de direitos, privilégios, poderes e imunidades", ao mesmo tempo em que gera o "aumento dos deveres, incapacidade e responsabilidade para o proprietário de determinado bem". No caso do patrimônio cultural, deve-se promover uma equilibrada "harmonização entre o exercício do poder do proprietário com o interesse da sociedade". [222]

Com efeito, as questões em torno do direito de propriedade, da preservação do meio ambiente e dos bens culturais são tão caras em nosso sistema, a ponto de terem sido gravadas na lei maior. Nesta é expressada a preocupação com os direitos sociais, individuais e fundamentais, com as suas garantias e os deveres, além de uma série de obrigações gerais e direitos daí decorrentes, gerando vários desmembramentos.[223]

Figura entre os objetivos da nossa República a construção de uma sociedade livre justa e solidária, com o desenvolvimento e a redução de desigualdades, a promoção do bem de todos, a cidadania e a dignidade. Além da inviolabilidade do direito à vida, à liberdade, à igualdade, à segurança e à propriedade.[224]

Nesse compasso, a política urbana tem como objeto ordenar o desenvolvimento das funções sociais da cidade, com o bem-estar de seus habitantes (art. 182 da CF).[225] Enquanto que a rural tem por escopo o aproveitamento

[221] GOMES, Orlando. A função social da propriedade. Boletim da Faculdade de Direito da Universidade de Coimbra, número especial estudos em homenagem a A. Ferrer-Correia. Coimbra, nº 2, p. 426, 1989. Vide MAGALHÃES, Maria Luisa Faro. Função social da propriedade e meio-ambiente – princípios reciclados. In: *Dano ambiental, prevenção, reparação e repressão,* BENJAMIN, Antônio Herman V. (Org.), São Paulo: Revista dos Tribunais, 1993, p. 147-51.

[222] TOMASEVICIUS FILHO, op. cit., p. 213-4 e 237. Ver DELGADO, José Augusto. Direito de propriedade e proteção do meio ambiente; In: *Efetividade da Tutela Ambiental,* op. cit., p. 279-294.e BENJAMIN, Antônio Herman. Reserva legal, áreas de preservação permanente e controle ambiental da propriedade. In: *Efetividade da Tutela Ambiental,* op. cit., p. 295-303.

[223] FLACH, Michael Schneider. A intervenção estatal no direito de propriedade e a salvaguarda dos bens culturais. *Revista Juris Plenum Direito Administrativo,* ano V, nº 18, jun. 2018, p. 138.

[224] Preâmbulo, artigos 1º, 3º e 5º da Constituição Federal de 1988. Ver LEAL, Rogério Gesta. A proteção dos bens comuns enquanto problema jurídico e político. *Revista do Ministério Público do RS,* nº 68, jan.-abr. 2011, p. 205-28; LIMA, Vinicius de Melo. O direito fundamental à cidade sustentável e a atuação do ministério público: estudo de caso. *Revista do Ministério Público do RS,* nº 68, jan.-abr. 2011, p. 33-58; e WALCACER, Fernando Cavalcanti. Meio-ambiente urbano no Brasil. In: *Dano ambiental, prevenção, reparação e repressão,* op. cit., p. 144-6.

[225] Art. 182. A política de desenvolvimento urbano, executada pelo Poder Público municipal, conforme diretrizes gerais fixadas em lei, tem por objetivo ordenar o pleno desenvolvimento das funções sociais da cidade e garantir o bem-estar de seus habitantes [...]

racional e adequado da terra, em benefício de proprietários, de trabalhadores e com a devida preservação ambiental (art. 186 da CF).[226]

De tal modo que a "proteção da propriedade não se vincula mais ao individualismo, mas a maximização dos benefícios do direito da propriedade para toda a coletividade", dentro de uma sociedade livre, justa e democrática, agregada uma moderna concepção "de direito à liberdade de ações e limites da própria liberdade, harmonicamente protegendo ambos os institutos".[227]

A propriedade privada de bens culturais materiais foi configurada pelo legislador de uma forma especial, caracterizada pela sua subordinação a um regime publicista, "por força do qual são comprimidas algumas faculdades que caracterizam o conteúdo normal do direito de propriedade", em especial o gozo e a disposição. Assim, a propriedade estará sujeita a um conjunto de restrições de utilidade pública, cuja limitação atinge principalmente a utilização e disposição de tais bens, o que vai justificado "pelo interesse público de salvaguarda e valorização do 'valor cultural' que elas encerram".[228]

Devemos observar que "amplitude dos direitos dos proprietários deve ser limitada sempre que seu exercício colocar em risco o patrimônio" cultural.

§ 2º A propriedade urbana cumpre sua função social quando atende às exigências fundamentais de ordenação da cidade expressas no plano diretor. [...]
§ 4º É facultado ao Poder Público municipal, mediante lei específica para área incluída no plano diretor, exigir, nos termos da lei federal, do proprietário do solo urbano não edificado, subutilizado ou não utilizado, que promova seu adequado aproveitamento, sob pena, sucessivamente, de:
I – parcelamento ou edificação compulsórios;
II – imposto sobre a propriedade predial e territorial urbana progressivo no tempo;
III – desapropriação com pagamento mediante títulos da dívida pública [...]

[226] Art. 186. A função social é cumprida quando a propriedade rural atende, simultaneamente, segundo critérios e graus de exigência estabelecidos em lei, aos seguintes requisitos:
I – aproveitamento racional e adequado;
II – utilização adequada dos recursos naturais disponíveis e preservação do meio ambiente;
III – observância das disposições que regulam as relações de trabalho;
IV – exploração que favoreça o bem-estar dos proprietários e dos trabalhadores.

[227] LOMBARDI, op. cit., p. 91, acrescentando que: "Ainda que se afirmem, mesmo em tempos atuais, os conceitos de usar, gozar, dispor e reivindicar da mesma maneira secular, deve-se tentar entender a propriedade como um complexo de tensões de direitos e deveres, contrapostos, em que se busca o equilíbrio entre os proprietários e os não proprietários na sua utilização no contexto social, no ambiente urbano, nas cidades".

[228] CORREIA, Fernando Alves. Propriedade de bens culturais – restrições de utilidade pública, expropriação e servidões administrativas. In: *Direito do património cultural*, MIRANDA, Jorge; CLARO, João Martins; ALMEIDA, Marta Tavares de (Org.), Lisboa: Instituto Nacional de Administração, 1996, p. 401.

De tal modo que por conta da sua função social a propriedade apresenta-se "sujeita a limitação externa ao seu conteúdo regular – usar, fruir e dispor; plenamente – e sem qualquer alteração intrínseca".[229]

Aqui o princípio da função socioambiental da propriedade[230] deve ser visto de forma sistêmica e a conciliar interesses privados com os sociais, de modo a garantir que o uso da propriedade seja socialmente adequado e útil, dirigido ao bem comum diante de aspectos de utilidade e riqueza. O que obriga o proprietário a utilizá-la de "forma compatível com os princípios reitores do sistema normativo, pois a propriedade não é um fim em si mesmo, e sim um instrumento que deve cumprir sua função social no atingimento do bem-estar geral".[231]

A Lei nº 31/2014 de Portugal,[232] que trata da política pública de solos, de ordenamento do território e de urbanismo, prevê no seu art. 4º, que o direito de propriedade privada e os demais direitos inerentes ao solo deverão serem "ponderados e conformados no quadro das relações jurídicas de ordenamento do território e de urbanismo, com princípios e valores constitucionais protegidos", em especial, no tocante ao meio ambiente, à cultura, ao patrimônio cultural e à paisagem, bem como em diante da saúde pública, educação, habitação, qualidade de vida e desenvolvimento econômico e social.

Da mesma forma, o art. 33.2 da Constituição espanhola[233] reconhece o direito de propriedade, mas grifa que a função social de tal direito delimitará

[229] FLORES FILHOS, Edgar Gastón Jacobs. Direito e cultura: um novo regime jurídico para os bens culturais imóveis em centros históricos. In: *Direito e proteção do patrimônio cultural imóvel*, DIAS, Maria Tereza Fonseca; PAIVA, Carlos Magno de Souza (Org.), Belo Horizonte: Fórum, 2010, p. 43.

[230] GRAU, Eros Roberto. *A ordem econômica na Constituição de 1988: interpretação e crítica*. 2ª ed. São Paulo: RT, 1991, p. 250, explica que a função social da propriedade determina tanto o dever de exercê-la em benefício de outrem, como de não exercê-la em prejuízo alheio. BENJAMIN, Antônio Herman. Constitucionalização do ambiente e ecologização da constituição brasileira. In: *Direito constitucional ambiental brasileiro*, 2ª ed., CANOTILHO, José Joaquim Gomes; LEITE, José Rubens Morato (Org.), São Paulo: Saraiva, 2008, p. 66-70, defende que o direito de propriedade deve ser consentâneo à proteção do meio ambiente, à sustentabilidade e ao dever transindividual e transgeracional de não degradar.

[231] DIAS, Maria Tereza Fonseca. Tombamento de imóveis urbanos e indenização: estudos das tendências contemporâneas a partir da jurisprudência. In: *Direito e proteção do patrimônio cultural imóvel*, op. cit., p. 188.

[232] Na Constituição da República Portuguesa a propriedade está prevista no *título dos direitos e deveres econômicos, sociais e culturais*.

[233] Artículo 33.

1. Se reconoce el derecho a la propiedad privada y a la herencia.
2. La función social de estos derechos delimitará su contenido, de acuerdo con las leyes.

o seu conteúdo, na forma da lei, estando sujeito a expropriação por utilidade pública ou interesse social. De onde, o direito de propriedade não pode ser considerado um obstáculo às possíveis transformações da sociedade, fazendo com que a sua função social seja uma parte integrante do próprio direito e as intervenções estatais estejam autorizadas, bem como a proteção penal dos bens culturais independa da vontade do proprietário e da coisa ser pública ou privada.[234]

Nesta linha, o art. 42 da Constituição da Itália preceitua que a "propriedade privada é reconhecida e garantida pela lei, que determina as suas formas de aquisição, de posse e os limites, no intuito de assegurar a sua função social e de torná-la acessível a todos", estando sujeita nos casos previstos em lei a expropriação indenizada por motivos de interesse geral.[235]

Assim, a tutela dos bens culturais impõe limites à propriedade privada, criando uma forma de pertencimento do objeto protegido à coletividade social, reforçando a sua utilidade cultural, em face daquela econômica por parte do proprietário, o qual se torna sujeito às forças do interesse cultural. A partir do que, é possível a intervenção pública, a depender do grau de importância do bem e das condições físico-ambientais em que se encontra, como caso venha a se deparar diante de imprescindíveis exigências de conservação e situações de perigo.[236]

3. Nadie podrá ser privado de sus bienes y derechos sino por causa justificada de utilidad pública o interés social, mediante la correspondiente indemnización y de conformidad con lo dispuesto por las leyes. Constitución Española, Disponível em https://www.boe.es/ legislacion/documentos/ConstitucionCASTELLANO.pdf. Acessado em 23 abr. 2022.

[234] RENART GARCÍA, op. cit., p. 156-7. LUGOS Y GUILLÉN, op. cit., p. 3, cita que também a Constituição de Weimar, no seu artigo 153, prescreve que "Propiedad obliga. Su utilización debe estar simultáneamente al servicio del bien común".

[235] Art. 42

A propriedade é pública ou privada. Os bens econômicos pertencem ao Estado, ou a entidades ou a particulares.

A propriedade privada é reconhecida e garantida pela lei, que determina as suas formas de aquisição, de posse e os limites, no intuito de assegurar a sua função social e de torná-la acessível a todos.

A propriedade privada pode ser, nos casos previstos pela lei e salvo indenização, expropriada por motivos de interesse geral.

A lei estabelece as normas e os direitos da sucessão legítima e testamentária e os direitos do Estado sobre as heranças.

Disponível em: https://www.senato.it/sites/default/files/media-documents/OST_PORTOGHESE.pdf. Acessado em: 08 jul. 2022.

[236] FERRI, op. cit., p. 135-9, citando ainda a incidência do "direito de preferência".

Por sua vez, no Brasil temos no meio ambiente equilibrado um direito de todos e um bem de uso comum, essencial à vida das pessoas (art. 225); assim como o patrimônio cultural, cuja importância, promoção e defesa são uma obrigação dos poderes públicos e da sociedade (art. 216), como forma de preservá-los para as gerações atuais e futuras.

Com efeito, o direito de propriedade consagrado na Constituição tem a sua expressão mais clássica no Código Civil do Brasil, a partir do art. 1228,[237] sendo assegurado ao proprietário o direito de uso, gozo e disposição da coisa, e de reavê-la em sendo o caso. Ainda assim, a fruição deste direito encontra limites, devendo ser exercido conforme o seu fim econômico e social, e com a preservação do meio ambiente e do patrimônio cultural; bem como figurando por expresso vedações, formas e motivos da privação do bem.

Esta tensão entre o meio ambiente, o patrimônio cultural, o ordenamento urbano e o direito de propriedade (pública ou privada) é permanente, necessitando de forma perene de uma harmonização plena, o que é visível na carta constitucional quando no seu art. 170[238] trata da dos princípios gerais da atividade econômica, bem como no art. 2º da Lei nº 10.257/2001[239] (Estatuto das Cidades).

[237] Art. 1.228. O proprietário tem a faculdade de usar, gozar e dispor da coisa, e o direito de reavê-la do poder de quem quer que injustamente a possua ou detenha.
§ 1o O direito de propriedade deve ser exercido em consonância com as suas finalidades econômicas e sociais e de modo que sejam preservados, de conformidade com o estabelecido em lei especial, a flora, a fauna, as belezas naturais, o equilíbrio ecológico e o patrimônio histórico e artístico, bem como evitada a poluição do ar e das águas.
§ 2o São defesos os atos que não trazem ao proprietário qualquer comodidade, ou utilidade, e sejam animados pela intenção de prejudicar outrem.
v§ 3o O proprietário pode ser privado da coisa, nos casos de desapropriação, por necessidade ou utilidade pública ou interesse social, bem como no de requisição, em caso de perigo público iminente. [...]

[238] Art. 170. A ordem econômica, fundada na valorização do trabalho humano e na livre iniciativa, tem por fim assegurar a todos existência digna, conforme os ditames da justiça social, observados os seguintes princípios: [...]
II – propriedade privada;
III – função social da propriedade; [...]
VI – defesa do meio ambiente, inclusive mediante tratamento diferenciado conforme o impacto ambiental dos produtos e serviços e de seus processos de elaboração e prestação;
VII – redução das desigualdades regionais e sociais;

[239] Art. 2o A política urbana tem por objetivo ordenar o pleno desenvolvimento das funções sociais da cidade e da propriedade urbana, mediante as seguintes diretrizes gerais:
I – garantia do direito a cidades sustentáveis, entendido como o direito à terra urbana, à moradia, ao saneamento ambiental, à infra-estrutura urbana, ao transporte e aos serviços públicos, ao trabalho e ao lazer, para as presentes e futuras gerações; [...]

Para além disso, podemos também visualizar tais restrições nos casos de algumas obrigatoriedades impostas pelo sistema, como a necessidade de prévio estudo de impacto ambiental, dos zoneamentos (ambiental, industrial e cultural), dos regramentos em torno do parcelamento do solo urbano e de várias implicações em termos de meio ambiente, urbanismo e patrimônio cultural.

Nesse contexto, o direito de propriedade "suporta hoje todo um conjunto de limites necessários à sua compatibilização com outros direitos e interesses constitucionalmente protegidos", como no caso dos limites decorrentes dos planos diretores municipais. Na hipótese do patrimônio cultural, a "ordem jurídica aponta claramente no sentido de primazia da fruição cultural sobre as utilizadas econômicas-patrimoniais, prevendo inclusive a possibilidade de expropriação" indenizada.[240]

VI – ordenação e controle do uso do solo, de forma a evitar:
a) a utilização inadequada dos imóveis urbanos; b) a proximidade de usos incompatíveis ou inconvenientes; c) o parcelamento do solo, a edificação ou o uso excessivos ou inadequados em relação à infra-estrutura urbana; d) a instalação de empreendimentos ou atividades que possam funcionar como pólos geradores de tráfego, sem a previsão da infra-estrutura correspondente; e) a retenção especulativa de imóvel urbano, que resulte na sua subutilização ou não utilização; f) a deterioração das áreas urbanizadas; g) a poluição e a degradação ambiental; (h) a exposição da população a riscos de desastres.
VII – integração e complementaridade entre as atividades urbanas e rurais, tendo em vista o desenvolvimento socioeconômico do Município e do território sob sua área de influência;
VIII – adoção de padrões de produção e consumo de bens e serviços e de expansão urbana compatíveis com os limites da sustentabilidade ambiental, social e econômica do Município e do território sob sua área de influência;
IX – justa distribuição dos benefícios e ônus decorrentes do processo de urbanização; [...]
XII – proteção, preservação e recuperação do meio ambiente natural e construído, do patrimônio cultural, histórico, artístico, paisagístico e arqueológico;

[240] CANOTILHO, José Joaquim Gomes; MACHADO, Jónatas. Bens culturais, propriedade privada e liberdade religiosa. Revista do Ministério Público, Lisboa, ano 16, nº 63, jul.-set. 1995, p. 16-7. Acrescenta ainda: "Como afirma Victor Hugo, 'há duas coisas num edifício, o seu uso e a sua beleza. O seu uso pertence ao proprietário, a sua beleza a todo o mundo. Por isso aquele não tem direito a sua destruição'. Nesta linha de pensamento, não se compreenderia, por exemplo, que o proprietário de uma casa do século XV pudesse demoli-la livremente sem atender ao seu valor histórico, cultural ou artístico. Trata-se aqui de um caso extremo em que o interesse público na protecção do bem património cultural justificaria uma restrição ao direito de propriedade". Sobre a dita colisão CANOTILHO, José Joaquim Gomes. Direito constitucional de conflitos e proteção de direitos fundamentais. *Revista de Legislação e Jurisprudência*, Coimbra, ano 125, nº 3815 a nº 3823, 1992-3, p. 35 e ss. explica que a "solução de colisão entre direitos fundamentais e bens constitucionalmente protegidos tem de partir da seguinte consideração básica: os limites aos direitos fundamentais exigidos pela proteccão de outros bens devem ter em conta (1) se se trata

Ocorre que, o direito de propriedade não é e não pode ser absoluto, tendo passado por modificações ao longo da história da humanidade, e que varia especialmente por conta de razões políticas, sociais, econômicas, culturais e ambientais. No que se inclui tanto a função social da propriedade, como o resguardo do patrimônio cultural, de tal forma que o "interesse individual do proprietário deve ceder diante do interesse social na preservação do bem cultural".[241]

Em razão do que, daí decorre que frente a determinadas situações o direito de propriedade cede por completo, ou sofre certas restrições, seja em favor da proteção de interesses maiores e coletivos, ou para coibir abusos,[242]

de bens constitucionalmente protegidos; (2) se o bem constitucionalmente protegido é 'adequado' para desempenhar uma função de limite perante determinados direitos. Independente das numerosas situações que aqui se poderiam configurar, a solução dos conflitos nunca pode perder de vista a *relação de reciprocidade* entre o direito e a restrição. Uma restrição a um direito fundamental justificar-se-ia apenas e enquanto ela for exigida pela ordenação de bens jurídicos constitucionalmente garantidos. A relação entre o direito fundamental e o bem (defendido pela lei restritiva) constitucional não é uma relação unidireccional: os limites da lei pela defesa de um bem devem ler-se no contexto e teleologia do próprio direito fundamental restringido", (p. 295). E quanto à ponderação ver CANOTILHO, José Joaquim Gomes. Relações jurídicas poligonais ponderação ecológica de bens e controlo judicial preventivo. *Revista Jurídica do Urbanismo e do Meio Ambiente*, Coimbra nº 1, junho 1994, p. 55-66.

241 Tribunal Regional Federal da 4ª Região, Apelação Cível nº 9104018710, RS, Rel. Des. Vladimir Passos de Freitas, j. 12/11/1992. DIREITO CONSTITUCIONAL. ADMINISTRATIVO. AMBIENTAL. BEM TOMBADO. CONSTRUÇÃO IRREGULAR NO ENTORNO. CF, art. 5º, inciso XXII E XXIII. Decreto-Lei 25/37, artigo 18 e Lei 3924/61, artigo 1º e 2º. A construção Irregular, em área próxima do bem tombado em razão das suas características históricas e arquitetônicas, justifica a decisão judicial de destruição [...]

242 AÇÃO DEMOLITÓRIA. PATRIMÔNIO HISTÓRICO, CULTURAL E PAISAGÍSTICO DE OLINDA. REFORMA DE IMÓVEL RESIDENCIAL SEM LICENÇA URBANÍSTICA E EM DESACORDO COM EXIGÊNCIAS LEGAIS. ARTS. 187, 1.228, § 1º, 1.299 E 1.312 DO CÓDIGO CIVIL. ALEGAÇÃO DE INÉPCIA DA INICIAL. LEGITIMIDADE PASSIVA. POSSUIDORA DIRETA E RESPONSÁVEL PELO ACRÉSCIMO AO IMÓVEL. APLICAÇÃO ANALÓGICA DO ART. 934, III, DO CPC. PERICULUM IN MORA REVERSO. UNESCO. CONVENÇÃO RELATIVA À PROTEÇÃO DO PATRIMÔNIO MUNDIAL, CULTURAL E NATURAL. 1. Inexiste direito de construir absoluto, na exata medida das limitações urbanístico-ambientais e da tutela dos vizinhos incidentes sobre o próprio direito de propriedade, que lhe dá origem e serve de suporte (art. 1.228, § 1º, do Código Civil). Embora caiba ao proprietário levantar em seu terreno as construções que lhe aprouverem, ficam ressalvados os direitos dos vizinhos e os regulamentos administrativos (art. 1.299 do Código Civil). Tal preceito se harmoniza com o princípio da função social da propriedade (art. 5°, XXIII, da Constituição Federal) e com o espírito da nova codificação civil, que considera ato ilícito o exercício de direito quando excede manifestamente os limites impostos pelo seu fim econômico ou social, pela boa-fé ou pelos bons costumes (art. 187 do Código Civil). 2. A pretensão para o ajuizamento de Ação Demolitória surge a partir da conclusão de obra em

especulação e um uso não nobre. Já que a sua utilização deve ser racional, adequada e realizadora de sua função social.

A forma mais usual de intervenção do Estado na propriedade e para a salvaguarda do patrimônio cultural tem-se revelado por meio de atos

desconformidade com as vedações legais. Antes disso, a ordem jurídica confere ao prejudicado a possibilidade de propor Ação de Nunciação de Obra Nova. 3. Apesar de o art. 1.299 do Código Civil referir-se apenas à figura do proprietário, o art. 1.312 prescreve que "Todo aquele que violar as proibições estabelecidas nesta Seção é obrigado a demolir as construções feitas, respondendo por perdas e danos". O dispositivo destina-se a quem descumprir obrigação de não fazer construção que ofenda comandos legais ou administrativos, assim como as normas de postura, seja na condição de possuidor, seja na de proprietário, seja na de simples detentor ocasional do imóvel. 4. São legitimados passivos da Ação Demolitória o possuidor, o dono da obra e quem dela se beneficia diretamente, mesmo que não ostentem título de proprietário, o que se confirma pelo recurso à analogia com as normas que disciplinam a Ação de Nunciação de Obra Nova. Ao prever esse procedimento especial, o Código de Processo Civil, em seu art. 934, III, atribui legitimidade ao Município para ajuizar demanda contra o particular – e não somente contra a pessoa do proprietário – que construa em contravenção da lei, do regulamento ou de postura. Descabido, pois, falar em legitimidade exclusiva do proprietário. TOMBAMENTO 5. Por meio de tombamento ou de outras formas de intervenção administrativa e judicial, a atuação do Estado não protege – nem deve proteger ou muito menos exaltar – apenas estética refinada, arquitetura suntuosa, produção artística luxuosa, templos esplendorosos, obras grandiosas dedicadas ao ócio, ou sítios comemorativos de façanhas heroicas dos que instigaram ou lutaram em guerras, com elas ganharam fama ou enriqueceram. Além de reis, senhores e ditadores, a História vem contada também pelos feitos, revoltas e sofrimentos dos trabalhadores, dos pobres, dos estigmatizados e dos artífices mais humildes da Paz. Para que deles, do seu exemplo, coragem e adversidade nunca se olvidem as gerações futuras, fazem jus igualmente à preservação seus monumentos, conjuntos e locais de interesse, com suas peculiares marcas arquitetônicas, mesmo que modestas e carentes de ostentação, assim como seus rituais, manifestações culturais, raízes etnológicas ou antropológicas, e até espaços de indignidade e desumanidade – do calabouço à senzala, da sala de tortura ao campo de concentração. 6. Tal qual quando socorre as promessas do futuro, o ordenamento jurídico brasileiro a ninguém atribui, mais ainda para satisfazer interesse individual ou econômico imediatista, o direito de, por ação ou omissão, destruir, inviabilizar, danificar, alterar ou comprometer a herança coletiva e intergeracional do patrimônio ancestral, seja ele tombado ou não, monumental ou não. 7. Cabe ao Poder Judiciário, no seu inafastável papel de último guardião da ordem pública histórica, cultural, paisagística e turística, assegurar a integridade dos bens tangíveis e intangíveis que a compõem, utilizando os mecanismos jurídicos precautórios, preventivos, reparatórios e repressivos fartamente previstos na legislação. Nesse esforço, destaca-se o poder geral de cautela do juiz, pois, por mais que, no plano técnico, se diga viável a reconstrução ou restauração de imóvel, sítio ou espaço protegido, ou a derrubada daquilo que indevidamente se ergueu ou adicionou, o remendo tardio nunca passará de imitação do passado ou da Natureza, caricatura da História ou dos processos ecológicos e geológicos que pretende substituir. 8. Recurso Especial parcialmente conhecido, e, nessa parte, não provido." (Recurso Especial Resp nº 1293608/PE, nº 2011/0101319-3, Superior Tribunal de Justiça, Relator Ministro Herman Benjamin, Segunda Turma, j. 04/12/2012, publicado REPDJe 24/09/2014).

administrativos.[243] Os quais são empregues para a consecução dos objetivos de tutela previstos no art. 216, §1º, da Constituição, nas figuras de tombamento, desapropriação, inventário, registro, arrolamento e outras formas de acautelamento desempenhadas pelo Poder Público.

Temos então um exercício do poder regulatório do Estado, que se estende não apenas sobre os bens de sua titularidade, mas também alcança edificações, obras, coleções, documentos, áreas verdes, reservas, montanhas e outros, os quais, ainda que de propriedade privada, integram o acervo do chamado patrimônio cultural e natural de uma nação, revestindo-se estes bens como de interesse coletivo e, portanto, passível da intervenção estatal.[244]

Portanto, tal conjunto de cominações faz com que o proprietário de um determinado bem cultural, por exemplo, o de um prédio tombado, está sujeito tanto a obrigações de viés negativo (como proibição de modificar, de edificar e de demolir) quanto a condutas positivas para a salvaguarda do objeto (como conservação, restauro e manutenção da sua originalidade).

Por fim, apesar de sua estrutura diferente, podemos ainda verificar a incidência de tal princípio na decisão de 1999 do Primeiro Senado do Tribunal Constitucional da Alemanha, sobre a proteção de monumentos, na qual o proprietário de um edifício classificado como de interesse cultural solicita a sua demolição, tendo em vista os custos com a sua conservação e as limitações do seu uso apenas residencial. O pedido foi negado invocando norma do regime jurídico do patrimônio cultural, a qual admitia que apenas um relevante interesse público – e não privado como o do proprietário – prevalecesse sobre o interesse na proteção do patrimônio cultural, ainda que represente restrições ao direito de propriedade.[245]

[243] MEIRELLES, Hely Lopes, "Direito Administrativo", São Paulo: Malheiros, 1994, 19ª ed., p. 133 et seq., leciona que o ato administrativo "é toda manifestação unilateral de vontade da Administração Pública que, agindo nessa qualidade, tenha por fim imediato adquirir, resguardar, transferir, modificar, extinguir e declarar direitos, ou impor obrigações aos administrados ou a si próprio", sendo os seus requisitos a competência, a finalidade, a forma, o motivo e o objeto; além de dotado dos atributos de presunção de legitimidade, imperatividade e autoexecutoriedade, nas suas várias classificações.

[244] MEIRELLES, op. cit., p. 463. Neste particular, interessante as observações da Carta de Veneza sobre a conservação e o uso de monumentos: Art. 5º – A conservação dos monumentos é sempre facilitada pela sua utilização para fins sociais úteis. Esta utilização, embora desejável, não deve alterar a disposição ou a decoração dos edifícios. É apenas dentro destes limites que as modificações que seja necessário efetuar poderão ser admitidas.

[245] BRITO, Miguel Nogueira. Propriedade de bens culturais e restrições de utilidade pública. In: Novos Estudos de Direito do Património Cultural, op. cit., p. 126-7. Ainda assim, o Tribunal considerou que "nos casos em que excepcionalmente a aplicação da lei constituir um fardo desrazoável

3.1.4 Princípio da Preservação no Próprio Sítio e da Proteção do Entorno

O bem cultural material e edificado é inseparável e deve ser intransferível do seu local de origem, no qual sempre repousou. Ali está gravada toda a sua existência, do nascedouro a plenitude do seu desenvolvimento e reconhecimento como objeto de valor.

Atento a tal postulado o art. 7º da Carta de Veneza cominou que o "monumento é inseparável da história de que é testemunho e do meio em que se situa". De modo que a remoção parcial ou total não deve ser permitida, salvo "quando tal seja exigido para a conservação desse monumento ou por razões de grande interesse nacional ou internacional".

Já a importância da conservação do entorno é verificável, por exemplo, na Carta de Washington, de 1987, do ICOMOS, no item 9, ao estabelecer o "melhoramento do 'habitat' deve constituir um dos objetivos fundamentais da salvaguarda."

A transferência de um objeto do seu local original deve ser sempre evitada e repelida, sob pena de perda de importantes aspectos da sua essência e história, com risco de descaracterização e demais influências negativas, as quais podem abalá-lo de tal forma, a ponta de quiçá representar a redução ou possibilidade de sua característica especial de bem cultural.

Ainda assim, a única exceção que podemos contemplar e admitir, é quando esta remoção seja necessária, como forma única ou primordial para a sua salvaguarda, garantindo a sua continuidade existencial e preservação,[246] como no caso de grandiosas e imperativas obras de engenheira, a exemplo das que ocorrem quando determinada área é inundada por uma usina hidrelétrica.

Por sua vez, a proteção do entorno também deve ser tutelada, pois a "conservação de um monumento implica a manutenção de um espaço envolvente devidamente proporcionado" e conservado,[247] não se permitindo alterações

para o proprietário, poderão ser consideradas regras de compensação para salvaguardar a proporcionalidade e reintroduzir o equilíbrio em caso de sacrifícios especiais contrários à igualdade". O autor cita ainda a decisão do Tribunal de 1956, segundo a qual a "propriedade obriga" e o "seu suo deve também servir ao bem comum".

[246] Carta de Veneza: Art. 8 – Os elementos de escultura, pintura ou decoração que façam parte integrante de um monumento apenas poderão ser removidos se essa for a única forma de garantir a sua preservação.

[247] Carta de Veneza: Art. 6 – A conservação de um monumento implica a manutenção de um espaço envolvente devidamente proporcionado. Sempre que o espaço envolvente tradicional subsista, deve ser conservado, não devendo ser permitidas quaisquer novas construções, demolições ou modificações que possam alterar as relações volumétricas e cromáticas.

que venham a deteriorá-lo ou de alguma forma conflitar com a sua harmonia original.

Em termos nacionais a conservação do próprio sítio e a proteção do entorno estão contempladas nos artigos 14[248] e 18[249] do Decreto-lei nº 25/1937, quando impede a construção na vizinhança de imóvel tombado que venha a impedir ou reduzir a visibilidade. Assim como na Lei nº 6.515/1977, que trata sobre as áreas especiais e os locais de interesse turístico, como os de valor histórico, artístico, arqueológico ou pré-histórico, ao prever os *entornos* de *proteção* e de *ambientação*,[250] e sancionar com demolição e demais implicações legais[251] as obras que venham a interferir nestes entornos.

248 Em termos de bens móveis a norma contempla de alguma forma tal princípio, quando trata da movibilidade fora do território nacional, ao cominar:
Art. 14. A. coisa tombada não poderá sair do país, senão por curto prazo, sem transferência de domínio e para fim de intercâmbio cultural, a juízo do Conselho Consultivo do Serviço do Patrimônio Histórico e Artístico Nacional.

249 Art. 18. Sem prévia autorização do Serviço do Patrimônio Histórico e Artístico Nacional, não se poderá, na vizinhança da coisa tombada, fazer construção que lhe impeça ou reduza a visibilidade, nem nela colocar anúncios ou cartazes, sob pena de ser mandada destruir a obra ou retirar o objéto, impondo-se nêste caso a multa de cincoenta por cento do valor do mesmo objéto.

250 Art . 4º – Locais de Interesse Turístico são trechos do território nacional, compreendidos ou não em Áreas especiais, destinados por sua adequação ao desenvolvimento de atividades turísticas, e à realização de projetos específicos, e que compreendam:
I – bens não sujeitos a regime específico de proteção;
II – os respectivos entornos de proteção e ambientação.
§ 1º – Entorno de proteção é o espaço físico necessário ao acesso do público ao Local de Interesse Turístico e à sua conservação, manutenção e valorização.
§ 2º – Entorno de ambientação é o espaço físico necessário à harmonização do local de Interesse Turístico com a paisagem em que se situar.

251 Art. 24 – Além da ação penal cabível, a modificação não autorizada, a destruição, a desfiguração, ou o desvirtuamento de sua feição original, no todo ou em parte, das Áreas Especiais de Interesse Turístico ou dos Locais de Interesse Turístico, sujeitam o infrator às seguintes penalidades:
I – multa de valor equivalente a até Cr$ 782.739,15 (setecentos e oitenta e dois mil, setecentos e trinta e nove cruzeiros e quinze centavos);
II – interdição de atividade ou de utilização incompatível com os usos permissíveis das Áreas Especiais de Interesse Turístico ou dos Locais de Interesse Turístico;
III – embargo de obra;
IV – obrigação de reparar os danos que houver causado; restaurar que houver danificado, reconstituir o que houver alterado ou desfigurado;
V – demolição de construção ou remoção de objeto que interfira com os entornos de proteção e ambientação do Local de Interesse Turístico.

Na Espanha o art. 18[252] da Lei nº 16/1985 estabelece que o imóvel declarado bem de interesse cultural é inseparável do seu entorno, não podendo se proceder o seu deslocamento e remoção, salvo se for imprescindível, ou ainda por motivo de força maior ou de interesse social. O seu art. 19[253] impede a realização de obra interior ou exterior que afete diretamente ao imóvel ou qualquer uma de suas partes, sem autorização expressa das autoridades competentes. Pelo art. 20[254] desta a partir da declaração de um sítio histórico ou similar como de interesse cultural, o município deve formatar um plano especial de proteção da área afetada, com o devido planejamento urbano. E conforme o seu art. 21[255] devem ser mantidas os conjuntos protegidos com as características gerais do seu ambiente, e excepcionalmente podem ser permitidas

[252] Artículo 18. Un inmueble declarado bien de interés cultural es inseparable de su entorno. No se podrá proceder a su desplazamiento o remoción, salvo que resulte imprescindible por causa de fuerza mayor o de interés social y, en todo caso, conforme al procedimiento previsto en el artículo 9, párrafo 2 de esta Ley.

[253] Artículo 19. 1. En los monumentos declarados bienes de interés cultural no podrá realizarse obra interior o exterior que afecte directamente al inmueble o a cualquiera de sus partes integrantes o pertenencias sin autorización expresa de los organismos competentes para la ejecución de esta Ley. Será preceptiva la misma autorización para colocar en fachadas o en cubiertas cualquier clase de rótulo, señal o símbolo, así como para realizar obras en el entorno afectado por la declaración. [...]

[254] Artículo 20. 1. La declaración de un conjunto histórico, sitio histórico o zona arqueológica, como bienes de interés cultural, determinará la obligación para el municipio o municipios en que se encontraren de redactar un Plan especial de protección del área afectada por la declaración u otro instrumento de planeamiento de los previstos en la legislación urbanística que cumpla en todo caso las exigencias en esta Ley establecidas. La aprobación de dicho Plan requerirá el informe favorable de la Administración competente para la protección de los bienes culturales afectados. Se entenderá emitido informe favorable transcurridos tres meses desde la presentación del Plan. La obligatoriedad de dicho Plan no podrá excusarse en la preexistencia de otro planeamiento contradictorio con la protección, ni en la inexistencia previa de planeamiento general. [...]

[255] Artículo 21. 1. En los instrumentos de planeamiento relativos a conjuntos históricos se realizará la catalogación, según lo dispuesto en la legislación urbanística, de los elementos unitarios que conforman el conjunto, tanto inmuebles edificados como espacios libres exteriores o interiores, u otras estructuras significativas, así como de los componentes naturales que lo acompañan, definiendo los tipos de intervención posible. A los elementos singulares se les dispensará una protección integral. Para el resto de los elementos se fijará, en cada caso, un nivel adecuado de protección.
2. Excepcionalmente, el Plan de protección de un conjunto histórico podrá permitir remodelaciones urbanas, pero solo en caso de que impliquen una mejora de sus relaciones con el entorno territorial o urbano o eviten los usos degradantes para el propio conjunto.
3. La conservación de los conjuntos históricos declarados bienes de interés cultural comporta el mantenimiento de las estructura urbana y arquitectónica, así como de las características generales de su ambiente. Se considerarán excepcionales las sustituciones de inmuebles, aunque sean parciales, y sólo podrán realizarse en la medida en que contribuya a la conservación general de carácter del conjunto. En todo caso, se mantendrán las alineaciones urbanas existentes.

remodelações urbanas, apenas no caso de implicar uma melhora e impedir a degradação do conjunto.

Verifica-se, pois, que a norma espanhola adotou em larga escala, tanto o princípio da preservação no próprio sítio, como o da proteção do seu entorno. Serve-se ela claramente de inspiração na Carta de Veneza, porém, vai mais além na imobilidade do bem edificado, quando permite por exceção a sua transferência nas hipóteses de *força maior*.

Ainda, a norma espanhola autoriza a mudança no caso de *interesse social*, e que poderia ocorrer no caso da área de repouso do objeto cultural passar por uma transformação urbanística tão intensa, que o local acabou por perder o seu sentido de outrora e a sua natureza original, sendo do interesse coletivo que o bem seja levado para lugar mais adequado à sua gênese e significado, permitindo um desfrute e preservação ampla.

Dentro da nossa realidade local poderíamos dar como exemplo o caso do translado do monumento do laçador na cidade de Porto Alegre/RS, por conta de obras viárias, tendo se optado pela mudança, em virtude da complexidade do contorno espacial e de engenharia, mas para local próximo e com melhorias, passando a chamar-se o espaço de "Sítio do Laçador".

3.1.5 Princípio do Uso Compatível com a Natureza do Bem

Este princípio tem aplicação plena para os bens imóveis, sendo uma decorrência que, primeiramente, o objeto tenha um uso efetivo, o que é fundamental para a sua manutenção e longevidade, e, segundo, que esta utilização seja na maior medida do possível compatível com as naturezas essenciais e estruturais do bem, permitindo a sua conservação e o desfrute mais amplo possível, em âmbito público ou privado.

Um bom exemplo verificamos no Decreto Legislativo nº 22/2004, da Itália (*Codice dei beni culturali e del paesaggio*), que ao tratar da proteção, da conservação e das intervenções proibidas nos bens culturais, determina no seu art. 20[256] que tal patrimônio não pode ser destruído, danificado, nem receber um uso não compatível com as suas características históricas e artísticas, de tal modo que possa gerar algum tipo de prejuízo à sua própria conservação.

[256] Articolo 20. Interventi vietati
1. I beni culturali non possono essere distrutti, danneggiati o adibiti ad usi non compatibili con il loro carattere storico o artistico oppure tali da recare pregiudizio alla loro conservazione.

O princípio também possui exposição clara no art. 5º da Carta de Veneza, ao estabelecer que a "conservação dos monumentos é sempre facilitada pela sua utilização para fins sociais úteis". Sendo este uso sempre desejável, desde que não venha a "alterar a disposição ou a decoração dos edifícios" e observando-se que "apenas dentro destes limites" as modificações necessárias "poderão ser admitidas". Ainda, os seus artigos 3º e 4º expressam que a "conservação e o restauro dos monumentos têm como objetivo salvaguardar tanto a obra de arte como as respectivas evidências históricas", sendo "essencial que estes sejam sujeitos a operações regulares de manutenção."[257]

Na mesma linha temos a Carta Internacional de Washington para a Salvaguarda das Cidades Históricas, editada em 1987 pelo ICOMOS (Conselho Internacional de Monumentos e Sítios), ao prever no item 8 que as "funções novas e as redes de infraestruturas exigidas pela vida contemporânea devem ser adaptadas às especificidades das cidades históricas". E que a adaptação de tais áreas ao movo de "vida contemporânea requer uma cuidadosa instalação ou melhoria dos serviços públicos". [258]

Adverte Choay que a "reutilização que consiste em reintegrar um edifício desativado a um uso normal" constitui-se a "forma mais paradoxal, audaciosa e difícil da valorização do patrimônio". Assim, teremos de equacionar o risco e o temido desuso, com o potencial desgaste e usurpação pelo uso inadequado. De tal modo que "dar-lhe uma nova destinação é operação difícil e complexa, que não deve se basear apenas em uma homologia com a sua destinação original". Destarte, o primordial é "levar em conta o estado material do edifício, o que requer uma avaliação do fluxo dos usuários potenciais"[259] e de diversos impactos.

Para termos um exemplo, imaginemos um belo sobrado do século XIX, tombado pelo seu valor estético, arquitetônico e histórico. Embora o desejado fosse a sua conservação em um espaço cultural, como museu, cinema, atelier de arte ou casa de cultura, nem sempre será possível e, muitas vezes,

[257] Carta de Veneza. Disponível em: http://portal.iphan.gov.br/uploads/ckfinder/ arquivos/ Carta%20de%20Veneza%201964.pdf. Acesso em 20 set. 2020.

[258] Princípios e objetivos. A salvaguarda das cidades e bairros históricos deve, para ser eficaz, fazer parte integrante de uma política coerente de desenvolvimento econômico e social, e ser considerada nos planos de ordenamento e de urbanismo a todos os níveis. Os valores a preservar são o caráter histórico da cidade e o conjunto de elementos materiais e espirituais que lhe determinam a imagem, emespecial:[...].Disponível em: http://www.patrimoniocultural.gov.pt/media/ uploads/cc/CARTA INTERNACIONALPARASALVAGUARDDASCIDADESHISTORICAS.pdf. Acesso em 20 set. 2020.

[259] CHOAY, op. cit., p. 219.

as cidades já contemplam tais instalações em número suficiente. Contudo, temário seria o seu uso para nele instalar uma metalúrgica, oficina mecânica ou abatedouro. Por outro lado, um restaurante, um escritório, consultório ou loja de roupa atenderia à finalidade de utilização e não seria um uso *incompatível-ofensivo* ao prédio.

Portanto, cremos serem estas as notas essenciais na interpretação e aplicação prática do princípio em comento: que o uso em regra prefere ao desuso. Que a utilização seja o máximo compatível com a natureza do bem, quanto mais próxima disto, melhor para a conservação do objeto. Que no caso de não incidir uma compatibilidade direta em relação à vocação predial, não deve haver incompatibilidade, de modo que necessariamente a nova destinação não poderá ser lesiva ao bem cultural, o qual deve ser protegido.

3.1.6 Princípio do Pro Monumento

Temos este princípio expresso na Convenção da Unesco, de Paris, em 1972, para a Proteção do Patrimônio Mundial, Cultural e Natural, quando no seu art. 12 define que o "fato de um bem do património cultural e natural não ter sido inscrito em qualquer das duas listas referidas" nesta convenção, não significa de modo algum que dito bem "não tenha um valor excepcional para fins diferentes dos resultantes da inscrição nas referidas listas."

Tal princípio foi claramente incorporado no art. 216 da Constituição Federal, pois além de trazer um conceito indicativo e não terminativo de patrimônio cultural, ela reconhece que tais bens não são apenas os tombados, prevendo outros meios de proteção e, principalmente, determinando que eles podem ser reconhecidos e salvaguardados por "outras formas de acautelamento e preservação."

Igualmente, a Lei nº 7.347/1985, quando previu a hipótese de o patrimônio cultural ser declarado e protegido por decisão judicial oriunda de ação civil pública. Ou a própria Constituição de 1988 no seu art. 216, §5º, ao decretar o tombamento automático de todos os sítios históricos dos antigos quilombos.

Também, a Lei nº 9.605/1998 quando no art. 62, II, não exige uma especial condição prévia de proteção por lei, ato administrativo ou decisão judicial, bastando o *status* de instalação científica (como no caso de museu), ou no art. 64, desde conhecida valia do solo ou do seu entorno como de teor cultural, ou no art. 65, quando tutela o monumento urbano, independente de ostentar alguma proteção formal.

Logo, o reconhecimento e o valor cultural de um bem pode ser tanto administrativo, legislativo ou judicial, e não advindo apenas de uma ação ou de fato autodeclaratório. Aqui, o ato de *notabilidade* deve ser interpretado como o *selo de distinção* de um bem como de *valor cultural*. Contudo, não se confunde com este, e não é anterior a ele, sendo apenas a *certificação* e não a sua *certidão de nascimento* como patrimônio cultural, ou seja, ela é tão somente a sua apoteose e não a gênese.

3.1.7 Princípio da Participação Popular

Sabemos todos dos percalços e das dificuldades enfrentadas na proteção do patrimônio cultural e da desvantagem das ações isoladas. Entretanto, a força legal do Poder Público, unida às forças vivas e atuantes da sociedade, formam um indispensável conjunto capaz de desempenhar, de forma mais satisfatória e eficiente, as condutas adequadas e necessárias à salvaguarda e promoção dos bens culturais. De modo que estes possam resplandecer em todo o seu vigor exponencial, vindo em termos práticos a servirem e serem servidos pela humanidade, como de fato se destinam desde a essência da sua formação.

Esta participação popular torna-se ainda mais robusta a partir do momento que "se tem em conta a necessidade de se cumprir o desiderato de legitimidade democrática, no complexo espaço da cidade, em todo o ciclo da política da tutela pública patrimonial".[260] Trata-se de uma participação social, cultural e cidadã, tanto na eleição dos bens a serem tutelados, como na sua proteção e na orientação de políticas públicas.

O princípio participativo aparece nitidamente em nossa Constituição Federal, quando no art. 216, *caput* e §1º, aduz que os bens culturais são aqueles "portadores de referência à identidade, à ação, à memória dos diferentes grupos formadores da sociedade brasileira" e determina que a sua tutela não será executada apenas pelo Estado, mas que este "com a colaboração da comunidade, promoverá e protegerá o patrimônio cultural brasileiro".

Ainda, o princípio da *participação* coliga-se com o *pro monumento*, quando o art. 216, §1º da Carta Maga define que a "vigilância" é uma das formas de proteção do nosso patrimônio. Ora, nada mais popular que a vigília de uma comunidade, o olhar de um povo e o reconhecimento de um determinado

[260] PIRES, Maria Coeli Simões. Da proteção ao patrimônio cultural. O tombamento como principal instituto, 2ª. ed., Belo Horizonte: Del Rey, 2022, p. 183.

grupo social sob um objeto, atribuindo-lhe expressão importante, valor determinado, identificação inerente, por questões históricas, culturais, estéticas, arquitetônicas, artísticas ou outras. E que, de alguma forma, dirigem uma distinção e certa adoração ao bem, de modo que naquele contexto ele é apreciado e valorado como cultural.

Na mesma linha o art. 215, § 1º quando determina que Estado deve proteger "as manifestações das culturas populares, indígenas e afro-brasileiras, e das de outros grupos participantes do processo civilizatório nacional", de modo a reconhecer a força da cultura popular e de nossos grupos sociais.

E o art. 216-A, *caput*, ao prever que o Sistema Nacional de Cultura será "organizado em regime de colaboração, de forma descentralizada e participativa," num processo de gestão e promoção das políticas públicas de cultura que será conjunto e permanente, pactuado entre os entes da Federação e a sociedade, observando a "democratização dos processos decisórios com participação e controle social".

Igualmente, a Lei nº 10.257/2001, o Estatuto da Cidade, que no seu art. 4º, V, "s", prevê como instrumentos políticos e jurídicos a participação popular por meio de referendo e plebiscito, além do art. 43, II, que contempla como um mecanismo para "garantir a gestão democrática da cidade" a participação por via de "debates, audiências e consultas públicas".

Esta participação também figura na ação popular, Lei nº 4.717/1965, em que "qualquer cidadão será parte legítima para pleitear a anulação ou a declaração de nulidade de atos lesivos ao patrimônio" público, assim considerados "os bens e direitos de valor econômico, artístico, estético ou histórico". E ainda na Lei nº 9.795/1999, a qual trata do plano de educação ambiental.

No campo internacional preconiza a Carta de Atenas, do Escritório Internacional dos Museus Sociedade das Nações, em 1931, que a conservação do patrimônio cultural da humanidade "interessa à comunidade dos Estados, guardiã da civilização", sendo que a melhor garantia para tal objetivo "vem do respeito e do interesse dos próprios povos", bem como pelo empenho do Poder Público e pela importância da educação na conscientização sobre os cuidados para com o patrimônio.[261]

Prosseguindo, é na Convenção de Paris, de 1972, que o princípio ora em análise mostra toda a sua força, quando pelos artigos 27 e 28 os Estados firmatários comprometem-se em "reforçar o respeito e o apego dos seus povos

[261] Carta de Atenas, Disponível em: http://portal.iphan.gov.br/uploads/ckfinder/ arquivos/ Carta%20de%20Atenas%201931.pdf. Acessado em 21 set. 2020.

ao patrimônio cultural e natural", além de "informar largamente o público das ameaças a que está sujeito tal patrimônio", bem como "deverão tomar as medidas necessárias no sentido de dar a conhecer a importância dos bens que constituem o objecto de tal assistência e o papel desempenhado por esta".[262]

Da mesma forma, a Carta do Rio da ECO-92 prevê no seu princípio 10[263] que deve ser assegurada a participação de todos os cidadãos interessados, com acesso adequado às informações, inclusive "sobre materiais e atividades perigosas em suas comunidades, bem como a oportunidade de participar de processos de tomada de decisões", o que deve ser facilitado e estimulado pelo poder público, sem prejuízo do acesso efetivo a procedimentos judiciais e administrativos, inclusive, no tocante à compensação e reparação de danos.

Tal princípio participativo não se esgota apenas na participação pública, mas desdobra-se também no direito à informação e no direito de acesso à justiça ambiental. A informação é crucial para o efetivo controle social das ações e omissões públicas e privadas que se configurem prejudicial ou sejam importantes para a preservação ambiental. Assim como o acesso à justiça mostra-se conectado à fruição de um direito ao meio ambiente ecologicamente equilibrado e a sua eficácia enquanto um direito coletivo, com características fundamentais.[264]

Inclusive, o Acordo Regional sobre Acesso à Informação, Participação Pública e Acesso à Justiça em Assuntos Ambientais, na América Latina

[262] Convenção de Paris, Unesco, Disponível em: https://whc.unesco.org/archive/convention-pt.pdf. Acesso em 21 set. 2020.

[263] Princípio 10
A melhor maneira de tratar questões ambientais e assegurar a participação, no nível apropriado, de todos os cidadãos interessados. No nível nacional, cada indivíduo deve ter acesso adequado a informações relativas ao meio ambiente de que disponham as autoridades públicas, inclusive informações sobre materiais e atividades perigosas em suas comunidades, bem como a oportunidade de participar de processos de tomada de decisões. Os Estados devem facilitar e estimular a conscientização e a participação pública, colocando a informação à disposição de todos.
Deve ser propiciado acesso efetivo a procedimentos judiciais e administrativos, inclusive no que diz respeito à compensação e reparação de danos.
Disponível em: https://www.scielo.br/j/ea/a/szzGBPjxPqnTsHsnMSxFWPL/?lang=pt. Acessado em 18 set. 2022.

[264] BENJAMIN, Antônio Herman V. O meio ambiente na Constituição Federal de 1988. In *Desafios do direito ambiental no século XXI: estudos em homenagem a Paulo Affonso Leme Machado*, KISHI, Sandra Akemi Shimada; SILVA, Solange Teles da; SOARES, Inês Virgínia Prado (Org.), São Paulo: Malheiros, 2005, p. 386; e MIRRA, Álvaro Luiz Valery. Acesso Participativo à Justiça em Matéria Ambiental e o Princípio da Proibição do Retrocesso, *Revista de Direito Ambiental*, vol. 94, abr.-jun. 2019, p. 21-2.

e no Caribe, sintetizado no Acordo de Escazú, de 2018,[265] prevê que no seu artigo 8º que "Cada Parte garantirá o direito de acesso à justiça em questões ambientais de acordo com as garantias do devido processo" em qualquer

[265] Disponível em: https://repositorio.cepal.org/bitstream/handle/11362/43611/S1800493_pt.pdf. Acessado em: 14 jan. 2021.
Artigo 8
Acesso à justiça em questões ambientais
1. Cada Parte garantirá o direito de acesso à justiça em questões ambientais de acordo com as garantias do devido processo.
2. Cada Parte assegurará, no âmbito de sua legislação nacional, o acesso a instâncias judiciais e administrativas para impugnar e recorrer, quanto ao mérito e procedimento:
a) qualquer decisão, ação ou omissão relacionada com o acesso à informação ambiental;
b) qualquer decisão, ação ou omissão relacionada com a participação pública em processos de tomada de decisões ambientais; e
c) qualquer outra decisão, ação ou omissão que afete ou possa afetar de maneira adversa o meio ambiente ou infringir normas jurídicas relacionadas ao meio ambiente.
3. Para garantir o direito de acesso à justiça em questões ambientais, cada Parte, considerando suas circunstâncias, contará com:
a) órgãos estatais competentes com acesso a conhecimentos especializados em matéria ambiental;
b) procedimentos efetivos, oportunos, públicos, transparentes, imparciais e sem custos proibitivos;
c) legitimação ativa ampla em defesa do meio ambiente, em conformidade com a legislação nacional;
d) a possibilidade de dispor medidas cautelares e provisórias para, entre outros fins, prevenir, fazer cessar, mitigar ou recompor danos ao meio ambiente;
e) medidas para facilitar a produção da prova do dano ambiental, conforme o caso e se for aplicável, como a inversão do ônus da prova e a carga dinâmica da prova;
f) mecanismos de execução e de cumprimento oportunos das decisões judiciais e administrativas correspondentes; e
g) mecanismos de reparação, conforme o caso, tais como a restituição ao estado anterior ao dano, a restauração, a compensação ou a imposição de uma sanção econômica, a satisfação, as garantias de não repetição, a atenção às pessoas afetadas e os instrumentos financeiros para apoiar a reparação.
4. Para facilitar o acesso do público à justiça em questões ambientais, cada Parte estabelecerá:
a) medidas para reduzir ou eliminar as barreiras ao exercício do direito de acesso à justiça;
b) meios de divulgação do direito de acesso à justiça e os procedimentos para torná-lo efetivo;
c) mecanismos de sistematização e difusão das decisões judiciais e administrativas correspondentes; e
d) o uso da interpretação ou tradução de idiomas distintos dos oficiais quando for necessário para o exercício desse direito.
5. Para tornar efetivo o direito de acesso à justiça, cada Parte atenderá as necessidades das pessoas ou grupos em situação de vulnerabilidade mediante o estabelecimento de mecanismos de apoio, inclusive assistência técnica e jurídica gratuita, conforme o caso.
6. Cada Parte assegurará que as decisões judiciais e administrativas adotadas em questões ambientais, bem como sua fundamentação, sejam consignadas por escrito.
7. Cada Parte promoverá mecanismos alternativos de solução de controvérsias em questões ambientais, quando cabível, tais como a mediação, a conciliação e outros mecanismos que permitam prevenir ou solucionar essas controvérsias.

instância administrativa ou judicial, seja sobre informação ambiental, participação popular ou outra relevante, com legitimação ativa ampla na defesa do meio ambiente.

3.1.8 Princípio da Proibição do Retrocesso

Um ponto inicial a ser considerado, é que a própria dignidade da pessoa humana não restará suficientemente respeitada e protegida se as pessoas forem atingidas por um tal nível de instabilidade "que não estejam mais em condições de, com um mínimo de segurança e tranquilidade, confiar nas instituições sociais e estatais", jurídicas e legais. Aqui, a dignidade exige tanto uma proteção em face de atos de cunho retroativo, como também em face de medidas retrocessivas, o que poderia ocorrer como, por exemplo, na supressão do núcleo essencial ou de uma norma concretizadora de determinado direito social ou fundamental.[266]

Na espécie, o *princípio da proibição do retrocesso* não é expresso, mas decorre do sistema jurídico-constitucional, de modo que um determinado instrumento legislativo diretamente ligado ao mandamento constitucional, sempre que instituir, expressar ou se relacionar a determinado direito, "ele se incorpora ao patrimônio jurídico da cidadania e não pode ser absolutamente suprimido."[267]

Podemos dizer que a previsão constitucional conduz tal direito a uma categoria prestacional, e a partir da sua satisfação em nível legislativo, este direito transforma-se, nas palavras de Canotilho e Vital Moreira em "direito negativo, ou direito de defesa", isto é, num direito a que o Estado se abstenha de atentar contra ele."[268]

Ocorre que a proibição de retrocesso assume "feições de verdadeiro princípio constitucional fundamental implícito, que pode ser reconduzido tanto ao princípio do Estado de Direito", enquanto proteção à segurança jurídica, como também ao princípio do Estado Social, como "garantia de manutenção dos graus mínimos de segurança social alcançados". Além de uma "máxima

[266] SARLET, Ingo Wolfgang. *A eficácia dos direitos fundamentais*. 9ª ed., Porto Alegre: Livraria do Advogado, 2008, p. 437-8.

[267] BARROSO, Luís Roberto. *O direito constitucional e a efetivação das suas normas*. 5ª ed., Rio de Janeiro: Renovar, 2001, p. 158.

[268] CANOTILHO, J. J. Gomes; MOREIRA, Vital. *Fundamentos da constituição*. Coimbra: Coimbra Ed., 1991, p. 131.

eficácia e efetividade das normas de direitos fundamentais sociais e do direito à segurança jurídica, assim como da própria dignidade da pessoa humana."[269]

Tal significa que a partir da concretização de determinado direito e conquista social é vedado ao poder público retroagir mediante uma supressão ou mesmo relativização extrema que venha a afetar o núcleo essencial de determinado direito constitucionalmente assegurado. De tal modo que esta proibição atua propriamente como um *limite dos limites*, fazendo com que a medida restritiva ou supressiva de direitos goze de uma presunção relativa de inconstitucionalidade. O que a sujeita a um exame de proporcionalidade na sua dupla forma, em especial, pelo fato de que o Estado Democrático do Direito requer uma "proteção social compatível com as exigências da dignidade da pessoa humana" e com a própria segurança jurídica.[270]

Temos então que os direitos fundamentais, sociais e prestacionais ao atingirem um determinado nível de concretização não podem mais retroceder. Os poderes públicos não podem eliminar e erradicar certas posições, não ao menos sem compensações ou outras alternativas que mantenham um nível mínimo de salvaguarda sobre o núcleo essencial dessa categoria de direitos, sob pena de violarem o princípio da *proibição da evolução reacionária* ou de *retrocesso social*.

Conforme Canotilho, a efetiva realização de tais direitos em nível infraconstitucional eleva a sua condição prestacional enquanto direitos subjetivos, não mais estando sujeito a livre disponibilidade dos poderes públicos, o que impede a sua supressão e redução extrema sob pena de infração ao *princípio da proteção da confiança no Estado de Direito*, sendo, pois, inconstitucionais as medidas que venham a solapar prestações e posições já alcançadas.[271]

Ainda, é interessante citar que Luigi Ferajoli já observava que ao Estado de Direito *liberal* correspondia não piorar as condições de vida dos cidadãos e não atacar às suas garantias como condições naturais de sua existência. Já ao Estado de Direito *social* corresponde o dever de melhorar a qualidade de vida em sociedade, enquanto ações positivas, de pretensão a atingir determinadas condições de vida e de subsistência, e não retirá-las, como "a não destruição do ar, da água e do meio ambiente em geral",[272] ou na própria conservação e não danificação do patrimônio cultural.

[269] SARLET, op. cit., p. 454.

[270] SARLET, op. cit., p. 456-461.

[271] CANOTILHO, J. J. Gomes. *Direito constitucional e teoria da constituição*. 7ª ed., 4ª reimpressão, Coimbra: Almedina, 2003, p. 474-9.

[272] FERRAJOLI, Luigi, "Direito e Razão. Teoria do Garantismo Penal", 2ª ed., Trad.: Juarez Tavares et al., São Paulo: Revista dos Tribunais, 2006, p. 795.

Assim, cumpre ao Estado assegurar de forma eficiente "nunca menos do que uma vida com dignidade para cada indivíduo e, portanto, uma vida saudável para todos os integrantes" do seu corpo social.[273] Daí decorrem várias consequências.

Primeiro, que o postulado do Estado Democrático e Social de Direito impõe um patamar mínimo de segurança jurídica, no tocante à "proteção da confiança e à manutenção de um nível mínimo de continuidade da ordem jurídica, além de uma segurança contra medidas retroativas". Segundo, o princípio da dignidade da pessoa humana exige prestações positivas para uma existência condignas e a inviabilidade de medidas que fiquem aquém deste patamar. Terceiro, o princípio da máxima eficácia e efetividade das normas definidoras dos direitos fundamentais (art. 5º, §1º, CF-BR) reclama a maior proteção possível e repele medidas de caráter retrocessivo.[274]

Assim, os órgãos estatais estão vinculados "não apenas às imposições constitucionais no âmbito de sua concretização no plano infraconstitucional, mas estão sujeitos a uma certa autovinculação em relação aos atos anteriores", o que alcança o legislador, a administração pública e os órgãos jurisdicionais. De tal modo que negar reconhecimento ao princípio da proibição do retrocesso seria admitir que o poder público, ainda que vinculado diretamente aos direitos fundamentais e às normas constitucionais, poderia agir ou se omitir em contradição com a Constituição,[275] a qual jamais poderia ser sabotada.

O princípio da proibição de retrocesso está alicerçado nos princípios da dignidade da pessoa humana, da segurança jurídica, da máxima eficácia dos direitos ambientais e do dever de progressividade no tocante aos direitos sociais, culturais e ambientais,[276] formando uma barreira contra retrocessos, a erosão ou a perda de importantes conquistas já alcançadas. Afinal, "não é possível eliminar, pura e simplesmente, as normas legais e concretizadoras,

[273] ROCHA, Cármen Lúcia Antunes. O princípio da dignidade da pessoa humana e a exclusão social. *Revista de Interesse Público*, Porto Alegre, nº 4, 1999, p. 32, anotando ainda que a "dignidade da pessoa humana é não apenas um princípio fundamental da Democracia, mas também um valor fundante das organizações sociais" que atuam com o Estado.

[274] SARLET, op. cit., p. 450-1

[275] SARLET, op. cit., p. 451-2.

[276] SARLET, Ingo Wolfgang; FENSTERSEIFER, Tiago. Notas sobre a proibição de retrocesso em matéria (socio) ambiental. In: *Colóquio sobre o princípio da proibição de retrocesso ambiental*. Comissão de Meio Ambiente, Defesa do Consumidor e Fiscalização e Controle. Senado Federal. Brasília-DF. p. 135-140.

suprimindo os direitos derivados a prestações, porque eliminá-las significaria retirar a eficácia jurídica às correspondentes normas constitucionais".[277]

Destarte, em termos práticos deve ser verificada "a ocorrência de 'anulação', 'revogação' ou 'aniquilação' do núcleo essencial da proteção" do meio ambiente cultural, com o suprimento do seu mínimo existencial e a afetação do seu núcleo principal; o baixo grau de justificativa ou mesmo a "inexistência de fundamentação para as alterações legislativas"; e a análise da máxima da proporcionalidade como um todo, com os seus três vetores.[278]

Tal princípio tem aplicação no direito ambiental, no sentido de que não é possível a simples retirada das barreiras de proteção, tendo também plena aplicação em termos de patrimônio cultural, no tocante a não vulneração de índices mínimos de tutela já consagrados, na não erosão de direitos, na não desqualificação de bens culturais e no não aniquilamento por completo de níveis protetivos que tenham sido consagrados a determinado objeto reconhecido como patrimônio cultural.

Uma das primeiras consequências nesta seara seria a inconstitucionalidade do Decreto-Lei nº 3.866/1941,[279] ao prever o destombamento por interesse público. Os vícios e a não recepção pela nova ordem constitucional de 1988 de tal norma são múltiplas.

Primeiro, sancionado no período ditatorial da era Vargas, confere um poder ao Presidente da República que não está em consonância com as suas competências instituídas pelo art. 84 da Constituição Federal de 1988. Segundo, autoriza o Presidente a cancelar o tombamento não apenas dos bens da União, mas também dos Estados e Municípios, invadindo seara que não lhe é própria e contrariando o art. 23 da CF-BR, III e IV, que confere autonomia para que estes entes federados protejam os bens culturais no âmbito dos seus poderes. Terceiro, conflita com o art. 216, §1º, da CF-BR, o qual comanda que

[277] MIRANDA, Jorge. Manual de Direito Constitucional. Coimbra: Coimbra Editora, 2001, Tomo. 6. p. 397.

[278] BRITO, Felipe Pires M. Princípio da vedação ao retrocesso (socio) ambiental no sistema jurídico brasileiro: uma visão prospectiva e limitadora do ponto de não retorno. In: Direito ambiental e cidades, MADRUGA FILHO, Vital José Pessoa; MOURA, Giovanna de Britto Lyra (Org.), Editado por: Talden Farias Fernando Joaquim Ferreira e Maia Álvaro Sánchez Bravo, Punto Rojo Libros, Espanhã, 2021, p. 501 e 507.

[279] D. L. 3.866/1941 Artigo único. O Presidente da República, atendendo a motivos de interesse público, poderá determinar, de ofício ou em grau de recurso, interposto pôr qualquer legítimo interessado, seja cancelado o tombamento de bens pertencentes à União, aos Estados, aos municípios ou a pessoas naturais ou jurídicas de direito privado, feito no Serviço do Patrimônio Histórico e Artístico Nacional, de acordo com o decreto-lei nº 25, de 30 de novembro de 1937.

o Poder Público "promoverá ou protegerá o patrimônio cultural". Ou seja, todos dispositivos que determinam a sua tutela e de forma alguma preveem a possibilidade da retirada dos níveis de proteção já conquistados, o que torna claramente inconstitucional o Decreto em comento.

Prosseguindo, temos uma colisão entre interesse público e o direito de caris fundamental ao patrimônio cultural preservado, sendo que este prevalece sobre aquele, além de aqui ser discutível o conceito do interesse público e ainda não poder sob nenhum aspecto serem negligenciadas as etapas legais as quais devem seguir o mesmo procedimento do tombamento, com total publicidade e legalidade.

Na espécie, o retrocesso do destombamento colide ainda com a própria principiologia de tutela do patrimônio cultural. Nos referimos aos princípios da *concordância prática* e da *proporcionalidade*, pelos quais os valores colidentes devem ser sopesados, levando-se em conta a proteção e a valorização dos bens culturais e o direito fundamental à sua fruição. Também, o princípio da *tutela pública*, pela qual os órgãos do Estado devem estar orientados não apenas para a proteção, mas também para a conservação, a defesa e a valorização do patrimônio cultural.

Ainda, o princípio da *unidade do regime de proteção*, dirigido sobretudo ao legislador para que, em vez de medidas de enfraquecimento, estabeleça instrumentos de unidade e tutela dos bens culturais. E o princípio da *fruibilidade universal*, o qual assegura que os bens culturais sejam usufruídos, valorizados e conservados, criando-se as condições para tanto.[280]

Por fim, o princípio da participação popular, consagrado no próprio art. 216, §1º, da CF-BR, ao prever que o patrimônio cultural será protegido em conjunto com a sociedade, o que significa que um bem não pode ser destombado sem que tal processo seja antes submetido ao necessário debate e consulta à comunidade.

Com efeito, a concepção de interesse público também é rechaçada pelo fato de estarmos diante de um interesse coletivo, metaindividual e transgeracional. Assim, o destombamento "não pode ser invocado para justificar ações baseadas nos interesses das pessoas jurídicas de direito público responsáveis pela proteção do patrimônio cultural", ou para interesses privados. De tal modo que "a mera alegação de interesse público é insuficiente para afrontar a força normativa constitucional que põe o patrimônio cultural em um

[280] NABAIS, op. cit., p. 115-8, enumerando os seguintes dispositivos da Constituição de Portugal como contemplativos de tais princípios: artigos 73, nº 3; 78, nº 1; 165, nº 1, além da Lei 107/2001.

patamar hierárquico superior", fazendo com que a revogação do tombamento por qualquer dos entes federados "seria ofensiva aos mandamentos constitucionais que impõe (e não facultam) a tutela dos órgãos públicos".[281]

Afinal, o "Estado não é titular de um direito específico, contudo, gestor de um interesse público indeclinável" e geral, ligados a "direitos públicos coletivos, exigíveis pelos cidadãos, no sentido de fazer o Estado, no âmbito da lei cumprir o seu poder-dever."[282]

Ocorre, que uma vez reconhecido o valor cultural de um bem este não se esvai, nem evapora pela passagem temporal, muito pelo contrário. Tal valia não se trata de elemento volátil, é, pois, permanente e perpetua-se através dos tempos. Não como se pode conceber, nem crer que determinado bem, como um importante casario do século XIX, por conta de um mero detalhe ou do inevitável transcorrer do tempo, sem a intervenção de causa externa significante, venha a perder o seu interesse público, coletivo e constitucional que leve a cancelar um tombamento[283] já registrado e consagrado.

Na espécie, para não violar, entre os outros, o princípio da proibição do retrocesso, admitimos duas hipóteses como legítimas e legais para o destombamento. Primeiro, o perecimento. Se o bem foi destruído por completo, não podendo mais ser recuperado, esvaiu-se o seu valor cultural, e ocorreu a própria perda do objeto, não havendo mais o que tutelar.

[281] TELLES, Mário Ferreira de Pragmácio; COSTA, Rodrigo Vieira. *O (in)verso da proteção do patrimônio cultural: análise do instituto jurídico do cancelamento de tombamento.* Disponível em: http:// www. publicadireito.com.br/artigos/?cod=42dac78c17149caa#:~:text=Tal%20qual%20analisado%20anteriormente%2C%20ocancelamento%20de%20tombamento%20%C3%A9%20 constitucional.&text=%C3%89%20 importante%20ressaltar%2C%20tamb%C3%A9m%2C%20 que,valor%20que%20antes%20fora%20atribu%C3% ADdo. Acessado em: 25 dez. 2020. Acrescendo que: "Dessa forma, resta claro que apenas o desaparecimento do próprio interesse que motivou o tombamento, ou seja, o do valor que baseou a proteção do patrimônio cultural, a partir de certos critérios formais e materiais, além do princípio democrático, é apto para subsidiar o destombamento, pois, de outra forma, nem mesmo a alegação da existência de conflitos com outros interesses, ainda que igualmente públicos, ressalte-se conflitos normalmente apenas aparentes, constituem justificativa plausível para desconstituí-los do gravame".

[282] CASTRO, Sonia Rabello de. O Estado na preservação de bens culturais: o tombamento. Rio de Janeiro: IPHAN, 2009, p. 129. Ver MIRANDA, Marcos Paulo de Souza. Tutela do patrimônio cultural brasileiro: doutrina, jurisprudência e legislação. Belo Horizonte: Del Rey, 2006, p. 131; e SARMENTO, Daniel. Interesses públicos vs. interesses privados na perspectiva da teoria e da filosofia constitucional. In: SARMENTO, Daniel (Org.). Interesses públicos versus interesses privados: desconstruindo o princípio de supremacia do interesse público. Rio de Janeiro: Lumen Juris, 2007, p. 84.

[283] O mesmo podemos dizer em relação a um bem inventariado, sobre o qual deve ter um causa significativa para o seu cancelamento e persistir um mínimo de proteção, como o arrolamento.

Segundo, o que chamaremos de "estado de necessidade coletivo inafastável". Se em virtude da ação do homem, do tempo ou dos elementos da natureza o bem (em especial o imóvel) ficou comprometido de tal forma que não apenas o seu valor possa ser questionado, como a sua permanência impõe riscos para o interesse, a ordem e a segurança pública, de uma forma que as fontes de perigo não possam ser afastadas por meios comuns, ou por um restauro tradicional, que não seria possível, nem aconselhável, resta apenas em nome de interesses superiores retirar a proteção legal deste objeto e proceder a intervenção que se fizer necessária, para evitar um dano coletivo maior, agindo aqui por força deste estado de necessidade, de modo simétrico ao previsto no art. 24 do Código Penal. Fora de tais circunstâncias, haverá ilegalidade plena.

Por fim, também haveria violação ao princípio da proibição do retrocesso no caso de reforma ou de nova ordem constitucional restringir ou diminuir os atuais padrões estabelecidos na proteção do patrimônio cultural, como, por exemplo, a exclusão de crimes, a impossibilidade da adoção de outras formas protetivas como o inventário, ou mesmo implicações em sede de tombamento, como é o caso do Projeto de Lei 2.396/2020[284] que propôs alterações e flexibilizações no instituto do tombamento, o qual se tornaria menos hígido.

[284] MARCHESAN, Ana Maria Moreira; OLIVEIRA, Giselle Ribeiro de; MIRANDA, Marcos Paulo de Souza; FLACH, Michael Schneider; CUREAU, Sandra. Comentários sobre o projeto de lei nº 2396-2020: alterações injustificáveis no instituto do tombamento. *Revista do Ministério Público do Rio Grande do Sul*, nº 89, jan.-jun. 2021, p. 306, anotam que: "O projeto de lei 2396 de 2020 propôs, em suma, as seguintes mudanças na norma vigente: (a) obrigatoriedade de motivação dos tombamentos; (b) necessidade de ocorrência de audiências públicas, no local objeto do tombamento, para informar seus habitantes, quando se tratar de conjuntos urbanos; (c) possibilidade de tombamento da fachada" do imóvel, com intervenções no restante de sua estrutura, para evitar o perecimento ou desmoronamento do bem tombado, ou a fim de preservar a vida humana e não humana; (d) possibilidade de exclusão da incidência de multa, em caso de o bem estar em mau estado de conservação ou ruína. O novel projeto de lei apresenta respeitosas preocupações com a matéria. Contudo, qualquer alteração legislativa na área ou modificação do Decreto-Lei nº 25/1937 deve necessariamente receber uma leitura à luz da Constituição Federal de 1988, em especial do seu art. 216, e do sistema do patrimônio cultural brasileiro como um todo. Na medida em que o Constituinte erigiu o patrimônio cultural como bem jurídico dotado de feições fundamentais e inclusive cominando mandando de criminalização, para que ele tenha uma proteção mais eficaz. Ademais, sob o bem jurídico em pauta pende uma obrigação múltipla e comum. Ou seja, tanto o Poder Público, como a sociedade, têm o ônus inarredável de proteger e de promover o nosso patrimônio cultural, por meio de diversos instrumentos e de várias formas, seja por lei, ato administrativo ou decisão judicial".

3.1.9 Princípio da Graduabilidade

A graduabilidade trata dos diferentes estágios e mecanismos para a proteção do patrimônio cultural. Verificamos a sua incidência no art. 216, §1º, da CF-BR, quando relaciona que o nosso patrimônio será tutelado "por meio de inventários, registros, vigilância, tombamento e desapropriação" e outras formas. Em Portugal figura nos artigos. 15º e 16º da Lei nº 107/2001.

Tal princípio está relacionado ao grau de interesse público presente nos bens culturais e que estes não possui a mesma importância e valia, o que gera diferente de níveis de proteção. Tal escala de valor inclusive tem implicações de competência, em relação a qual ente público será o responsável pela classificação e conservação do bem, seja municipal, estadual, federal, ou mesmo como patrimônio universal da Unesco.

De modo que, indiretamente, é possível localizá-lo no art. 23, III, da Constituição Federal, o qual trata da competência comum dos entes públicos federados na tutela do patrimônio cultural. Também esta graduação repercute nos efeitos em relação aos direitos e aos deveres dos proprietários e detentores dos bens culturais, quanto às restrições ao uso e à fruição.

Um exemplo claro de como tal princípio de graduação revela-se no nosso sistema temos no tombamento que é a forma mais forte de proteção de um bem cultural, gerando mais obrigações e restrições, seguido pelo inventário e outros. Já na legislação portuguesa ele se revela pelos seus dois critérios: o de classificação e o de inventariação. Aquele, determinando se certo bem possui um inestimável valor cultural. Já este sob a forma de um levantamento sistemático, atualizado e exaustivo dos bens culturais, para a sua identificação.

3.1.10 Princípio do Imperativo Público de Tutela

Este princípio impõe ao Estado o *poder e o dever* de agir em face da proteção do patrimônio cultural. Também, impõe às instituições públicas o dever de colaboração conjunta para a realização de tal objetivo. Ainda, impõe a prevalência do interesse público sobre o particular na tutela do patrimônio cultural, inclusive como interesse coletivo que prevalece sobre o individual. E, igualmente, impõe a indisponibilidade deste interesse público a ser resguardado. Enfim, são várias cominações de ordem pública, ou subprincípios do poder público, que formam aquilo que aqui chamamos de *princípio do imperativo público de tutela*.

O direito e a obrigação enquanto poder e dever surgem do art. 216, §1, da Constituição Federal, ao determinar que o Poder Público "promoverá e protegerá o patrimônio cultural brasileiro". Da mesma forma, no art. 78, da Constituição de Portugal, quando impõe a todos o direito de fruição e o "dever de preservar, defender e valorizar o patrimônio cultural", assim como no art. 11 da Lei 107/2001.

Conforme Nabais esta tutela pública tem duas finalidades. Primeira, está orientada para a conservação e defesa, para a manutenção estática dos bens culturais no seu estado original e genuíno. Segundo, como promoção e valorização, a serviço de uma dinâmica preocupada com o enriquecimento e o engrandecimento dos bens culturais, inclusive, para que cada geração possa ter acesso a um acervo mais rico do que aquele usufruído pela geração anterior.[285]

O dever de colaboração conjunta significa que todas as instituições públicas devem desprender o máximo de esforços para cooperar umas com as outras. Mas não apenas isto, traduz-se no fato de que os órgãos públicos do mesmo modo devem se mover em direção aos organismos privados ou aceitar o convite destes na busca de parcerias que levem a maior tutela e promoção dos bens culturais, seja no âmbito interno, como, para ilustrar, com entidades religiosas, ou internacional com outros países.

Um exemplo podemos ter quando entidades federais, estaduais e municipais trabalham em conjunto para o tombamento de um determinado bem o qual, ainda que aparentemente seja de interesse local, revela valores que se projetam em nível maior, seja para o Estado ou o país, merecendo, pois, a tutela por estes entes. Trata-se aqui quase de uma relação simbiótica, na qual os operadores colaboram e atuam mutuamente para a consecução de um objetivo maior, de interesse e proveito comum.

A supremacia do interesse público sobre o privado está consagrada como princípio geral do direito público, a partir do que os interesses da coletividade se colocam como superiores, devendo prevalecer sobre aqueles meramente privados, figurando inclusive como condição de estabilidade da ordem social. Tal figura aparece tanto em termos de patrimônio, como de meio ambiente cultural, na medida em que a conservação trata-se de um interesse coletivo amplo, e a própria preservação ambiental tornou-se uma condição primordial para a existência e para a sadia qualidade de vida em sociedade.[286]

[285] NABAIS, op. cit., 2010, p. 116.

[286] MIRRA, Álvaro Luiz Valery. Princípios fundamentais de direito ambiental. *Revista de Direito Ambiental*, vol. 2, abr.-jun. 1996, p. 341.

A indisponibilidade deste interesse público também é um imperativo, na medida em que o Poder Público não pode renunciar a tutela do patrimônio cultural e deve lançar mão de todos os meios à disposição para a sua defesa e promoção. Podemos verificar os seus fundamentos no art. 216, da CF-BR, quando expressa um conceito de patrimônio cultural e desde já comina os seus meios de proteção.

Aqui, ao tomar tal posição, o constituinte comanda ao Estado e ao legislador ordinário o dever irrenunciável de tutela de todo e qualquer objeto que possa ser enquadrável na tipologia de bem cultural, enumerando para os operadores uma série de mecanismos para a correta execução de tal mister, além de prever que outros meios poderão ser empregados, bem como de pronto determinando o tombamento dos documentos e sítios dos antigos quilombos.

Em termos de meio ambiente cultural podemos vislumbrá-lo no art. 225, da CF-BR, quando após reconhecer o direito ao meio ambiente ecologicamente equilibrado e impor o dever de preservá-lo para as presentes e futuras gerações, relaciona no seu parágrafo primeiro uma série de obrigações em face do Poder Público, as quais devem ser realizadas de forma irrenunciável, para assegurar a efetividade do direito em questão.

3.2 Dos princípios ambientais aplicáveis ao patrimônio cultural

Conforme já referido, localizamos o patrimônio cultural como inserido no meio ambiente cultural e conectado ao urbanismo, em especial, no nosso objeto de estudo dirigido aos bens edificados. Diante do que, doravante serão analisados os princípios protetivos que tenham relação direta com os ambientais.

3.2.1 Princípio da Valorização e do Desenvolvimento Sustentável

Dentre os principais, e primeiro, fundamento da Lei nº 6.938/1981, é que a Política Nacional do Meio Ambiente visará "à compatibilização do desenvolvimento econômico-social com a preservação da qualidade do meio ambiente e do equilíbrio ecológico", conforme art. 4º, I.

O objetivo desta norma é "a preservação, melhoria e recuperação da qualidade ambiental propícia à vida, visando assegurar, no País, condições ao desenvolvimento socioeconômico, aos interesses da segurança nacional e à proteção da dignidade da vida humana".

Não bastasse, na Lei nº 6.803/1980, a qual dispõe sobre as diretrizes básicas para o zoneamento industrial nas áreas críticas de poluição, o seu art. 1º já prevê a necessidade de compatibilizar as atividades industriais com a proteção ambiental, dentro do respectivo esquema de zoneamento urbano.

Por sua vez, o legislador brasileiro acabou por encampar tal princípio, o qual reluz no art. 215 da Magna Carta, ao prever que o "Estado garantirá a todos o pleno exercício dos direitos culturais e acesso às fontes da cultura nacional, e apoiará e incentivará a valorização e a difusão das manifestações culturais", o que se realizará via Plano Nacional de Cultura, de duração plurianual, tendo entre os seus objetivos a "defesa e valorização do patrimônio cultural brasileiro".

Ao estabelecer no art. 216-A da Constituição brasileira o Sistema Nacional de Cultural, restou previsto que este tem por "objetivo promover o desenvolvimento humano, social e econômico com pleno exercício dos direitos culturais", para tanto serão contemplados a diversidade das expressões culturais; o acesso aos bens e serviços culturais; e o fomento à produção, difusão e circulação de conhecimento e bens culturais, de forma integrada e cooperado entre os atores.

Da mesma forma, a Lei nº 12.343/2010, que institui o Plano Nacional de Cultura, quando no seu art. 1º, VIII, prevê a "valorização da cultura como vetor do desenvolvimento sustentável", além da democratização das políticas culturais e a responsabilidade dos agentes públicos para tanto. E no art. 2º, VIII e IX, quando fala em "estimular a sustentabilidade socioambiental" e em "desenvolver a economia da cultura", além de reconhecer, proteger, promover, valorizar e difundir o patrimônio cultural e estimular a cultura como um todo; bem como "incentivar modelos" e "realizar programas de desenvolvimento sustentável", previstos no seu anexo, no capítulo IV, item 1.

Temos assim um alinhamento com os propósitos da Convenção de Paris, de 1972, que no seu art. 5º objetiva a adoção de uma política geral e integrada com o desenvolvimento de programas de planificação geral, contemplando estudos, pesquisas e centro voltados para a "identificação, proteção, conservação, valorização e restauro" do patrimônio cultural.[287]

[287] Art. 5º Com o fim de assegurar uma protecção e conservação tão eficazes e uma valorização tão ativa quanto possível do património cultural e natural situado no seu território e nas condições apropriadas a cada país, os Estados parte na presente Convenção esforçar-se-ão na medida do possível por:
a)Adotar uma política geral que vise determinar uma função ao património cultural e natural na vida coletiva e integrar a protecção do referido património nos programas de planificação geral;

Na mesma linha *ambiental-cultural* da Convenção de Estocolmo, quando afirma que os aspectos do "meio ambiente humano, o natural e o artificial, são essenciais para o bem-estar" e gozo dos direitos humanos fundamentais.

Igualmente, de grande valia a Conferência da ONU sobre Meio Ambiente e Desenvolvimento Humano (ECO-92), cuja Carta do Rio proclama que "para alcançar o desenvolvimento sustentável, a proteção ambiental deve constituir parte integrante do processo de desenvolvimento, e não pode ser considerada isoladamente deste". E que para atingir tal desenvolvimento sustentável e a melhor qualidade de vida coletiva, "os Estados devem reduzir e eliminar padrões insustentáveis de produção e consumo", com políticas corretas.[288]

b)Instituir no seu território, caso não existam, um ou mais serviços de protecção, conservação e valorização do património cultural e natural, com pessoal apropriado, e dispondo dos meios que lhe permitam cumprir as tarefas que lhe sejam atribuídas;
c)Desenvolver os estudos e as pesquisas científicas e técnica e aperfeiçoar os métodos de intervenção que permitem a um Estado enfrentar os perigos que ameaçam o seu património cultural e natural;
d)Tomar as medidas jurídicas, científicas, técnicas, administrativas e financeiras adequadas para a identificação, protecção, conservação, valorização e restauro do referido património; e
e) Favorecer a criação ou o desenvolvimento de centros nacionais ou regionais de formação nos domínios da protecção, conservação e valorização do património cultural e natural e encorajar a pesquisa científica neste domínio.

[288] HANDL, Günter. Declaración de la conferencia de las naciones unidas sobre El medio humano (declaración de estocolmo), de 1972, y declaración de río sobre el medio ambiente y el desarrollo, de 1992. In: *United Nations Audiovisual Library of International Law*. Disponível em: https://legal.un.org/avl/pdf/ha/ dunche/dunche_s.pdf. Acesso em 24 set. 2020, comentando que: El derecho al desarrollo en el contexto ambiental. Tanto en Estocolmo como en Río, definir el carácter de la relación entre el medio ambiente y el desarrollo fue una de las tareas más delicadas de la conferencia respectiva. Los proyectos de textos de orientación ecológica propuestos inicialmente por los países occidentales industrializados no tuvieron buena acogida, y los países en desarrollo lograron reintegrar una perspectiva de desarrollo en las versiones finales de las dos declaraciones. Así, en la Declaración de Estocolmo, tras afirmar que "Los dos aspectos del medio humano, el natural y el artificial, son esenciales para el bienestar del hombre" (primer párrafo del preámbulo), en el Principio 8 se atribuye de manera inequívoca el calificativo de indispensable al "desarrollo económico y social". En el Principio 3 de Río, empleando términos normativos aún más enérgicos, se destaca que "El derecho al desarrollo debe ejercerse en forma tal que responda equitativamente a las necesidades de desarrollo y ambientales de las generaciones presentes y futuras". Aunque los Estados Unidos se sumaron al consenso sobre la Declaración, en una intervención separada reiteraron su oposición al concepto del desarrollo como derecho. La condición jurídica internacional del "derecho al desarrollo" ha seguido siendo objeto de controversia, aunque después de la Conferencia de Río se ha manifestado un fuerte apoyo al concepto, entre otras cosas, mediante su reconocimiento en la Declaración y Programa de Acción de Viena de 1993 y en la Declaración del Milenio. En cualquier caso, no se puede negar que la formulación de Río ha tenido una fuerte resonancia en el discurso jurídico-político internacional y a menudo se invoca como contrapeso de los objetivos

Também, a Convenção sobre a Proteção e Promoção da Diversidade das Expressões Culturais (Paris, 2005) prevê no seu artigo 2º, item 6, que a diversidade cultural "constitui grande riqueza para os indivíduos e as sociedades", bem como que a "proteção, promoção e manutenção da diversidade cultural é condição essencial para o desenvolvimento sustentável em benefício das gerações atuais e futuras".[289]

Podemos identificar tal princípio em outros documentos internacionais, como no Relatório Brundtland (Nosso Futuro Comum),[290] na Convenção para a Cooperação na Proteção e Desenvolvimento Sustentável do Ambiente Marinho e Costeiro do Nordeste do Pacífico,[291] nos sete princípios para o Desenvolvimento Sustentável formulados pela Associação de Direito Internacional em Nova Délhi, no ano de 2002,[292] e no Relatório[293] da Reunião do Grupo de Especialistas para a Identificação de Princípios para o Desenvolvimento Sustentável.

de conservación y protección del medio ambiente. En la actualidad, el desarrollo económico, el desarrollo social y la protección ambiental se consideran los "pilares interdependientes y sinérgicos del desarrollo sostenible" (Plan de Aplicación de las Decisiones de Johannesburgo, párr. 5).

[289] Disponível em: https://unesdoc.unesco.org/ark:/48223/pf0000150224. Acessado em 05 jun. 2022.

[290] "O desenvolvimento sustentável procura satisfazer as necessidades e aspirações do presente sem comprometer a habilidade de satisfazer os do futuro"; *apud* LEHMEN, Alessandra. Governança Ambiental Global e Direito. Juruá: Curitiba, 2015, p. 78.

[291] "Desenvolvimento Sustentável significa o processo de mudança progressiva na qualidade de vida dos seres humanos, que a coloca como o centro e sujeito primordial do desenvolvimento, através do crescimento econômico com igualdade social e a transformação de métodos de produção e padrões de consumo, e que é sustentada pelo equilíbrio ecológico e suporte vital da região. Este processo implica respeito pela diversidade étnica e cultural regional, nacional e local, e participação integral das pessoas na coexistência pacífica e em harmonia com a natureza, sem prejuízo da garantia da qualidade de vida das gerações futuras"; *apud* LEHMEN, op. cit., p. 80.

[292] "1. A responsabilidade dos Estados em garantir o uso sustentável dos recursos naturais. 2. O princípio da equidade e da erradicação da pobreza; 3. O princípio da precaução na abordagem da saúde humana, recursos naturais e ecossistemas. 4. O princípio da participação pública e acesso à informação e à justiça. 5. O princípio da boa governança. 6. O princípio das obrigações comuns porém diferenciadas; e 7. O princípio da integração e interrelacionamento, em particular com relação a direitos humanos e a objetivos sociais, econômicos e ambientais"; *apud* LEHMEN, op. cit., p. 83.

[293] A "interrelação e integração refletem a interdependência dos aspectos sociais, econômicos, ambientais e de direitos humanos da vida, que definem o desenvolvimento sustentável e podem levar ao desenvolvimento de regras gerais de Direito Internacional em que esses campos separados mantenham seu caráter distinto, mas estejam sujeitos a uma abordagem interconectada"; *apud* LEHMEN, op. cit., p. 83.

O seu conceito é de construção contínua, sendo que um grupo de experts reunidos em Windsor apontaram como seus elementos centrais: a consideração sobre as necessidades das atuais e futuras gerações; a conservação e o não exaurimento dos recursos renováveis e não renováveis; exigir que o acesso e o uso dos recursos naturais ocorra de maneira equilibrada e de acordo com as necessidades de todos os povos; e um trabalho integrado em torno das questões ambientais e do próprio desenvolvimento.[294]

Em termos práticos, basta ver que a intervenção que um proprietário realiza sobre um bem protegido não deve ser vista apenas como uma obra de conservação ordinária, "porquanto ela corresponde simultaneamente a um instrumento de conservação de um valor de civilização, que é dever de todos e não apenas do proprietário".[295] Assim como a intervenção por parte do poder público beneficiará tanto o particular titular sobre o domínio do objeto, como a coletividade em prol de quem também pende a fruição do bem cultural.

Na espécie, tem-se aqui a necessidade de se compatibilizar várias atividades simultâneas e de revelo, como as fontes produtivas e a sustentabilidade; os direitos de propriedade e a proteção do patrimônio edificado; a apropriação das recursos naturais e a preservação do meio ambiente; o desenvolvimento da indústria e do comércio, com o respeito ao urbanismo, meio ambiente e patrimônio cultural; de forma a equilibrar-se as grandezas em discussão e prevalecer os interesses coletivos, sob o aspecto multigeracional e sustentável.

É interessante observar que os bens culturais também são suscetíveis de realizar rendimento, devendo ser levadas em conta soluções que principalmente promovam a conservação e valorização do patrimônio cultural, ao

[294] LEHMEN, op. cit., p. 89. Sobre gestão e salvaguarda ver: FARIA, José Santiago. Salvaguardo do património edificado – perspectivas de futuro. In: *I Curso de Gestão do Património Cultural*, Coimbra: Centro de Estudos e Formação Autárquica, 1994, p. 49-57; DIAS, Pedro. Duas breves reflexões sobre a política de salvaguarda do património. *I Curso de Gestão do Património Cultural*, Coimbra: Centro de Estudos e Formação Autárquica, 1994, p. 95-104; e CAMPOS, Bernardo; ALVES, Maria Luísa Ramalho. Instrumentos de apoio à gestão do património. *I Curso de Gestão do Património Cultural*, Coimbra: Centro de Estudos e Formação Autárquica, 1994, p. 129-42. No tocante ao desenvolvimento ambiental sustentável vide MARTÍNEZ, María Cristina Garros. Desarrollo sostenible y sustentable. *Revista de Derecho Ambiental*, Buenos Aires, nº 71, jul.-set. 2022, p. 88-93.

[295] SILVA, Suzana Tavares, op. cit., 2002, p. 71. Ainda sobre a "Preservação do patrimônio cultural e 'aproveitamentos compatíveis dos bens de valor cultural'", ver p. 82-88, anota que a chave para o equilíbrio e a solução de problemas neste tópico "reside na procura de soluções flexíveis em matéria de valorização e fruição de bens culturais", sendo que "os aproveitamentos possíveis de bens de valor cultural gira muitas vezes em torno da manutenção do seu uso originário, da necessidade de alcançar um uso que seja semelhante" a este ou o mantenha em essência, ou de uma reutilização, num processo que também exige a criatividade dos sujeitos nele envolvidos.

mesmo tempo em que contribuam para a sua sustentação. Afinal, é possível vislumbrar neste patrimônio uma forma de oportunidade econômica, sem perder de vista que tais bens são passíveis de gerar, de forma direta ou indireta, um importante serviço cultural, além das obrigações do Estado para a sua conservação e da interação com os agentes culturais, para que seja possível alcançar uma sustentabilidade cultural. Contudo, não se pode perder de vista que o "valor cultural intrínseco dos bens consubstancia um testemunho de civilização que todos temos o dever de salvaguardar e transmitir para as gerações futuras."[296]

Por tais razões, a sustentabilidade cultural não pode ser traduzida como mera lucratividade. Os bens culturais, monumentos, museus e espaços públicos são de fruição ampla, não um produto de consumo financeiro. Não se pode vislumbrá-los como um produto comercial, um ativo no qual se busca a venda e rentabilidade econômica.[297] Aqui é importante uma visão dinâmica, não apenas restrita às necessidades financeiras, mas, acima de tudo, objetivando desenvolver "aproveitamentos alternativos dos bens culturais que cumpram a função de valorização ou enriquecimento cultural", além do devido apoio do Estado aos titulares do objeto, naquilo que se fizer necessário.[298] Ainda, é importante que ele consiga se custear e se manter em termos mercantis, mas a sua sustentabilidade tem um aspecto maior e, portanto, está depositado no direito e na efetividade que as gerações presentes e futuras possam dele desfrutar, com intacto, conservado e acessível a todos.

Diante do que, para a eficaz tutela do patrimônio cultural, o recomendável é que se desenvolva uma política de valorização sustentável dos bens, de modo a conciliar a expansão deste patrimônio com a demanda sempre crescente por mais recursos, em especial, em termos ambientais e na ocupação do espaço

[296] SILVA, Suzana Maria Calvo Loureiro Tavares. Para uma nova dinâmica do património cultural: o património sustentável. In: *Direito e proteção do patrimônio cultural imóvel*, op. cit., p. 279.

[297] ELIZABETH, Grace. Sociedade e Patrimônio Cultural. In: *Encontro Nacional do Ministério Público na Defesa do Patrimônio Cultural*, vol. 1, 202, Goiânia, Instituto Centro-Brasileiro de Cultura, p. 50. Comentando o turismo cultural, aponta que a sustentabilidade envolve cinco dimensões simultâneas: 1. Econômica: visa a integrar o patrimônio aos processos produtivos; 2. Social: objetivo melhorar a qualidade de vida das comunidades envolvidas; 3. Preservacionista ou cultural: busca valores e locais por meio da promoção e conservação dos recursos patrimoniais; 4. Ética: objetivando ampliar o acesso das pessoas às riquezas culturais, inclusive como fator que fortalece a sua identidade; 5. Política: visa a segurar a participação de todos os atores envolvidos, independente do palco, local, regional, nacional.

[298] NABAIS, op. cit., 2010, p. 125, citando que o art. 99 da Lei 107/2001 (LPC) contempla tal princípio.

urbano. Além de equilibrar o fato de que uma gestão demais empreendedora não venha a descuidar do escopo primário desta valorização, que é difundir os bens culturais, desde o nível local até o internacional, para que cumpram a sua tarefa primordial de testemunho e de significado para a sociedade.[299]

3.2.2 Princípio Multigeracional

No meio ambiente temos o princípio da solidariedade intergeracional ou da equidade, que para fins de patrimônio cultural ora denominamos como *multigeracional*. O objetivo deste princípio é o envolvimento de múltiplas gerações nos *três tempos* de nossa existência. No caso, este patrimônio é um testemunho do passado, um objeto erigido em tempo anterior, mas que possui fruição e representatividade no presente, sendo uma responsabilidade da sociedade e do Poder Público atual a sua conservação e preservação, de modo que esteja disponível também para o gozo e fruir das gerações futuras.

Na Declaração da ONU sobre Meio Ambiente Humano, em Estocolmo, 1972, já no seu preâmbulo é lançada a preocupação do homem enquanto construtor do meio ambiente que o cerca e que lhe oferece oportunidade para o seu desenvolvimento, tendo este a capacidade de transformá-lo com melhorias ou perdas. E no princípio primeiro é gravada a responsabilidade humana ante a "solene obrigação de proteger e melhorar o meio ambiente para as gerações presentes e futuras".[300]

[299] CASINI, Lorenzo. La valorizzazione dei beni culturali. *Rivista Trimestrale di Diritto Pubblico*, nº 3, 2001, p. 651-707.

[300] Carta de Estocolmo: 1. O homem é ao mesmo tempo obra e construtor do meio ambiente que o cerca, o qual lhe dá sustento material e lhe oferece oportunidade para desenvolver-se intelectual, moral, social e espiritualmente. Em larga e tortuosa evolução da raça humana neste planeta chegou-se a uma etapa em que, graças à rápida aceleração da ciência e da tecnologia, o homem adquiriu o poder de transformar, de inúmeras maneiras e em uma escala sem precedentes, tudo que o cerca. Os dois aspectos do meio ambiente humano, o natural e o artificial, são essenciais para o bem-estar do homem e para o gozo dos direitos humanos fundamentais, inclusive o direito à vida mesma. [...]
Princípio 1
O homem tem o direito fundamental à liberdade, à igualdade e ao desfrute de condições de vida adequadas em um meio ambiente de qualidade tal que lhe permita levar uma vida digna e gozar de bem-estar, tendo a solene obrigação de proteger e melhorar o meio ambiente para as gerações presentes e futuras. A este respeito, as políticas que promovem ou perpetuam o apartheid, a segregação racial, a discriminação, a opressão colonial e outras formas de opressão e de dominação estrangeira são condenadas e devem ser eliminadas. Disponível em: http://portal.iphan.gov.br/uploads/ckfinder/arquivos/Declaracao%20de%20Estocolmo%201972.pdf. Acessado em 24 set. 2020.

A mesma preocupação é reiterada na ECO-92, e consta da Carta do Rio de Janeiro, ao apontar como princípio terceiro que o "desenvolvimento deve ser promovido de forma equitativa para garantir as necessidades das gerações presentes e futuras".[301]

Por este princípio cada geração tem a sua responsabilidade no manejo racional dos recursos naturais e, portanto, naquilo que diz respeito ao meio ambiente cultural, pendendo a obrigação de legar às futuras gerações riquezas não inferiores àquelas recebidas, formando-se um dever de *equidade intergeracional*, de administração sustentável do meio ambiente, a fim de que as gerações vindouras desfrutem dos seus valores no mínimo em igual e, até mesmo, em maior medida.[302]

A Lei 6.938/1981, sobre a Política Nacional do Meio Ambiente, determina no seu art. 4º, VI, a obrigação quanto "à preservação e restauração dos recursos ambientais com vistas à sua utilização racional e disponibilidade permanente, concorrendo para a manutenção do equilíbrio ecológico propício à vida".

Assim como a Lei da Política Nacional de Educação Ambiental, Lei nº 9.795/1999, que nos seus artigos 4º e 5º registra como *princípios* o enfoque humanista e a continuidade do processo educativo, e como *objetivos* o desenvolvimento de uma compreensão integrada do meio ambiente em suas múltiplas e complexas relações, o estímulo e o fortalecimento de uma consciência crítica sobre a problemática ambiental e social; o incentivo à participação individual e coletiva; o estímulo à cooperação, com vistas à construção de uma sociedade ambientalmente equilibrada, fundada solidariedade, responsabilidade e sustentabilidade, e o fortalecimento da cidadania e solidariedade como fundamentos para o futuro da humanidade.

Igualmente, o Relatório da Comissão Mundial sobre Ambiente e Desenvolvimento "Nosso Futuro Comum", de 1987, enfatiza que o "desenvolvimento sustentado pressupõe uma preocupação de equidade social entre as gerações", devendo tal preocupação estar presente de acordo com as gerações,

[301] Conferência Geral das Nações Unidas sobre o Meio Ambiente e o Desenvolvimento. Disponível em: http://portal.iphan.gov.br/uploads/ckfinder/arquivos/Carta%20do%20Rio%201992.pdf. Acessado em 24 set. 2020.

[302] RODRÍGUEZ, Gloria Amparo. Fundamentos del derecho ambiental colombiano. Bogotá: Friedrich-Ebert-Stiftung en Colombia (Fescol), 2022, p. 127, e acrescenta: "En otras palabras, este principio implica que todas las generaciones cuenten con una base de recursos naturales igual a la de sus antecesoras, por cuanto la conservación de estos recursos permite que, por una parte, todas las personas de la presente generación puedan acceder y usar equitativamente los bienes ambientales y, por otra, que las futuras puedan resolver sus problemas y satisfacer sus necesidades de acuerdo con sus modos de vida (Brown, 1990)".

com um uso compatível conforme as necessidades do presente, sem que tal venha comprometer a fruição e desenvolvimento das futuras gerações.

Na mesma linha, o Simpósio Internacional de Direito Comparado do Meio Ambiente (Tóquio) lançou em sua declaração final que o "meio ambiente global é uma herança que nós – geração atual – devemos herdar de nossos ancestrais e transmitir à geração futura com possibilidades de desenvolvimento", o que se constitui numa verdadeira responsabilidade para com tal patrimônio.[303]

Por sua vez, a nossa Constituição define como objetivos fundamentais da República a construção de uma sociedade "livre, justa e solidária", e entre os seus princípios nas relações internacionais a "cooperação entre os povos para o progresso da humanidade" (artigos 3º, I e 4º, IX). E mais, no art. 225 prevê por expresso o direito coletivo ao "ao meio ambiente ecologicamente equilibrado", enquanto "bem de uso comum do povo e essencial à sadia qualidade de vida", sendo um dever conjunto do Poder Público e da coletividade "defendê-lo e preservá-lo para as presentes e futuras gerações". Portanto, as nossas normas ambientais e a lei máxima impõe um *compromisso transgeracional* para com o meio ambiente, o qual se estende para o *patrimônio ambiental-cultural*.

Aqui, é proclamado "um direito fundamental intergeracional de participação solidária", e que até mesmo extrapola em seu alcance "o direito nacional de cada Estado soberano e atinge um patamar intercomunitário".[304] Revela-se, pois, como um autêntico direito da humanidade, e desponta tanto no patrimônio natural como no cultural, em especial, nos bens arrolados reconhecidos pela Unesco como patrimônio de toda a humanidade.

Em seu art. 216, *caput*, de modo indireto, a Carta Magna também consagra o aspecto transgeracional, quando conceitua o patrimônio cultural como portador de "referência à identidade, à ação, à memória dos diferentes grupos formadores da sociedade brasileira". Ora, esta identidade, memória e formação da sociedade ocorrem de modo permanente, contínuo, inacabado. É um conceito que foi, é e segue sendo construído por meio de transformação e sedimentações que apesar de poderem ser compartimentadas em momentos, são atemporais.

[303] MACHADO, Paulo Affonso Leme. Princípios gerais de direito ambiental internacional e a política ambiental brasileira. In: Dano ambiental, prevenção, reparação e repressão, op. cit., 407.

[304] LEITE, José Rubens Morato. Dano ambiental: do individual ao coletivo extrapatrimonial. São Paulo: RT, 2000, p. 95.

Igualmente, identificamos traços do *princípio da solidariedade* no art. 216-A da Constituição, quando no tocante ao Plano Nacional de Cultura consagra a diversidade das expressões culturais; a universalização do acesso aos bens culturais; a cooperação, a integração, a interação e o compartilhamento nas suas políticas públicas, de forma complementar, transversal, democrática e pactuada.

Já a Constituição de Portugal prevê no seu art. 66, nº 1, que "todos têm direito a um ambiente de vida humano, sadio e ecologicamente equilibrado e o dever de o defender"; sendo uma obrigação do poder público e da sociedade "promover o aproveitamento racional dos recursos naturais, salvaguardando a sua capacidade de renovação e a estabilidade ecológica, com respeito pelo princípio da solidariedade entre gerações", conforme o art. 66, nº 2, letra "d".

Com efeito, numa análise longínqua dos princípios e fundamentos reitores da ordem jurídica, cremos que meio ambiente e cultura tratam-se propriamente de *direitos naturais* ínsitos ao ser humano, com existência anterior à sua codificação. Mais do que uma *obrigação moral*, temos *direitos* que foram sendo construídos e consagrados por várias contribuições ao longo de gerações, até atingirem o estágio atual, enquanto categorias de valores indispensável, inalienável e insubstituível para toda a humanidade.

Para tanto, podemos observar que o homem vive, "sempre viveu em sociedade e que só pode viver em sociedade com o seu semelhante", que a "sociedade humana é um fato primário e natural, e não produto de uma vontade humana". Ou seja, "o homem fez, faz e fará sempre parte de um agrupamento humano".[305] E, apesar de seu individualismo, ele tem que pensar e agir em termos coletivos e também atemporal.

De acordo com Edith Weiss, tal princípio tem como base o reconhecimento de que a espécie humana é a gestora do meio ambiente natural e cultural de nosso Planeta, o qual é comum para todos nós, enquanto membros da mesma espécie. Somos tanto beneficiários pelo seu desfrute como responsáveis para com uma série de cuidados necessários. E, neste âmbito, todas as gerações são iguais e também possuem o mesmo direito em relação ao sistema ambiental que integram, não podendo prevalecer nenhuma sobreposição,[306]

[305] DUGUIT, León. *Fundamentos do direito*. Tradução Eduardo Salgueiro, Porto Alegre: SAFE, 2005, p. 19. Ver também, WELZEL, Hanz. Introduccion a la filosofia del derecho. Derecho natural e justicia material, 2ª ed. Tradução Felipe González Vicén. Madrid: Aguillar, 1971.

[306] WEISS, Edith Brown. In fairness do futures generatios: intergerational law: common patrimony ant intergeracitional equity, p. 3-4, *apud* MARCHESAN, op. cit., 2007, p. 157, citando ainda que a espécie humana é parte integrante de nosso sistema natural, "razão por que não temos o direito de destruir sua integridade, mesmo que nos pareça interessante fazê-lo para o atendimento de uma demanda imediata".

vantagens ou decréscimos de uma geração frente a outra, mas uma igualdade plena e um compromisso mútuo.

Com efeito, Weiss decompõe o princípio da solidariedade intergeracional em três aspectos: 1. Diversidade de opções: cada geração será demandada para conservar a diversidade dos seus recursos naturais e culturais. 2. Conservação da qualidade: as gerações serão demandadas a manter a qualidade ambiental, assegurando que o nosso Planeta legal não esteja em condições piores do que no estado em que lhe foi entregue. 3. Conservação do acesso: cada geração tem o dever de promover os seus membros com direitos iguais de acesso ao mesmo tipo de legado advindo das gerações do passado, além de conservar estas vias de acesso para as gerações futuras.[307]

Temos de refletir que *ser é cuidar-se*, e também ser para com o outro, pois o cuidar-se é ainda cuidar do outro, por meio do "cuidado-para-com-o-outro". Vivemos em meio a "relações recíprocas de cuidado que estruturam e dão consciência ao ser comunitário".[308] O cuidado individual só alcança um sentido mais profundo "se abrir aos cuidados para com os outros", porque também unicamente deste jeito" e nesta reciprocidade, encontra-se a segurança, mormente diante de um tempo de tantos perigos.[309] E este *cuidado* consigo e com os outros, para com o próximo da atual geração, com as gerações futuras e mediante respeito à construção erigida pelas gerações passadas é o que sintetiza o *compromisso de solidariedade* e fundamenta o *princípio transgeracional.*

Vivemos tempos atuais de grandes problemas e perdas ambientais. Estamos nos deparando com as consequências do aquecimento global e ainda não sabemos se seremos capazes de revertê-lo ou se chegaremos num ponto de regresso impossível ou improvável. Por sua vez, as perdas em termos de patrimônio cultural são ainda piores, monumentos, obras e prédios que foram destruídos pela ação humana durante conflitos armados ou por falha na gestão.

Em termos nacionais é preciso lembrar que a presente década tem sido trágica para instituições culturais e científicas, ao longo dela vimos serem atingidos ou até consumidos pelo fogo o Instituto Butantan, o Memorial da América Latina, o Museu da Língua Portuguesa, a Cinemateca Brasileira, o Museu de Ciências Naturais da PUC-MG e o Museu de História Natural e Jardim Botânico, na Universidade Federal-MG, sem contar o incêndio que

307 WEISS, op. cit., p. 5, *apud* MARCHESAN, op. cit., 2007, p. 158.

308 D'ÁVILA, Fábio Roberto. *Ofensividade em direito penal.* Porto Alegre: Livraria do Advogado, 2009, p. 48-9.

309 COSTA, José de Faria. *O Perigo em direito penal.* Coimbra: Coimbra, 1992, p. 319.

destruiu praticamente todo o Museu de Arte Moderna do Rio de Janeiro, em julho de 1978.

Uma das ironias é que, há várias décadas, antes mesmo da nossa lei de tombamento (1937), por conta da Sétima Conferência Internacional dos Estados Americanos (Montevideo, 1933), o Brasil assinou em 1935 o Pacto de Röerich, para preservar todos os "monumentos históricos, museus, instituições científicas, artísticas e culturais", em tempos de guerra e paz. Contudo, com todos os meios e as tecnologias da modernidade (que o futuro nos trouxe), fomos incapazes de mantermos a salvo o nosso acervo cultural (que o passado nos legou), em pleno tempo de plena paz.

Para agravar a situação, a mais emblemática perda foi o incêndio do Museu Nacional em 02 de setembro de 2018. As suas instalações situam-se no parque da Quinta da Boa Vista, no Rio de Janeiro, junto ao Palácio São Cristóvão. Este prédio foi a residência da família real portuguesa e, após, da imperial brasileira até a Proclamação da República. A instituição foi fundada por Dom João VI, em 1818, com o nome de Museu Real e instalado inicialmente no Campo de Santana, para atender ao progresso científico, cultural e socioeconômico do Brasil, migrando para o prédio do Palácio em 1892.[310]

Em suas instalações abrigava acervo bibliográfico, científico e documental, e, pelo seu vasto conteúdo, era considerado o maior museu de história natural da América Latina. Porém, tal realidade mudou drasticamente após o recente sinistro, levando ao perecimento de uma incomensurável riqueza de valor cultural, com prejuízo inestimável e irremediável, não apenas para as presentes gerações, mas para todas as futuras. Ou seja, claramente aqui o princípio multigeracional foi fulminado, pois aquilo que nos foi herdado pelos nossos antepassados, ao longo de dois séculos de contribuição incansável e ininterrupta, foi sepultado pela sociedade atual.

Infelizmente, não fomos capazes de cuidar e conservar o precioso tesouro que havia passado incólume por tantos e que nos foi entregue. Fracassamos, e por conta da nossa imprudência, negligência e imperícia na conservação de tão importante patrimônio cultural o direito das gerações futuras foi abortado, interrompido subitamente, rompendo o pilar transtemporal da cultura, irrepresentável e sem a menor chance de recuperação.

Portanto, é fundamental que se tenha solidariedade não apenas como o seu próximo visível, mas que tal ônus esteja fundido num aspecto que

[310] Disponível em: http://www.museunacional.ufrj.br/dir/omuseu/omuseu.html. Acesso em: 17 jul. 2020; e Grande Enciclopédia Larousse Cultural, 1998, p. 4132.

ultrapassa as gerações, o tempo presente e mesmo o horizonte perceptível de algum futuro. Um compromisso com a preservação do meio ambiente e a conservação do patrimônio cultural que não pode ser cindido de forma alguma, e que deve ser mantido, sob pena de o custo em negligenciá-lo ser a perda de importantes conquistas e riquezas ambientais e culturais, ou, ainda pior, o perecimento da própria raça humana, em virtude da degradação irremediável do meio ambiente.

3.2.3 Princípio do Poluidor Pagador e da Reparação pelo Causador do Dano

Em termos mundiais verificamos o surgimento deste princípio pela vez primeira em documento emitido pela Organização para a Cooperação e o Desenvolvimento Econômico (OCDE), por via da Recomendação C (72), 128, de 1972, complementada por uma Recomendação de 1974. Posteriormente, a Comunidade Econômica Europeia passou a adotar tal princípio, que via do Ato Único a incorporou ao ordenamento de todos os países do âmbito comunitário.[311]

Outrossim, poderemos encontrá-lo na Conferência Mundial da ONU, de Estocolmo, em 1972, quando no seu Princípio 22 determina a cooperação dos Estados "no que se refere à responsabilidade e à indenização às vítimas da poluição e de outros danos ambientais".

Igualmente, na Conferência Mundial do Rio ECO-92, no seu Princípio 16, preleciona que o Poder Público deve promover a "internalização dos custos e ambientais e o uso de instrumentos econômicos", de modo que o poluidor e quem contamina deve "arcar com os custos da contaminação, levando devidamente em conta o interesse público". Assim como o seu Princípio 13, ao dispor que os "Estados devem elaborar uma legislação nacional concernente

311 BENJAMIN, Antônio Herman. O princípio do poluidor-pagador e a reparação do dano ambiental. In: *Dano ambiental: prevenção, reparação e repressão.* São Paulo: RT, 1993, p. 227. BENJAMIN, Antônio Herman. Responsabilidade civil pelo dano ambiental. *Revista de Direito Ambiental.* São Paulo, nº 48, p. 5-52, jan.-mar. 1998, p. 48, explica poluição como a ação que prejudique a saúde, a segurança e o bem-estar, crie condições adversas às atividades sociais e econômicas, afete as condições sanitárias e estáticas do meio, afetem desfavoravelmente a biota e lancem matérias ou energia em desacordo com os padrões ambientais estabelecidos.

à responsabilidade por danos causados pela poluição e com a finalidade de indenizar as vítimas".[312]

A Lei nº 6.938/1981 lança o conceito de meio ambiente, degradação e poluição no seu art. 3º,[313] com previsão expressa sobre tal princípio, ao prever no art. 4º, VII, "à imposição, ao poluidor e ao predador, da obrigação de recuperar e/ou indenizar os danos causados e, ao usuário, da contribuição pela utilização de recursos ambientais com fins econômicos". E quando no art. 14, §1º, determina, sem prejuízo das penalidades legais, que o poluidor é obrigado, "independentemente da existência de culpa, a indenizar ou reparar os danos causados ao meio ambiente e a terceiros, afetados por sua atividade".

Em termos constitucionais, vislumbramos o princípio contemplado no art. 225, §3º, ao cominar que as "condutas e atividades consideradas lesivas ao meio ambiente sujeitarão os infratores, pessoas físicas ou jurídicas, a sanções penais e administrativas, independentemente da obrigação de reparar os danos causados".

Indiretamente, entendemos também visível na Lei dos Crimes Ambientais, no art. 6º, I, ao prever que na imposição e gradação da penalidade será observada a gravidade, os motivos do fato e "suas consequências para a saúde pública e para o meio ambiente", além de prever nos artigos 27 e 28 a necessidade da prévia reparação do dano ambiental.

[312] Carta do Rio de Janeiro. Disponível em: https://www.scielo.br/scielo.php? script=sci_arttext &pid=S0103-40141992000200013. Acessado em 09 out. 2020.

[313] Art 3º – Para os fins previstos nesta Lei, entende-se por:
I – meio ambiente, o conjunto de condições, leis, influências e interações de ordem física, química e biológica, que permite, abriga e rege a vida em todas as suas formas;
II – degradação da qualidade ambiental, a alteração adversa das características do meio ambiente;
III – poluição, a degradação da qualidade ambiental resultante de atividades que direta ou indiretamente:
a) prejudiquem a saúde, a segurança e o bem-estar da população;
b) criem condições adversas às atividades sociais e econômicas;
c) afetem desfavoravelmente a biota;
d) afetem as condições estéticas ou sanitárias do meio ambiente;
e) lancem matérias ou energia em desacordo com os padrões ambientais estabelecidos;
IV – poluidor, a pessoa física ou jurídica, de direito público ou privado, responsável, direta ou indiretamente, por atividade causadora de degradação ambiental;
V – recursos ambientais, a atmosfera, as águas interiores, superficiais e subterrâneas, os estuários, o mar territorial, o solo, o subsolo e os elementos da biosfera.
V – recursos ambientais: a atmosfera, as águas interiores, superficiais e subterrâneas, os estuários, o mar territorial, o solo, o subsolo, os elementos da biosfera, a fauna e a flora.

Por sua vez, no que diz respeito ao patrimônio cultural, defendemos que o princípio do poluidor pagador deve ser lido por simetria como do causador do dano. Ou seja, aquele que de alguma forma causou um atentado ao bem cultural protegido deve, necessariamente, ser compelido a sua reparação máxima possível, da mesma forma que o causador da degradação ambiental. Aqui, tal reparação tem o sentido de uma indenização por dano material e moral coletivo,[314] gerando uma obrigação de que o bem seja restituído ao seu máximo quadro original, atingindo o maior nível possível de retorno e de ressarcimento.

Entendemos que o princípio ora defendido da *reparação do causador do dano* é aferido no art. 216 da Constituição Federal quando trata da proteção do cultural e quando no seu § 4º determina que os "danos e ameaças ao patrimônio cultural serão punidos, na forma da lei". Leia-se aqui no âmbito civil, administrativo e penal. E quando fala em punição, nas entrelinhas colhemos a obrigação de reparar o dano causado ao objeto cultural sob proteção.

A mesma leitura podemos colher na lei dos crimes ambientais, quando trata da responsabilidade sobre qualquer forma, seja da pessoa física e jurídica, e do dever reparatório em termos processuais e penais (artigos 2º, 3º, 27 e 28).[315] E, também, nas figuras típicas dos artigos 62 a 65, em especial,

[314] Sobre o tema ver MIRANDA, Marcos Paulo de Souza. Configuração e indenizibilidade de danos morais coletivos decorrentes de lesões a bens integrantes do patrimônio cultural brasileiro. *Revista de Direito Ambiental*, vol. 54, abr.-jun. 2009, p. 229-253.

[315] Art. 2º Quem, de qualquer forma, concorre para a prática dos crimes previstos nesta Lei, incide nas penas a estes cominadas, na medida da sua culpabilidade, bem como o diretor, o administrador, o membro de conselho e de órgão técnico, o auditor, o gerente, o preposto ou mandatário de pessoa jurídica, que, sabendo da conduta criminosa de outrem, deixar de impedir a sua prática, quando podia agir para evitá-la.

Art. 3º As pessoas jurídicas serão responsabilizadas administrativa, civil e penalmente conforme o disposto nesta Lei, nos casos em que a infração seja cometida por decisão de seu representante legal ou contratual, ou de seu órgão colegiado, no interesse ou benefício da sua entidade.

Art. 27. Nos crimes ambientais de menor potencial ofensivo, a proposta de aplicação imediata de pena restritiva de direitos ou multa, prevista no art. 76 da Lei nº 9.099, de 26 de setembro de 1995, somente poderá ser formulada desde que tenha havido a prévia composição do dano ambiental, de que trata o art. 74 da mesma lei, salvo em caso de comprovada impossibilidade.

Art. 28. As disposições do art. 89 da Lei nº 9.099, de 26 de setembro de 1995, aplicam-se aos crimes de menor potencial ofensivo definidos nesta Lei, com as seguintes modificações:

I – a declaração de extinção de punibilidade, de que trata o § 5° do artigo referido no caput, dependerá de laudo de constatação de reparação do dano ambiental, ressalvada a impossibilidade prevista no inciso I do § 1° do mesmo artigo;

II – na hipótese de o laudo de constatação comprovar não ter sido completa a reparação, o prazo de suspensão do processo será prorrogado, até o período máximo previsto no artigo referido no caput, acrescido de mais um ano, com suspensão do prazo da prescrição;

quando incrimina quem "destruir, inutilizar ou deteriorar bem especialmente protegido por lei, ato administrativo ou decisão judicial". Ora, se desta conduta (por ação ou omissão, dolo ou culpa) advirá uma responsabilização em termos penais, civis e administrativos, por certo aí estará incluído o dever de reparar o dano causado.

Igualmente, cremos que tal princípio foi contemplado pelo Supremo Tribunal Federal, no Recurso Extraordinário 654.833, Relator Ministro Alexandre de Moraes, quando o acórdão pontuou que "revela especial relevância, na forma do art. 102, § 3º, da Constituição, a questão acerca da imprescritibilidade da pretensão de reparação civil do dano ambiental."[316] De onde, a não prescrição do dano ao meio ambiente é um desdobramento do princípio do poluidor pagador.

O ideal é agirmos de acordo com os princípios da precaução e da prevenção, evitando desastres ambientais ou o perecimento do patrimônio cultural, numa linha prévia muito mais racional e eficiente do que a posterior adoção de medidas compensatórias e indenizatórias.

Contudo, quando infelizmente a cautela é extemporânea e as ações de salvaguarda chegam com irremediável atraso, resta ao poder público e ao interesse da sociedade lançar mão do amargo e tardio, mas importante, princípio da reparação pelo causador do dano, de modo a responsabilizar e impor as concernentes obrigações em face daquele que causou o nefasto prejuízo aos bens culturais e ambientais de interesse coletivo.

A título de encerramento, podemos concluir que ainda que, de forma explícita ou implícita, possamos extrair do nosso ordenamento princípios relativos ao patrimônio cultural, desponta como de capital importância que estivessem eles positivados em nosso sistema e expressos em norma própria, a qual formasse um compêndio específico sobre a tutela do patrimônio cultural, com os direitos e deveres a ele inerentes.

III – no período de prorrogação, não se aplicarão as condições dos incisos II, III e IV do § 1° do artigo mencionado no caput;
IV – findo o prazo de prorrogação, proceder-se-á à lavratura de novo laudo de constatação de reparação do dano ambiental, podendo, conforme seu resultado, ser novamente prorrogado o período de suspensão, até o máximo previsto no inciso II deste artigo, observado o disposto no inciso III;
V – esgotado o prazo máximo de prorrogação, a declaração de extinção de punibilidade dependerá de laudo de constatação que comprove ter o acusado tomado as providências necessárias à reparação integral do dano.

[316] Supremo Tribunal Federal. Repercussão Geral. Disponível em: http://redir.stf.jus.br/ paginador pub/paginador.jsp?docTP=TP&docID=15119382. Acessado em 09 out. 2020.

4. DAS FORMAS DE PROTEÇÃO

O ordenamento brasileiro contém normas de proteção do patrimônio cultural, em nível civil, administrativo e penal, envolvendo lei, ato administrativo ou decisão judicial. Tais normas e a premente necessidade de organizá-las num compêndio único, bem como de aperfeiçoá-las e ampliá-las, são objeto do nosso estudo.

O art. 216 da Constituição Federal fornece o conceito de patrimônio cultural, colocando-o como bens de natureza material ou imaterial, individuais ou em conjunto, cujos valores estejam ligados à identidade, à ação e à memória de uma sociedade brasileira plural, abarcando criações, obras, objetos, edificações, documentos, espaços, sítios, paisagens, locais de interesse ecológico, arqueológico, paleontológico, formas de expressão, modos de criar, fazer e viver, numa ampla abrangência.

A partir disso determina que o Poder Público, junto com a comunidade, promova e proteja esses bens, seja "por meio de inventários, registros, vigilância, tombamento e desapropriação, e de outras formas de acautelamento e preservação". Passando a configurar uma nova forma de tutela, mais ampla, a qual vai além do mero tombamento e de outros mecanismos instituídos a contar do Decreto-lei nº 25/1937.

Nessa esteira, o legislador elevou os níveis de proteção com o advento da Lei dos Crimes Ambientais, cujos tipos representam avanço em relação aos bens jurídicos tradicionais, suplantando as antigas disposições do Código Penal e demais normas. Exemplo inequívoco temos no art. 62, I, da Lei nº 9.605/95, o qual tipifica ser crime a conduta de destruir, inutilizar ou deteriorar "bem especialmente protegido por lei, ato administrativo ou decisão judicial", meios de tutela que serão aqui analisados e que são imprescindíveis para formar o elo de ilicitude e completar o preceito penal.

Diante do que, trabalharemos aqui com tais critérios protetivos, consistentes na lei, no ato administrativo e na decisão judicial.

4.1 Da lei

De início, e dentre os vários conceitos[317], podemos convencionar o termo "Lei" como sendo uma regra geral "que, emanada de autoridade competente, é imposta coativamente, à obediência de todos", a quem obriga e é dirigida sem distinções.[318]

No âmbito penal, para Von Liszt, lei "é a vontade da coletividade declarada pelo concurso de fatores legislativos e publicada nos termos da Constituição".[319] E para Ferri, a "lei penal é a expressão social e jurídica da justiça penal, como norma de conduta para cada indivíduo", razões pelas quais o Estado impõe aos seus cidadãos e a si próprio "a obrigação de agir em conformidade com a mesma lei".[320] Portanto, a lei é uma das fontes do Direito, é a norma declarada expressamente pelo próprio Estado, de acordo com o processo determinado no Direito Constitucional.[321]

[317] Dentre os clássicos, para MONTESQUIEU. *O Espírito das Leis*. Tradução Henrique de Carvalho. Belo Horizonte: Líder, 2004, p. 12, leis "são as relações necessárias que derivam da natureza das coisas; e; nesse sentido, todos os seres possuem as suas leis". Já BECCARIA, Cesare (*Dos Delitos e das Penas*. Tradução de José Cretella Jr. e Agnes Cretella. São Paulo: Revista dos Tribunais, 1999, p. 27) define as leis como "condições sob as quais homens independentes e isolados se uniram em sociedade, cansados de viver em contínuo estado de guerra e de gozar de uma liberdade inútil pela incerteza de conservá-la." Por sua vez, para ROUSSEAU, Jean-Jaques (*O Contrato Social*. Tradução Pietro Nasseti. São Paulo: Martin Claret, 2004) cita que as leis criminais "são mais a sanção de todas as outras leis que uma espécie particular delas", advinda de uma relação de desobediência do homem, a qual gera a pena.

[318] RODRIGUES, Silvio. *Direito Civil. Parte Geral*. São Paulo: Saraiva, 1993, vol. 1, p. 15-6. E para BEVILÁQUA, Clóvis, *apud* CONSTATINO, Carlos Ernani. *Delitos Ecológicos*. São Paulo: Atlas, 2002, p. 205, lei é a regra geral que vindo da autoridade competente é imposta por coação "à obediência de todos; nos Estados modernos, há um órgão destinado à elaboração das leis, que é o poder legislativo; preparadas pelo Poder Legislativo, as leis são sancionadas pelo executivo, que as promulga e publica." Sobre a aplicação e interpretação das normas, ver KELSEN, Hans. *Teoria Pura do Direito*. Tradução Henrique de Carvalho. Belo Horizonte: Líder, 2004, p. 133-45.

[319] VON LISZT, Franz. *Tratado de direito penal*. Tomo I, 1. ed. Campinas: Russel, 2003, p. 170.

[320] FERRI, Enrico. *Princípios de Direito Criminal. O Criminoso e o Crime*. Tradução Paolo Capitanio. 2. ed. Campinas: Bookseller, 1999, p. 121.

[321] WALD, Arnoldo. *Curso de Direito Civil Brasileiro. Introdução e Parte Geral*. São Paulo: Revista dos Tribunais, 1995, p. 55.

Com efeito, esse procedimento legislativo – que pode ser ordinário, sumário ou especial – é realizado pelo órgão competente, constituindo-se de um conjunto de atos que compreende: iniciativa legislativa, emendas, votação, sanção e veto, promulgação e publicação, cujo regramento pátrio está previsto no artigo 59, e seguintes, da CF[322] e deve ser rigorosamente observado, dentro do seu âmbito e das suas limitações.

Assim, havendo qualquer dispositivo legal que confira proteção ao bem cultural, estará completa a relação de tipicidade e realizado um dos objetivos do art. 216 da CF. Ocorre que o art. 62, I, da Lei nº 9.605, traça uma norma penal em branco que,[323] embora defina o preceito principal, requer o complemento de outro dispositivo para caracterizar a tipicidade plena da conduta, em que a integração pode provir do mesmo órgão legislativo ou diverso, "pode ser outra lei da mesma fonte de onde emanou a lei penal, ou leis ou regulamentos originários de outros poderes", de edição já presente ou futura.[324]

Por oportuno, em estabelecendo o art. 23, III, IV e V, da CF ser da competência comum da União, dos Estados, do Distrito Federal e dos Municípios proteger os bens de valor histórico, artístico e cultural (conforme o teor do

[322] SILVA, José Afonso da. *Curso de Direito Constitucional Positivo.* São Paulo: Malheiros, 1997, p. 496-504. Sobre vigência, validade e eficácia ver STEINMETZ, Wilson. A Vinculação dos Particulares a Direitos Fundamentais. São Paulo: Malheiros, 2004, p. 39 *et seq.*

[323] SIRVINSKAS, Luís Paulo. Tutela Penal do Meio Ambiente. Breves Considerações Atinentes à Lei nº 9.605/98, de 12-02-1998. 4. ed. São Paulo: Saraiva, 2011, p. 208.

[324] Anibal Bruno (*Direito Penal, Parte Geral,* Tomo 1º. Rio de Janeiro: Forense, 1967, p. 204-5) define que "Normas penais em branco são normas de tipo incompleto, normas em que a descrição das circunstâncias elementares do fato tem de ser completadas por outra disposição legal, já existe ou futura. Nelas a enunciação do tipo mantém deliberadamente uma lacuna, que outro dispositivo legal virá integrar. Nessas leis existe sempre um comando ou uma proibição, mas enunciados em geral, de maneira genérica, a que só a disposição integradora dará a configuração específica. A norma integradora estabelece, então, as condições ou circunstâncias que completam o enunciado do tipo da lei em branco. Traz para a lei em branco um complemento necessário, mas na lei penal é que se encontra, embora insuficientemente definido, o preceito principal. A norma complementar resulta uma fonte subsidiária do Direito Penal, mas fonte importante porque as condições que ela estabelece constituirão elementos integrantes do tipo da lei em branco e determinar a aplicação da sanção. A quantidade do preceito ausente, necessitada de complemento, pode variar desde o máximo, quando a lei em branco contém a proibição de infringir determinado dispositivo de outra lei ou regulamento e neste é que se encontra todo o conteúdo da infração proibida, até um mínimo em que o dispositivo complementar dá apenas sentido a um dos elementos do tipo. O dispositivo que completa a lei em branco pode estar contido na mesma lei penal, ou provir do mesmo órgão legislativo ou de órgão diferente. pode ser outra lei da mesma fonte de onde emanou a lei penal, ou leis ou regulamentos originários de outros poderes".

art. 216), a lei que irá conferir especial proteção ao dito patrimônio poderá advir de qualquer das esferas federativas.[325]

Destarte, não incidirá aqui violação alguma ao postulado da reserva legal, pois satisfeitos os requisitos do art. 5º, XXXIX, da Constituição Federal. Afinal, mesmo em se tratando de norma penal em branco, já existe o preceito principal incriminador – que define a conduta junto ao tipo penal – e o conteúdo acessório – que complementa o dispositivo – e que aqui é oriundo de uma fonte legislativa legítima, face ao rol do art. 59 da CF, de modo que presentes os requisitos da *lege praevia, scripta, stricta* e *certa*.

Contudo, no caso de revogação total, parcial ou inconstitucionalidade da norma secundária que confira especial proteção ao bem, resta excluída a tipicidade daquela determinada conduta, pois, ainda que permaneça o preceito do art. 62, I, a "lei" que confere sentido à norma penal em branco e tutela o bem cultural não mais subsiste.[326] Logo, tal fator legal retroagirá para beneficiar o autor, devendo também ser observadas as questões atinentes à aplicação das leis civil e penal no tempo.[327]

Atípica também será a conduta na hipótese de inexistir lei, ato administrativo ou decisão judicial impondo especial proteção para o bem. Ou no caso de uma destas ser formalmente produzida após já ter ocorrido a intervenção no objeto, o qual não era alvo de tutela quando foi alterado. Porém, as condutas iniciadas antes, mas que se protraem no tempo, tendo desdobramentos após a edição do ato protetivo, caracterizam o crime.

[325] Embora não seja o caso do art. 62, I, da LCA, pode ocorrer que a norma complementar advenha de outra fonte que não uma entre as previstas no art. 59 da CF, advinda de um período de exceção, após consolidado e cabível na sua época, como a própria "lei de tombamento", o DL nº 25⊠37. Conforme RÁO, Vicente. *O Direito e a Vida dos Direitos*. 5. ed. São Paulo: Revista dos Tribunais, 1999, p. 293, "nestes casos, os governos absorvem as funções próprias do Poder Legislativo e editam normas gerais de direito sob a forma e denominação de decretos-leis" que, geralmente, "recebem, mais tarde, com as ressalvas ditadas pela nova ordem jurídica, uma ratificação constitucional", como a posta no art. 12 da CF de 1937.

[326] Conforme TOLEDO, Francisco de Assis. *Princípios Básicos de Direito Penal*. São Paulo: Saraiva, 1994, p. 34, não se cuida de *abolitio criminis*, que apenas se verifica "quando a lei nova exclui da órbita penal um fato considerado crime pela legislação anterior", sendo caso de descriminalização (art. 107, III, do CPB). Para LUISI, Luiz. *Os Princípios Constitucionais Penais*. 2. ed. Porto Alegre: SAFE, 2003, p. 29-30, também não se trata de lei temporária, já que, se assim fosse, depois de decorrido o prazo de sua vigência poder-se-ia arguir a sua inconstitucionalidade, "porque embora cometido o fato durante a existência, implica em violência ao postulado constitucional, e principalmente em dar eficácia a uma norma que não mais tem existência, em desfavor do réu".

[327] Sobre incidência, obrigações e conflitos das normas jurídicas no tempo, v. RÁO, op. cit., p. 322 *et. seq.*, e MARQUES, José Frederico. *Curso de Direito Penal*. São Paulo: Saraiva, 1954, vol. 1, p. 203-8.

Outra questão diz respeito ao processo legislativo do art. 59, V, da Constituição Federal. Aqui, apesar da vedação do art. 62, I, letra "b", da CF, não se verifica, em tese, barreiras para que o *complemento*[328] da norma penal em branco seja editada por *medida provisória com força de lei*, cuja hipótese de relevância e urgência conferirá especial proteção ao objeto e, assim, fornecerá tipicidade para a conduta de atentado ao patrimônio, nos termos do art. 62, I, da Lei nº 9.605/98. Contudo, adverte-se que o comando normativo que seleciona o objeto como "especial" deve ser confirmado.

Ilustrando, imaginemos um prédio situado na capital federal, cuja história esteja diretamente ligada à construção de Brasília, mas que sofre iminente ameaça de demolição por força do expansionismo urbano. Diante de tal cenário, o Ministério da Cultura comunica o fato ao Gabinete da Presidência da República e indica como primeiro mecanismo a edição de norma para a tutela imediata daquela edificação.

Nesse caso, diante do relevo, da urgência e da necessidade de pronta eficácia o Poder Executivo Federal edita uma Medida Provisória, reconhecendo a valia cultural do antigo prédio, para conferir especial proteção. A partir disso, se a MP for convertida em lei, estará confirmado como típico o atentado contra aquele imóvel.

Entretanto, no caso de rejeição ou perda de eficácia, que retire do mundo jurídico a dita proteção, fazendo com que o bem não tenha mais aquele valor especial conferido pela medida, apenas uma valia ordinária, entendemos que estará excluída a relação de tipicidade e ilicitude do art. 62, inclusive retroagindo para os atos praticados no período de vigência da Medida Provisória.[329]

4.2 Do ato administrativo

A forma mais usual de intervenção do Estado na propriedade e para a salvaguarda do patrimônio cultural tem-se revelado por meio de atos

[328] No caso, apenas o complemento como forma de integrar a norma penal em branco. Salientando ser inadmissível a criação de tipos penais ou outras figuras, por meio de medida provisória.

[329] Aqui, aplicar-se-ia o § 3º do art. 62, e não os §§ 11 e 12 e emendas por se tratar de matéria penal que retroage. Sobre o tema MP, ver AMARAL JR., José Levi Mello. *Medida Provisória e sua Conversão em Lei*. São Paulo: RT, 2004. Ainda, observar as alterações por Emendas Constitucionais (nº 36 e nº 76).

administrativos.[330] Os quais são empregues para a consecução dos objetivos de tutela previstos no art. 216, § 1º, da CF, nas figuras de tombamento, desapropriação, inventário, registro, arrolamento e outras formas de acautelamento desempenhadas pelo Poder Público. Importa referir que, embora o tombamento tenha sido o meio mais consagrado na proteção cultural, a partir da nova ordem constitucional passa a ser apenas um dos vários instrumentos.

4.2.1 Tombamento

O Tombamento constitui-se no "ato administrativo da autoridade competente, que declara ou reconhece valor histórico, artístico, paisagístico, arqueológico, bibliográfico, cultural ou científico de bens que, por isso, passam a ser preservados".

Assim, o bem resta individualizado (seja ele singular ou coletivo), colocando-o sob um regime de especial proteção, nela incluída a proibição peremptória de mutilar, destruir ou demolir, além da exigência de autorização expressa para obras e intervenção.[331] Por meio dele, o Poder Público efetiva a tutela do seu patrimônio cultural e cumpre o seu dever constitucional.

O termo designava o Arquivo Nacional Português, fundado em 1375, em uma das torres da muralha que cerca Lisboa, a "Torre do Tombo", nome conferido aos livros destinados ao registro de todo o acervo do arquivo real,[332] sendo esta a localização em que se concentravam os livros, as escrituras, os tratados e diversos documentos do reino. Dessa maneira, tombar ganhou

[330] De acordo com MEIRELLES, Hely Lopes. *Direito Administrativo*. 19. ed. São Paulo: Malheiros, 1994, p. 133 *et seq*., o ato administrativo "é toda manifestação unilateral de vontade da Administração Pública que, agindo nessa qualidade, tenha por fim imediato adquirir, resguardar, transferir, modificar, extinguir e declarar direitos, ou impor obrigações aos administrados ou a si próprio", sendo os seus requisitos a competência, a finalidade, a forma, o motivo e o objeto; além de dotado dos atributos de presunção de legitimidade, imperatividade e autoexecutoriedade nas suas várias classificações. Prossegue a p. 487 explicando que o Tombamento é "a declaração pelo Poder Público do valor histórico, artístico, paisagístico, cultural ou científico de coisas ou locais que, por essa razão, devam ser preservados, de acordo com a inscrição em livro próprio."

[331] SOUZA FILHO, Carlos Frederico Marés. *Bens Culturais e Proteção Jurídica*. 2. ed. Porto Alegre: Unidade Editorial, 1999, p. 81. Já para MEIRELLES, op. cit., p. 487, Ver também, MELO FILHO, José Celso. Constituição Federal anotada. 2ª ed., São Paulo: Saraiva, s. d., p. 538.

[332] PIRES, Maria Coeli Simões. *Proteção ao Patrimônio Cultural*. Belo Horizonte: Del Rey, 1994, p. 148. SÉGUIN, Elida. *Lei dos Crimes Ambientais*. São Paulo: Adcoas, 1999, p. 182, registra que após um incêndio, no reinado de D. João III o Arquivo passou a funcionar em uma torre do Castelo de São Jorge e, após o terremoto de 1755 foi transferida para o Convento de São Bento.

o significado de "inventariar, arrolar ou inscrever nos arquivos do Reino", tendo sido utilizada no Código de Processo Civil Luso de 1876 como sinônimo de demarcação.[333]

Importa esclarecer, que tombamento não gera expropriação, nem é uma "negação ao direito de propriedade", mas, sim, uma "limitação do seu exercício", justificada "pelo sentimento de preservação de interesse social relevante", como no caso da proteção do patrimônio cultural edificado.[334] Porém, daí decorre um ordenamento cogente para a administração, pois tombado ela passa a ter o dever de tutelar o bem, para que seja realizada a sua finalidade ao público maior.[335]

O tombamento é o ato de inscrição e o fato administrativo que gera uma limitação, na qual o proprietário segue como *dominus* absoluta sobre o objeto, e como *administrador*, só que aqui o bem não está mais vinculado à vontade absoluta do seu proprietário, "mas à finalidade impessoal e objetiva a que essa vontade deve servir", por isso que o exercício dos direitos deste proprietário pode vir a chocar-se com os interesses superiores impostos pelo tombamento.[336] Porém, não há cisão das faculdades dominiais, de modo que o proprietário conserva a sua exclusividade enquanto titular do bem, diverso da desapropriação.

[333] BORGES, Marco Antônio. O Tombamento como Instrumento Jurídico para a Proteção do Patrimônio Cultural, *Revista de Direito Ambiental*, São Paulo: RT, nº 22, p. 261, 2001; e DALLARI, Adilson Abreu. "Tombamento", *Revista de Direito Público*, São Paulo, v. 21, nº 86, p. 37, abr./jun. 1988. A outra origem conferida a expressão seria do latim "tomo" (parte) ou "tumulo" (elevação de terra).

[334] Conforme julgado: TRF, 2ª Região, AC 1991.51.01.106035-4, RJ, 7ª Turma Especializada, Rel. Des. Fed. Reis Friede, DJU 23/5/2007, p. 627.

[335] DI PIETRO, Maria Sylvia Zanella. *Direito Administrativo*. São Paulo: Atlas, 2000, p. 131-7; MEIRELLES, Hely Lopes. Tombamento e Indenização, *Revista dos Tribunais*. São Paulo: Revista dos Tribunais, v. 74, nº 600, p. 15, out. 1985; e CARVALHO, Afrânio de. O Tombamento de Imóveis e o Registro, *Revista dos Tribunais*, v. 80, nº 672, p. 63-4, out. 1991.

[336] CRETELA JÚNIOR, José. Regime jurídico do tombamento. *Revista de Direito Administrativo*, nº 112, abr.-jun. 1973, p. 50-3, arrolando como características do tombamento: 1) a administração sujeito ativo do procedimento; 2) o particular, proprietário do bem sujeito passivo da iniciativa; 3) o bem a ser tombado objeto móvel ou imóvel de valor histórico, estético, etnográfico, paisagístico, arqueológico; 4) texto de lei, emanado do legislativo, possibilitando a restrição e enumerando os bens que devem ser preservados; 5) o livro de registro ou tombo; 6) a operação material de inscrição, consistente no registro e inventário pormenorizado do bem tombado; 7) parecer, opinião ou juízo de valor de órgão competente em geral colegiado, que aponta, define e descreve o bem, objeto de proteção do poder publico; 8) o processo ou rito de tombamento, conjunto de operações, determinadas pela administração, cuja finalidade é colocar o bem [...] sob a custódia do Estado."

Os procedimentos que envolvem o tombamento estão disciplinados no Decreto-lei nº 25, de 1937, sendo que os objetos protegidos podem ser públicos ou privados, embora estes passem a ser considerados como "bem de interesse público", sujeitando o seu titular a restrições, apesar de não perder o direito de propriedade.[337]

A forma de realização desse ato decorre do fato administrativo de inscrição em um dos quatro Livros respectivos: O Livro do Tombo Arqueológico, Etnográfico e Paisagístico, o Histórico, o das Belas Artes e o das Artes Aplicadas (art. 4º, DL nº 25/37).

Já entre as suas modalidades, ele pode ser de *ofício*: em relação aos bens públicos (art. 5º); *voluntário*: a pedido do proprietário, ou com sua anuência por escrito (art. 6º); ou *compulsório*: por determinação do poder público, diante da não impugnação, ou contra a vontade do proprietário (arts. 8º e 9º).[338]

337 Art. 11. As coisas tombadas, que pertençam à União, aos Estados ou aos Municípios, inalienáveis por natureza, só poderão ser transferidas de uma a outra das referidas entidades. [...]
Art. 13. O tombamento definitivo dos bens de propriedade particular será, por iniciativa do órgão competente do Serviço do Patrimônio Histórico e Artístico Nacional, transcrito para os devidos efeitos em livro a cargo dos oficiais do registro de imóveis e averbado ao lado da transcrição do domínio.
§ 1º No caso de transferência de propriedade dos bens de que trata êste artigo, deverá o adquirente, dentro do prazo de trinta dias, sob pena de multa de dez por cento sôbre o respectivo valor, fazê-la constar do registro, ainda que se trate de transmissão judicial ou causa mortis.
§ 2º Na hipótese de deslocação de tais bens, deverá o proprietário, dentro do mesmo prazo e sob pena da mesma multa, inscrevê-los no registro do lugar para que tiverem sido deslocados.
§ 3º A transferência deve ser comunicada pelo adquirente, e a deslocação pelo proprietário, ao Serviço do Patrimônio Histórico e Artístico Nacional, dentro do mesmo prazo e sob a mesma pena.

338 Decreto-Lei nº 25/1937: Art. 5º O tombamento dos bens pertencentes à União, aos Estados e aos Municípios se fará de ofício, por ordem do diretor do Serviço do Patrimônio Histórico e Artístico Nacional, mas deverá ser notificado à entidade a quem pertencer, ou sob cuja guarda estiver a coisa tombada, a fim de produzir os necessários efeitos.
Art. 6º O tombamento de coisa pertencente à pessôa natural ou à pessôa jurídica de direito privado se fará voluntária ou compulsoriamente.
Art. 7º Proceder-se-á ao tombamento voluntário sempre que o proprietário o pedir e a coisa se revestir dos requisitos necessários para constituir parte integrante do patrimônio histórico e artístico nacional, a juízo do Conselho Consultivo do Serviço do Patrimônio Histórico e Artístico Nacional, ou sempre que o mesmo proprietário anuir, por escrito, à notificação, que se lhe fizer, para a inscrição da coisa em qualquer dos Livros do Tombo.
Art. 8º Proceder-se-á ao tombamento compulsório quando o proprietário se recusar a anuir à inscrição da coisa.
Art. 9º O tombamento compulsório se fará de acôrdo com o seguinte processo:
1) o Serviço do Patrimônio Histórico e Artístico Nacional, por seu órgão competente, notificará o proprietário para anuir ao tombamento, dentro do prazo de quinze dias, a contar do recebimento da notificação, ou para, si o quisér impugnar, oferecer dentro do mesmo prazo as razões de sua impugnação.

O tombamento de ofício opera-se sobre os bens da Fazenda Pública, bastando a notificação da entidade que detém a propriedade ou a posse do bem, a fim de que se produzam os efeitos necessários. Ele possui a característica de definitivo, não prevendo contraditório e sendo realizado via procedimento administrativo. Aplicam-se a tais bens as restrições gerais da legislação.[339]

O tombamento voluntário consubstancia-se pela convergência das vontades do proprietário com a entidade responsável pelo ato. Interessada na proteção do objeto e entendendo que ele reúne características especiais para tanto, o proprietário solicita ao respectivo órgão público o tombamento. Após a análise, o Instituto do Patrimônio procede com o ato. Também pode ocorrer que a anuência aconteça no decorrer do procedimento administrativo, no qual, após a notificação, o proprietário manifesta o seu de acordo com o tombamento.[340]

O tombamento compulsório caracteriza-se por sua imposição do Poder Público, diante da resistência e recusa do proprietário em anuir a inscrição do objeto do Livro Tombo. Instaurado o devido procedimento e diante da impugnação do proprietário o ente estatal não anui com este, entendendo que o bem deve ser protegido e que estão atendidas as suas características de especialidade, bem como a oportunidade e conveniência do ato. Assim, realiza o tombamento, o qual se difere como um ato unilateral, discricionário e constitutivo.[341]

Na sua abrangência, e de acordo com o art. 1º do Decreto-lei nº 25/1937,[342] o tombamento poderá ser *individual*: sobre um determinado objeto; ou *geral*

2) no caso de não haver impugnação dentro do prazo assinado, que é fatal, o diretor do Serviço do Patrimônio Histórico e Artístico Nacional mandará por símples despacho que se proceda à inscrição da coisa no competente Livro do Tombo.
3) se a impugnação for oferecida dentro do prazo assinado, far-se-á vista da mesma, dentro de outros quinze dias fatais, ao órgão de que houver emanado a iniciativa do tombamento, a fim de sustentá-la. Em seguida, independentemente de custas, será o processo remetido ao Conselho Consultivo do Serviço do Patrimônio Histórico e Artístico Nacional, que proferirá decisão a respeito, dentro do prazo de sessenta dias, a contar do seu recebimento. Dessa decisão não caberá recurso.

339 PIRES, op. cit., 2022, p. 399.

340 PIRES, op. cit., 2022, p. 400.

341 PIRES, op. cit., 2022, p. 401.

342 Art. 1º Constitue o patrimônio histórico e artístico nacional o conjunto dos bens móveis e imóveis existentes no país e cuja conservação seja de interêsse público, quer por sua vinculação a fatos memoráveis da história do Brasil, quer por seu excepcional valor arqueológico ou etnográfico, bibliográfico ou artístico.
§ 1º Os bens a que se refere o presente artigo só serão considerados parte integrante do patrimônio histórico o artístico nacional, depois de inscritos separada ou agrupadamente num dos quatro Livros do Tombo, de que trata o art. 4º desta lei.

(global ou coletivo): atingindo vários bens situados em um bairro, cidade, conjunto, ou núcleo, além de belezas naturais (parques, florestas ou paisagens),[343] pois também são elas alvo de tutela. A competência é concorrente, conforme art. 23, III, IV e V, da CF.

No tocante à *discricionaridade* ou *vinculação*, quando o bem revestir-se da qualidade de patrimônio cultural e estiver em de perigo (como o risco de destruição) é dever e ônus do Poder Público, com competência sobre ele, intervir para protegê-lo.

Quanto à sua constituição, ele poderá ser *definitivo* ou *provisório*, conforme o trâmite do processo, sendo que de acordo com o art. 10, salvo a disposição do art. 13, para todos os efeitos "o tombamento provisório se equiparará ao definitivo".[344] Ainda, independente de averbação no registro imobiliário por si só já está a gerar efeitos.[345]

§ 2º Equiparam-se aos bens a que se refere o presente artigo e são também sujeitos a tombamento os monumentos naturais, bem como os sítios e paisagens que importe conservar e proteger pela feição notável com que tenham sido dotados pela natureza ou agenciados pela indústria humana.

[343] A noção de conjunto paisagístico, por óbvio, deve ser compreendida de maneira abrangente com as características da suficiente coesão, unidade e integração e, assim, não é possível considerar que não houve mudança pelo simples fato de apenas parte do todo ter sido alterada. A se admitir correto o raciocínio desenvolvido pelo magistrado, paulatinamente será possível a realização de várias obras "de pequeno porte" no parque do Flamengo (mesmo sem alteração do Iphan) e, ao final, sequer existirá algum remanescente do conjunto arquitetônico e paisagístico lá implantado e existente à época do tombamento devido às sucessivas e paulatinas "pequenas" alterações. (TRF 2ª Região, 8ª Turma, AC 2000.51.01.000571-5, Rel. Juiz Fed. Conv. Guilherme Calmon Nogueira Gama, DJU 22/8/2006, p. 246).

[344] TOMBAMENTO PROVISÓRIO. EQUIPARAÇÃO AO DEFINITIVO. EFICÁCIA. 1. O ato de tombamento, seja ele provisório ou definitivo, tem por finalidade preservar o bem identificado como de valor cultural, contrapondo-se, inclusive, aos interesses da propriedade privada, não só limitando o exercício dos direitos inerentes ao bem, mas também obrigando o proprietário às medidas necessárias à sua conservação. O tombamento provisório, portanto, possui caráter preventivo e assemelha-se ao definitivo quanto às limitações incidentes sobre a utilização do bem tutelado, nos termos do parágrafo único do art. 10 do Decreto-Lei nº 25/37.2. O valor cultural pertencente ao bem é anterior ao próprio tombamento. A diferença é que, não existindo qualquer ato do Poder Público formalizando a necessidade de protegê-lo, descaberia responsabilizar o particular pela não conservação do patrimônio. O tombamento provisório, portanto, serve justamente como um reconhecimento público da valoração inerente ao bem.3. As coisas tombadas não poderão, nos termos do art. 17 do Decreto-Lei nº 25/37, ser destruídas, demolidas ou mutiladas. O descumprimento do aludido preceito legal enseja, via de regra, o dever de restituir a coisa ao status quo ante. Excepcionalmente, sendo manifestamente inviável o restabelecimento do bem ao seu formato original, autoriza-se a conversão da obrigação em perdas e danos. [...] (STJ, REsp 753534 MT 2005/0086165-8, 2ª Turma, Rel. Min. CASTRO MEIRA, j. 25/10/2011).

[345] Decreto-Lei nº 25/1937: Art. 10. O tombamento dos bens, a que se refere o art. 6º desta lei, será considerado provisório ou definitivo, conforme esteja o respectivo processo iniciado pela notificação ou concluído pela inscrição dos referidos bens no competente Livro do Tombo.

No tombamento provisório, após a notificação do proprietário, o ato já inicia a gerar efeitos protetivos, criando gravames provisórios e colocando o bem teoricamente a salvo. Trata-se de procedimento célere e eficaz na defesa de objetos culturais, capaz de delegar-lhes a devida tutela, com o objetivo de assegurar o seu estado de originalidade e conservação, até a decisão definitiva. Ainda, é um instrumento preventivo e cautelatório, com vistas e evitar o perecimento do bem e que por si só já é capaz de gerar efeitos penais,[346] dentro da moldura dos crimes contra o patrimônio cultural e ordenamento urbano.

O tombamento definitivo ocorre após o devido procedimento, com parecer sobre a importância do bem, a notificação do proprietário, a homologação do estudo e regular tramitação, culminado com o competente registro no Livro Tombo e averbação, providências estas que geram efeitos em relação ao proprietário, ao poder público e a terceiros (inclusive direitos de vizinhança e vedação de atos, como construções, que venham a prejudicar o objeto).

Dentre as consequências, destaque para o art. 17, em que "as coisas tombadas não poderão, em caso nenhum, ser destruídas, demolidas ou mutiladas, nem, sem prévia autorização especial" do respectivo órgão de proteção do patrimônio cultural, "ser reparadas, pintadas ou restauradas", sob pena

Parágrafo único. Para todas os efeitos, salvo a disposição do art. 13 desta lei, o tombamento provisório se equiparará ao definitivo. [...]
Art. 13. O tombamento definitivo dos bens de propriedade particular será, por iniciativa do órgão competente do Serviço do Patrimônio Histórico e Artístico Nacional, transcrito para os devidos efeitos em livro a cargo dos oficiais do registro de imóveis e averbado ao lado da transcrição do domínio.
§ 1º No caso de transferência de propriedade dos bens de que trata êste artigo, deverá o adquirente, dentro do prazo de trinta dias, sob pena de multa de dez por cento sôbre o respectivo valor, fazê-la constar do registro, ainda que se trate de transmissão judicial ou causa mortis.
§ 2º Na hipótese de deslocação de tais bens, deverá o proprietário, dentro do mesmo prazo e sob pena da mesma multa, inscrevê-los no registro do lugar para que tiverem sido deslocados.
§ 3º A transferência deve ser comunicada pelo adquirente, e a deslocação pelo proprietário, ao Serviço do Patrimônio Histórico e Artístico Nacional, dentro do mesmo prazo e sob a mesma pena.

[346] MACHADO, Paulo Affonso Leme. Tombamento: instrumento jurídico de proteção do patrimônio natural e cultural. Revista dos Tribunais, São Paulo, v. 563, p. 22, setembro de 1982, explica que o "tombamento provisório, ocorrido tão-somente com a notificação do proprietário privado ou público, dá direito ao Poder Público não só de processar criminalmente o infrator, como enseja a prisão em flagrante de quem danifique ou altere, de qualquer modo, o bem protegido". Na mesma linha: NORONHA, Edgard Magalhães. Código penal brasileiro comentado. volume 5, 2ª ed., São Paulo, Saraiva, 1958.

de sanções e até de ilícito penal.[347] O instituto gere tanto obrigações de *non facere* (não destruir, mutilar ou alterar) como de um *facere* (os bens deverão ser conservados e cuidados).

Já quanto aos seus *efeitos* (artigos 11 a 23) são produzidos perante a alienação e ao deslocamento, às alterações, à conservação, ao uso e às adaptações, resultando para o proprietário obrigações negativas (não fazer), positivas (fazer) e de suportar (deixar fazer).[348] Impõe ônus ao proprietário, quanto à sua conservação e certas restrições mediante uma série de condições que impedem a alteração não autorizada do objeto, com efeitos sobre o gozo, o uso e a disposição do objeto, embora preservados na íntegra os demais direitos inerentes à propriedade.

Também, gera obrigações concernentes ao Poder Público e a seus órgãos, como o registro, a vigilância, a vistoria, a fiscalização sobre a coisa tombada, a imposição de sanções em caso da sua não observância e o direito de preferência na sua aquisição, em caso de alienação onerosa. Ainda, por força do

[347] CONJUNTO ARQUITETÔNICO E URBANÍSTICO TOMBADO, COMPOSTO PELA IGREJA DE NOSSA SENHORA DO CARMO, NA CIDADE DE SERRO/MG. ALTERAÇÃO DE IMÓVEL CONSTRUÍDO EM SUA VIZINHANÇA. REDUÇÃO DA VISIBILIDADE DA COISA TOMBADA COMPROVADA EM PROVA PERICIAL. AUSÊNCIA DE PRÉVIA AUTORIZAÇÃO JUNTO AO IPHAN. AGRESSÃO AO PATRIMÔNIO HISTÓRICO-CULTURAL. DEMOLIÇÃO DA OBRA. [...] II – Nos termos do art. 216, *caput*, e respectivos incisos IV e V, da Constituição Federal, as obras, objetos, documentos, edificações e demais espaços destinados às manifestações artístico-culturais e os conjuntos urbanos e sítios de valor histórico, paisagístico, artístico, arqueológico, paleontológico, ecológico e científico, integram o patrimônio cultural brasileiro, podendo o Ministério Público ajuizar "ação civil pública, para a proteção do patrimônio público e social, do meio ambiente e de outros interesses difusos e coletivos (CF, art. 129, III). Preliminar de ausência de interesse de agir que se rejeita ante a comprovação de agressão ao patrimônio histórico e cultural, na espécie dos autos. III – A realização de obras de alteração de imóvel situado na vizinhança de bem tombado que implique na diminuição da sua visibilidade, como no caso, deve ser precedida de autorização do [...] Iphan. IV – Demonstrado o caráter agressor da obra realizada sem a devida observância da autorização do órgão competente, impõe-se a sua remoção, nos termos do art. 18 do Decreto-Lei nº 25/37, às expensas do responsável pela agressão ao patrimônio histórico-cultural. [...]. (TRF 1ª Região, AC 23082 MG 2006.01.00.023082-0, 6ª Turma, Rel. Des. Fed. Souza Prudente, e-DJF1 4/8/2008, p. 488).

[348] TOMBAMENTO – OBRIGAÇÃO DE REALIZAR OBRAS DE CONSERVAÇÃO – PODER PÚBLICO – PROPRIETÁRIO. O PROPRIETÁRIO É OBRIGADO A CONSERVAR E REPARAR O BEM TOMBADO. SOMENTE QUANDO ELE NÃO DISPUSER DE RECURSOS PARA ISSO É QUE ESTE ENCARGO PASSA A SER DO PODER PÚBLICO. RECURSO PROVIDO. (Superior Tribunal de Justiça, RESP 97852/PR, 1ª Turma, Rel. Min. Garcia Vieira, DJ 8/6/1998, p. 15, RT 756/181).

art. 18 do Decreto-lei nº 25/1937,[349] produz efeitos colaterais sobre o entorno, impondo restrições em relação à vizinhança da coisa tombada.

Além disso, cumpre referir que por força do art. 10 do DL nº 25/37[350] desde já o tombamento provisório tem os efeitos do definitivo, permitindo que mesmo antes da decisão final o bem já seja preservado, evitando o risco de perecimento.[351] Tal instituto constitui-se numa forma de defesa rápida do objeto, acarretando para a administração o dever de protegê-lo e para os responsáveis legais vários ônus, sob pena da incidência de sanções administrativas (multas, demolição e restauro) e penais.[352]

[349] Art. 18. Sem prévia autorização do Serviço do Patrimônio Histórico e Artístico Nacional, não se poderá, na vizinhança da coisa tombada, fazer construção que lhe impeça ou reduza a visibilidade, nem nela colocar anúncios ou cartazes, sob pena de ser mandada destruir a obra ou retirar o objéto, impondo-se nêste caso a multa de cincoenta por cento do valor do mesmo objéto. Sobre o tema, ver MARCHESAN, Ana Maria Moreira. O entorno dos bens tombados na legislação brasileira. Revista Magister de Direito Ambiental e Urbanístico, nº 35, p. 73-98, abr.-maio 2011.

[350] Art. 10. O tombamento dos bens, a que se refere o art. 6º desta lei, será considerado provisório ou definitivo, conforme esteja o respectivo processo iniciado pela notificação ou concluído pela inscrição dos referidos bens no competente Livro do Tombo. Parágrafo único. Para todos os efeitos, salvo a disposição do art. 13 desta lei, o tombamento provisório se equiparará ao definitivo. Outrossim, o art. 1.072 do novo CPC revogou o art. 22 do DL nº 25/1937, sobre o direito de preferência.

[351] ANDRADE, Filippe Vieira. *O Patrimônio Cultural e os Deveres de Proteção e Preservação*, Temas de Direito Urbanístico 3, São Paulo: Imprensa Oficial/SP, 2001, p. 399, cita o art. 142, do Dec. Estadual SP 13.426/79: "A deliberação do Conselho ordenando o tombamento ou a simples abertura do processo, assegura a preservação do bem até decisão final da autoridade, pelo que o fato será imediatamente comunicado à autoridade policial sob cuja jurisdição se encontra o bem em causa para os devidos fins."

[352] AÇÃO DEMOLITÓRIA. PATRIMÔNIO HISTÓRICO, CULTURAL E PAISAGÍSTICO DE OLINDA. REFORMA DE IMÓVEL RESIDENCIAL SEM LICENÇA URBANÍSTICA E EM DESACORDO COM EXIGÊNCIAS LEGAIS. ARTS. 187, 1.228, § 1º, 1.299 E 1.312 DO CÓDIGO CIVIL. ALEGAÇÃO DE INÉPCIA DA INICIAL. LEGITIMIDADE PASSIVA. POSSUIDORA DIRETA E RESPONSÁVEL PELO ACRÉSCIMO AO IMÓVEL. APLICAÇÃO ANALÓGICA DO ART. 934, III, DO CPC. PERICULUM IN MORA REVERSO. UNESCO. CONVENÇÃO RELATIVA À PROTEÇÃO DO PATRIMÔNIO MUNDIAL, CULTURAL E NATURAL. 1. Inexiste direito de construir absoluto, na exata medida das limitações urbanístico-ambientais e da tutela dos vizinhos incidentes sobre o próprio direito de propriedade, que lhe dá origem e serve de suporte (art. 1.228, § 1º, do Código Civil). Embora caiba ao proprietário levantar em seu terreno as construções que lhe aprouverem, ficam ressalvados os direitos dos vizinhos e os regulamentos administrativos (art. 1.299 do Código Civil). Tal preceito se harmoniza com o princípio da função social da propriedade (art. 5°, XXIII, da Constituição Federal) e com o espírito da nova codificação civil, que considera ato ilícito o exercício de direito quando excede manifestamente os limites impostos pelo seu fim econômico ou social, pela boa-fé ou pelos bons costumes (art. 187 do Código Civil). 2. A pretensão para o ajuizamento de Ação Demolitória surge a partir da conclusão de obra em desconformidade com as vedações legais. Antes disso, a ordem jurídica confere ao prejudicado a possibilidade de propor Ação de Nunciação

de Obra Nova. 3. Apesar de o art. 1.299 do Código Civil referir-se apenas à figura do proprietário, o art. 1.312 prescreve que "Todo aquele que violar as proibições estabelecidas nesta Seção é obrigado a demolir as construções feitas, respondendo por perdas e danos". O dispositivo destina-se a quem descumprir obrigação de não fazer construção que ofenda comandos legais ou administrativos, assim como as normas de postura, seja na condição de possuidor, seja na de proprietário, seja na de simples detentor ocasional do imóvel. 4. São legitimados passivos da Ação Demolitória o possuidor, o dono da obra e quem dela se beneficia diretamente, mesmo que não ostentem título de proprietário, o que se confirma pelo recurso à analogia com as normas que disciplinam a Ação de Nunciação de Obra Nova. Ao prever esse procedimento especial, o Código de Processo Civil, em seu art. 934, III, atribui legitimidade ao Município para ajuizar demanda contra o particular – e não somente contra a pessoa do proprietário – que construa em contravenção da lei, do regulamento ou de postura. Descabido, pois, falar em legitimidade exclusiva do proprietário. TOMBAMENTO 5. Por meio de tombamento ou de outras formas de intervenção administrativa e judicial, a atuação do Estado não protege – nem deve proteger ou muito menos exaltar – apenas estética refinada, arquitetura suntuosa, produção artística luxuosa, templos esplendorosos, obras grandiosas dedicadas ao ócio, ou sítios comemorativos de façanhas heroicas dos que instigaram ou lutaram em guerras, com elas ganharam fama ou enriqueceram. Além de reis, senhores e ditadores, a História vem contada também pelos feitos, revoltas e sofrimentos dos trabalhadores, dos pobres, dos estigmatizados e dos artífices mais humildes da Paz. Para que deles, do seu exemplo, coragem e adversidade nunca se olvidem as gerações futuras, fazem jus igualmente à preservação seus monumentos, conjuntos e locais de interesse, com suas peculiares marcas arquitetônicas, mesmo que modestas e carentes de ostentação, assim como seus rituais, manifestações culturais, raízes etnológicas ou antropológicas, e até espaços de indignidade e desumanidade – do calabouço à senzala, da sala de tortura ao campo de concentração. 6. Tal qual quando socorre as promessas do futuro, o ordenamento jurídico brasileiro a ninguém atribui, mais ainda para satisfazer interesse individual ou econômico imediatista, o direito de, por ação ou omissão, destruir, inviabilizar, danificar, alterar ou comprometer a herança coletiva e intergeracional do patrimônio ancestral, seja ele tombado ou não, monumental ou não. 7. Cabe ao Poder Judiciário, no seu inafastável papel de último guardião da ordem pública histórica, cultural, paisagística e turística, assegurar a integridade dos bens tangíveis e intangíveis que a compõem, utilizando os mecanismos jurídicos precautórios, preventivos, reparatórios e repressivos fartamente previstos na legislação. Nesse esforço, destaca-se o poder geral de cautela do juiz, pois, por mais que, no plano técnico, se diga viável a reconstrução ou restauração de imóvel, sítio ou espaço protegido, ou a derrubada daquilo que indevidamente se ergueu ou adicionou, o remendo tardio nunca passará de imitação do passado ou da Natureza, caricatura da História ou dos processos ecológicos e geológicos que pretende substituir. 8. Recurso Especial parcialmente conhecido, e, nessa parte, não provido." (Recurso Especial Resp nº 1293608/PE, nº 2011/0101319-3, Superior Tribunal de Justiça, Relator Ministro Herman Benjamin, Segunda Turma, j. 04/12/2012, publicado REPDJe 24/09/2014).

AÇÃO CIVIL PÚBLICA. TOMBAMENTO PROVISÓRIO. EQUIPARAÇÃO AO DEFINITIVO. EFICÁCIA. 1. O ato de tombamento, seja ele provisório ou definitivo, tem por finalidade preservar o bem identificado como de valor cultural, contrapondo-se, inclusive, aos interesses da propriedade privada, não só limitando o exercício dos direitos inerentes ao bem, mas também obrigando o proprietário às medidas necessárias à sua conservação. O tombamento provisório, portanto, possui caráter preventivo e assemelha-se ao definitivo quanto às limitações incidentes sobre a utilização do bem tutelado, nos termos do parágrafo único do art. 10 do Decreto-Lei nº 25/37. 3. As coisas tombadas não poderão, nos termos do art. 17 do Decreto-Lei nº 25/37, ser destruídas, demolidas ou mutiladas. O descumprimento do aludido preceito legal enseja, via de regra, o dever de restituir a coisa ao status

A proteção pelo ato administrativo começa a vigorar a partir da sua publicação, mesmo que não definitivo, como no caso do tombamento provisório, ou se apresentado recurso administrativo, ou buscada a via judicial. Na verdade, tal condição decorre dos efeitos constitutivo e declaratório que são conferidos pelo ato de tombar.[353]

Trata-se aqui de "um regime jurídico especial que incide sobre determinado bem no período que medeia entre a notificação e a inscrição após a homologação, cujos efeitos praticamente se equivalem aos do definitivo", acautelando o objeto de eventuais atentados, enquanto se decide se ele vai ou não ser tombado em definitivo.[354] Assim, diante da importância que é conferida ao bem, desde já ele passa a ser "especialmente protegido" por via do ato administrativo que instituiu o tombamento, ainda que provisório, situação que irá gerar efeitos cíveis e criminais.[355] De modo que qualquer ato que destrua, inutilize ou deteriore este objeto poderá caracterizar o ilícito descrito no art. 62, I, da LCA, já que o bem em apreço passou a gozar de proteção.

Aliás se diverso fosse, a norma poderia ter os seus efeitos esvaziados, de maneira que o proprietário do bem, contrariado com o ato do tombamento, aproveitaria da fase provisória deste para praticar ações irregulares, como acréscimos ou supressões, colocando em risco a qualidade do objeto e inclusive levando-o ao seu perecimento.[356]

quo ante. Excepcionalmente, sendo manifestamente inviável o restabelecimento do bem ao seu formato original, autoriza-se a conversão da obrigação em perdas e danos. (Superior Tribunal de Justiça; REsp 753.534; Proc. 2005/0086165-8; MT; Segunda Turma; Rel. Min. Castro Meira; DJE 10/11/2011).

353 MACHADO, Paulo Affonso Leme. *Direito Ambiental Brasileiro*. 7. ed. São Paulo: Malheiros, 1999, p. 754-5 e 770; e MACHADO, Paulo Affonso Leme. Tombamento. Instrumento de Proteção do Patrimônio Natural e Cultural, *Revista dos Tribunais*, São Paulo, v. 71, nº 563, p. 36-9, set. 1982.

354 PIRES, op. cit., p. 153-4. Para aprofundar, MIRANDA, Marcos Paulo de Souza. *Lei de Tombamento Comentada. Doutrina, Jurisprudência e Normas Complementares*. Belo Horizonte: Del Rey, 2014.

355 NORONHA, Magalhães Edgard. *Direito Penal*. 26. ed. São Paulo: Saraiva, 1994, v. 2, p. 321, cita que: "Tanto pode ser objeto do crime a coisa tombada provisória como definitivamente, já que o art. 10 daquele diploma declara expressamente que para todos os efeitos – e, portanto, os penais – o tombamento provisório equipara-se ao definitivo."

356 TOMBAMENTO PROVISÓRIO. EQUIPARAÇÃO AO DEFINITIVO. EFICÁCIA. 1. O ato de tombamento, seja ele provisório ou definitivo, tem por finalidade preservar o bem identificado como de valor cultural, contrapondo-se, inclusive, aos interesses da propriedade privada, não só limitando o exercício dos direitos inerentes ao bem, mas também obrigando o proprietário às medidas necessárias à sua conservação. O tombamento provisório, portanto, possui caráter preventivo e assemelha-se ao definitivo quanto às limitações incidentes sobre a utilização do bem tutelado, nos termos do parágrafo único do art. 10 do Decreto-lei nº 25/37. 2. O valor cultural pertencente ao bem é anterior ao próprio tombamento. [...] (STJ, REsp 753534 MT 2005/0086165-8, 2ª T., Rel. Min. Castro Meira, j. 25/10/2011).

Embora geradora de efeitos, trata-se de medida precária para a preservação dos bens até que sejam concluídos os respectivos estudos técnicos. Confirmadas as exigências legais e a especial condição do bem será expedido o ato definitivo do tombamento, do contrário o ato provisório é revogado e o objeto liberado sem mais incidir as restrições. Contudo, enquanto tramitar o processo de tombamento está o responsável encarregado dos deveres de preservação e conservação do bem, sob pena da aplicação de sanções em caso de danos.[357]

Portanto, a tutela provisória existe no sentido de evitar que o agente sinta-se à vontade para dar vazão a atos que importem alteração na estrutura, natureza e na própria identificação do bem como patrimônio cultural, confiante na impunidade civil e penal, sobre o pálio do objeto ainda não estar tombado em definitivo.

Quanto à natureza do ato entendemos que ela é dupla. É constitutivo, pois realizada a previsão legal "passa o bem à condição de imune contra atos do proprietário ou de terceiros que possam mutilar, alterar ou destruir." Além disso, é de natureza declaratória, pois o ato em apreço terá o efeito de reconhecer "um valor cultural que o bem já possuía, porquanto se não o tivesse, não caberia o tombamento", de modo que esta valia preexiste ao ato administrativo.[358]

Em outras palavras, é constitutiva, pois altera a posição jurídica do bem, transformando-o em de interesse público e/ou social e impondo ao proprietário novas obrigações. No entanto, é declaratória ao reconhecer uma característica intrínseca ao objeto, levando-a, agora, à ciência do mundo jurídico e conferindo-lhe uma publicidade legal, sobre uma qualidade que ela já possuía e era preexistente ao ato.

Ademais, cumpre lembrar que o ato administrativo goza de presunção de legitimidade, o que autoriza a sua imediata execução como válido e operante, seja para a Administração ou para os particulares sujeitos ou beneficiários dos seus efeitos.[359]

[357] FARIA, Edimur Ferreira. O tombamento e seus reflexos. In: Direito e proteção do patrimônio cultural imóvel, op. cit., p. 69-70.

[358] MARCHESAN, Ana Maria Moreira. A Proteção Constitucional ao Patrimônio Cultural, *Revista de Direito Ambiental*. São Paulo: Revista dos Tribunais, 2000, nº 20, p. 114. Vide MARCHESAN, Ana M. A Importância da Preservação do Patrimônio Cultural na Pós-modernidade. *In:* FREITAS, Vladimir Passos (Org.) *et al. Direito Ambiental em Evolução*. Curitiba: Juruá, 2007, p. 49-78.

[359] MEIRELLES, 1994, op. cit., p. 141. Sobre efeitos dos atos administrativos, ver MELLO, Celso Antônio Bandeira. *Curso de Direito Administrativo*. 10. ed. São Paulo: Malheiros, 1998, p. 225 *et seq*.

Contudo, no caso de não se tornar definitivo o tombamento provisório, ou de revogação ou invalidade do ato administrativo que o institua, retirando-lhe assim a condição de "bem especialmente protegido", tal fato retroage conforme as regras da lei penal, para retirar a tipicidade das ações praticadas na sua vigência, pois o objeto já não possui a tutela diferenciada que o inscreve no rol específico do art. 62, I, da Lei dos Crimes Ambientais.

Com efeito, de acordo com Sônia Rabello a inscrição do tombamento no Livro do Tombo opera como uma forma de registro administrativo, cuja finalidade é garantir a segurança jurídica, a autenticidade, o acesso às informações e a própria publicidade, gerando efeitos perante o órgão do qual emanou o ato e ao próprio responsável pelo bem tombado, em especial, no tocante aos vínculos obrigacionais. Porém, frente a terceiros, ainda é necessária à devida publicação por meio dos veículos públicos oficiais, para produzir eficácia "erga omnes",[360] o que é especialmente importante em relação ao entorno dos imóveis tombados.

Outrossim, embora possa ser revisto por parte do Poder Judiciário, tal possibilidade é relativa. Ou seja, é vedado manifestar-se sobre a conveniência ou oportunidade da medida, pois tal se trata de atividade discricionária da administração pública. Entretanto, a classificação do objeto e a forma como foi enquadrado enquanto bem cultural pode ser revista, pois depende de um juízo devidamente justificado, fundamentado e que deve necessariamente mostrar a conexão com a história, arte, arquitetura, paisagem, arqueologia ou outro valor cultural.

Assim, pode ser ilegal o tombamento caso se baseie em fato que apresente divergência entre o estudo relativo ao objeto e o enunciado pelo administrador no seu ato. Ou ainda, se o bem for desprovido da devida valia, pois existe a necessidade de um parecer técnico, oriundo de órgão competente.[361] Afinal, estará o Estado adimplindo o seu dever de proteção à cultura, o que justificará a intervenção e o cumprimento da função social da propriedade, na forma dos artigos 5º, XXIII, 170, III, 182, §2º e 216 da Constituição Federal.

Ainda, embora de regra o tombamento decorra de ato administrativo, nada impede que ele seja instituído por ação do legislativo federal, estadual ou municipal, com a vantagem que este só poderá então ser desfeito por

[360] RABELLO, Sônia. O estado na preservação de bens culturais. O tombamento. Rio de Janeiro: IPHAN, 2009, p. 104.

[361] CRETELA JÚNIOR, op. cit., p. 66-7; e SILVA, José Afonso da. *Direito urbanístico brasileiro.* São Paulo: RT, 1981, p. 491.

ato do Poder Legislativo.[362] Ou mesmo decorra de ação judicial pleiteando o reconhecimento e a tutela do bem. Afinal, o zelo pelo patrimônio cultural constitui-se numa obrigação do Poder Público.

A propósito, também importante pontuar que os bens tombados estão sujeitos a receberem recursos para a sua conservação, como no caso do art. 1º, VI, da Lei nº 8.313/1991 (Roaunet), que prevê a destinação de valores para "preservar os bens materiais e imateriais do patrimônio cultural e histórico brasileiro".[363]

Por fim, o destombamento está previsto no art. 19, §§ 1º e 2º, do Decreto-Lei nº 25/1937, enquanto direito do proprietário, no caso de omissão do órgão público de tombamento não ter providenciado as obras necessárias à proteção do bem, no caso daquele não dispor de recursos próprios. Também, no Decreto-Lei nº 3.866/1941, o qual prevê que o Presidente da República, "atendendo a motivos de interesse público, poderá determinar, de ofício ou em grau de recurso" por parte interessada, que seja cancelado o tombamento de bens públicos e privados.

4.2.2 Desapropriação

A desapropriação é a forma mais drástica de manifestação do poder de império do Estado, no exercício do seu domínio eminente e de soberania sobre todos os bens inseridos no território nacional. Tal instituto consiste na "transferência compulsória da propriedade particular (ou pública de entidade de grau inferior para a superior) para o Poder Público ou seus delegados, por utilidade ou necessidade pública, ou, ainda, por interesse social, mediante prévia e justa indenização", nos termos da lei.[364]

Trata-se, pois, de uma decisão executória do Poder Público, Federal, Estadual ou Municipal, sem que dependa do Poder Judiciário para subjugar

[362] SANTANA, Jair Eduardo. *Competências Legislativas Municipais*. 2. ed. Belo Horizonte: Del Rey, 1998, explica que não é a lei, nem o ato administrativo que atribuem valor ao bem, mas apenas o reconhecem, sendo indiferente de onde emanará a fonte de proteção. LEUZINGER, Márcia Dieguez; CUREAU, Sandra. *Direito Ambiental*. Rio de Janeiro: Elsevier, 2008, p. 128-9, citam como exemplo as reminiscências dos antigos quilombos que foram tombados pelo art. 216, § 5º, da CF.
[363] FRATTARI, Rapahel; PIANCÓ, Sheila. Projetos culturais e incentivos fiscais para a conservação de bens imóveis tombados. In: Direito e proteção do patrimônio cultural imóvel, op. cit., p. 241-3.
[364] MEIRELLES, 1994, op. cit., p. 508.

o bem em discussão, embora possa o expropriado impugnar o ato judicialmente por meio das vias legais.[365]

Entre os seus requisitos, a *necessidade pública* surgirá quando a Administração defronta situações de emergência que para solução satisfatória exigem a transferência urgente de bens de terceiros para o seu domínio e o uso imediato. E a *utilidade pública* ocorre quando a transferência de bens de terceiros para a Administração é conveniente, embora não seja imprescindível. Já o *interesse social* incide quando as circunstâncias impõem a distribuição ou o condicionamento da propriedade, para o melhor aproveitamento, uso ou produtividade em prol da coletividade ou de categorias sociais que roguem amparo específico do Poder Público, conforme a Lei nº 4.132/62.[366]

Em sede de tutela cultural, a desapropriação pode surgir como medida prévia ao tombamento; no caso dessa esvaziar o direito de propriedade; para remediar o conflito provocado pelo tombamento. Ou para que o Poder Público assuma a gestão do bem tombado, diante das dificuldades de proteção pelo proprietário, e, ainda, como instrumento alternativo à preservação do bem, independente do tombamento – embora o seu destino esteja vinculado à finalidade pela qual se transferiu o seu domínio.[367]

O art. 19, § 1º, do Decreto Lei nº 25/37 contempla a hipótese da insuficiência de condições do proprietário na conservação e reparação do objeto, circunstância que poderá levar a atuação do Poder Público com o fim de garantir a permanência da proteção sob o bem tombado, ocorrendo ela de forma obrigatória, sob pena de cancelar-se o tombamento, situação esta que pode servir de fundamento para a desapropriação do objeto. Entendemos aqui não se tratar de disponibilidade do Poder Público, mas de

365 RECURSO EXTRAORDINÁRIO. IMÓVEL TOMBADO PELA UNIÃO. DESAPROPRIAÇÃO DO MESMO BEM PELO MUNICÍPIO, COM IMISSÃO PROVISÓRIA NA POSSE. DESISTÊNCIA DA AÇÃO DE DESAPROPRIAÇÃO. RESPONSABILIDADE PELOS DANOS CAUSADOS. Valendo-se o município da vertente mais larga de proteção do patrimônio cultural a desapropriação, com imissão provisória na posse cumpre-lhe o dever de reparar eventuais danos causados no imóvel. (Supremo Tribunal Federal, Recurso Extraordinário RE-168917, 2ª Turma, Rel. Min. Francisco Resek, DJ 06/06/1997, p. 24882).

366 MEIRELLES, 1994, op. cit., p. 515-9.

367 PIRES, op. cit., p. 250-2. Caso de esvaziamento em: TOMBAMENTO DE BEM IMÓVEL PARA LIMITAR SUA DESTINAÇÃO A ATIVIDADES ARTÍSTICO-CULTURAIS. PRESERVAÇÃO A SER ATENDIDA POR MEIO DE DESAPROPRIAÇÃO. NÃO PELO EMPREGO DA MODALIDADE DO CHAMADO TOMBAMENTO DE USO. Recurso da Municipalidade do qual não se conhece, porquanto não configurada a alegada contrariedade, pelo acórdão recorrido, do disposto no art. 216, § 1º, da Constituição. (STF, RE-219292, 1ª Turma, Rel. Min. Octávio Gallotti, DJ 23/6/2000, p. 31).

ônus inafastável, diante da sua obrigatoriedade constitucional na tutela do patrimônio cultural.

Por sua vez, o art. 5º, "k", do Decreto-lei nº 3.365/41, enumera como casos de *utilidade pública* a "preservação e conservação dos monumentos históricos e artísticos", isolados ou em conjuntos, sejam urbanos ou rurais; as medidas necessárias "a manter-lhes os aspectos mais valiosos, ou característicos", e a proteção de paisagens e locais especialmente dotados pela natureza.

Já o *interesse social* é disciplinado na Lei nº 4.132/62, destacando-se o art. 2º, VIII, que atualmente prevê "a utilização de áreas, locais ou bens que, por suas características, sejam apropriados ao desenvolvimento de atividades turísticas." Em termos práticos, tal forma excepcional de tutela vem sendo utilizada para a proteção de conjuntos urbanos, com o fim de melhorar certas regiões das cidades.

Na espécie, a intervenção do Estado na propriedade privada justifica-se diante da prevalência do interesse público sobre as questões particulares, transmudando-se numa forma de exercício mais abrangente da função social da propriedade que, assim, irá satisfazer uma coletividade, sem ficar restrita a uns poucos.[368] O que ocorre especialmente quando "verificadas externalidades positivas que recomendam a preservação do imóvel",[369] notadamente quando diante da ausência de capacidade do responsável pelo objeto, ou mesmo em face da indiscutível utilidade pública ou do inegável interesse social na sua preservação.

Por fim, junto aos institutos do direito de propriedade o art. 1.228, § 3º, do CCB, prevê tais modos de desapropriação e adiciona a "de requisição, em caso de perigo iminente", ao que podemos ilustrar a hipótese de um antigo prédio de valia cultural, em risco de desabamento pela inação do proprietário, o que força a atuação do Poder Público para expropriá-lo, verificar as formas de cessar o perigo e conservá-lo.

Enquanto isso, o responsável pelo bem considerado como patrimônio cultural tem o ônus social de utilizá-lo e preservá-lo da melhor forma possível, para a fruição coletiva presente e futura, estando passível de várias implicações, inclusive a penal.

[368] GOMES, Luís Roberto (O Princípio da Função Social da Propriedade e a Exigência Constitucional de Proteção Ambiental, *Revista de Direito Ambiental,* São Paulo, nº 17, p. 177, 1999) esclarece que na função social "estão contidos os princípios constitucionais da proteção ambiental", ligados à proteção da vida humana. Sobre o "ônus social", v. DERANI, Cristiane. A Propriedade na Constituição de 1988 e o Conteúdo da Função Social, *Revista de Direito Ambiental.* São Paulo: RT, nº 27, p. 58-69, 2003.

[369] PAIVA, Carlos Magno de Souza. A (in)eficácia da desapropriação de bens culturais edificados, In: Direito e proteção do patrimônio cultural imóvel, op. cit., p. 27.

4.2.3 Inventário

A identificação do valor cultural de um bem não surge da decisão da autoridade, pois antes de declarado ele já tinha existência histórica e valia no quadro da sociedade. E aqui, ainda que seja o mais conhecido, o tombamento não é o único instrumento de tutela, já que o art. 216, § 1º, da CF, cita outras formas de proteção, em rol não exaustivo, uma vez que é possível a criação de outros instrumentos, cuja incidência veremos.[370]

O Inventário é reconhecido na Carta Magna como uma das formas de proteção e promoção do patrimônio cultural. Embora careça de lei reguladora, constitui-se numa fonte de reconhecimento da referência de identidade e de valores culturais, operando em nível de identificação, bem como de orientação de políticas de tutela.[371]

[370] MILARÉ, Édis. *Direito do Ambiente.* São Paulo: Revista dos Tribunais, 2005, p. 410-2. MACHADO, 1999, op. cit., p. 734-5, colaciona que "o inventário do patrimônio arquitetural digno de ser protegido não termina jamais, porque este patrimônio não é constituído nem se revela de uma vez por todas. Conclui-se que uma legislação especial de proteção é indispensável para permitir à autoridade responsável de intervir a qualquer momento, ainda que seja para suspender uma ação de demolição." (*Apud* 'Congrés sur ler patrimoine architectural européen', Conselho da Europa, Amsterdam, 1975, p. 79).

[371] IMÓVEL ARROLADO NO INVENTÁRIO DO PATRIMÔNIO HISTÓRICO CULTURAL DO MUNICÍPIO DE CACHOEIRA DO SUL, DO INSTITUTO DO PATRIMÔNIO HISTÓRICO E ARTÍSTICO NACIONAL (IPHAN) E DO INSTITUTO DO PATRIMÔNIO HISTÓRICO E ARTÍSTICO DO ESTADO (IPHAE). LICENÇA PARA DEMOLIÇÃO. IMPOSSIBILIDADE. ART. 216, § 1º, DA CONSTITUIÇÃO FEDERAL. INDENIZAÇÃO POR DESAPROPRIAÇÃO INDIRETA E ISENÇÃO DO IPTU. DESCABIMENTO. I) No caso, está justificada a negativa de autorização para demolição do imóvel de propriedade do autor, visto que apresenta características de inspiração europeia, com trabalho de carpintaria singular, constituindo-se raro exemplar de chalé existente na paisagem urbana, razão pela qual foi incluído no inventário do Município, do IPHAN (Instituto do Patrimônio Histórico e Artístico Nacional) e do IPHAE (Instituto do Patrimônio Histórico e Artístico do Estado). Segundo o art. 216, § 1º, da Constituição Federal, não apenas o tombamento é capaz de criar limitação administrativa visando à proteção do patrimônio cultural, mas também inventários, registros, vigilância, desapropriação e outras formas de acautelamento e preservação. II) Não há falar em desapropriação indireta. O ente público pode impor limitações ao uso e gozo do bem inventariado, como medida para evitar prejuízos ou descaracterização do patrimônio histórico-cultural; todavia, a propriedade do imóvel não é alterada. Logo, incabível a indenização pretendida. [...] APELO DESPROVIDO. (TJRS, Ap. Cível nº 70069547628, 22ª Câmara Cível, Relator: Francisco José Moesch, j. 25/8/2016, DJ 30/8/2016).

Ainda que não possua a mesma tradição do tombamento, é dotado de força legal suficiente para garantir a preservação do patrimônio inventariado.[372] De modo que a sua realização criteriosa estabelece a relação dos bens culturais portadores de referenciais específicos, cujo efeito jurídico sujeita o proprietário e o Poder Público a preservar o bem, além de constituir-se numa prova da necessidade de proteção do objeto, a ser utilizado seja em sede judicial, administrativa, legal e até penal.[373]

Trata-se de figura conhecida em outros países, cujo termo designa os "repertórios de monumentos históricos ou bens patrimoniais. O inventário supõe a determinação de um conteúdo (categoria de objeto) e dos métodos de descrição. Ele responde duas finalidades complementares de informação e de classificação".[374]

Assim, é certo que a inclusão pelo Poder de um determinado objeto em inventário[375] já o promove à categoria de "bem especialmente protegido". De modo que tão logo perfectibilizado o procedimento – o qual deve revestir-se de homologação, publicidade e notificação do proprietário –, os atentados

372 CRIME CONTRA O PATRIMÔNIO CULTURAL. ART. 63 DA LEI Nº 9.605/98. AUSÊNCIA DE TOMBAMENTO DO BEM. DESNECESSIDADE. BEM INVENTARIADO PELO IPHAN. FORMA DE PROTEÇÃO DO PATRIMÔNIO CULTURAL BRASILEIRO RECONHECIDA PELA CONSTITUIÇÃO FEDERAL. ART. 216, §1º, DA CF/88. COMPETÊNCIA DA JUSTIÇA FEDERAL. I – O art. 63 da Lei nº 9.605/98 optou pela proteção do patrimônio cultural de forma genérica. Por Lei, por ato administrativo ou por decisão judicial. Sem mencionar expressamente o tombamento ou o inventário, que, indiscutivelmente, encontram-se compreendidos nas formas ali previstas, à luz do art. 216, §1º, da CF/88. II. Com efeito, por ser o inventário forma de proteção do patrimônio cultural brasileiro, prevista no art. 216, § 1º, da CF/88, desnecessário é o tombamento prévio, para que o bem seja considerado protegido pela União. III. Inventariada a edificação pelo instituto do patrimônio histórico e artístico nacional – IPHAN, com fins de preservação, a competência para processar e julgar ação penal, para apuração do crime previsto no art. 63 da Lei nº 9.605/98, é da justiça federal. IV. Recurso provido. (TRF 1ª Região, Recurso Criminal 2006.39.00.008274-1 PA, 3ª Turma; Rel. Des. Fed. Assusete Dumont Reis Magalhães, DJF1 31/10/2008, p. 76).

373 SOUZA FILHO, op. cit., p. 100. Ver também: RHODEN, Luiz Fernando. Legislação e inventários do patrimônio. *Revista Ciências e Letras*, Porto Alegre, n. 27, p. 189 e ss., jan.-jun. 2000; e CUSTÓDIO, Luiz Antônio Bolcato. Patrimônio edificado: conservação e ética. *Revista Ciências e Letras*, Porto Alegre, n. 27, p. 177-188, jan.-jun. 2000.

374 MERLIN, Pierre; CHOY, Françoise. Dictionnaire de l'urbanisme et l'aménagement. Quito, Presses Universitaires de France, 1998. Vide STUDART, Vitor Melo. O Inventário como um Instrumento de Gestão e Acautelamento do Patrimônio Cultural Material nas Cidades; e TORRES, Carolina de Fátima da Silva. A Efetividade da Tutela do Patrimônio Cultural Brasileiro e o Instituto Municipal dos Imóveis Especiais de Preservação; ambos In: III Encontro Internacional de Direitos Culturais, 2014, Fortaleza/CE.

375 Da mesma forma entendemos em relação aos bens arrolados e registrados.

contra este bem determinado são passíveis das sanções dos artigos 62 e 63[376] da Lei nº 9.605/1998.

Salienta-se, ainda, que a Lei nº 6.513/1977 dispõe sobre a criação de áreas e "Inventário com finalidades turísticas dos bens de valor cultural e natural", com o intuito de assegurar a sua preservação e valorização, promover o desenvolvimento, orientar a alocação de recursos e estabelecer normas de uso e ocupação do solo.[377]

Seriam estes Locais e Áreas Especiais de Interesse Turístico (Prioritárias e de Reserva), os quais estão sujeitos a regramento próprio de limites, uso, ocupação, exploração, atividades, obras e serviços, para garantir o equilíbrio ambiental, harmonizar construções e assegurar a preservação, restauração, recuperação ou valorização do patrimônio cultural ou natural existente, os quais podem ser instituídos em nível federal, estadual, metropolitano e municipal.

Vários são os efeitos daí oriundos, estando expressamente previsto no seu art. 24 que, "além da ação penal cabível, a modificação não autorizada, a destruição, a desfiguração, ou o desvirtuamento de sua feição original, no todo

[376] STJ, HABEAS CORPUS Nº 537573 – RS (2019/0298784-6), Rel. Min. Rogerio Schietti Cruz, j. 04/10/2022, negou a ordem a processado pela prática do crime do art. 63 da LCA, pois embora não tenha sido confirmado o tombamento provisório do bem imóvel, ainda assim este se encontrava inventariado. Destacando-se aqui o seguinte trecho argumentativo: "Quanto à alegação de atipicidade da conduta, em razão de abolitio criminis superveniente pela revogação do tombamento provisório do bem, conforme se depreende da denúncia, o imóvel alterado está na Lista de Inventário do Patrimônio Edificado da IPHAE (Instituto do Patrimônio Histórico e Artístico do Estado do Rio Grande do Sul). Segundo esclarece o órgão acusatório, 'essa Lista de Inventário integra a legislação do Plano Diretor Municipal. Como se sabe, o Plano Diretor Municipal é uma lei, a saber, a Lei Municipal n.º 1.216/2004 (Plano Diretor Urbanístico e Ambiental do Município de Novo Hamburgo). Portanto, tratando-se de lei, ela goza de plena publicidade e de presunção de ciência pela sociedade'. Verifica-se, então, que o tombamento – ato administrativo que impõe o dever de conservar um determinado bem relevante ao patrimônio cultural brasileiro – é apenas uma das formas de tutela do local. O inventário de bens culturais é outro instrumento constitucional de preservação do patrimônio (art. 216, § 1º, da CF) e, no caso em exame, o estabelecimento alterado gozava dessa proteção, parte integrante do Plano Diretor do Município de Novo Hamburgo. Desse modo, não há como se concluir, de plano, pela atipicidade da conduta, haja vista que foram descritos, na inicial acusatória, fatos que se amoldam, em princípio, ao tipo penal mencionado."

[377] Art. 1º Consideram-se de interesse turístico as Áreas Especiais e os Locais instituídos na forma da presente Lei, assim como os bens de valor cultural e natural, protegidos por legislação específica, e especialmente: I – os bens de valor histórico, artístico, arqueológico ou pré-histórico; II – as reservas e estações ecológicas; III – as áreas destinadas à proteção dos recursos naturais renováveis; IV – as manifestações culturais ou etnológicas e os locais onde ocorram; V – as paisagens notáveis; VI – as localidades e os acidentes naturais adequados ao repouso e à prática de atividades recreativas, desportivas ou de lazer; VII – as fontes hidrominerais aproveitáveis; VIII – as localidades que apresentem condições climáticas especiais; IX – outros que venham a ser definidos, na forma desta Lei.

ou em parte", dos Locais e Áreas Especiais de Interesse Turístico, sujeitam o infrator a penalidades.

A referência ao inventário também figura de forma expressa na Lei nº 11.904/2009,[378] Estatuto dos Museus, quando ao tratar sobre o acervo de museus prevê expressamente que os bens inventariados consideram-se como protegidos, com o fito de evitar o seu perecimento ou perda e promover a sua preservação.

Igualmente, temos a previsão do chamado "Inventário Nacional de Referências Culturais", com condições de uso estabelecidas na Instrução Normativa nº 001/2009 do IPHAN, e que se constitui em metodologia de pesquisa destinada a produzir conhecimento sobre domínios da vida social, edificações associadas a certos usos e os seus significados históricos, independente de qualidade artística ou arquitetônica.

Em termos de Estado do Rio Grande do Sul, o art. 222, da Constituição Estadual, prevê expressamente o Inventário como instrumento de proteção, sendo que o art. 223 prevê que o "Estado e os Municípios manterão, sob orientação técnica do primeiro, cadastro atualizado do patrimônio histórico e do acervo cultural, público e privado", no que é complementado pela Lei Estadual/RS 10.116/1994, Lei do Desenvolvimento Urbano, quando ao tratar "das Áreas, Prédios e Monumentos de Proteção e Preservação Permanente",

[378] Art. 39. É obrigação dos museus manter documentação sistematicamente atualizada sobre os bens culturais que integram seus acervos, na forma de registros e inventários.
§ 1o O registro e o inventário dos bens culturais dos museus devem estruturar-se de forma a assegurar a compatibilização com o inventário nacional dos bens culturais.
§ 2o Os bens inventariados ou registrados gozam de proteção com vistas em evitar o seu perecimento ou degradação, a promover sua preservação e segurança e a divulgar a respectiva existência.
Art. 40. Os inventários museológicos e outros registros que identifiquem bens culturais, elaborados por museus públicos e privados, são considerados patrimônio arquivístico de interesse nacional e devem ser conservados nas respectivas instalações dos museus, de modo a evitar destruição, perda ou deterioração.
Parágrafo único. No caso de extinção dos museus, os seus inventários e registros serão conservados pelo órgão ou entidade sucessora.
Art. 41. A proteção dos bens culturais dos museus se completa pelo inventário nacional, sem prejuízo de outras formas de proteção concorrentes.
§ 1o Entende-se por inventário nacional a inserção de dados sistematizada e atualizada periodicamente sobre os bens culturais existentes em cada museu, objetivando a sua identificação e proteção.
§ 2o O inventário nacional dos bens dos museus não terá implicações na propriedade, posse ou outro direito real.
§ 3o O inventário nacional dos bens culturais dos museus será coordenado pela União.
§ 4o Para efeito da integridade do inventário nacional, os museus responsabilizar-se-ão pela inserção dos dados sobre seus bens culturais.

determina no seu art. 40[379] que "o Estado realizará o inventário dos bens culturais de interesse regional ou estadual".

Embora reconhecido na Constituição Federal, bem como em termos de lei, e doutrina[380] e jurisprudência,[381] a questão é saber sobre os efeitos do inventário,

[379] Art. 40- Prédios, monumentos, conjuntos urbanos e sítios de valor histórico, artístico, arquitetônico, paisagístico, arqueológico, antropológico, paleontológico e científico, de proteção ou preservação permanente, portadores de referência à identidade, à ação, à memória dos diferentes grupos formadores da sociedade brasileira, não poderão, no todo ou em parte, ser demolidos, desfigurados ou modificados sem autorização.
§ 1º – Para identificação dos elementos a que se refere este artigo, os municípios, com o apoio e a orientação do Estado e da União, realizarão o inventário de seus bens culturais.
§ 2º – O plano diretor ou as diretrizes gerais de ocupação do território fixarão a volumetria das edificações localizadas na área de vizinhança ou ambiência dos elementos de proteção ou de preservação permanente, visando a sua integração com o entorno.
§ 3º – O Estado realizará o inventário dos bens culturais de interesse regional ou estadual.

[380] MIRANDA, Marcos Paulo de Souza. Inventário é instrumento constitucional de proteção de bens culturais. *Revista Magister de Direito Ambiental e Urbanístico*, nº 80, p. 88-96, out.-nov. 2018; MARCHESAN, Ana Maria Moreira. O inventário de bens imóveis como instrumento de proteção do patrimônio cultural urbano no Brasil. *Revista Magister de Direito Urbanístico*, nº 83, p. 67-88, abr-maio 2019; e MARCHESAN, Ana Maria Moreira. A proteção constitucional ao patrimônio cultural. *Revista de Direito Ambiental*, nº 20, p. 111-120, out.-dez. 2000.

[381] AGRAVO REGIMENTAL NO RECURSO EXTRAORDINÁRIO CRIMINAL. ALEGADA OFENSA AO ART. 216, § 1°, DA CF. PROTEÇÃO DO PATRIMÔNIO HISTÓRICO-CULTURAL BRASILEIRO. ART. 67 DA LEI 9.605/98. CONCESSÃO DE ALVARÁ DE DEMOLIÇÃO. IMÓVEL PROTEGIDO POR INVENTÁRIO DO IPHAN. ÁREA DEFINIDA COMO DE INTERESSE CULTURAL SIGNIFICATIVO PELO PLANO DIRETOR DO MUNICÍPIO. VALOR CULTURAL E HISTÓRICO EVIDENTE. IMPOSSIBILIDADE DE REEXAME DE NORMAS INFRACONSTITUCIONAIS E DO CONJUNTO FÁTICO-PROBATÓRIO. OFENSA REFLEXA. SÚMULA 279/STF. AGRAVO A QUE SE NEGA PROVIMENTO. I – "[...] a Constituição da República Federativa do Brasil de 1988 representou um marco evolutivo em termos de reconhecimento e proteção jurídica do patrimônio cultural brasileiro. Reconheceu-se, a nível constitucional expresso, a necessidade de tutelar e salvaguardar o patrimônio histórico-cultural, enquanto direito fundamental de terceira geração, isto é, de titularidade difusa, não individualizado, mas pertencente a uma coletividade [...]" (ACO 1.966-AgR/AM, relatada pelo Ministro Luiz Fux, Tribunal Pleno). II – De acordo com o inteiro teor do acórdão recorrido, a "Casa Koerich", como era denominado o imóvel demolido, chegou a ser inventariada pelo IPHAN. Constou também do julgado que "o valor cultural e histórico do imóvel era evidente até para quem não possuía conhecimento especializado, tanto por suas características arquitetônicas quanto pela idade da construção (ano de 1926)", bem como que ele se encontrava em área definida como de interesse cultural significativo no Plano Diretor do Município de Angelina/SC. III – O enquadramento da conduta do agravante no art. 67 da Lei 9.605/1998, em virtude do descumprimento do que contido no art. 216, § 1°, da Carta Magna, não tem o condão de violar o referido dispositivo constitucional, muito pelo contrário, confere a ele a eficácia e a aplicabilidade necessárias à proteção jurídica do patrimônio histórico-cultural brasileiro. IV – Para dissentir do acórdão impugnado e verificar a procedência dos argumentos

consignados no apelo extremo quanto à tipicidade e à ausência de dolo, seria necessário o reexame do conjunto fático-probatório dos autos – o que é vedado pela Súmula 279/STF – e das normas infraconstitucionais pertinentes ao caso, sendo certo que eventual ofensa à Constituição seria apenas indireta. V – Agravo regimental a que se nega provimento. (STF, RE 1222920 AgR, Rel. Min. Ricardo Lewandowski, Segunda Turma, j. 20/03/2020), DJe-078 divulgado 30/03/2020, publicado 31/03/2020).

AGRAVO EM RECURSO ESPECIAL Nº 403.796 – MG. DECISÃO Trata-se de Agravo de decisão que inadmitiu Recurso Especial (art. 105, III, a, da CF) interposto contra acórdão do Tribunal de Justiça do Estado de Minas Gerais assim ementado: APELAÇÃO CÍVEL. AÇÃO CIVIL PÚBLICA. REEXAME NECESSÁRIO DE OFÍCIO. MUNICÍPIO DE ARAGUARI. IMÓVEL DA DÉCADA DE VINTE. RELICÁRIO. ALTERNATIVAS PARA A PROTEÇÃO DO PATRIMÔNIO HISTÓRICO E ARTÍSTICO. INVENTÁRIOS, REGISTROS, VIGILÂNCIA, TOMBAMENTO E DESAPROPRIAÇÃO. ART. 216, § 1º DA CONSTITUIÇÃO DA REPÚBLICA. TOMBAMENTO NÃO HOMOLOGADO PELO PREFEITO MUNICIPAL. DISCRICIONARIEDADE. RESPONSABILIDADE DO CHEFE DO PODER EXECUTIVO. NÃO CONFIGURAÇÃO. DESCARACTERIZAÇÃO DO BEM APÓS O INVENTÁRIO. NOTIFICAÇÃO DO PROPRIETÁRIO. RESPONSABILIDADE. DANO MORAL COLETIVO EVIDENCIADO. QUANTUM INDENIZATÓRIO. SENTENÇA REFORMADA. RECURSO VOLUNTÁRIO PREJUDICADO. I. Por analogia ao artigo 19, caput, primeira parte, da Lei da Ação Popular, é de se proceder ao reexame necessário da sentença proferida na Ação Civil Pública que julgou improcedentes os pedidos formulados pelo Ministério Público Estadual; II. O tombamento é apenas um dos institutos que tem por fim a tutela do patrimônio histórico e artístico, mas não o único: III. A Constituição da República de 1988 alçou o inventário como instrumento jurídico de preservação do patrimônio cultural, ao lado do tombamento, da desapropriação, dos registros, da vigilância e de outras formas de acautelamento e preservação (art. 216, § 1º, CR/88); IV. O bem de valor cultural inventariado merece a proteção do Estado, de tal sorte que o seu proprietário tem o dever de protegê-lo, pois este instituto de proteção, ao lado dos demais, constitui importante cadastro de bens sociais de inegável valor sócio-cultural, razão porque não pode o Poder Judiciário ignorá-lo, sob pena de esvaziar a memória de um povo; V. A notificação do proprietário deflagra o tombamento provisório, devendo proprietário se abster de realizar qualquer intervenção no bem, sob pena de fazê-lo com vontade livre e consciente no sentido de causar ofensa ao sentimento coletivo, ou de valores compartilhados pela coletividade; VI. As diversas atividades de dilapidação do antigo Relicário, intensificadas após o inventário e a notificação do tombamento provisório, evidenciam a responsabilidade do proprietário pelos danos causados à coletividade; VII. Afasta-se a responsabilidade do Prefeito Municipal pela não homologação do tombamento, visto que aludido ato administrativo reveste-se de natureza discricionária e, no caso, o alcaide quedou-se à constatação de que o bem, há tempos, vinha sendo paulatinamente dissipado e arruinado pelo segundo réu; VIII. O dano moral coletivo constitui a agressão a bens e valores jurídicos comuns a toda a coletividade ou parte dela. Cediço que um imóvel histórico representa um determinado ponto da história e do desenvolvimento de uma comunidade. Ao se contemplar um espaço de relevância histórica, esse espaço evoca lembranças de um passado que, mesmo remoto, é capaz de produzir a sensação de reviver momentos e fatos ali vividos. Cada edificação, portanto, carrega em si não apenas o material de que é composto, mas toda uma gama de significados e vivências ali experimentados. Não é possível preservar a memória de um povo sem, ao mesmo tempo, preservar os espaços por ele utilizados e as manifestações quotidianas de seu viver, daí porque associa-se a destruição do imóvel da Avenida Tiradentes, 294 a um atentado aos

já que até o presente não recebeu ele maior regulamentação. É indiscutível que se constitui num instrumento de proteção de patrimônio cultural, que um bem inventariado deve ser conservado e que qualquer ataque a ele configura uma infração, como as dos artigos 62 a 63 da Lei nº 9.605/1998.

Contudo, se comparado a outras figuras como o tombamento, qual o verdadeiro alcance do inventário? Aqui, entendemos que existe uma simetria de obrigações. Primeiramente, o dever de cautela do Poder Público. A seguir, os ônus do proprietário, com alcance de fazer e não fazer, em relação à conservação do bem, a sua não destruição, não mutilação e não modificação sem a autorização do órgão competente responsável pela inventariação do objeto.

Ou seja, em termos gerais, defendemos que em relação ao estado do bem inventariado ele está sujeito aos mesmos efeitos previstos no art. 17 do Decreto-lei nº 25/1937 para o tombamento, embora aquele não possua a mesma força, nem traga as mesmas implicações deste frente ao seu foco de tutela.

4.2.4 Registro, Arrolamento, Vigilância e Termo de Ajustamento

O Registro revela-se no ato ou efeito de "registrar, inscrever em determinado rol, lançar em um livro especial, com a finalidade de tê-lo em memória".[382] Conforme o Decreto nº 3.551/2000, que institui o "Registro de Bens Culturais

valores e à memória da sociedade de Araguari. IX. Basta a lesão injusta e intolerável a qualquer dos interesses ou direitos titularizados pela coletividade, independentemente do número de pessoas atingidas e da configuração da culpa, para se impor ao infrator o dever de indenizar; X. A reparação pelo dano moral coletivo tem caráter punitivo- pedagógico e opera-se por meio de imposição judicial ao ofensor de uma parcela pecuniária. XI. O valor da condenação a ser arbitrado sob o norte da equidade e da razoabilidade deverá ser capaz de representar sanção eficaz para o agente causador do dano e, por outro lado, suficiente para dissuadir outras condutas danosas semelhantes. Os Embargos de Declaração opostos foram rejeitados (fl. 698, e-STJ). O agravante, nas razões do Recurso Especial, sustenta que ocorreu violação dos arts. 535 do CPC; 2º, V, 3º, II, 26 e 28 da Lei 9.784/1999; 1º, § 1º, do Decreto-Lei 25/1937. Alega, em suma, a invalidade do ato jurídico da "limitação administrativa imposta sobre o imóvel, sob o título de 'inventário', em 1998, sem a devida notificação" (fl. 747, e-STJ). Aduz que somente se constitui patrimônio histórico aquele bem devidamente tombado. Contraminuta às fls. 807-825, e-STJ. O Ministério Público Federal, em parecer às fls. 836-840 (e-STJ), opinou pelo desprovimento do recurso. É o relatório. Decido. Para melhor exame da matéria dou provimento ao Agravo e determino sua conversão em Recurso Especial. (STJ, AREsp 403796 MG 2013/0332847-8, Rel. Min. Herman Benjamin, DJ 11/06/2015).

[382] FERREIRA, Aurélio Buarque de Holanda. *Novo Dicionário Aurélio de Língua Portuguesa*, 1986; e RICHTER, Rui Arno. *Omissão do Poder Público na Gestão do Patrimônio Cultural.* Goiânia: Anais do 1º Encontro Nacional do Ministério Público da Defesa do Patrimônio Cultural, Goiânia, 2003, p. 74-5.

de Natureza Imaterial",[383] ele figura como um instrumento de "preservação, reconhecimento e valorização do patrimônio cultural imaterial brasileiro", integrado pelos bens que contribuíram para formar a nossa sociedade e que são consagrados por ela. A citada norma ainda criou o Programa Nacional de Patrimônio Imaterial.

Embora seja um instrumento preferencialmente voltado à proteção de bens imateriais, entendemos que também pode ser usado para os materiais. Exemplos práticos verificamos na Lei nº 3.924/1961,[384] ao prever o cadastro de monumentos arqueológicos, com o registro de todas as jazidas. E na Lei Estadual do RS nº 11.929/2003, que institui o churrasco como "prato típico" e o chimarrão como "bebida símbolo" estadual.

Com efeito, o registro tem sido considerado o instrumento ideal para listar e salvaguardar bens que possuam um caráter especial e dinâmico, notadamente do patrimônio imaterial. O objetivo é produzir e armazenar o conhecimento sobre tais bens, os quais recebem o título de Patrimônio Cultural do Brasil e são inscritos num dos Livros de Registro: Celebrações, Lugares, Saberes e Formas de Expressão.[385] Contudo, não se trata de rol exaustivo, já que o art. 1º, §3º, do Decreto nº 3.551/2000, autoriza a abertura de outros livros.

Interessante pontuar é que a norma brasileira está em consonância com a Convenção para a Salvaguarda do Patrimônio Cultural da Unesco de 2003,[386] que conceitua este como "práticas, representações, expressões, conhecimentos e competências – bem como os instrumentos, objetos, artefatos e espaços culturais que lhes estão associados – que as comunidades, grupos" e até indivíduos "reconhecem como fazendo parte do seu património cultural."

Enquanto meio preferencial para a tutela do patrimônio imaterial, o seu principal foco está no reconhecimento de manifestações folclóricas, hábitos, práticas, lugares,[387] elementos da culinária e de consumo, relações populares,

[383] Sobre o tema ver GALVÃO, Fernando. Defesa do patrimônio cultural imaterial. In: Efetividade da Tutela Ambiental, op. cit., p. 113-125.

[384] Lei nº 3.924: "Art. 27. A Diretoria do Patrimônio Histórico e Artístico Nacional manterá um Cadastro dos monumentos arqueológicos do Brasil, no qual serão registradas todas as jazidas manifestadas, de acordo com o disposto nesta lei, bem como das que se tornarem conhecidas por qualquer via".

[385] Ver <*www.iphan.org.br*>, no qual consta rol de Bens Tombados, Inventariados e Registrados.

[386] Disponível em: https://ich.unesco.org/doc/src/00009-PT-Portugal-PDF.pdf. Acessado em: 20 jan. 2021.

[387] RODRIGUES, José Eduardo Ramos. Patrimônio cultural e seus instrumentos de jurídicos de proteção: tombamento, registro, ação civil pública e estatuto da cidade. In A ação civil pública após 20 anos: efetividade e desafios, MILARÉ, Édis (Org.), São Paulo: RT, 2000, p. 287-9; e ALVES, Alexandre Ferreira de Assumpção. O tombamento como instrumento de proteção ao patrimônio cultural. Revista Brasileira de Estudos Políticos Belo Horizonte, n. 98, p. 80-2, jul.- dez. 2008.

crendices, aspectos sociais marcantes e afins, que possuam um laço de referência cultural e de reiteração por parte de determinado núcleo da sociedade. Inclusive, além dos órgãos púbicos, possuem legitimidade para postular a instauração do procedimento de registro, sociedades, organizações e associações civis.

Diante do que, apesar de menos usual e conhecido, é inegável a sua valia como instrumento de tutela do patrimônio cultural, especialmente o imaterial, já que o objetivo da lei é que se promova e proteja tal categoria de bens, os quais foram contemplados por expresso no art. 216, §1º, da CF.

Já o Arrolamento poderia ser comparado a um pequeno e mais célere inventário, no qual está relacionado a uma série de bens culturais de interesse, e que passam a integrar uma determinada lista, a qual reconhece a importância dos objetos arrolados. Uma das principais diferenças diante do Inventário, é que esse se constitui num levantamento sistemático de certos bens, com informações mais completas, para fins de ciência e de tutela do uma determinada cultura. Enquanto que o Arrolamento é produzido de forma mais simples e resumida, ainda assim válido e reconhecido.

A Vigilância se manifesta pelo exercício do poder de polícia oriundo dos órgãos administrativos, no sentido de fiscalizar, monitorar, zelar e inspecionar os bens culturais.[388] No âmbito legal, temos a manifestação de múnus da vigilância do patrimônio cultural no artigo 23, III e IV, da Constituição Federal.[389]

Também, o art. 20 do Decreto-Lei nº 25/1937 determina que os bens tombados ficam sujeitos à vigilância permanente do órgão de proteção do patrimônio cultural, o qual "poderá inspecioná-los sempre que for julgado

[388] Interessante pontuar que a Carta de Cartagena de Índias sobre Proteção, Recuperação de Bens Culturais do Patrimônio Arqueológico, Histórico, Etnológico, Paleontológico e Artístico da Comunidade Andina considera a vigilância como instrumento de tutela:
"Artigo 1. A presente decisão tem por objetivo promover políticas e normas comuns para a identificação, registro, proteção, conservação, vigilância e restituição dos bens que integram o patrimônio cultural dos países da Comunidade Andina e também para conceber e pôr em prática ações que impeçam sua importação, exportação e transferência ilícita entre os países-membros e a terceiros."
FERREIRA, Ian; FERREIRA, Adriano; ROSÁRIO, Ana Luíza do. Normas internacionais de preservação do patrimônio histórico e cultural (1931 – 2003), Rev. Ibero-americana de Patrimônio Histórico-Educativo, Campinas (SP), v. 6, p. 1-28, 2020.

[389] Art. 23. É competência comum da União, dos Estados, do Distrito Federal e dos Municípios: [...]
III – proteger os documentos, as obras e outros bens de valor histórico, artístico e cultural, os monumentos, as paisagens naturais notáveis e os sítios arqueológicos;
IV – impedir a evasão, a destruição e a descaracterização de obras de arte e de outros bens de valor histórico, artístico ou cultural;

conveniente, não podendo os respectivos proprietários ou responsáveis criar obstáculos à inspeção", sob pena de multa.

Por fim, quando o art. 216, §1º, da Constituição Federal especifica que o *Poder Público promoverá e protegerá o patrimônio cultural brasileiro também por outras formas de acautelamento e preservação*, entendemos que aqui podemos incluir o Termo de Ajustamento de Condutas.

O Termo de Ajustamento é um instrumento via de regra utilizado pelo Ministério Público e com amparo na Lei da Ação Civil Pública.[390] Ele é uma ferramenta de "extrema importância em termos de proteção de interesses difusos, permitindo a rápida solução extrajudicial dos conflitos, possibilitando a tutela do patrimônio cultural lesado ou ameaçado". Inclusive com a possibilidade de ser obter "resultados mais efetivos do que aqueles oriundos das decisões judiciais";[391] além da cominação de cláusulas reparatórias e compensatórias, bem como a disposição de que os seus termos se constituem em título executivo extrajudicial, válido por si mesmo. [392]

Trata-se de acordo entre o órgão legitimado e um ou mais ente público ou particular, no sentido de ajustar questão que diga respeito aos direitos consagrados e que no presente caso está conectado aos interesses do meio ambiente, além de bens e direitos de valor cultural, artístico, estético, histórico, turístico e paisagístico.

Assim, por via dele poder-se-ia dar proteção específica de um objeto individual ou de um conjunto de patrimônio cultural, com base nos artigos 1º, III, 5º, I, 8º, §1º e 9º da Lei nº 7.347/1985, a qual dispõe sobre o inquérito civil e a ação civil pública de responsabilidade por danos causados ao meio ambiente,

[390] Lei 7.347/1985.
Art. 5º Têm legitimidade para propor a ação principal e a ação cautelar: [...]
§ 6° Os órgãos públicos legitimados poderão tomar dos interessados compromisso de ajustamento de sua conduta às exigências legais, mediante cominações, que terá eficácia de título executivo extrajudicial.

[391] CRAWFORD, Ronaldo Assis. Os principais instrumentos utilizados pelo Ministério Público na tutela do patrimônio cultural. In: Direito e proteção do patrimônio cultural imóvel, op. cit., p. 268.

[392] OLIVEIRA, Fábio André Uema. Solução consensual de conflitos na tutela do patrimônio cultural: o compromisso de ajustamento de condutas e a restauração de bens tombados. Revista do Ministério Público do RS, nº 91, jan.-jun.2022, p. 291-2; e OLIVEIRA, Fábio André Uema. Compromisso de ajustamento de conduta: previsão legal e tomadores legitimados. Conteúdo Jurídico, Brasília – DF, disponível em: https://conteudo juridico.com.br/consulta/Artigos/50050/compromisso-de-ajustamento-de-conduta-previsao-legal-e-tomadores-legitimados. Acesso em 05 set. 2022.

à ordem urbanística e a bens e direitos de valor artístico, estético, histórico, turístico e paisagístico.

Na espécie, o termo assume o valor de lei entre as partes, as quais firmam um contrato que pode ser considerado inclusive um título executivo extrajudicial, sem prejuízo de poder ser oponível perante terceiros, se consagrar interesse e direito público e social cuja observância possa ser exigível.

Portanto, se pactuada a preservação de determinado bem cultural, o ajuste deve ser cumprido, sob pena de execução das cláusulas e das obrigações acessórias concernentes. Ainda, acreditamos que o termo de ajustamento é um instrumento administrativo, enquanto ato jurídico perfeito, podendo servir para embasar a tipicidade de eventual ilícito, na forma do art. 62, I, da Lei nº 9.605/1998.

4.2.5 Estatuto da Cidade, Zoneamento e Demais Instrumentos

Conforme o próprio art. 216, § 1º, da Constituição Federal, previu expressamente, é possível a utilização de outros meios para promover e preservar os bens culturais. Entre estes, podemos citar a série de instrumentos alavancados pela Lei nº 10.257 de 2001, como o planejamento, o zoneamento, a preempção, o estudo de impacto ambiental, o de vizinhança e também o próprio Plano Diretor.[393]

Na espécie, tais mecanismos decorrem do Estatuto da Cidade,[394] o qual "estabelece normas de ordem pública e interesse social que regulam o uso da propriedade urbana em prol do bem coletivo, da segurança e do bem-estar dos cidadãos, bem como do equilíbrio ambiental" (art. 1º), aqui incluído os bens culturais. Para tanto, possui entre suas diretrizes a "proteção, preservação e recuperação do meio ambiente natural e construído, do patrimônio

[393] BENJAMIN, Antônio Hermann (Os Princípios do Estudo do Impacto Ambiental como Limites da Discricionariedade Administrativa, *Revista do Ministério Público RS*, Porto Alegre, nº 27, p. 61, 1992) lista como meios (preventivos) o planejamento, o zoneamento e o estudo de impacto ambiental.

[394] HARADA, Kiyoshi. *Direito Urbanístico. Estatuto da Cidade. Plano Diretor Estratégico.* São Paulo: Nova Dimensão Jurídica, 2005, p. 85-93; MUKAI, Toshio. *Direito Urbano-Ambiental Brasileiro.* São Paulo: Dialética, 2002, p. 245-84; RODRIGUES, Ruben Tedeschi. *Comentários ao Estatuto da Cidade.* Campinas: Millenium, 2002, p. 201-22; DALLARI, Adilson Abreu; FERRAZ, Sérgio (Coord.). *Estatuto da Cidade. Comentários à Lei Federal 10.257/2001.* 3. ed. São Paulo: Malheiros, 2010.

cultural, histórico, artístico, paisagístico e arqueológico" (art. 2º, XII), além de ordenar e controlar o uso do solo.

Igualmente, relaciona como métodos da política urbana o planejamento municipal, em especial: o plano diretor; o parcelamento, o uso e a ocupação do solo; o zoneamento ambiental; além de planos, programas e projetos setoriais (art. 4º, III).[395] Também, entre os seus instrumentos jurídicos e políticos, lista a desapropriação; as limitações administrativas; o tombamento de

[395] DEMOLIÇÃO DE IMÓVEL DE VALOR HISTÓRICO E CULTURAL. BEM LOCALIZADO EM ÁREA DE ESPECIAL INTERESSE CULTURAL DEFINIDA NO PLANO DIRETOR DO MUNICÍPIO. ADMINISTRAÇÃO PÚBLICA QUE JÁ HAVIA INICIADO O PROCEDIMENTO ADMINISTRATIVO PARA O TOMBAMENTO DO IMÓVEL QUANDO DA DEMOLIÇÃO. DANO MORAL COLETIVO. OCORRÊNCIA. 1. Trata-se de ação civil pública em que o Ministério Público pretende a reconstrução de imóvel demolido de valor histórico e cultural objeto de proteção no plano diretor do município de Campos dos Goytacazes, porque situado em Área de Especial Interesse Cultural – AEIC, bem como indenização por dano moral coletivo, além de impor a ré que se abstenha de obter qualquer proveito econômico sobre o imóvel. 2. Ré que sustenta que o fato de o imóvel estar situado em Área de Especial Interesse Cultural não é suficiente para impor restrição à propriedade, sendo imprescindível a realização de prévio procedimento administrativo, inexistente quando da aquisição do bem. 3. O conjunto probatório demonstra que os proprietários anteriores possuíam inequívoca ciência do valor histórico e cultural do imóvel, bem como da impossibilidade de sua demolição, uma vez que realizaram pedido administrativo para efetuar a demolição, o que foi indeferido pela municipalidade. 4. Além disso, o Município já havia notificado os ex-proprietários, noticiando que o imóvel seria tombado em razão de seu valor arquitetônico, histórico e cultural, possibilitando, com isso, o exercício do contraditório e da ampla defesa. 5. Parte ré que adquiriu o imóvel no curso do procedimento de tombamento e o demoliu. 6. A ausência de restrição anotada no registro geral do imóvel não limita o alcance da legislação municipal protetiva do patrimônio urbanístico do Município, especialmente por ter a Administração municipal formalmente exteriorizado a vontade de tombar o bem. 7. Atos do procedimento de tombamento, inclusive a notificação, devidamente publicados no diário oficial do município, com ampla publicidade. 8. Adquirente do imóvel que não adotou as diligências de praxe antes de efetivar a demolição, destruindo o bem sem autorização da prefeitura. 9. Além disto, a terceirização do ato de demolição não exclui ou minimiza a responsabilidade do réu pela ilicitude de sua conduta, sendo que qualquer eventual medida de regresso deve observar a via autônoma própria, o mesmo valendo em relação ao alegado silêncio doloso dos proprietários anteriores. 10. A destruição voluntária e indevida do patrimônio arquitetônico histórico, de reconhecido valor cultural, justifica a imposição de dano moral coletivo, além da obrigação de reconstruir, com as características originais, o bem demolido. 11. Não obstante a ilicitude da conduta da parte ré não é possível impedir que, cumprida a obrigação imposta no julgado, obtenha proveito econômico com o bem, observada as restrições legais, pois em caso contrário se estaria impondo pena de confisco não prevista em lei. 12. Recurso parcialmente provido. (Tribunal de Justiça/RJ, APL 0006453-13.2013.8.19.0014 RJ, 17ª Câmara Cível, Rel. Des. Elton Martinez Carvalho Leme, j. 10/12/2014).

imóveis e mobiliário; a instituição de unidades de conservação, além das zonas especiais de interesse social (art. 4º, V).[396]

O zoneamento é uma "técnica ordenadora do espaço territorial, cuja intenção principal é a divisão do espaço em parcelas para efeito de estímulo, inibição ou vedação de atividades", além de "regular o uso da propriedade do solo e dos edifícios em áreas homogêneas de interesse coletivo do bem-estar da população." Tal instituto gera efeitos sobre o direito de propriedade e o direito edilício, de acordo com o princípio constitucional da função social da propriedade, com repercussões sobre a faculdade de uso e edificação.[397]

Temos o zoneamento urbano, ambiental (Resolução CONAMA nº 237/1997, art. 10, §1º), e industrial (Lei nº 6.803/1980). No nosso caso, o zoneamento cultural é o instrumento pelo qual se reconhece o valor dos bens culturais ambientais, delimitando-se zonas de interesse histórico, arquitetônico, artístico e paisagístico. Trata-se aqui, de espécie inserida dentro do gênero zoneamento ambiental, que se constitui como uma forma de limitação administrativa e de planejamento contida nos instrumentos do plano diretor, bem como do parcelamento, uso e ocupação do solo.[398]

Dessa maneira, o órgão administrativo municipal estaria autorizado a reconhecer e criar "Áreas de Proteção Cultural" (APAC), nas quais são planejadas zonas especiais, onde se excetua a aplicação dos dispositivos ordinários de uso e ocupação do solo, substituindo-se por regras próprias que visam à proteção da área indicada.

Com efeito, o zoneamento cultural nasce por um projeto, numa das formas de exercício de ato administrativo, só que para a efetiva tutela – aqui incluída

[396] Sobre o tema *vide* MARCHESAN, Ana Maria Marchesan. O estatuto da cidade (lei 10.257/2001) e a proteção do patrimônio cultural urbano, *Revista de Direito Ambiental*. São Paulo, v. 12, nº 48, p. 46-65, out. 2007; MARCHESAN, Ana Maria Marchesan. Proteção do patrimônio cultural urbano à luz do Estatuto da Cidade (Lei nº 10.257/2001), Revista Brasielira de Direiro Municipal, Belo Horizonte, ano 23, n. 85, p. 43-64, jul./set. 2022; CARVALHO, Ana Luisa Soares de; PRESTES, Vanêsca Buzelato. Plano Diretor e Proteção do Patrimônio Cultural. *In:* BENJAMIN, Antônio Herman (Org.). *9º Congresso Internacional de Direito Ambiental*. São Paulo: Instituto O Direito por um Planeta Verde, 2005, v. 1, p. 443-57; e FREITAS, José Carlos de. A ação civil pública, a ordem urbanística e o estatuto da cidade, In: *A ação civil pública após 20 anos: efetividade e desafios*, op. cit., p. 257-68.

[397] SOUZA JÚNIOR, José Rufino. Sistema nacional de proteção ambiental. Belo Horizonte: Del Rey, 2007, p. 101.

[398] SILVA, José Afonso da. *O Direito Urbanístico Brasileiro*, 1981, p. 496; PIRES, op. cit., 1994, p. 268-9; e RABELLO, Sônia. Estatuto da Cidade e a Preservação do Patrimônio Cultural Federal: Compatibilizando a Gestão. *Temas de Direito Urbanístico*. São Paulo: Imprensa Oficial, 2005, p. 45-50.

a criminal – dos bens arrolados neste perímetro de proteção, ele deverá transformar-se numa "lei urbanística municipal primária".[399]

Logo, por via da lei de zoneamento, certas regiões da cidade serão caracterizadas como de baixo potencial construtivo, para desestimular a especulação imobiliária e incentivar a manutenção das importantes construções de época, de modo a criar, na prática, autênticas "zonas de preservação cultural".[400]

Um exemplo prático na nossa visão encontra-se na Lei Estadual/RS nº 12.003/2003, que declara "integrante do patrimônio cultural do Estado área urbana e bens de valor histórico, no Município de Rio Pardo", quando no seu artigo 2º[401] enumera claramente uma determinada zona urbana da cidade e os seus respectivos limites, para enquadrar os imóveis localizados nesta poligonal, com bens culturais, pelo critério do zoneamento.

Ainda, o Estatuto das Cidades contempla o direito de preempção, o qual "confere ao Poder Público municipal preferência para aquisição de imóvel urbano objeto de alienação onerosa entre particulares". E que será exercido em caso de necessidade de áreas para a "implantação de equipamentos urbanos e comunitários" (como museus), a "criação de unidades de conservação ou proteção de outras áreas de interesse ambiental", além da "proteção de áreas de interesse histórico, cultural e paisagístico" (artigos 25 e 26).

Também está prevista a "transferência do direito de construir", com a finalidade de preservação, "quando o imóvel for considerado de interesse histórico, ambiental, paisagístico, social ou cultural" (art. 35, *caput* e inciso III). E ainda a outorga onerosa de alteração de uso, na qual o plano diretor pode fixar áreas em que se permita a alteração de uso de solo, mediante a devida contrapartida que deverá ser prestada pelo beneficiário (art. 29).[402]

399 SILVA, José Afonso da. *Ordenação Constitucional da Cultura*. São Paulo: Malheiros, 2001, p. 157.

400 SOUZA FILHO, op. cit., p. 100, cita o caso do centro histórico de Curitiba que, preservado por lei de zoneamento, teve alguns imóveis desapropriados para lhes dar destino cultural, revitalizando tal região. Sobre tutela urbano ambiental ver FREITAS, José Carlos de. Proteção jurídica do meio ambiente urbano. In: Leituras complementares de direito ambiental, MARQUES, Claudia Lima (Org.), Salvador: Podium, 2008, p. 197-213; e MATOS, Federico Nunes de. A tutela do meio ambiente cultural no Estatuto da Cidade, Revista RJLB, Ano 1, 2015, nº 1, p. 793-819.

401 Art. 2º – Na cidade de Rio Pardo, é declarada patrimônio cultural do Estado, nos termos e para os fins dos arts. 221, 222 e 223 da Constituição do Estado, sua área histórica, definida em poligonal com as seguintes delimitações: [...]
Parágrafo único – Consideram-se integrantes das zonas referidas neste artigo, nas delimitações por vias públicas, as glebas, os lotes e as construções que lhes sejam confrontantes.

402 PIRES, Maria Coeli Simões. Direito urbanístico, meio ambiente e patrimônio cultural. In: *Direito e proteção do patrimônio cultural imóvel*, op. cit., p. 174.

Na mesma linha, é possível a utilização do estudo prévio de impacto ambiental e o estudo de impacto de vizinhança, sendo que este deve contemplar os efeitos positivos e negativos do empreendimento ou atividade quanto à qualidade de vida da população residente na área e nas proximidades, bem como em relação à paisagem urbana, o patrimônio natural e o cultural (artigos 36 a 38), entre outros fatores.

Já o estudo de impacto ambiental constitui-se no "conjunto e consequências da criação ou presença de um empreendimento sobre o ambiente", o qual passa a requerer a realização do respectivo estudo, nos termos normativos.[403]

Tal estudo se mostra primordial diante de empreendimentos potencialmente poluidores e que possam também atingir o meio ambiente cultural, verificando os seus impactos específicos e buscando compatibilizar a equação entre desenvolvimento sustentável, o exercício das atividades econômicas e a tutela dos bens jurídicos ambientais. Assim, irá intervir diretamente na possibilidade de concessão ou de negativa de licenças, de modo a representar uma forma (ainda que indireta) de garantir a não degradação do meio ambiente cultural, vindo a individualizá-lo claramente e, então, protegê-lo.[404]

Trata-se inclusive de uma "exigência constitucional a ser necessariamente observada no plano de promoção e proteção do patrimônio cultural, em face da natureza jurídica de bem ambiental que os bens culturais apresentam", o que se justifica em face dos deveres de "acautelamento e preservação destinada a promover e proteger o patrimônio cultural brasileiro através da atuação do Poder Público e evidentemente da comunidade".[405] De modo que a construção, a instalação, a ampliação, o funcionamento, e mesmo a reforma ou supressão parcial, que possam afetar o meio ambiente e o patrimônio cultural, devem necessariamente ser submetidas ao estudo prévio de impacto ambiental.

[403] FRIDEL, Henri, *apud* CAPPELLI, Sílvia. Estudo do Impacto Ambiental na Realidade Brasileira, *Revista do Ministério Público do RS,* Porto Alegre, nº 27, p. 51-2, 1992. Ver ainda ROCHA, João C. de Carvalho. Estudo Prévio de Impacto Ambiental, *Revista do Ministério Público do RS,* nº 27, p. 139; ÁVILA, Elna Leite; ALMEIDA, Ione Monteiro. O Estudo do Impacto Ambiental. Licenciamento. Responsabilidade Criminal, *Revista do Ministério Público do RS,* nº 27, p. 179; e MIRANDA, Marcos Paulo de Souza. Patrimônio cultural: um aspecto negligenciado nos estudos de impacto ambiental. *Revista Magister de Direito Ambiental e Urbanístico,* nº 24, p. 63-68, jun./jul. 2009.

[404] REISEWITZ, Lúcia. *Direito Ambiental e Patrimônio Cultural.* São Paulo: J. Oliveira, 2004, p. 114; e OLIVEIRA, Giselle Ribeiro de. Aspectos de patrimônio cultural na avaliação de impactos ambientais, *Revista do Ministério Público do RS,* nº 90, jul-dez. 2021.

[405] FIORILLO, Celso Antônio Pacheco; FERREIRA, Renata Marques. *Tutela jurídica do patrimônio cultural em face do direito ambiental constitucional.* Rio de Janeiro: Lumen Juris, 2018, p. 99. Ver MIRANDA, 2021, p. 144-149.

Temos ainda o Plano Diretor, que nos termos do art. 40 do Estatuto da Cidade "é o instrumento básico da política de desenvolvimento e expansão urbana", o qual é obrigatório, por exemplo, para cidades "integrantes de áreas de especial interesse turístico" e inseridas em área de "significativo impacto ambiental". Opera ele como um conjunto de propostas para o desenvolvimento e "organização espacial dos usos do solo urbano, das redes de infraestrutura e de elementos fundamentais da estrutura" da cidade,[406] definido em lei.

Outra figura prevista no Estatuto das Cidades é a Operação Urbana Consorciada (OUC), a qual, de acordo com o seu art. 32, § 1º, consiste em um "conjunto de intervenções e medidas coordenadas pelo Poder Público municipal, com a participação dos proprietários, moradores, usuários permanentes e investidores privados", o seu objetivo é de que em determinada área sejam atingidas transformações urbanísticas estruturais, melhorias sociais e a valorização ambiental.[407]

Também, cita-se o Zoneamento Ecológico-Econômico (ZEE), instituído pelo Decreto nº 4.297/2002 (ver Lei nº 6.938/81), o qual é obrigatório para a implantação de planos, obras e atividades públicas e privadas, estabelecendo medidas e padrões de proteção ambiental para a preservação do meio, dos recursos hídricos, do solo e da biodiversidade, dentro da organização do território e o desenvolvimento sustentável.[408]

[406] VILLAÇA, Flávio. *Dilemas do Plano Diretor. In*: *CEPAM*. O Município no Século XXI: Cenários e Perspectivas. São Paulo: Fundação Pref. Faria Lima – Cepam, 1999, p. 237-247. Para MIRANDA, Marcos Paulo de Souza. Fundamentos e institutos jurídicos para a salvaguardade dos valos divisores e muros de pedra históricos. *Revista Magister de Direito Ambiental e Urbanístico*, nº 87, dez.-jan. 2020, p. 128, o plano diretor "é o instrumento básico do processo de planejamento municipal e deve englobar o território municipal como um todo.

[407] MARCHESAN, Proteção do patrimônio cultural urbano à luz do Estatuto da Cidade, (Lei nº 10.257/2001), op. cit., p. 59, explica que: "A utilização da OUC permite ao poder público lançar mão de suas prerrogativas legais para atuar de forma proativa na implementação da política urbana com foco no desenvolvimento sustentável e valorização ambiental, não deixando de fora, portanto, a valorização e preservação do patrimônio cultural".

[408] AÇÃO CIVIL PÚBLICA – IMPROBIDADE ADMINISTRATIVA – MUNICÍPIO DE PERUÍBE/SP – INSTALAÇÃO DE PORTO COMERCIAL E COMPLEXO INDUSTRIAL EM ZONA ESPECIAL DE RESERVA FLORESTAL BIOLÓGICA, ESPAÇO TERRITORIAL ESPECIALMENTE PROTEGIDO PELOS ARTIGOS 115 E 116 DA LEI COMPLEMENTAR MUNICIPAL Nº 100/2007 (PLANO DIRETOR LOCAL) – INTERVENÇÃO QUE DEPENDE DA ALTERAÇÃO DO PLANO DIRETOR, SENDO IMPRESCINDÍVEIS A ELABORAÇÃO DE PRÉVIOS ESTUDOS A DEMONSTRAR QUE A ATIVIDADE PROPOSTA NÃO COMPROMETE A INTEGRIDADE DOS ATRIBUTOS QUE JUSTIFICAM A PRESERVAÇÃO DA ÁREA, PARECER DO CONSELHO

Ainda, cumpre anotar o advento de outras normas posteriores, como a Lei nº 11.578/2007 e seus Decretos dispondo sobre o chamado "PAC das Cidades Históricas", e a Lei nº 13.116/2015, que ao tratar da implantação de infraestrutura de telecomunicações, determina como diretriz no seu art. 2º, II, "à minimização dos impactos urbanísticos, paisagísticos e ambientais".

Nesse contexto, é relevante salientar que a Lei nº 12.651/2012, Código Florestal, no seu art. 6º, V, considera como de preservação permanente as áreas destinadas a "proteger sítios de excepcional beleza ou de valor científico, cultural ou histórico". E que a Lei nº 13.089/2015, denominada Estatuto da Metrópole demarca normas e diretrizes gerais para o planejamento, a gestão, a execução e o desenvolvimento integrado das funções públicas de interesse comum em regiões metropolitanas e em aglomerações urbanas.[409]

Destarte, o mais relevante para fins penais, é que ao utilizar-se dos vários instrumentos de tutela analisados – seja por ato administrativo, lei ou decisão judicial – o bem reste individualizado, a sua proteção esteja expressa e ocorra a publicidade. De modo que o objeto, que até então gozava de posição ordinária, passe a oficialmente figurar na categoria de "bem especialmente protegido", diferenciando-o dos demais.

Dessa forma, dar-se-á sentido ao comando constitucional quando prevê "outras formas de acautelamento e preservação" do patrimônio cultural. O que, no caso, revela-se a partir de institutos de direito urbanístico e ambiental, os quais, ao reconhecerem a importância de determinado objeto como bem cultural, adicionam ao seu manto de tutela a mais aguda forma de proteção que é justamente a da norma criminal.

DA CIDADE, E CONVOCAÇÃO DE ASSEMBLÉIAS E AUDIÊNCIA PÚBLICAS. Manobras políticas da ex-prefeita para, ao arrepio da lei e de qualquer postulado ético, alterar as diretrizes do macrozoneamento da área e instituir um plano de urbanização para o local, sem observância do procedimento previsto no plano diretor, da legislação ambiental e dos princípios da administração pública previstos no artigo 37, caput, da Constituição Federal. Ilegalidade e desvio de poder das ações e omissões perpetradas pela municipalidade, na figura de sua ex-prefeita, caracterizando a prática de ato visando fim proibido em lei ou diverso daquele previsto na regra de competência. Recursos providos, para condenar a ex-prefeita às penas da Lei nº 8.429/92 e declarar a nulidade de decretos municipais que instrumentalizaram os atos de improbidade. (Tribunal de Justiça/SP. AP. 0004508-49.2008.8.26.0441, Câmara Reservada Meio Ambiente, Relator: Renato Nalini, j. 3/3/2011).

409 Também, a Lei nº 13.146/2015 (Estatuto da Pessoa com Deficiência), prevê no seu art. 42, § 2º, que o "poder público deve adotar soluções destinadas à eliminação, à redução ou à superação de barreiras para a promoção do acesso a todo patrimônio cultural, observadas as normas de acessibilidade, ambientais e de proteção do patrimônio histórico e artístico nacional".

Inclusive, a posição em pauta se coaduna com o *princípio pro monumento* e com os vetores expressos na Convenção da Unesco de Paris em 1972,[410] incorporada ao nosso sistema pelo Decreto nº 80.978/1977, no sentido de que o fato de um bem do patrimônio cultural ou natural não ter sido incluído em alguma lista – ou seja, não ter sido tombado, inventariado ou arrolado –, não significa que ele não tenha o seu valor.

Desde que, é claro, a sua importância tenha sido reconhecida e formalizada por algum dos outros meios legais de tutela cultural, que distingam a sua valia e o elevem a categoria singular e invulgar de "bem especialmente protegido". Entretanto, caso cessar esta condição que lhe confere uma nota de especialidade, restam eliminados os efeitos de caráter penal, os quais sempre retroagem em benefício do agente, ainda que permaneçam outras implicações de ordem civil e administrativa.

4.3 Da decisão judicial

O reconhecimento da importância da preservação do patrimônio cultural é tão relevante em nosso sistema, que se constitui em ponto pacificado o entendimento de que a "responsabilidade civil por danos ao patrimônio cultural pauta-se pela teoria da responsabilidade objetiva", na qual bastaria a lesão "para provocar a tutela judicial".[411] De onde, entendemos que a responsabilidade civil por dano ao ambiente e ao meio cultural independente tanto de dolo, como de culpa.

Igualmente, considerando-se que tal categoria de bens atende à definição e aos propósitos de interesses difusos e coletivos, tem-se que o dever estatal de proteção é tamanho, que a omissão dos agentes públicos na sua defesa e conservação possui o condão de configurar até ato de improbidade

[410] Prevê o seu o art. 12: "O fato de que um bem do patrimônio cultural ou natural não haja sido incluído numa ou outra das duas listas mencionadas [...] não significará, em absoluto, que ele não tenha valor universal excepcional para fins distintos dos que resultam da inclusão nessas listas."

[411] MILARÉ, Édis, op. cit., p. 416. Com efeito, BENJAMIN, Antônio Hermann. Responsabilidade Civil pelo Dano Ambiental, *Revista de Direito Ambiental*. São Paulo: Revista dos Tribunais, v. 3, nº 9, p. 24-5, jan./mar. 1998; e FINK, Roberto Daniel. *Meio Ambiente Cultural*: Regime Jurídico da Responsabilidade Civil. Rio de Janeiro: Forense, 2003, p. 51, anotam que tal responsabilidade independe de culpa. Ver ainda MARCHESAN, Ana Maria Moreira. Responsabilidade Civil pelos Danos ao Meio Ambiente Cultural no Direito Brasileiro. In: *Dano ambiental na sociedade de risco* FERREIRA, Heline Sivini; FERREIRA, Maria Leonor Paes Cavalcanti (Org.). São Paulo: Saraiva, 2012, p. 315-386.

administrativa.[412] Ou seja, na presença de bem cultural de notável relevo, o descaso do administrador, seja municipal, estadual ou federal, em exercer a devida tutela e contemplar o objeto com o título de proteção, pode desencadear as medidas previstas da Lei nº 8.429/92.

Na espécie, caso não haja o reconhecimento oficial de determinado bem cultural, seja por ato administrativo ou legislativo, cabe invocar-se a tutela judicial para a sua preservação.[413] Ocorre que, ao incumbir o Poder Público de promover o proteger o Patrimônio Cultural do país, o comando do art. 216 da Carta Magna não se restringiu apenas ao órgão executivo, mas envolveu os entes federados e os Poderes do Estado.

Assim, desenvolveu mecanismos pelos quais também caberá ao Judiciário – com a intervenção do Ministério Público e a participação da sociedade –, o reconhecimento e a tutela do nosso patrimônio cultural. De onde, caso verificada a omissão nos deveres para com esta categoria de bens culturais, torna-se necessária a invocação da tutela judicial, para que o Poder Judiciário declare que determinado objeto é, sim, digno e merecedor de ser especialmente protegido.[414]

[412] RICHTER, op. cit., p. 79-80. Ver também CASTRO, Sônia Rabello de. O *estado na preservação dos bens culturais*. Rio de Janeiro: Renovar, 1991, 35-40; MIRRA, Álvaro Luiz Valery. *Ação Civil Pública e a Reparação do Dano Ambiental*. São Paulo: Juarez de Oliveira, 2004; e MAZZILLI, Hugo Nigro. A defesa dos interesses difusos em juízo, 32 ed., Salvador: Juspodivm, 2001, p. 241-3.

[413] AÇÃO CIVIL PÚBLICA. RECUPERAÇÃO. BEM DE VALOR CULTURA, HISTÓRICO E ARQUITETÔNICO. "ARMAZÉM MACEDO". RESPONSABILIDADE SOLIDÁRIA: UNIÃO, IPHAN, MUNICÍPIO DE ANTONINA E PARTICULAR. EMBARGOS DE DECLARAÇÃO. VIOLAÇÃO DO ART. 1.022 DO CPC NÃO CARACTERIZADA. LEGITIMIDADE. RESPONSABILIDADE. MATÉRIA DECIDIDA À LUZ DE DISPOSIÇÃO CONSTITUCIONAL. ENTENDIMENTO A QUO CONFORME
PRECEDENTES ANÁLOGOS DO STJ. I – O Ministério Público Federal ajuizou ação civil pública contra o Estado do Paraná, o instituto do Patrimônio Histórico e Artístico Nacional – IPHAN, o Município de Antonina e João Norberto Franca Gomes, objetivando a adoção de medidas para a declaração do valor cultural, histórico e arquitetônico do antigo Armazém Portuário Antonio Ribeiro de Macedo, imóvel construído em terreno de marinha e de propriedade da União. II – A ação foi julgada parcialmente procedente, condenando os réus, de forma solidária, a adotarem medidas necessárias à elaboração e execução de projeto para a recuperação e conservação do referido imóvel, decisão mantida, em grau recursal, pelo Tribunal Regional Federal da 4ª Região. (STJ, REsp 1803871 / PR, Recurso Especial 2019/0075294-0, 2ª Turma, Rel. Min. Francisco Falcão, DJe 07/04/2021)

[414] AÇÃO CIVIL PÚBLICA. PROTEÇÃO DE PATRIMÔNIO HISTÓRICO MUNICIPAL. OMISSÃO DO MUNICÍPIO NO DEVER DE PROTEÇÃO. OBRIGAÇÕES IMPOSTAS AO MUNICÍPIO EM SENTENÇA. SENTENÇA DE PROCEDÊNCIA MANTIDA. 1. Não há falar em ilegitimidade do Ministério Público para atuar na proteção dos interesses relativos ao patrimônio artístico

O primeiro instrumento para se atingir tal fim foi a Ação Popular. Disciplinada na Lei nº 4.717/65 ela outorga a qualquer cidadão pleitear providências judiciais referentes a atos lesivos ao patrimônio público, aí considerados os bens e direitos de valor econômico, artístico, histórico ou turístico, conforme o art. 1º, § 1º, e demais cânones.

No caso, a sua finalidade como fonte de proteção ao nosso patrimônio cultural (como parte integrante do ambiental) restou contemplada no art. 5º, LXXXIII, da CF de 1988, ao dispor que: "qualquer cidadão é parte legítima para propor ação popular que vise anular lesivo ao patrimônio público ou de entidade de que o Estado participe, à moralidade administrativa, ao meio ambiente e ao patrimônio histórico e cultural."

O segundo mecanismo é o da Ação Civil Pública, instituída pela Lei nº 7.347/85. Trata-se este de um remédio inovador que permitiu a participação da sociedade civil na tutela de situações que versam sobre interesses não individualizados, mas impessoais ou difusos. Por meio dele busca-se a responsabilidade, a reparação e a proteção (inclusive em sede cautelar) para os danos causados ao meio ambiente, a bens e direitos de valor cultural, artístico, estético, histórico, turístico e paisagístico, bem como a qualquer outro interesse difuso ou coletivo, conforme reiteradas decisões.

e histórico, tampouco em impossibilidade de o Judiciário apreciar ações como a presente, sobretudo porque o controle judicial dos atos administrativos é um controle finalístico, que não caracteriza interferência na discricionariedade administrativa. Preliminar de carência de ação rejeitada. 2. A alegação de inconstitucionalidade ventilada pelo município apelante e reconhecida em sentença, não caracteriza questão prejudicial no caso em tela, tendo em conta o valor histórico do imóvel objeto da lide, bem como os dispositivos constitucionais que exigem do Estado deveres de proteção para com o patrimônio histórico, notadamente os artigos 215, 216, caput, inciso IV e § 1º, da Constituição Federal; e os artigos 196, 220, 221 e 222 da Constituição do Estado. 3. Em situações tais, quando maculado o núcleo duro de um dever de proteção, em decorrência da omissão flagrante do ente público em salvaguardar o bem histórico tutelado, abre-se a possibilidade de o Poder Judiciário determinar medidas para a conservação do bem. Nisso não há qualquer ofensa ao princípio da separação de poderes, ou mesmo adoção pelo Judiciário de uma política pública de preservação histórico-cultural para o bem municipal tutelado na presente ação. 4. A alegação de ausência de previsão orçamentária para a adequada manutenção do imóvel não exime o Município apelante do seu dever de proteção, que decorre, sobretudo, de fundamento constitucional. 5. Por fim, mesmo que a Municipalidade tenha demonstrado que adotou iniciativas para captação de recursos para a recuperação do imóvel, indicando a disposição política atual para cumprimento do dever de proteção que se impõe ao Município apelante – já que o imóvel de valor histórico objeto da lide lhe pertence – não há justificativa plausível para afastar as obrigações ou mesmo dilatar os prazos fixados em sentença, que se mostram plenamente factíveis. (Tribunal de Justiça do RS, Apelação Cível Nº 70058384413, 2ª Câmara Cível, Relator: Dra. Lúcia de Fátima Cerveira, j. 25/02/2015).

Nesta linha, são operados os vários princípios incidentes sobre o Patrimônio Cultural, buscando por via judicial viabilizar mecanismos efetivos que venham a evitar, mitigar e indenizar o dano, reparar ou reconstituir o objeto lesado, declarar a situação jurídica do bem, cumprir obrigações de fazer e/ou não fazer e compensações.

Na espécie a titularidade deste tipo de ação é exercida preponderantemente pelo Ministério Público, mas também por outros órgãos elencados nos artigos 1º e 5º. Salienta-se que o manuseio de tal remédio foi acolhido pela Constituição Federal, ao outorgar ao Ministério Público a atribuição de "promover o inquérito civil e a ação civil pública, para a proteção do patrimônio público e social, do meio ambiente e de outros interesses difusos e coletivos" (artigos 127, *caput*, e 129, III).

Da mesma forma, na lição de Richter, também é "possível a utilização do mandado de segurança coletivo para a invocação da tutela jurisdicional em defesa do Patrimônio Cultural". Desde que presentes os requisitos do ato de autoridade, ilegalidade ou abuso de poder, e lesão ou ameaça de lesão a direito e certo, que pode ser individual, coletivo ou difuso, nos termos do art. 5º, LXIX e LXX, da Constituição Federal.[415]

Por fim, invocando o disposto no art. 5º, LXXI, da Carta Magna, Reisewitz argumenta que sempre que um direito fundamental, "como a preservação do patrimônio cultural, não pode ser exercido por falta de regulamentação, torna-se legítima a concessão do Mandado de Injunção que viabilize, no caso concreto, o seu exercício". O que pode ser aplicado aqui para institutos ainda não regulamentados, como é o caso do inventário, apesar da sua previsão no art. 216 da CF.[416]

Dessa forma, o objetivo do manuseio de tais atos processuais é a decisão judicial (por meio do pronunciamento do Juiz singular ou Tribunal), seja de caráter interlocutório ou definitivo, e que venha a conferir uma tutela apropriada e eficiente ao patrimônio cultural, inclusive para fins de configuração do delito.

[415] RICHTER, op. cit., p. 83-5. Ver STJ, RESP 586307, MT, 1ª Turma, Rel. Min, Luiz Fux, j. 14/9/2004.

[416] REISEWITZ, Lúcia, op. cit., p. 113. Vide BARRETO JÚNIOR, Luiz Fernando Cabral. O controle judicial das omissões do poder público no dever de proteção ao patrimônio cultural. In O *ministério público e a proteção do patrimônio cultural*, Instituto Centro-Brasileiro de Cultura, 2004, p. 147-63; e MARTINS JÚNIOR, Wallace Paiva. Ação civil pública, improbidade administrativa e políticas pública. In Ação civil pública após 25 anos, MILARÉ, Édis (Org.), São Paulo: RT, 2010, p. 853-70.

Neste lastro, conforme Constantino, trata-se aqui de "um simples princípio de Direito: onde a lei não distingue, nem nós (os aplicadores) podemos distinguir – o Legislador disse apenas *decisão judicial* e não decisão judicial *transitada em julgado*",[417] o que se verifica da mera leitura do art. 62, I, da Lei dos Crimes Ambientais.

Assim, não se exige que a proteção judicial resulte de decisão transitada, já que medidas cautelares, liminares e antecipatórias são suficientes, pois estão justificadas na necessidade de preservar o bem cultural, evitando que se burle a finalidade do ato pelo perecimento do objeto no curso do processo. De onde, os instrumentos da chamada Tutela Provisória do novo CPC e a mera sentença já são suficientes para completar o ciclo do tipo penal, ainda que não posta a coisa julgada.[418]

Com efeito, dita decisão judicial deve ser interpretada como alcançando não apenas a sentença definitiva, mas as demais modalidades decisórias previstas em lei (artigos 294 a 311 e artigos 485 a 508 do CPC, e artigos 12 e 21 da Lei nº 7.347/85). Afinal, do contrário, o legislador teria previsto expressamente apenas a sentença, hipótese em que se daria a oportunidade, "mesmo na vigência de decisão interlocutória, a quem se opusesse à proteção cultural pretendida, de destruir, inutilizar ou deteriorar o bem cultural" antes do trânsito em julgado definitivo, minando o objetivo de proteção.[419]

[417] CONSTANTINO, op. cit., p. 206.

[418] LECEY, Eládio, *Crimes Contra o Patrimônio Cultural e o Ordenamento Territorial e Urbano na Lei nº 9.605/98*. São Paulo: Revista de Direito Ambiental, v. 47, 2007, p. 42-57, aduz que como "a norma penal não restringe, a declaração pode decorrer de qualquer decisão judicial, sentença, liminar, ou antecipatória." Na mesma linha COSTA NETO, Nicolao Dino de Castro e. Crimes Contra o Ordenamento Urbano e o Patrimônio Cultural – Alguns Aspectos, *Boletim Científico da Escola Superior do Ministério Público da União, Brasília*, ano II, n. 9, p. 161-84, out./dez. 2003, ao não se exigir que a tutela resulte de decisão final.

[419] RICHTER, Rui Arno. *Meio Ambiente Cultural*. Curitiba: Juruá, 2003, p. 83-4; para quem "cresce a relevância da questão terminológica, neste passo, na medida em que a invocação da tutela jurisdicional civil em defesa de bem de valor cultural não tombado ocorre, no mais das vezes, quando tal bem se encontra sob o risco iminente de destruição ou descaracterização, por ato ou omissão do próprio Poder Público ou de particular. Assim, nestas hipóteses, somente se apresenta de forma eficiente a atuação judiciária se concedida alguma das modalidades de tutela de urgência (liminar em ação civil pública, medida cautelar, antecipação de tutela) antes da destruição ou descaracterização do bem em foco, o que pressupõe não se pode aguardar o termo final do processo e a prolação da sentença para só então exigir dos demandados a abstenção de alterar, destruir ou deteriorar o bem cultural em situação de risco".

Na verdade, tal posição que confere tutela ao bem a partir da decisão judicial é a que mais atende ao espírito do legislador, com o fito de promover e preservar o patrimônio cultural – de acordo com a lei maior e em consonância com o art. 10 do Decreto-Lei nº 25/37, o qual confere ao tombamento provisório os efeitos de definitivo. Já que, do contrário, dar-se-ia azo "a quem se opusesse à proteção cultural pretendida de tornar fato consumado a destruição, a inutilização ou a deterioração" do objeto.[420]

Portanto, se diferente fosse, tão logo lançada a primeira decisão protetiva nos autos, a parte adversa, sentido o risco de a sua pretensão ser ao final denegada, poderia, desde já, praticar atos atentatórios contra o bem, segura que não seria responsabilizada administra, cível ou criminalmente enquanto não houvesse transitado em julgada. Decisão que, infelizmente, poderia advir tarde demais, quando o bem já estivesse deteriorado ou, pior, quando não mais existisse objeto para conservar. Soma-se a isto, ainda, o fato de que autor do dano restaria isento da infração penal.

Igualmente, tal forma antecipatória supre outrossim a omissão do Poder Público, inclusive, evitando que algum administrador deixe de tombar ou de inventariar algum bem, seja por negligência, por ambicionar o seu perecimento ou mesmo por pretender a sua futura alteração ou destruição. Situações estas reprováveis e que não se coadunam com o interesse coletivo de proteção de tais objetos.

Além disso, a decisão judicial tem por si mesmo o valor de título apto a caracterizar o bem protegido como patrimônio cultural, sendo que o devido ato de "inscrição é prescindível para a preservação e proteção do bem tutelado jurisdicionalmente, uma vez que a coisa julgada produz efeito *erga omnes*, atingindo desta forma toda a coletividade". Ainda assim, o tombamento só irá atingir a sua plenitude formal e exaurimento a partir do registro do bem eleito no respectivo Livro Tombo, embora ele desde já esteja tutelado pela autoridade da coisa julgada.[421]

[420] MACHADO, 1999, op. cit., p. 770. *Vide* ainda, MACHADO, Paulo Affonso Leme. *Ação Civil Pública e Tombamento*. São Paulo: Revista dos Tribunais, 1987, p. 75; SANTOS, Jorge Luiz Oliveira dos; TEIXEIRA, Regina Alves. Danos Contra o Patrimônio Histórico e Cultural e seus Instrumentos Normativos de Tutela: Estudo de Caso a Partir de uma Ação Civil Pública, *Revista de Estudos Empíricos em Direito*, vol. 3, n. 1, p. 144-59, 2016; e MARCHESAN, Ana Maria Moreira. Tutela Judicial do Patrimônio Cultural. In: *Efetividade da Tutela Ambiental*, op. cit., p. 127-141.

[421] FIORILLO; FERREIRA, op. cit., p 93.

Outrossim, a "reforma da decisão judicial ou a anulação do ato administrativo que estipulou o regime de proteção especial implica a destipificação da conduta, operando efeitos favoráveis ao agente, a qualquer tempo."[422] Nessa hipótese, sobrevindo decisão judicial que retire do objeto a qualidade de "bem especialmente protegido", estará desfeita a relação de tipicidade da conduta com a descrição do art. 62, I, da Lei nº 9.60/1998, retroagindo tal circunstância para beneficiar o sujeito.

Com efeito, além dos casos em que a proteção judicial é formulada no interesse direto da sociedade, é possível ainda que o proprietário do bem a requeira, diante da inércia do Poder Público, que poderia tutelar o objeto com atos como o tombamento. Também, o processo litigioso pode ainda ser utilizado pela parte que se sentir inconformada com o ato administrativo de proteção, vindo então a buscar o Poder Judiciário para desconstituir tal ato e dirimir o conflito.[423]

De qualquer modo, a utilização dos instrumentos judiciais constitui-se numa importante forma de preservação do patrimônio cultural, seja no sentido de determinar que o objeto receba nota específica de proteção ou para evitar que o bem já assinalado como relevante sofre ataques que o descaracterizem ou levem ao seu perecimento.[424]

Por fim, é possível também a utilização das ações judiciais a título reparatório e compensatório quando diante de prejuízo ao patrimônio cultural a coletividade venha a ser afetada quanto aos seus valores imateriais, configurando uma ofensa de destacada significância, além dos limites da

[422] COSTA NETO, *et. al.* Crimes e Infrações Administrativas e Ambientais. Comentários à Lei nº 9.605/98. 2. ed. Brasília: Jurídica, 2001, p. 355. E FREITAS, Vladimir Passos de; FREITAS, Gilberto Passos de. Reflexões Sobre a Proteção Penal do Patrimônio Histórico e Cultural Brasileiro, *Revista de Direito Econômico e Socioambiental*, Curitiba, v. 6, n. 1, p. 88-113, jan./jun. 2015, para quem deve ser reconhecida extinta a punibilidade, retroagindo tal como quando a lei não mais considera um fato ilícito.

[423] SOUZA FILHO, op. cit., p. 89, cita a decisão do STF em 17 de junho de 1942, na Apelação Civil 7.377. Idem, SANTOS, Saint-Clair Honorato. *Direito Ambiental.* Curitiba: Juruá 2005, p. 134, ao citar o caso do tombamento do prédio do "Arco do Teles", no qual a discussão sobre a legalidade de tal ato foi levada ao STF, vindo este a firmar que o Decreto-lei nº 25/37 não ofendia a Constituição, sendo possível tombar bens particulares compulsoriamente. Esta decisão tornou definitiva a tutela que já incidia sobre o imóvel. Ver ainda, MARCHESAN, Ana Maria Moreira, "Comentários ao Acórdão na Apelação nº 7.377 no Supremo Tribunal Federal: Data do Julgamento: 17.06.1942", *in:* FREITAS, Vladimir Passos de (coord.). *Julgamentos Históricos do Direito Ambiental.* Campinas: Millennium, 2010. p. 1-14.

[424] Sobre o tema ver FLACH, Michael Schneider. A Intervenção Estatal no Direito de Propriedade, *Revista Juris Plenum Direito Administrativo,* Caxias do Sul, ano V, nº 18, jun. 2018.

tolerabilidade social, afrontando a aceitabilidade e a tranquilidade comum, em situação geradora de um autêntico dano moral coletivo em decorrência de lesão ao meio ambiente cultural.[425]

No presente capítulo a conclusão a que chegamos e que, apesar de o nosso sistema prever normas de proteção, trata-se de uma teia desordenada e até mesmo desatualizada, que não atende às necessidades dos tempos presentes e dos desafios futuros que envolve o patrimônio cultural, junto com a sua necessidade de preservação e fruição.

O ideal seria que tal arcabouço fosse atualizado, reunido e sistematizado em norma única, com caráter de Estatuto do Patrimônio Cultural, contendo todos seus instrumentos protetivos, integradas pelas três esferas do poder público e oriundos dos três poderes, com a participação ativa do Ministério Público.

Da mesma forma, os únicos quatro tipos penais deveriam passar por uma incrementação, envolvendo novas formas de tutela e objetos (como os ligados aos bens móveis e à proteção das belas artes), o recebimento de uma proteção também disponível por via dos crimes contra o patrimônio, além de uma necessidade de maior modulação das sanções, as quais se mostram por demais insuficientes, sempre sujeitas à justiça negocial e muito distante do patamar que foi adotado em termos de delitos patrimoniais.

[425] MIRANDA, Marcos Paulo de Souza. Configuração e indenizibilidade de danos morais coletivos decorrentes de lesões a bens integrantes do patrimônio cultural brasileiro. In: *Direito e proteção do patrimônio cultural imóvel*, op. cit., p. 117.

5. DA TUTELA PENAL

A relevância da questão ambiental na ordem jurídica presente e a urgência de intensificar-se a conservação e a defesa do amplo patrimônio natural justificam a tutela penal dos bens culturais. Assim, mostrou-se de grande relevo a decisão do constituinte em contemplar a proteção ambiental de forma autônoma e direta, deixando este de ser um bem jurídico *per accidens*, para ser elevado à categoria de bem *per se*.[426]

A partir disto, o meio e o ambiente cultural foram reconhecidos como bens jurídicos de caráter supraindividual, difuso e adequados ao livre desenvolvimento do ser humano, visando à proteção e à melhora de sua qualidade de vida. Tal circunstância veio a traduzir-se no direito à preservação dos recursos ambientais, sobre os quais recaem interesses que transcendem a esfera individual – já que a degradação atinge um incontável número de pessoas, e a preservação beneficia tantas outras.[427]

[426] MILARÉ, op., cit., p. 180-6. MACHADO, Paulo Affonso Leme (Crimes Ambientais, *Revista do Ministério Público*, Porto Alegre, nº 23, p. 61, 1990) já dizia ser insuficiente a "punição civil e administrativa do dano ambiental". Ao mesmo tempo em que DELMAS-MARTY, Mireille (Os Grandes Sistemas de Política Criminal. Barueri: Manole, 2004, p. 4) observa que "Enquanto se tratar de direito penal, de fato, o campo está juridicamente delimitado: é 'penal' tudo o que o legislador qualifica como tal". Conforme HASSEMER, Winfried. A Preservação do Ambiente pelo Direito Penal. Tradução Carlos Eduardo Vanconcelos, *Revista da Fundação Escola Superior do Ministério Público do Distrito Federal e Territórios*. Brasília, ano 6, nº 12, p. 213-28, 1998, "só devemos consentir que permaneçam com relevo penal aqueles fatos cuja ilicitude não dependa de configurações extrapenais, ademais variáveis. Assim sendo, é indiscutível que o direito penal deva continuar a garantir a tutela dos bens jurídicos clássicos, cuja integridade é também alvo de ameaça por força dos atentados contra o meio ambiente."

[427] PRADO, Luiz Regis. Direito Penal do Ambiente. São Paulo: Revista dos Tribunais, 2005, p. 133; e PRADO, Luiz Regis *et al.* Crimes Contra o Patrimônio Cultural, *Revista dos Tribunais, Ciências Penais*. São Paulo, vol. 4, p. 165, jan. 2006; MILARÉ, op., cit., p. 180-6. E REISEWITZ, op. cit., p. 48-55 e 59-64, conceituando o direito ambiental como o "conjunto de normas jurídicas

De onde, formou-se todo um aparato protetivo que alcança o patrimônio cultural, aqui inserido em decorrência dos seus valores ligados à memória, à identidade nacional, à soberania, à construção da cidadania ao futuro do homem, às formas de expressão deste e inclusive aos componentes estéticos.[428] Tem-se aqui a proteção de bens culturalmente relevantes para a sociedade, em razão da sua valia cultural, histórica, artística, arquitetônica, científica, documental, etnográfica, estética, turística, monumental, paisagística e natural.

Em virtude disso, a importância das citadas categorias conduziu os bens culturais ao reconhecimento e previsão específica na Carta Magna. Vindo a outorgar-lhes formas mais amplas de reconhecimento e de tutela, indo muito além do tradicional tombamento. Como um dos principais efeitos das circunstâncias referidas, tem-se que agora os objetos culturais de caráter especial passam a gozar de uma proteção mais larga e especificada, de modo a contar com tipos penais próprios mais específicos, os quais superam as pretéritas e já defasadas figuras inscritas no Código Penal.[429]

Na espécie, a legitimação da tutela penal dos bens culturais não está dirigida para o enfoque da *propriedade* (individual), mas, sim, para a *função social* (coletivo) do objeto e a sua representatividade, a qual assume caráter imaterial e suprapatrimonial, versando sobre bens jurídicos de teor fundamental e que requerem tal intervenção.

Ocorre que, em determinadas condições, o direito penal é um instrumento de proteção de bens jurídicos. Diante do que, pretenderemos demonstrar aqui que o patrimônio cultural é digno e necessitado de tutela penal.

que regem a preservação, melhoria ou recuperação do ambiente", para "garantir a qualidade de vida humana e a manutenção da vida em todas as suas formas". Ver também FAZOLLI, Silvio Alexandre. Por uma tutela coletiva diferenciada do bem jurídico-ambiental. In: Dano Ambiental na Sociedade de Risco, op. cit., p. 361-86.

[428] FERREIRA, Ivete Senise. *Tutela Penal do Patrimônio Cultural*. São Paulo: Revista dos Tribunais, 1995, p. 62, 115-6. MIRANDA, Marcos Paulo de Souza. *Tutela do Patrimônio Cultural Brasileiro*. Belo Horizonte: Del Rey, 2006, p. 206. Para PIRES, op. cit., p. 279, "o patrimônio cultural brasileiro constitui-se das riquezas absorvidas pelo universo cultural, seja de forma material ou imaterial, seja de domínio público, privado ou eclesiástico, apresentando-se tanto individualmente como em conjunto, em virtude do seu valor histórico, artístico, paisagístico, arqueológico, etnográfico ou bibliográfico, com formas de proteção definida em lei."

[429] Sobre o nexo entre bens jurídico, direito penal e constituição, FLACH, Michael Schneider. A Estreita Vinculação entre Direito Penal e Constituição, *Revista Ibero-Americana de Ciências Penais*, Porto Alegre, Ano 10, nº 18, p. 201-233, 2010; e FLACH, Michael Schneider. A Relação entre Bem Jurídico-Penal e Constituição, *Revista Sistema Penal e Violência*, Porto Alegre, v. 2, n. 1, p. 45-63, jan./jun. 2010.

E não apenas isto, mas de uma proteção que atenda à grandeza do bem e ao seu gabarito constitucional, por via do qual foi determinado um mandado de criminalização, o qual deve ser atendido na sua plenitude e de forma eficiente.

Portanto, não resta dúvida sobre a legitimidade e a exigência da proteção penal, de todo adequada, necessária e proporcional na forma com que está contemplada. E, tudo isso, para que haja uma tutela suficiente e eficiente de tais categorias, cujo largo valor e interesse absoluto não são apenas do tempo presente, mas vêm projetados por meio do passado e se irradiam para o futuro.

5.1 Breves considerações sobre o bem jurídico

A proteção penal e constitucional dos bens culturais incide tendo em conta que estamos diante de bens universais, de interesse coletivo e difuso pertencente ao conjunto de cidadãos e que são irrepetíveis e não intercambiáveis. Aqui, o bem jurídico tutelado está conectado aos valores que o objeto cultural representa e da função sociocultural que eles desempenham, independente da sua materialidade, do seu valor econômico e do tipo de ataques que possa sofrer.

Para melhor compreender o bem jurídico em pauta que a norma penal tutela, cumpre trazer à colocação alguns conceitos e lições a respeito. Contudo, adverte-se que o rol doravante apresentado inscreve-se a título expositivo, sem a pretensão de esgotar a matéria, ou mesmo preterir – de forma direta e terminativa – algum conceito em relação a outro.[430]

De início, conforme registra Mir Puig, é com Birnbaum, em meados do século XIX, que o bem jurídico ingressa no conceito de direito penal. A partir deste marco tal instituto mereceu a apreciação de outros autores, tendo Binding delineado que o bem jurídico é criado pelo direito, o qual elege os objetos que, na opinião do legislador, merecem proteção.

Com efeito, a conclusão de Mir Puig é que o bem jurídico será só aquilo que mereça ser protegido pela lei penal; que o seu conceito capaz de limitar o legislador não deve ser buscado na realidade naturalística, nem na valoração subjetivo moral; mas no terreno do social, para o correto funcionamento

[430] Para aprofundar, *vide* HEFENDEHL, Roland (Org.). *La Teoría del Bien Jurídico*. Madrid: Marcial Pons, 2007, 478 p.; e D'AVILA, Fábio Roberto. *Ofensividade em Direito Penal. Escritos sobre a Teoria do Crime como Ofensa a Bens Jurídicos*. Porto Alegre: Livraria do Advogado, 2009, p. 105-127.

dos sistemas sociais e as concretas possibilidades de participação dos indivíduos. E, por fim, que no fundamento funcional dos limites do *jus puniendi* está a defesa da sociedade, de modo que ele não pode ser exercido além do absolutamente necessário, dentro dos princípios da natureza subsidiária e fragmentária do direito penal, bem como que a proteção penal só pode estender-se a bens jurídicos.[431]

De longa data Von Lizt pronunciava que o bem jurídico é o "interesse juridicamente protegido", sejam eles individuais ou coletivos. Quem produz o interesse é a vida e não o Direito, mas "só a proteção jurídica converte o interesse em bem jurídico", e as relações da vida em relações jurídicas, "ligando direitos e deveres a determinados pressupostos".

Então, "se a missão do Direito é a tutela de interesses humanos, a missão especial do Direito Penal é a reforçada proteção de interesses, que principalmente a merecem e dela precisam", por meio da cominação da pena ao mal infligido. Se por um lado a necessidade origina a tutela, por outro é por conta da variabilidade dos interesses que também irão variar os bens jurídicos,[432] o que demonstra a sua possibilidade evolutiva. Por exemplo, a vida e o patrimônio sempre foram alvo de proteção. Enquanto que, embora o meio ambiente e o patrimônio cultural sempre existissem, apenas de forma mais ou menos recente estes passaram a ser alvo da proteção penal.

Já na definição de Zaffaroni e Pierangeli, o "bem jurídico penalmente tutelado é a relação de disponibilidade de um indivíduo com um objeto, protegida pelo Estado, que revela seu interesse mediante a tipificação penal de condutas que o afetam".[433]

E no direito pátrio, Toledo considera o bem jurídico tudo o que se apresenta como "digno, útil, necessário, valioso", e os bens jurídicos "são valores ético-sociais, que o direito seleciona, com o objetivo de assegurar a paz social, e coloca sob sua proteção para que não sejam expostos a perigo de ataque ou a lesões efetivas."[434]

[431] MIR PUIG, Santiago. Introducción a las bases del derecho penal. Concepto y método. 2ª ed., Montevideo e Buenos Aires: B de f, op. cit., 2002, p. 123-4.

[432] LISZT, Franz von. *Tratado de direito penal.* Tomo I. tradução José H. D. Pereira, Campinas: Russell, 2003, p. 139-43.

[433] ZAFFARONI, Eugênio Raúl; PIERANGELI, José Henrique. *Manual de Direito Penal Brasileiro. Parte Geral.* 5. ed. São Paulo: Revista dos Tribunais, 2004, p. 439.

[434] TOLEDO (op. cit., p. 15-6) explica que para Welzel tal bem é "toda situação social desejada que o direito quer garantir contra lesões", sendo, juridicamente protegido "devido ao seu significado social".

Para Roxin a matriz do bem jurídico repousaria nos princípios da lei fundamental.[435] O que, aplicado à nossa Constituição, importa numa ligação com o próprio direito a um meio ambiente ecologicamente equilibrado, contemplando-o como um bem jurídico-penal de natureza supraindividual para cuja proteção o Direito Penal criou tipos próprios, estabeleceu crimes e cominou sanções a serem aplicados na hipótese de violação da norma protetiva.[436]

Na verdade, nestas situações o legislador está a elevar oficialmente à categoria de bem jurídico aquilo que na realidade social já se mostra como valorado. Ou seja, "o conceito material de crime é essencialmente constituído pela noção de bem jurídico dotado de dignidade penal". A isto tem de ser acrescido "outro critério que torne a criminalização legítima."[437]

Assim, tal circunstância é intrínseca à norma constitucional, que está a retratar no que se constituem os fundamentos e os valores de determinada época, os quais não são propriamente criados por ela, mas proclamados em lei, dando-lhes a proteção jurídica. Dessa forma, aplicando-se tais conceitos ao chamado meio ambiente cultural, teremos neste um objeto que é digno de proteção, que possui a necessidade de ser tutelado e que detém a capacidade de ser protegido penalmente.

Na espécie, entendemos que a valia do "patrimônio cultural" é anterior ao seu reconhecimento como "bem cultural", já que este será *declaratório* enquanto ato de notoriedade, e *constitutivo* como gerador de efeitos jurídicos.[438] Em outras palavras, o caráter *patrimonial* é intrínseco e prévio

[435] ROXIN, Claus. *Derecho Penal Parte General. Fundamentos. La Estructura de la Teoría del Delito.* Tomo I, Tradução Diego-Manuel Luzón Penã, Miguel Díaz García Conlledo y Javier de Vicente Remesal, Madrid: Civitas, 1997, p. 45-6.

[436] PAZ, Maria Isabel Sanches García de. *El Moderno Derecho Penal y la Anticipación de la Tutela Penal.* Valladolid: Universidad de Valladolid, 1999, p. 15-6 e 73, ao classificar o meio ambiente e o patrimônio cultural como bens supraindividuais, esclarece que "*la protección de bienes jurídicos constituye el fin último del Derecho Penal*", cujo núcleo básico "*será lo que se considere el injusto originario, las conductas a cuya sanción se destina de modo principal el instrumento punitivo. [...] se entiende orientado a la protección de bienes jurídicos frente a aquellos comportamientos que los lesionan o ponen en peligro concreto*". Então, são elementos do injusto o desvalor da ação e do "*resultado, constituido por la lesión o el peligro concreto para el bien jurídico.*"

[437] DIAS, Jorge de Figueiredo. *Questões fundamentais do direito penal revisitadas.* São Paulo: RT, 1999, p. 78. Vide DOLCINI, Emilio; MARINUCCI, Giorgio. Constituição e escolha de bens jurídicos, *Revista Portuguesa de Ciências Criminais*, p. 173-4, nº 4, 1994.

[438] OROZCO PARDO, Guilhermo; PÉREZ ALONSO, Esteban J. La tutela civil y penal del patrimonio histórico cultural o artístico. Madrid: Mc Graw Hill, 1996, p. 56-9, anotam que "puede afirmarse que el concepto de bienes culturales descansa sobre criterios extrajurídicos, relativos a valores inherentes a la idea de cultura en cuanto acervo de conocimientos, bienes y principios

à sua nota de especialidade como *bem* o qual assim passa a ser catalogado e chancelado pelo mundo do direito.

Prova disto, é que o art. 216 da CF-BR autoriza a "vigilância" como um critério de reconhecimento do patrimônio cultural, o que demonstra que a chancela conferida pela comunidade a um objeto tem o condão de elevá-lo a patrimônio, além do chamado poder de polícia dos órgãos públicos, gerando como efeitos o estudo e a catalogação do objeto como bem cultural e, enquanto tal se realiza, por si só tem por consequências obrigações positivas de cuidado e negativas de abstenção de destruição, já que inerentes à própria função social da propriedade. Como no caso de o Ministério Público instaurar um inquérito civil dirigido ao exame e à tutela de uma determinada edificação, ou esta passar a ser alvo de atuação e pesquisa protetiva por parte do IPHAN (Instituto do Patrimônio Histórico e Artístico Nacional).

Contudo, para os fins de proteção penal, o objeto tem de estar gravado como patrimônio cultural, por via de lei, ato administrativo ou decisão judicial, o que irá torná-lo um *bem jurídico-penal*, capaz de desencadear a ocorrência dos ilícitos previstos entre os artigos 62 a 65 da Lei nº 9.605/98.

Com efeito, o certo é que após o longo percurso evolutivo já apreciado, a Lei dos Crimes Ambientais inaugura um sistema penal ambiental que desponta como um ramo específico a tipificar as condutas mais afrontosas contra o bem jurídico meio ambiente sadio e equilibrado. De modo a proteger as parcelas desses objetos que, por serem fundamentais, rogam tal espécie de tutela, enquadrando-se no desiderato de realizar o princípio constitucional da prevenção pela tônica do Direito Penal, ora utilizado como um instrumento a mais, e o de maior força, para efetivar dita proteção.

Assim, figura que a previsão da tutela penal está em harmonia com os objetivos perseguidos pelo direito ambiental, onde os tipos da Lei nº 9.605/1998

del pasado y presente de una comunidad, por lo que se debe admitir como una categoría abierta, flexible y amplia, graduando-se en función de la relevancia de los valores que cada bien comporta las distintas clases incluidas en el concepto. Por ello lleva razón RICCIO cuando dice que esta identificación no es, ni debe ser, un rígido presupuesto normativo indispensable para la tutela de los bienes artísticos." Como exemplo disto os autores referem que as legislações modernas combinam ambos os critérios, o extrajurídico referente ao valor cultural inerente, e o jurídico sobre a chancela legal, o que flexibiliza e aumenta os níveis de proteção. Como no caso da legislação da Andalucia, que considera patrimônio "todos los bienes de la cultura, en cualquiera de sus manifestaciones en cuanto se encuentren en Andalucia y revelen un interés artístico, histórico, paleontológico, arqueológico, documental bibliográfico, científico o técnico para la Comunidad Autónoma. O resultado é que os bens declarados e catalogados se sujeitam a um regime específico de proteção, e os demais com valor cultural a um regime geral.

protegem como bem genérico o próprio meio ambiente, nele inserido o meio ambiente cultural, desempenhando uma função tuteladora de valores fundamentais e sancionadora das condutas lesivas aos bens mais caros.

Aqui, a tutela passa a ser invocada e determinada a partir do momento em que as barreiras de ordem civil e administrativa não mais revelam o devido juízo de suficiência e de eficácia na prevenção e repressão de ataques ao meio ambiente, mormente diante da finitude dos seus recursos,[439] os quais são imprescindíveis para a humanidade.

Neste sentido, com propriedade adverte Silva Sánchez que o "Direito Penal é um instrumento qualificado de proteção de bens jurídicos especialmente importantes". De modo que sua expansão está alinhada à aparição de novos objetos e também à "deterioração de realidades tradicionalmente abundantes", mas que agora começam a escassear (como o meio ambiente). Além da própria evolução social e cultural, que conduz a reanálise de certos bens, já existentes, mas até então não tão estimados, como no caso do patrimônio cultural.[440]

Com efeito, não se trata aqui da banalização do direito penal, da criação de novos tipos, de mais sanções ou de excessos legislativos. Mas, sim, da realização do preceito constitucional de tutelar os direitos fundamentais, perante o Estado, por meio dele e, inclusive, pelas vias punitivas. Já que o cidadão também dispõe do direito de ter os seus bens jurídicos de caráter fundamental protegidos em face da violência de seus pares.

Afinal, a lei não tem somente a função de zelar pelo indivíduo diante das opressões estatais como possui a finalidade de proteger os direitos

[439] MARCHESAN, Ana Maria Moreira. Alguns Aspectos sobre a Lei dos Crimes Ambientais, *Revista do Ministério Público do Rio Grande do Sul*, Porto Alegre, nº 42, p. 227, 2000; ao arguir que devem ser redobradas as cautelas com a preservação ambiental, diante da "finitude dos recursos naturais" e da sua necessidade para "a sobrevivência da espécie humana". Assim, num contexto em que "o Direito Penal deve ser efetivo como soldado integrante do exército de mecanismos conservacionistas", a remota possibilidade de aplicação de penas privativas enfraquece a sua importância e estimula a criminalidade ambiental, a qual "adquire uma falsa feição bagatelar". Dessa forma, o Direito Penal há de ser efetivo, "sob pena de transformar-se em aliado de pouco fôlego para o enfrentamento do problema". Ver também GULARTE, Caroline de Melo Lima. Tutela Penal Preventiva do Meio Ambiente e a Constitucionalidade dos Crimes de Perigo Abstrato, *Revista do Ministério Público do Rio Grande do Sul*, Porto Alegre, nº 78, p. 57-80, set./dez. 2015; e COSTA NETO, Nicolao Dino de Castro e; COSTA, Flávio Dino de Castro; BELLO FILHO, Ney de Barros. *Crimes e Infrações Administrativas Ambientais*. Brasília: Brasília Jurídica, 2001, p. 15-6, 161-2.

[440] SILVA SÁNCHEZ, Jésus-Maria.*A Expansão do Direito Penal. Aspectos da Política Criminal nas Sociedades Pós-industriais*. Tradução: Luiz Otávio de Oliveira Rocha. São Paulo: RT, 2002, p. 27, referindo-se expressamente ao "patrimônio histórico-artístico".

fundamentais. Mesmo que para tanto, por vezes, tenha de empregar o direito penal para exercer tal tutela, a qual deverá ser efetivada atenta aos princípios da proporcionalidade.[441]

É nesse contexto que a ciência criminal é invocada, diante da importância, da gravidade e da universalidade dos objetos em questão, estando em consonância com o princípio da *ultima ratio* e justificada a sua intervenção em face das agressões a valores fundamentais que envolvem bem de uso comum do povo a rogar preservação. E que, no presente caso, revela-se por via do meio ambiente cultural, na sua conjuntura de bens culturais materiais e imateriais relevantes para a sociedade e o direito, e cujo bem jurídico tutelado é, em suma, a própria preservação do patrimônio cultural.

Portanto, o objetivo aqui é o de proteger a identidade cultural de determinada comunidade, grupo ou nação por meio dessa categoria de bens, em sentido amplo. Além de assegurar o seu desfrute pela coletividade, possibilitando-lhe o acesso, o desenvolver da personalidade e demais manifestações, cabendo ao Estado o dever de garantir a todos o exercício de tais direitos.

Ademais, outros tipos de benefícios são ainda aferíveis, em especial para os bens edificados, à estética urbana, ao direito coletivo à paisagem, desfruto turístico e uso. Perante os quais se poderia ainda invocar as lições da criminologia, com base na teoria de matiz ecológico-social proposta pela

[441] FLACH, Michael Schneider. As Duas Faces do Princípio da Proporcionalidade e as Normas Penais: Entre a Proibição do Excesso e a Proibição da Proteção Deficiente, 261 f., Dissertação (Mestrado em Ciências Criminais), Faculdade de Direito da Pontifícia Universidade Católica, Orientador: Professor Dr. Fábio Roberto D'Ávila, Porto Alegre, 2009. Com efeito, STRECK, Lênio Luiz. A dupla face do princípio da proporcionalidade e o cabimento do mandado de segurança em matéria criminal: superando o ideário liberal-individualista-clássico, *Revista do Ministério Público do Rio Grande do Sul*, Porto Alegre, nº 53, p. 242-3, 2004. Acrescenta que, conforme Roxin, ao comentar "as finalidades correspondentes ao Estado de Direito e ao Estado Social de Liszt, o direito penal serve simultaneamente para limitar o poder de intervenção do Estado e para combater o crime. Protege, portanto, o indivíduo de uma repressão desmesurada do Estado, mas protege igualmente a sociedade e os membros dos abusos do indivíduo. Estes são os dois componentes do direito penal: o correspondente ao Estado de Direito e protetor da liberdade individual, e o correspondente ao Estado Social e preservador do interesse social mesmo à custa da liberdade do indivíduo." E STRECK, Lênio Luiz. Da proibição de excesso (übermassverbot) à proibição de proteção deficiente (untermassverbot): de como não há blindagem contra normas penais inconstitucionais, *Revista do Instituto de Hermenêutica Jurídica*, Porto Alegre: IHJ, nº 2, p. 280-3, 2003, que colaciona, ainda, a sábia lição de Diés-Picazo, para quem, por vezes, a tutela "*de ciertos derechos fundamentales – y, más en general, de determinados valores constitucionalmente relevantes – sólo puede ser efectiva si se hace por vía penal*"; onde a Constituição "*impone al legislador um deber de producir una regulación protectora.*"

Escola de Chicago,[442] onde os atos de preservar e revitalizar as áreas degradadas operaram como fator inibitório de delitos.

Por tais razões, podemos classificar o bem jurídico que tutela o patrimônio cultural como autônomo, de natureza difusa e material ou imaterial, sendo o seu titular a sociedade como um todo (função social).[443] E onde deve prevalecer o aspecto axiológico (cultura), em detrimento do econômico, para que se proteja o valor imanente ao bem cultural, cujo objeto lesado (*v. g.* a edificação) é apenas a *res* material sobre a qual recai a ação típica.

Na espécie, primeiramente temos o meio ambiente como direito fundamental, que se constitui num exercício de cidadania e num direito-dever *erga omnes*, nele inserido o patrimônio cultural, o qual mais que um direito social possui natureza análoga a um direito fundamental. Aqui, é preciso lembrar que os direitos fundamentais tutelam diferentes bens jurídicos, cuja proteção aqui está inserida dentro dos direitos culturais e ambientais, e cujo valor vai além do mundo direito.

E interessante notar que o bem jurídico não precisa ser apenas palpável, pois vai ainda além da realidade material, tangível e captada pelos sentidos, sendo também uma "realidade de sentido social", nos quais o risco ou o dano são, portanto, de ordem jurídica e socialmente perceptíveis. Tem-se aqui uma tarefa do direito possibilitar a realização da pessoa humana e da sua dignidade, garantindo-lhe o máximo de liberdade possível e a salvaguarda dos objetos mais valiosos.[444] Assim, são os bens jurídicos "objeto em função", cujo valor positivo repousa na sua relação com as pessoas e a sociedade. Por isto as condutas lesivas, ativas ou omissivas, públicas ou privadas, individuais ou coletivas vão além da mera afetação direta do objeto e criam também uma

[442] TIEGHI, Osvaldo N. (*Tratado de Criminologia.* Buenos Aires: Editorial Universidad, 1989, p. 416-7) expõe os postulados da teoria da ecologia criminal que apontavam a *"correlación entre ciertas zonas sometidas a un desajuste cultural y el auge y diminución de la delincuencia"*, propondo que *"la reforma social debía encarar la forma de llevar a cultura a ditas zonas"*. Já SCHECAIRA, Sérgio Salomão. *Criminologia.* São Paulo: RT, 2004, p. 168-76, cita os bem- sucedidos casos de Puerto Madeiro (Buenos Aires) e do Pelourinho (Salvador-BA), que depois de revitalizados tornaram-se locais de atração turística.

[443] PRADO, op. cit., p. 493; FERREIRA, op. cit., p. 68-9; e REISEWITZ, op. cit., p. 99. Outrossim, SERRANO, José-Luis (Concepto, Formación y Autonomía Del Derecho Ambiental. O Novo em Direito Ambiental, op. cit., p. 34) anota que o *"El Derecho ambiental es el sistema de normas, principios, instituciones, prácticas operativas e ideologías jurídicas que regulan las relaciones entre los sistemas sociales y sus entornos naturales."*

[444] DIAS, Augusto Silva. 'Delicta in se' e 'delicta mere prohibita': uma análise da descontinuidade do ilícito penal moderno à luz da reconstituição de uma distinção clássica. Coimbra: Coimbra, 2008, p. 657-9.

perturbação ou ruptura na esfera de disponibilidade dos objetos diante dos seus titulares, e ainda, no presente caso, perante toda a comunidade com o qual o bem cultural está conectado.[445]

Da mesma maneira, também é importante pontuar que no caso do patrimônio cultural temos um *bem* do sistema social o qual se transformou em bem jurídico digno de tutela penal por via da "ordenação axiológica jurídico-constitucional", assim reconhecido dentro do sistema no qual se insere.[446]

Afinal, é sabido que a proteção penal é apenas uma das modalidades de tutela, mas no caso "é importante reconhecer que a multifuncionalidade dos direitos fundamentais implica uma atenção redobrada ao conceito *bem jusfundamental* e a sua colocação no centro do processo construtivo dos *conglomerados jurídicos*" dos direitos fundamentais. Num expediente em que o bem jusfundamental irá se constituir no "cimento agregador de cada direito fundamental, em torno do qual se entrelaçam as suas diferentes faculdades e todas as suas dimensões se desenvolvem".[447]

Assim a noção e a tutela desta categoria de bens jurídicos irá se congregar como "o alfa e o ômega de toda e qualquer consideração abrangente da estrutura jurídica dos direitos fundamentais". De tal forma que os deveres de proteção irão ser mais demandados e se sobressair quando diante dos "bens jurídicos tutelados pelas normas constitucionais consagradoras de direitos fundamentais".[448]

A partir do que, com foco no patrimônio cultural, podemos afirmar que os cânones penais do presente estão a garantir a proteção da cultura e dos valores oriundos do pretérito, preservando-os para a apreciação coletiva das gerações contemporâneas e futuras.

5.2 Dos delitos em espécie

Conforme já visto, os bens culturais de relevante valor social são alvo da devida tutela jurídica, estando o conceito de patrimônio cultural definido no art. 226 da CF. Enquanto que os crimes contra o ordenamento urbano e o patrimônio cultural estão previstos nos artigos 62 a 65 da Lei nº 9.605/98.

[445] DIAS, Augusto Silva, op. cit., p. 657.

[446] DIAS, Figueiredo. Direito penal. Parte geral. Tomo I, 2ª ed., Coimbra: Coimbra, 2007, p. 119-21.

[447] SILVA, Jorge Pereira. Deveres do Estado de Protecção de direitos fundamentais. Lisboa: Universidade Católica, 2015, p. 355.

[448] SILVA, Jorge Pereira, op. cit., p. 355.

Assim, temos por reconhecida a existência e a relevância do meio ambiente cultural para o cidadão, a sociedade e a sua autonomia como bem jurídico. Para garanti-lo de todas as formas, o sistema empregou inclusive instrumentos sancionatórios criminais, editando tipos penais nos quais estão compreendidas todas as circunstâncias ou elementos que fundamentam o injusto específico de cada figura.

Assim, a análise que segue abordará os delitos que lesam o patrimônio cultural, de acordo com os dispositivos da Lei nº 9.605/98, além das figuras do Código Penal.

5.2.1 Destruição, Inutilização ou Deterioração

O artigo 62 da Lei nº 9.605/98 comina as seguintes condutas:

> Art. 62. Destruir, inutilizar ou deteriorar:
> I – bem especialmente protegido por lei, ato administrativo ou decisão judicial;
> II – arquivo, registro, museu, biblioteca, pinacoteca, instalação científica ou similar protegido por lei, ato administrativo ou decisão judicial:
> Pena – reclusão, de 1 (um) a 3 (três) anos, e multa.
> Parágrafo único. Se o crime for culposo, a pena é de 6 (seis) meses a 1 (um) ano de detenção, sem prejuízo da multa.

Trata-se de um crime de ação múltipla, com três verbos nucleares alternativos, na modalidade dolosa e culposa, podendo ser praticado pela realização de um fazer ativo, assim como pela inação do garante,[449] o que caracterizará a omissão imprópria. Assim, comete o delito não apenas quem diretamente destrói o bem, como também, *v.g.*, o proprietário que se omite em realizar obras de reparo e conservação da coisa tombada, abandonando-a a intempéries e acarretando, pois, a sua deterioração. Aqui, o objeto jurídico tutelado é a preservação do patrimônio cultural nas suas várias formas, sendo o objeto penal o bem protegido.

Analisando diretamente os seus três verbos, *destruir* significa demolir, aniquilar, fazer desaparecer, extinguir, desfazer, demolir, desmanchar, assolar

[449] Sobre o tema ver SILVA SÁNCHEZ, Jesús Maria. El delito de omisión. Concepto y sistema, 2ª ed., Montevideo – Buenos Aires: B de f, 2003.

e exterminar. *Inutilizar* é tornar inútil, vão, improfícuo e estéril, é tornar imprestável, incapaz, frustrado, ou prejudicado. *Deteriorar* é estragar, danificar, piorar, adulterar, alterar, corromper, desfigurar, arruinar e tornar degenerado.[450]

Tal forma de proteção está direcionada ao patrimônio cultural do tipo material, seja móvel ou imóvel, individual ou em conjunto. Interessante é que não apenas o acervo nacional é tutelado, mas eventual bem móvel que esteja em território nacional.[451] Já o conceito de dano tem sido considerado pela jurisprudência e doutrina como qualquer forma de lesão, em seu sentido mais amplo, diante dos objetivos de tutela.

Com efeito, salienta-se que para configurar o delito, o bem objeto de dano deverá estar especialmente protegido por lei, ato administrativo ou decisão judicial, nas formas já analisadas.[452] Porém, não se restringe apenas aos bens tombados, mas se estende aos inventariados e de outras formas protegidos.

Observa-se que, embora o art. 216, § 1º, da CF, estabeleça várias formas de reconhecimento e tutela de bens culturais, para gozar da proteção penal e caracterizar as elementares do tipo é necessário o reconhecimento específico por lei, ato administrativo ou decisão judicial, seja em nível Municipal, Estadual ou Federal. Contudo, os atos preliminares de reconhecimento e tutela, como o tombamento provisório ou uma decisão processual liminar, por si só já possuem aptidão para a correta defesa do bem e a consequente ilicitude de ataques contra ele. Caso retificada ou revogada ao final o ato protetivo, a conduta restará atípica.

Trata-se aqui, de uma norma penal em branco, cujo comportamento proibido está enunciado, mas a conduta punível necessita ser complementada por outra fonte, trazendo como vantagens a sua fácil adaptação a questões

[450] COSTA NETO; *et. al.*, op. cit., p. 352; e COSTA JÚNIOR; MILARÉ, op. cit., p. 179. Já MACHADO, 1999, op. cit., p. 771. Anota que a destruição é definitiva, enquanto que a inutilização pode ser total ou parcial; temporária ou permanente, "não podendo ser utilizado o bem protegido – por exemplo, quando, diante do lançamento de tinta contra um quadro, este não possa ser visto num museu" (ainda que esteja em procedimento de restauração). E a deterioração "pode ser causada por ação ou omissão contínua, como a de permitir que a umidade, a chuva ou o aquecimento ajam sobre esse bem o danificando".

[451] SOARES, Inês Virgínia Prado. Crimes contra os bens culturais. São Paulo: Instituto o Direito por um Planeta Verde, 2017, p. 129.

[452] É o caso da Apelação Crime nº 700005342845, da 4ª Câmara Criminal do Tribunal de Justiça do RS, julgada em 21/11/2002, que considerou a demolição de prédio fato atípico, por não estar ele especialmente protegido, pois o "simples inventário feito na comunidade por interessados na conservação do patrimônio histórico não é ato administrativo compatível com a elementar constante do art. 62 da Lei nº 9.605".

temporais e estruturais, no que diz respeito ao órgão ou instrumento do qual emanará o ato de proteção.[453]

No caso, podem servir de fonte de integração todas as manifestações normativas, sejam elas oriundas dos Poderes do Estado, em qualquer dos níveis em que se reparte a estrutura federativa, de acordo com as respectivas competências (artigos 24, VII, VIII, e 30, IX, da CF), além da própria decisão do Poder Judiciário. Fazendo com que mesmo leis municipais, decretos estaduais e sentenças de primeiro grau que conferirem proteção já integrem a norma para fins de caracterizar o delito.

Prosseguindo, o inciso II tutela especificamente os seguintes objetos materiais: arquivo, é o lugar onde se guarda um acervo de documentos. Registro é o livro especial onde se inscrevem ocorrências públicas ou privadas, podendo também ser a instituição, repartição ou cartório onde se faz a inscrição, ou transcrição de ato, fatos, títulos e documentos para autenticá-los e dar-lhes força de prevalecer frente a terceiros.

Por sua vez, museu é o local destinado ao estudo, guarda, conservação e exposição de coleções e obras de valor científico, histórico e cultural. Biblioteca é a coleção de livros dispostos ordenadamente para estudo e consulta; a pinacoteca é a coleção de pinturas. Já a instalação científica é o conjunto de aparelhos ou peças destinados a atividades de interesses da ciência.[454]

Ainda, o tipo tutela outras estruturas similares, caso protegidos por lei, ato administrativo ou decisão judicial (art. 216, III, IV e IV, da CF), numa ampla forma de proteção, que passa por objetos, edificações, áreas naturais, documentos, espaços, obras, etc. Aqui, também está representada uma modalidade de interpretação analógica *intra legem*, um critério permissivo dado pelo Legislador, diverso da analogia, cuja fórmula genérica permite a extensão da

[453] PRADO, op. cit., p. 93 aduz que a especial conotação da matéria ambiental, de "caráter difuso, técnico e complexo", e o seu estreito vínculo "com a legislação administrativa impõem, com frequência, essa estrutura na elaboração dos tipos legais de delito". Também COIMBRA, Mário; BUGALHO Nélson R.; SOUZA, Gilson S. Alguns Aspectos sobre a Tutela Penal da Ordenação do Território. *In:* PRADO, Luiz Régis (Org.). *Direito Penal Contemporâneo.* São Paulo: RT 2007, p. 316.

[454] FERREIRA, op. cit., p. 89; PRADO, op. cit., p. 496; CONSTANTINO, op. cit., p. 206; RODRIGUES, J. E. Ramos, op. cit., p. 36; SIRVINSKAS, Luís Paulo. *Tutela Penal do Meio Ambiente. Breves Considerações Atinentes à Lei nº 9.605/98, de 12-02-1998.* 4. ed. São Paulo: Saraiva, 2011, p. 208; E FREITAS, Vladimir Passos de; FREITAS, Gilberto Passos de. *Crimes contra a natureza*, 6ª ed. São Paulo: RT, 2000, p. 198 e seguintes.

norma incriminadora a hipóteses semelhantes às expressamente mencionadas no mesmo tipo penal.[455]

O sujeito ativo pode ser qualquer pessoa, física ou jurídica, tanto de direito público como privado, nas formas descritas nos artigos 2º e 3º da Lei nº 9.605/98. Os sujeitos passivos poderão ser a pessoa jurídica de Direito Público, a coletividade, o proprietário e o possuidor da *res*, desde que não tenham sido um dos sujeitos ativos.

Em termos práticos, podemos visualizar o exemplo de um prédio tombado por lei municipal e que vem a ser destruído para a construção de outro mais moderno, por ordem de seu proprietário, cansado da sua conservação e ansioso por obter lucros. Ou mesmo o dono que vem a demolir um imóvel protegido por ação e decisão judicial.[456]

[455] TOLEDO, 2008, op. cit., p. 27, explica que as restrições da analogia não se aplicam por inteiro à interpretação extensiva ou analógica, pois nesta apenas "amplia-se o espectro de incidência da norma legal de modo a situar sob seu alcance fatos que, numa interpretação restritiva (procedimento oposto), ficariam fora desse alcance". Já HASSMER, Winfried (*Introdução aos Fundamentos do Direito Penal*. Porto Alegre: SAFE, 2005, Trad. Pablo Rodrigo Alflen da Silva, p. 356) adverte que o "limite crítico do princípio da legalidade está na diferença entre a interpretação extensiva autorizada e a analogia proibida. [...] a analogia é a transferência da norma a um outro âmbito, enquanto que a interpretação (extensiva) é somente a 'ampliação' da norma até o final do seu próprio âmbito". Para aprofundar ver BACIGALUPO, Enrique. *Principios Constitucionales de Derecho Penal*. Buenos Aires: Hammurabi, 1999, p. 75-111; e FREITAS, Juarez. *A Interpretação Sistemática do Direito*. 3. ed. São Paulo: Malheiros, 2002.

[456] CRIME AMBIENTAL. ART. 62, INCISO I, DA LEI Nº 9.605/1998. DESTRUIÇÃO DE IMÓVEL ESPECIALMENTE PROTEGIDO POR DECISÃO JUDICIAL. Acusada que, após receber ordem judicial – expedida nos autos de ação civil pública movida pelo Ministério Público com vistas a preservar imóvel de interesse histórico e arquitetônico, de sua propriedade – impedindo a alteração das características do imóvel, cuida de providenciar imediatamente a demolição do prédio, durante o feriado de Natal, sob o argumento de existência de risco para terceiros. Imóvel não habitado. Estado de necessidade não demonstrado sequer por indícios. Admissão dos fatos pela acusada. Dolo evidente. Alegação defensiva de atipicidade, em razão de o bem não possuir valor histórico ou arquitetônico – eis que não havia ainda decisão judicial nesse sentido – e também porque a ordem judicial que protegia o bem não era definitiva. Teses afastadas. A proteção estabelecida pela Lei nº 9.605/98 tem por objetivo resguardar o bem objeto de interesse enquanto a questão não é solucionada definitivamente, daí porque o descumprimento de qualquer decisão judicial, mesmo aquela de natureza cautelar, basta para caracterizar o tipo previsto no artigo 62, inciso I, da Lei n.º 9.605/98. Desnecessidade, bem por isso, de perquirição, na ação penal, acerca do valor histórico ou arquitetônico do imóvel. Inexistência de vício na sentença. Autoria e materialidade amplamente demonstradas Condenação de rigor Penas estabelecidas no mínimo. Substituição que atende à finalidade da lei penal e é socialmente recomendável. Regime aberto, para o caso de descumprimento, igualmente adequado. Apelo improvido, afastada a matéria preliminar (Tribunal de Justiça de São Paulo, Apelação Criminal Nº 990.08.078392-0, 5ª Câmara Criminal, Relator: Pinheiro Franco, j.12/02/2009).

No caso, teremos como sujeito ativo o proprietário que determinou a destruição, o qual poderá ser um particular, assim como uma pessoa jurídica, tanto de direito privado como público, dependendo da titularidade sobre o imóvel. Também será possível o concurso de agentes, entre o proprietário e um terceiro, que unindo esforços e vontades pretendem a demolição do prédio para edificar um novo, o que ainda poderá envolver o concurso entre pessoas física e jurídica, pública ou privada.

Já o sujeito passivo, o qual não pode identificar-se com o ativo, poderá ser um coproprietário (desde que sem qualquer participação, nem ciência dos atos demolitórios), o possuidor, o Poder Público que tombou o imóvel, além da sociedade que estará privada daquele objeto, cuja importância e significado fora reconhecido no ato de tombamento.

Outrossim, ainda a título de exemplo, é possível que um terceiro sem qualquer relação com o objeto venha a produzir-lhe um dano (por dolo ou culpa) que o deteriore, hipótese em que este será o sujeito ativo, enquanto que o passivo será o proprietário, a coletividade e a figura de direito público com identificação direta com o bem.[457]

Quanto ao elemento subjetivo, pode decorrer da forma dolosa, que se revela tanto no seu modo direto, como no eventual, oriundo da vontade livre e consciente de causar dano ao bem que sabe ser protegido, ou assumindo o risco de produzi-lo. É prevista ainda a modalidade culposa (por negligência, imprudência ou imperícia).[458]

[457] FREITAS e FREITAS, op. cit., p. 199-200, explica que sujeito passivo poder ser "uma das pessoas jurídicas de Direito Público. Assim, se o agente destrói um quadro de um museu municipal, a ofensa atingirá diretamente o município. Em um momento seguinte será atingida a coletividade, que se verá impedida de usufruir o bem móvel". Ainda, é possível vários sujeitos passivos, como na hipótese de dano contra um centro histórico com sobrados residenciais, o que atingiria também aos proprietários. Por fim, um exemplo de pessoa jurídica no polo ativo do delito seria o de uma empresa dedicada a construções "destruir sambaquis (bens de valor arqueológico), com o objetivo de erguer edificação".

[458] CONSTITUCIONAL. DIREITO DE PROPRIEDADE. PATRIMÔNIO HISTÓRICO. DANOS. RECONSTITUIÇÃO. RESPONSABILIDADE OBJETIVA. [...] 1. O dano a imóvel tombado pelo patrimônio histórico enseja a obrigatoriedade da sua reparação. 2. A não observância de licença para construção ou reforma configura o dano e implica na reconstituição do projeto original. 3. Prevalece, nesses casos, a responsabilidade objetiva independentemente de dolo ou culpa bastando configurar o nexo de causalidade entre o ato e o dano. 4. O direito à propriedade tem que ser exercido obedecendo aos ditames do plano diretor da cidade, com objetivo de cumprir sua função social. [...] (Tribunal de Justiça/PE, AC 42304 PE, 8ª Câmara Cível, Rel. Des. José Ivo de Paula Guimarães, j. 25/02/2010).

Sob a forma de dolo direto, imaginemos o caso de um construtor que deliberadamente destrói uma casa tombada, com o objetivo de no local construir um moderno e lucrativo prédio comercial. Já a modalidade culposa,[459] pode decorrer de um erro na execução de um projeto de restauro, ou de uma construção que venha a ruir, danificando uma casa lindeira que goza de proteção por tombamento.

O delito é de natureza instantânea, mas produz efeitos permanentes, consumando-se com a deterioração, inutilização ou destruição do bem protegido. Caso o alvo do dano trata-se de conjunto urbano ou sítio de valor cultural, para fins prescricionais considera-se como marco inicial a conduta responsável pelo último ataque contra o coletivo de bens protegidos. Observa-se que no caso da incidência de alguma das formas da justiça negocial, a extinção da punibilidade só poderá ser declarada com a comprovação da reparação do dano, por força do art. 28 da Lei nº 9.605/1998.

No caso de destruição cremos que, quanto à possibilidade de reconstrução, deve ser considerada se esta for factível a partir da utilização da maior parte dos materiais oriundos do objeto cultural danificado. Caso tal não seja possível, o refazimento da obra não ostentaria a condição de original, mas de réplica contemporânea. Devendo ser resolvida criminal (ação penal), administrativa (restrições e multas) e civelmente, sendo esta sob a forma de perdas e danos, inclusive em sede de dano moral coletivo, por atentar contra interesses difusos e bem de fruição da coletividade.

É possível a tentativa na forma dolosa, quando o autor não consegue causar o dano próprio do tipo por fatores alheios à sua vontade.[460] Como no caso de iniciada a ação ocorrer a intervenção do Poder Público, com o objeto protegido já tendo sido atacado, mas ainda não destruído, inutilizado ou deteriorado, indo além dos atos preparatórios e desistência ou arrependimento.[461]

[459] MACHADO (1999, op. cit., p. 771) exemplifica como culpa a hipótese de alguém proceder a "restauração de um bem protegido sem ter para isso a qualificação profissional; ou um diretor ou chefe de serviço público que designa pessoa imperita para fazer intervenção em coisa protegida", gerando o dano. Citamos ainda o sujeito que ao reparar a "res" acaba sendo imprudente e a danifica ainda mais.

[460] Sobre tentativa na omissão imprópria, ver ZAFFARONI, Eugênio Raúl; PIERANGELI, José Henrique. *Da Tentativa: Doutrina e Jurisprudência*. 6. ed. São Paulo: Revista dos Tribunais, 2000, p. 117-22.

[461] Bem observa MACHADO, 1999, op. cit., p. 771, que "muitas vezes a deterioração de um monumento, de um quadro ou de uma árvore protegidos não é feita por um só ato, mas por atos que se vão somando no tempo para ocasionar o dano perceptível", que enquanto não se consumar caracteriza a tentativa.

Já a ação penal é pública e incondicionada, sendo cabível os institutos da Lei nº 9.099/95, nas hipóteses em que presentes os requisitos objetivos e os subjetivos. Por fim, a competência processual será definida pela origem da qual emanou a especial proteção do objeto ou da sua propriedade. Assim, se o bem pertencer à União, tiver sido tombado por ela, ou a devida decisão advier de Magistrado Federal a competência será da Justiça Federal. Nos demais casos ela ficará a cargo da Justiça Estadual.

5.2.2 Alteração do Aspecto ou da Estrutura

O artigo 63 da Lei nº 9.605/98 possui a seguinte redação:

> Art. 63. Alterar o aspecto ou estrutura de edificação ou local especialmente protegido por lei, ato administrativo ou decisão judicial, em razão de seu valor paisagístico, ecológico, turístico, artístico, histórico, cultural, religioso, arqueológico, etnográfico ou monumental, sem autorização da autoridade competente ou em desacordo com a concedida:
>
> Pena – reclusão, de 1 (um) a 3 (três) anos, e multa.

A conduta cominada é a de alterar, modificar, transformar, desfigurar, mudar o aspecto ou a estrutura de edificação ou de local dotado de especial proteção. O crime só pode ser cometido por dolo e, em regra, por uma ação, mas até é possível a incidência na omissão, na hipótese do descaso do garante ser tamanho, que o aspecto ou a estrutura do bem sejam alterados pela ausência dos cuidados que eram devidos.

O bem jurídico tutelado é o patrimônio cultural na sua forma material e a integridade do aspecto ou da estrutura especialmente protegidos, tendo como objeto material a edificação ou o local sob proteção em virtude do seu valor, e objetivando a preservação do bem ambiental e cultural, de modo a impedir que seja alterado sem a devida autorização.

Aqui, o *aspecto* é a aparência, são as características peculiares à edificação ou ao local. Já a *estrutura*, é a disposição e ordem das partes de um conjunto, é a sua composição. Por sua vez, *edificação* é um edifício, prédio, uma obra ou construção. Enquanto que *local* é um ponto determinado, lugar, sítio, abrangendo os monumentos edificados pelo homem (museus, teatros, igrejas, casas, fortes, estátuas, etc.) Além da paisagem natural e as formas afins de valor ambiental e cultural reconhecidos.

A tutela decorre do seu interesse paisagístico (aspecto estético de locais naturais e artificiais), ecológico (meio ambiente), turístico (do interesse geral e visitável), artístico (obra humana), monumental (escultural e arquitetônico), histórico (bem imóvel ou móvel, preservação da memória e valores), cultural (termo abrangente e genérico, que inclui questões técnicas, científicas e abarca obra criada ou transformada pelo homem em vários setores do conhecimento), religioso (credo), étnico (etnia, raças e povos), arqueológico (conhecimento do passado das civilizações), paleontológico (fósseis) e geológico (subsolo e reservas naturais).[462]

A edificação ou o local devem ser especialmente protegidos por lei, ato administrativo ou decisão judicial, localizados tanto no meio urbano, como rural.[463] A autorização constitui elemento normativo do tipo, em compasso com o art. 17 do Decreto-lei nº 25/37,[464] exigível para todo o bem objeto da especial proteção.

O ilícito ocorrerá na ausência de autorização, se ela advier de autoridade não competente, ou se ela existir e a intervenção estiver em desacordo com os padrões estabelecidos, ou mesmo se ela for revogada e a obra tiver curso durante a sua não vigência. Também pode ocorrer por conta do

[462] PRADO, op. cit., p. 499-500; FREITAS e FREITAS, op. cit., p. 202-3.

[463] PENAL. CRIME AMBIENTAL. ARTIGO 63 LEI Nº 9.605/98. TIPICIDADE DA CONDUTA. PROCESSO DE TOMBAMENTO. LEI MUNICIPAL QUE CONFERE ESPECIAL PROTEÇÃO AO BEM. RECURSO PROVIDO 1. Apelação criminal interposta pela acusação contra sentença que absolveu o réu da imputada prática do crime do artigo 63 da Lei nº 9.605/98. 2. Materialidade. O imóvel descrito da denúncia era de propriedade da Rede Ferroviária Federal S. A. e integrava a Estação do Pari, transferido à Superintendência do Patrimônio da União. SPU, quando da extinção da rede ferroviária. 3. Referido bem foi incluído em processo de abertura de tombamento pela Resolução nº 26/2004 do CONPRESP, por se tratar de imóvel classificado como integrante como Zona Especial de Proteção Cultural. ZEPEC, estando relacionado no item 91 do Anexo II da referida Resolução 4. Desde o momento em que há a instauração de processo de tombamento, confere-se ao imóvel especial proteção, o que se denomina "tombamento provisório", cujos efeitos equiparam-se ao definitivo, nos termos do Decreto-lei nº 25/37, conforme reconhece a jurisprudência do Superior Tribunal de Justiça. delitiva, deixo de fixar o valor mínimo de reparação, conforme determina o art. 20 da Lei nº 9.605/98. 11. Apelação provida. (Tribunal Regional Federal, 3ª Região; ACr 0004592-32.2012.4.03.6181; Primeira Turma; Rel. Des. Fed. Hélio Nogueira; DEJF 23/05/2016).

[464] "Art. 17. As coisas tombadas não poderão, em caso nenhum ser destruídas, demolidas ou mutiladas, nem, sem prévia autorização especial do Serviço do Patrimônio Histórico e Artístico Nacional, ser reparadas, pintadas ou restauradas, sob pena de multa de cinquenta por cento do dano causado." É aplicável a todo o bem tombado e a sua incidência é extensível às demais normas que tratem da matéria.

descumprimento de obrigação principal ou acessória da autorização,[465] como um restauro, ou outro fator decorrente de impacto ambiental, urbanístico e de patrimônio cultural, e que tenha como consequência exatamente a alteração do aspecto ou da estrutura.

Na hipótese, a autorização advém de manifestação do poder discricionário da Administração, a ser motivada; e, se negada, pode ser revista pelo Judiciário.[466] Contudo, se a autorização concedida for suspensa por ordem judicial (*v.g.* em sede de ação civil pública ou popular) ou por outra via competente (tribunal administrativo), decorrente, por exemplo, de vício e ilegalidade, e sendo posteriormente confirmada em definitivo esta suspensão, de modo que reste definitivamente cassada a autorização, as obras realizadas neste período caracterizam-se como desautorizadas, de forma a configurar o delito, já que ausente o requisito e a ordem legal para a modificação.[467]

O ilícito ocorrerá na ausência de autorização, se ela advier de autoridade não competente, ou se ela existir e a intervenção estiver em desacordo com os padrões estabelecidos. Ou mesmo se ela for revogada e a obra tiver curso durante a sua não vigência, ou ainda se for obtida apenas no curso, ou após a conclusão das obras.[468] Por exemplo, uma autorização advinda de secretaria municipal para a reforma de um casarão tombado na esfera federal pelo IPHAN.

O sujeito ativo pode ser qualquer pessoa, física ou jurídica, tanto de direito público como privado, sendo possível o concurso entre essas figuras. Já os sujeitos passivos poderão ser a pessoa jurídica de Direito Público (União, Estado, Município), a coletividade, o proprietário e o possuidor, desde que não tenham sido sujeitos ativos.[469]

[465] SOARES, Inês, op. cit., p. 152, comenta que pelo art. 63 constitui crime a não observância "das condicionantes e das compensações estabelecidas no curso do procedimento de licenciamento ambiental para a realização de obra e serviço, desde que tal inobservância cause alteração do aspecto ou da estrutura do local protegido em razão dos valores existentes nestes bens."

[466] Conferir as Portarias do IPHAN, a nº 420/2012 que dispõe sobre procedimentos a serem observados para a concessão de autorização para realização de intervenções em bens edificados tombados e nas respectivas áreas de entorno; e a nº 187/2010 sobre os procedimentos para apuração de infrações administrativas por condutas e atividades lesivas ao patrimônio cultural edificado e as suas sanções.

[467] COSTA NETO; et. al., op. cit., p. 358; e MACHADO, 1999, op. cit., p. 771.

[468] HABEAS CORPUS – ALTERAÇÃO DE ASPECTO DE LOCAL ESPECIAMENTE PROTEGIDO POR LEI POR SEU VALOR CULTURAL – SERRA DO CURRAL – ORDEM DENEGADA – Edificações ou terraplanagens realizadas em lote localizado em área da Serra do Curral devem ser previamente autorizadas pelo Conselho Deliberativo do Patrimônio Histórico e Cultural de Belo Horizonte – Aprovação posterior de projeto de edificação em lote onde se realizou desaterro irregular não extingue a punibilidade do fato. (TJMG, HC 1.0000.00.325638-5/000(1), Rel. Des. Mercêdo Moreira, j. 13/05/2003).

[469] Nos pontos comuns ratifica-se o exposto na análise do art. 62, aplicável para os artigos 63 e 64.

No tocante ao elemento subjetivo, só pode decorrer do dolo direto (oriundo da vontade livre e consciente) ou eventual (assunção de riscos), de alterar o aspecto ou a estrutura de edificação ou local que saiba (ou esteja em condições de saber) estar especialmente protegido, sem a devida autorização ou em desacordo com ela.

Trata-se de delito comum, comissivo, de forma livre e de resultado, cujo tipo não prevê a forma culposa. Consuma-se quando implementada a alteração sem a competente autorização administrativa, ou realizada a modificação em desacordo com o que fora autorizado. A tentativa, a rigor, é admissível, como quando já iniciados os atos que irão redundar na alteração do aspecto ou da estrutura de edificação ou do local protegido, o agente é compelido por ordem legal a interromper seu ato.

Outrossim, além de figurar uma norma penal em branco (*especialmente protegido*), o tipo envolve conceitos não precisos e que se encontram insertos em outros mais abrangentes, como, por exemplo, "cultura".[470] Sendo importante o emprego de correlatas áreas do conhecimento para a correta identificação e enquadramento.

Com efeito, questão fundamental a ser verificada diz respeito ao âmbito da alteração. Ou seja: a dimensão do dano, a reversibilidade, o grau de comprometimento do objeto, o patamar de descompasso com a autorização, e até mesmo se de algum modo ela representou benefícios ao bem e ao seu valor cultural.

É certo que condutas que atingem a fachada, alteram aspectos do imóvel ou produzam impactos no local, sem a devida autorização, já configuram o delito. Entretanto, a jurisprudência também tem considerado como práticas ilícitas a colocação de placas comerciais que venham a alterar o aspecto da edificação, e até a realização de reformas não autorizadas em imóvel em ruínas. Além da imposição de obrigações de não fazer, demolição, reparação e demais sanções. Mas, por óbvio, para haver ilícito é exigível que a alteração seja posterior ao ato protetivo.

Seguindo a mesma linha, entendemos que modificações capazes de alterar o aspecto e a estrutura, sem a devida autorização ou contraria a ela, desnaturando as condições do objeto de proteção, interferindo nas suas características

[470] De acordo com PRADO, op. cit., p. 501, "O termo cultura apresenta três acepções básicas": a de ordem comum, identificada ao conjunto de conhecimentos de uma pessoa ou grupo; a ligada ao grau de desenvolvimento de conhecimentos, costumes, tecnologia, arte e crenças de uma sociedade; e a entendida como o conjunto diferenciado de costumes, crenças e instituições como uma identidade social.

e representando uma ruptura naquilo que representa (na sua história, arquitetura, arte, paisagem, valor cultural e afins), são fatores suficientes para a caracterização do delito do art. 63.

Destarte, por considerar que posições absolutamente extremadas também podem ser nocivas, cremos que a questão comporta raras e específicas exceções. Como quando apesar de não autorizada representar vantagem para o objeto, sem gerar dano e podendo salvaguardá-lo de um mal maior (*v.g.* deterioração, risco de ruína). E ainda na hipótese de intervenção insignificante ou imperceptível[471] ou em fase inicial, e desde que seja totalmente reversível, de modo a afastar a potencial ilicitude.

Contudo, advertimos que diante da natureza do patrimônio cultural, inserido no campo do meio ambiente e com resguardo constitucional, as possíveis exceções apontadas devem ser observadas de forma restrita e com grande cautela, na medida em que situações existem em que determinados princípios penais não podem ser aplicados a esmo e de imediato, porém, requerem interpretação dentro do sistema.[472]

Pontuamos que ainda que pequena a alteração, já está caracterizada a relação de tipicidade, pois os crimes contra o meio ambiente e, em decorrência contra o patrimônio cultural, não comportam o argumento da bagatela, não podendo este se prestar à exclusão da ilicitude da conduta.

Por fim, a ação penal é pública e incondicionada, seguindo o respectivo rito, tanto para pessoa física ou jurídica, e sendo aplicáveis os institutos da Lei nº 9.099/95. No caso da suspensão condicional do processo é exigência a reparação do dano, por força da determinação do art. 28 da Lei nº 9.605/1998,[473]

[471] GOMES, Luiz Flávio; MACIEL, Sílvio, "Leis de Crimes Ambientais, Comentários à Lei nº 9.605/1998", São Paulo: Método, 2ª ed., 2015, p. 261, afirmam, após ressalvas, ser atípica a "modificação totalmente insignificante e imperceptível". NUCCI, Guilherme de Souza, "Leis Penais e Processuais Comentadas", São Paulo: RT, 5ª ed., 2010, p. 1013-4, aduz que, conforme o caso, o tipo e a extensão da alteração, se não comprometer o aspecto ou a estrutura do bem, e for reversível, a insignificância pode ser aplicável. Ver também SOUZA, Luciano Anderson de, "Comentários à Lei de Crimes Ambientais, Lei nº 9.605/1998", São Paulo: Quartier Latin do Brasil, 2009, p. 287.

[472] Entendemos por incidente os princípios da proporcionalidade, ofensividade, intervenção mínima e os seus consectários, além dos desdobramentos pela desistência voluntária e arrependimento eficaz. Ver FLACH, Michael Schneider, "Considerações sobre a Intervenção Penal Mínima", Revista do Ministério Público do RS, Porto Alegre, nº 72, mai.-ago. 2012, p. 23-31.

[473] Art. 28. As disposições do art. 89 da Lei nº 9.099, de 26 de setembro de 1995, aplicam-se aos crimes de menor potencial ofensivo definidos nesta Lei, com as seguintes modificações:
I – a declaração de extinção de punibilidade, de que trata o § 5º do artigo referido no caput, dependerá de laudo de constatação de reparação do dano ambiental, ressalvada a impossibilidade prevista no inciso I do § 1º do mesmo artigo;

junto com o art. 89, §1º, I, da Lei nº 9.099/1995, inclusive com prorrogação do prazo do *sursis* processual, caso não tenham sido plenos os atos reparatórios. Já a competência processual da justiça comum ou federal será definida pela origem da qual emanou a especial proteção sobre o objeto ou por força da sua propriedade.

5.2.3 Construção em Solo Não Edificável

O artigo 64 da Lei nº 9.605/98 tipifica a seguinte conduta:

> Art. 64. Promover construção em solo não edificável, ou no seu entorno, assim considerado em razão de seu valor paisagístico, ecológico, artístico, turístico, histórico, cultural, religioso, arqueológico, etnográfico ou monumental, sem autorização da autoridade competente ou em desacordo com a concedida:
> Pena – detenção, de 6 (seis) meses a 1 (um) ano, e multa.

Neste caso, o bem jurídico tutelado é o patrimônio cultural *lato sensu*, bem como o ordenamento urbano, configurando-se o solo não edificável o objeto material. Aqui, o núcleo do tipo é o verbo "promover", praticado apenas na forma dolosa, por via da vontade e consciência de impulsionar, fazer avançar, dar andamento ou diligenciar para que se concretize a construção (obra, edifício, residência) em solo não edificável (local em que é vedado realizar qualquer tipo de construção) ou no seu entorno (ao redor, na circunvizinhança ou proximidades), em virtude dos valores tutelados na norma em apreço, sem a autorização ou em desacordo com a concedida.[474]

A construção – termo mais genérico que edificação, assume o conceito de "a execução de toda obra artificial que modifique a natureza de um terreno, acrescentando elementos físicos permanentes" – é o objeto da ação e o solo é o seu objeto material.[475] Já o solo *non edificandi* é aquele não suscetível

II – na hipótese de o laudo de constatação comprovar não ter sido completa a reparação, o prazo de suspensão do processo será prorrogado, até o período máximo previsto no artigo referido no caput, acrescido de mais um ano, com suspensão do prazo da prescrição;

[474] PRADO, op. cit., p. 514-6; COSTA NETO; *et. al.*, op. cit., p. 361; e RODRIGUES, José Eduardo Ramos, 1998, op. cit., p. 38-9.

[475] Para BLANCO LOZAN, *apud* PRADO, op. cit., p. 515, a edificação é "uma construção que materializa um aproveitamento, objeto de regulação urbanística, fechada e com teto". Acrescenta que

de receber construções, com o objetivo de preservar determinado local, em virtude da categoria de interesse que resguarda (social, público, turístico, ambiental ou outro legalmente relevante).[476]

Deve ser observado que o construir tanto pode significar uma obra totalmente nova, como acréscimos no objeto original preexistente. Porém, na hipótese destes adendos gerarem alteração no aspecto ou estrutura da edificação ou do local, estaremos diante do delito do art. 63 da LCA, mais abrangente e que absorve o art. 64. Nesse sentido, se nova obra acarretar algum tipo de dano que provoque a destruição, inutilização ou deterioração do bem protegido, o crime será o do art. 62 da Lei 9.605.

Além do solo, estão incluídos no tipo os imóveis do entorno, cuja edificação venha a prejudicar o objeto protegido, em consonância com a redação conferida pelo art. 18 do Decreto-lei nº 25/37, a qual determina que sem a devida e prévia autorização "não se poderá, na vizinhança da coisa tombada, fazer construção que impeça ou reduza a visibilidade", sujeitando a parte à demolição, multa e demais sanções.

Salienta-se, que a tutela engloba a ordenação do território em sentido amplo, em virtude da valia urbanística, ambiental, cultural e demais formas conectadas. Aqui, pretende o legislador "garantir a adequada utilização dos espaços territoriais, vedando usos incompatíveis ou nocivos a valores relevantes", os quais estão nominados e protegidos no tipo penal.[477]

a lei de obras públicas da Espanha, de 1877, define construção como "a realização de uma obra, que será pública ou privada, em razão de sua finalidade, natureza, e espécie de terreno, ou bem sobre o que se leva a cabo".

[476] ART. 64. LEI 9.605/98. ÁREA DE PROTEÇÃO AMBIENTAL. TOMBAMENTO. APA DA COROA VERMELHA. CONSTRUÇÃO DE POSTO DE GASOLINA. AUSÊNCIA DE AUTORIZAÇÃO DO IPHAN. PESSOA FÍSICA E JURÍDICA. [...] MATERIALIDADE E AUTORIA. COMPROVAÇÃO. CONDENAÇÃO. [...] As provas coligidas na instrução demonstram que houve o erguimento de posto de venda de combustíveis em área de proteção ambiental, mais precisamente a Área de Proteção Ambiental da Coroa Vermelha, em Santa Cruz de Cabrália/BA, sem autorização do Instituto do Patrimônio Artístico e Histórico Nacional – IPHAN, órgão detentor da prerrogativa. 3. O delito de desobediência está caracterizado pela transgressão aos embargos extrajudiciais à obra feitos pelo IPHAN e não cumpridos pelo réu sócio-gerente do empreendimento, tendo, inclusive, se recusado a assiná-los. 4. A aplicação da pena à pessoa jurídica em crimes ambientais deve seguir os mesmos critérios estabelecidos para fixação da pena para a pessoa física. 5. Apelação parcialmente provida. (TRF 1ª Região, 3ª Turma, ACR 283 BA, 41.2008.4.01.3310, Rel. Juiz Tourinho Neto, DJF1 30/07/2010, p. 27).

[477] COIMBRA, Mário; BUGALHO, R. Nélson; SOUZA, Gilson Sidney Amancio. Alguns Aspectos sobre a Tutela Penal da Ordenação do Território. *In:* PRADO, Luiz Regis (Org.). *Direito Penal Contemporâneo.* São Paulo: Revista dos Tribunais, 2007, p. 315.

Razões pelas quais a existência e a atenção completa aos termos da licença é formalidade imprescindível, que objetiva ao controle e ao condicionamento dos atos construtivos e de intervenção a interesses e prescrições de ordem pública,[478] em especial por sua ligação com os objetos a serem preservados.

Na espécie, é necessário que o bem tenha o devido "valor", em uma de suas formas descritas. Mas como este tipo penal não se utiliza da mesma linguagem dos artigos 62 e 63, entendemos que aqui podem incidir outros meios de tutela, partindo-se do conceito de patrimônio cultural do art. 216, "caput", da CF, ou das formas de proteção do seu parágrafo 1º, e oriunda das citadas fontes: administrativa, legislativa ou judicial.

Obrigatório, porém, que sejam formalmente conhecidos e reconhecidos, de maneira clara, hábil e técnica, vindo a demarcar com precisão o entorno do local e as restrições que sobre ele recaiam. Além do imprescindível lastro que justifique a especial proteção, ou seja: a categoria de *valor cultural e/ou ambiental* do art. 64.

Para figurar o ilícito é necessário ainda que a construção não esteja autorizada, ou seja, a obra estar desprovida de outorga do órgão administrativo hábil, ou mesmo que a intervenção tenha sido operada em desacordo com a autorização concedida, ou adquirida por meio ilegal, ou não tenha sido concedida por autoridade competente, hipóteses em que equivalerá à própria inexistência de autorização.

O sujeito ativo pode ser qualquer pessoa, sem nenhuma restrição (física ou jurídica, de direito público ou privado), sendo possível o concurso das referidas. Já os sujeitos passivos podem ser a pessoa jurídica de Direito Público, a coletividade e os proprietários das áreas próximas, desde que tais não tenham sido sujeitos ativos.

No caso de ocorrência simultânea dos delitos dos artigos 63 e 64 da LCA, com um sendo etapa preparatória e necessária à consumação do outro, este será absorvido, respondendo o agente pelo ilícito do art. 63 diante da sua especialidade e maior abrangência, conforme já decidido pelo Superior Tribunal de Justiça.[479] Contudo, pontuamos que o fato de se verificar o tipo

[478] SILVA, José Afonso da. *Direito Urbanístico Brasileiro*. 4. ed. São Paulo: Malheiros, 2006, p. 443.

[479] POSSIBILIDADE. ARTS. 63 E 64 DA LEI Nº 9.605/98. RELAÇÃO DE ESPECIALIDADE. PRINCÍPIO DA CONSUNÇÃO. INCIDÊNCIA. O art. 63 da Lei dos Crimes Ambientais é especial em relação ao art. 64 do mesmo diploma, encontrando-se o elemento distintivo no fato de que, naquele ilícito, o efeito da conduta é a alteração do aspecto ou da estrutura de local especialmente protegido, enquanto que, na outra norma incriminadora, o resultado naturalístico é apenas a edificação em si, presumindo-se o dano ao meio ambiente, de modo que a condenação pelo primeiro

do art. 64 deve ser considerando na dosimetria da pena, como agravante da conduta, dentro dos vetores das circunstâncias e das consequências do delito.

Trata-se de delito comum, simples, comissivo, de forma livre e de resultado, e que se consuma com o início efetivo de qualquer atividade de construção em solo não edificável ou em seu entorno, sendo a tentativa admissível. Por sua vez, a ação penal é pública e incondicionada, seguindo o respectivo rito e sendo cabíveis as figuras da Lei nº 9.099/95. Já a competência processual será definida pela origem da qual emanou a especial proteção sobre o objeto ou por força da sua propriedade.

5.2.4 Vandalismo à Edificação e ao Monumento Urbano

Prosseguindo, o artigo 65 da Lei nº 9.605/98 incrimina as seguintes ações:

> Art. 65. Pichar ou por outro meio conspurcar edificação ou monumento urbano.
>
> Pena – detenção, de 3 (três) meses a 1 (um) ano, e multa.
>
> § 1º Se o ato for realizado em monumento ou coisa tombada em virtude do seu valor artístico, arqueológico ou histórico, a pena é de 6 (seis) meses a 1 (um) ano de detenção e multa.
>
> § 2º Não constitui crime a prática de grafite realizada com o objetivo de valorizar o patrimônio público ou privado mediante manifestação artística, desde que consentida pelo proprietário e, quando couber, pelo locatário ou arrendatário do bem privado e, no caso de bem público, com

tipo penal depende que se comprove a efetiva alteração estrutural do lugar, enquanto o segundo só é aplicável quando não há, nos fatos concretos, evidências da presença de tal circunstância, pressupondo-se o dano ambiental pela tão só construção em solo não edificável. 4. Entendimento contrário implicaria supor que o legislador pátrio cominou, no art. 64 da Lei nº 9.605/98, pena significativamente mais branda (detenção, de seis meses a um ano, e multa) que a prevista no art. 63 (reclusão, de um a três anos, e multa) apenas pela particularidade de que tal ofensa foi realizada com modus operandi específico, consubstanciado na construção em terreno não edificável, independentemente de qualquer consideração a respeito da intensidade dos danos ambientais perpetrados no caso concreto. 5. Em que pese a jurisprudência no sentido de que haveria relação consuntiva entre os arts. 63 e 64 da Lei nº 9.605/98 (ao argumento de que a alteração de local protegido seria etapa necessária para a construção em solo não edificável), o posicionamento desta Corte é de que, nas hipóteses em que o crime-meio estabelecer penas mais graves que o crime-fim, este restará absorvido por aquele. Precedentes. (STJ, ACR 52554020084047200 SC 0005255-40.2008.404.7200, Oitava Turma, j. 12.01.2011).

> a autorização do órgão competente e a observância das posturas municipais e das normas editadas pelos órgãos governamentais responsáveis pela preservação e conservação do patrimônio histórico e artístico nacional.

O tipo penal foi alterado pela Lei nº 12.408 de 2011,[480] a qual retirou da redação original o verbo "grafitar", introduzindo no parágrafo segundo uma excludente específica que descriminaliza o ato de grafitar, além de determinar que as embalagens do tipo aerossol utilizadas para tal fim devam contar as expressões de que "pichação é crime", e de que é proibida a venda deste produto para menores de 18 anos de idade.

O bem jurídico tutelado é o patrimônio cultural (público ou privado e urbano), bem como a paisagem urbana, o seu valor estético, o próprio meio ambiente e o próprio objeto tombado. A preocupação também reside no embelezamento da cidade e na preservação estética e paisagística dos espaços habitáveis, para garantir um ambiente urbano saudável.

Os verbos do tipo consubstanciam-se nas ações alternativas de: *pichar* (fazer marcas, sinais, escrever, desenhar, utilizando tinta, spray, pincel atômico, etc.), *conspurcar* (sujar, macular) e *por outro meio* (como lançar substâncias, colar cartazes, ou outro ato), em edificação, monumento ou objeto tombado, seja ele móvel ou imóvel; mesmo que já tenha sido atacado por pichação ou outra forma que venha a poluí-lo.

O termo edificação assume os significados de edifício, construção, casa, prédio. Monumento é a obra ou construção que se destina a registrar no presente e transmitir ao futuro a memória do fato ou pessoa notável. Urbano é o situado na cidade e não na zona rural. Coisa tombada é a protegida na forma do art. 216 da CF-BR e do Decreto-lei nº 25/37.

O objetivo legal foi o de proteger as edificações comuns e os monumentos situados a céu aberto em logradouros públicos, como esculturas, chafarizes, obeliscos, estátuas, bustos, arcos, pontes, túneis, viadutos marcos e outros de vandalismo.[481]

Como o tipo protege a imagem da cidade, a limpeza das edificações, o bem cultural, a sua beleza e harmonia, ele é destinado a preservar a paisagem urbana, dentro da sua função estética e da própria higidez do nosso

[480] A redação era: "Pichar, grafitar ou por outro meio conspurcar edificação ou monumento urbano."

[481] RODRIGUES, Ramos, 1998, op. cit., p. 39-41. Lembra que aqui não estão inclusos os delitos contra monumentos naturais, previstos incriminados nos Crimes contra a Flora, da Lei nº 9.605/98. Já se o ilícito for praticado contra edificações monumentais ou cidades-monumentos o tipo incidente será o do art. 62.

patrimônio cultural, gerando uma ampla tutela destes monumentos e edificações. A partir do que, inclusive repousam entendimentos de que, por conta dos valores envolvidos, tal tutela independeria de qualquer ato especial que reconheça o seu valor, pois o objetivo é o de salvaguardar o bem imóvel de ataques e ações desfiguradoras.[482]

Já o parágrafo primeiro, que possui pena mais grave, protege o monumento ou coisa tombada em face do seu valor artístico, arqueológico ou histórico. Mas sem contemplar as outras formas protetivas, em verdadeiro descompasso com o interesse maior da ampla tutela do patrimônio cultural e beirando a própria incoerência.[483]

Contudo, se o ato de pichar, grafitar ou conspurcar alterar o aspecto de um bem ou local especialmente protegido, essa ação estará capitulada no art. 63. Assim como se atingir um bem cultural que não seja tombado, porém, seja de algum modo protegido – por mais incoerente que pareça, esta interpretação decorre da própria lacuna e falha redacional. Outrossim, se o resultado de algum desses atos for a destruição, inutilização ou deterioração de um objeto protegido, como um quadro ou um afresco, tutelados por lei, ato administrativo, ou decisão judicial o crime então será o do art. 62 da Lei 9.605/1998.

Prosseguindo, o novel parágrafo segundo apresenta uma cláusula de exclusão da ilicitude, sob determinadas circunstâncias previstas no tipo.[484] De que a grafitagem seja realizada com o objetivo de valorizar o patrimônio, como forma de manifestação artística, consentida por quem de direito e com a observância das respectivas normas.

[482] MIRANDA, Marcos Paulo de Souza. *Crimes Ambientais, Comentários à Lei 9.605/98*. Marchesan, Ana Maria Moreira; Steigleder, Annelise Monteiro (Orgs.). Porto Alegre: Livraria do Advogado, 2013, p. 295; e SANTIAGO, Alex Fernandes; MARCHESAN, Ana Maria Moreira; MIRANDA, Marcos Paulo de Souza. Degradação do patrimônio cultural e urbanístico por meio da pichação de monumentos. Possibilidade de caracterização do concurso formal dos crimes de pichação e dano. *Revista Magister de Direito Ambiental e Urbanístico*, nº 77, p. 110, abr.-maio 2018. Sobre a proteção da paisagem e do patrimônio, ver MARCHESAN, Ana Maria Moreira. Mídia exterior e a publicidade abusiva: o respeito à paisagem urbana e ao patrimônio cultural. *Revista Magister de Direito Ambiental e Urbanístico*, nº 61, p. 106-26, ago-set. 2015.

[483] COSTA NETO; *et al.*, op. cit., p. 363-4; e PRADO, op. cit., p. 504-5. Conforme MACHADO, 1999, op. cit., p. 772, "Todos os monumentos estão protegidos independente de seu tombamento". Porém, podem ser suscitadas discussões na hipótese de ataque a um monumento não tombado da zona rural.

[484] TOLEDO, op. cit., 2008, p. 167, aduz que o tipo legal "não é mera imagem orientadora ou mero indício de ilicitude. É antes um portador da ilicitude penal, dotado de conteúdo material e, em razão disso, de uma função verdadeiramente seletiva", o que explica as causas legais de justificação e de exclusão.

De tal modo que se não forem preenchidas na íntegra tais condições excludentes, estaremos diante do delito do art. 65,[485] onde o ato de *grafitar* (pinturas, desenhos, escritos e similares) estará equiparado às condutas de pichar ou conspurcar, na medida em que representará uma forma de ataque e depreciação do bem jurídico tutelado.

Na espécie, o sujeito ativo pode ser qualquer pessoa (física em regra, mas até jurídica, de direito público ou privado), sendo possível o concurso dessas referidas. Já os entes passivos poderão ser a pessoa jurídica de Direito Público, a coletividade, o proprietário da *res* e o seu possuidor, desde que tais não tenham sido sujeitos ativos.

Entretanto, entendemos ser atípica a ação do proprietário do bem que praticar qualquer dessas ações contra o seu patrimônio particular, desde que este não goze de nenhum valor ou proteção especial, nem se trate de um monumento de fruição pública e se o ato não a gerar prejuízos a terceiros. Do contrário, estará configurado o delito.

Já em relação ao artista executor dos atos, entendemos que a atipicidade requer a conjunção de uma tríade de requisitos: a existência de consentimento do responsável competente pelo bem cultural, e de preferência anterior ao ato, embora consideramos possível que a posterior autorização elimina a ilicitude, pois atendido o seu objetivo maior; não existir dolo de conspurcar, mas sim a conduta estar voltada ao embelezamento e à valorização do objeto; e que o ato praticado não atente contra nenhuma das condicionantes e normas de proteção do patrimônio cultural e do próprio bem que recebeu a grafitagem.

O elemento subjetivo do tipo decorre do dolo, oriundo da vontade e consciência de pichar, grafitar ou por outro meio conspurcar edificação, monumento urbano, além de monumento ou coisa tombada pelo seu valor artístico, arqueológico ou histórico.

Trata-se de delito comum, simples, comissivo, de conteúdo variado e resultado, o qual se consuma com a efetiva prática dos atos de pichar, grafitar ou por outro meio conspurcar os objetos protegidos. A tentativa é admissível, como no caso de o agente ser flagrado com o *spray* na mão, no momento em que iniciaria a grafitagem.

[485] GOMES; MACIEL, op. cit., p. 272, esclarece que a "lei pretende punir é a conspurcação (o ato de sujar) os objetos materiais indicados no tipo." O que pode ocorrer por pichação, grafitagem ou outro meio. Mas existem casos em que o ato consentido de "pichar ou grafitar uma edificação constitui uma forma de expressão de arte ou até mesmo uma atividade educativa. Nessas hipóteses o fato será atípico".

A ação penal é pública e incondicionada, no respectivo rito da Lei nº 9.099/95, e sendo cabível a transação penal e o *sursis* processual, se presentes os seus requisitos. Já a competência na seara da justiça comum ou federal será definida pela origem da qual emanou o tombamento do objeto ou por força da propriedade do bem. Outrossim, inscrições e lançamentos de natureza política, partidária e eleitoral estão abrangidos neste tipo,[486] mas isto não gera atração absoluta de competência para o juízo eleitoral.

Outrossim, em termos de tutela do ordenamento urbano temos ainda os delitos previstos na Lei nº 6.766/1979, que dispõe sobre o parcelamento do solo urbano,[487] e que interessa em termos de meio ambiente e urbanismo.

[486] Inscrições e lançamentos de natureza política, partidária e eleitoral estão abrangidos neste tipo, mas isto não gera, por si só, atração absoluta de competência para o juízo eleitoral. Ocorre que o art. 328 do Código Eleitoral (cuja redação considerava crime "escrever, assinalar, ou fazer pinturas em muros, fachadas ou qualquer logradouro público, para fins de propaganda eleitoral, empregando qualquer tipo de tinta piche, cal ou produto semelhante", punindo com detenção de até seis meses e multa), foi revogado pela Lei nº 9.504/97, a qual atualmente prevê: "Art. 37. Nos bens cujo uso dependa de cessão ou permissão do poder público, ou que a ele pertençam, e nos bens de uso comum, inclusive postes de iluminação pública, sinalização de tráfego, viadutos, passarelas, pontes, paradas de ônibus e outros equipamentos urbanos, é vedada a veiculação de propaganda de qualquer natureza, inclusive pichação, inscrição a tinta e exposição de placas, estandartes, faixas, cavaletes, bonecos e assemelhados. § 1o A veiculação de propaganda em desacordo com o disposto no caput deste artigo sujeita o responsável, após a notificação e comprovação, à restauração do bem e, caso não cumprida no prazo, a multa [...]", redação atual.

[487] Art. 50. Constitui crime contra a Administração Pública.
I – dar início, de qualquer modo, ou efetuar loteamento ou desmembramento do solo para fins urbanos, sem autorização do órgão público competente, ou em desacordo com as disposições desta Lei ou das normas pertinentes do Distrito Federal, Estados e Municípios;
II – dar início, de qualquer modo, ou efetuar loteamento ou desmembramento do solo para fins urbanos sem observância das determinações constantes do ato administrativo de licença;
III – fazer ou veicular em proposta, contrato, prospecto ou comunicação ao público ou a interessados, afirmação falsa sobre a legalidade de loteamento ou desmembramento do solo para fins urbanos, ou ocultar fraudulentamente fato a ele relativo.
Pena: Reclusão, de 1(um) a 4 (quatro) anos, e multa de 5 (cinco) a 50 (cinqüenta) vezes o maior salário mínimo vigente no País.
Parágrafo único – O crime definido neste artigo é qualificado, se cometido.
I – por meio de venda, promessa de venda, reserva de lote ou quaisquer outros instrumentos que manifestem a intenção de vender lote em loteamento ou desmembramento não registrado no Registro de Imóveis competente.
II – com inexistência de título legítimo de propriedade do imóvel loteado ou desmembrado, ressalvado o disposto no art. 18, §§ 4o e 5o, desta Lei, ou com omissão fraudulenta de fato a ele relativo, se o fato não constituir crime mais grave.
Pena: Reclusão, de 1 (um) a 5 (cinco) anos, e multa de 10 (dez) a 100 (cem) vezes o maior salário mínimo vigente no País.

5.2.5 Ilícitos Previstos no Código Penal

A posição atual vigente é de que os crimes contra o ordenamento urbano e o patrimônio cultural, previstos na Lei nº 9.605/98, revogaram os artigos 165 e 166 do atual Código Penal. Porém, considerando o caráter da obra, bem como para uma mais ampla, fiel e histórica compreensão do tema, vejamos os delitos previstos na Parte Especial do Código Penal, arrolados na categoria dos "Crimes contra o Patrimônio".

A primeira figura é a do crime de dano, que no *art. 163* tipifica as ações de "destruir, inutilizar ou deteriorar coisa alheia", sendo qualificado no caso de gerar grave prejuízo, ou se atingir bem integrante do "patrimônio da União, Estado, Município, empresa concessionária de serviços públicos ou sociedade de economia mista".

Apesar de o bem jurídico sob tutela ser o patrimônio comum e não o cultural, o tipo em apreço assume relevo na medida em que pode ser utilizado como forma prévia de proteção de objetos públicos ou privados e que revelam serem dotados de características que lhes agreguem valor cultural, artístico, histórico, arqueológico, ecológico ou outro, ainda que tal valia não tenha sido reconhecida. Ou seja, o bem não gozaria de nenhuma espécie de proteção especial, salvo a da condição patrimonial.

Assim, se um prédio de época está em fase de estudos pela sua importância histórica e arquitetônica, o que pode vir a conferir-lhe especial proteção na forma da Lei nº 9.605/98, enquanto tal situação não for oficializada, a tutela criminal do objeto será exercida pelo art. 163 do Código Penal, contra ataques alheios e indevidos que venham a destruir, inutilizar ou deteriorar a edificação, nos moldes deste tipo.

Já o art. 165 do Código Penal punia o ato de "destruir, inutilizar ou deteriorar coisa tombada pela autoridade competente em virtude de valor artístico, arqueológico ou histórico". No caso, dois eram os bens jurídicos em que estavam envoltos os objetos da tutela do art. 165. O primeiro era o bem

Art. 51. Quem, de qualquer modo, concorra para a prática dos crimes previstos no artigo anterior desta Lei incide nas penas a estas cominadas, considerados em especial os atos praticados na qualidade de mandatário de loteador, diretor ou gerente de sociedade.
Art. 52. Registrar loteamento ou desmembramento não aprovado pelos órgãos competentes, registrar o compromisso de compra e venda, a cessão ou promessa de cessão de direitos, ou efetuar registro de contrato de venda de loteamento ou desmembramento não registrado.
Pena: Detenção, de 1 (um) a 2 (dois) anos, e multa de 5 (cinco) a 50 (cinqüenta) vezes o maior salário mínimo vigente no País, sem prejuízo das sanções administrativas cabíveis.

imaterial, representado pela vinculação da coisa à história, pelo seu predicado artístico, ou pela sua antiguidade. E o segundo era o material, referente ao patrimônio no seu sentido vulgar (domínio e posse).

Aqui, o preceito normativo, objeto, sujeitos e outros caracteres são congruentes com os já descritos no art. 62 da Lei nº 9.605/98, que revogou tacitamente o art. 165. Contudo, o novo tipo é mais abrangente, e além do tombamento contempla outras formas de especial proteção conferidas por lei, ato administrativo ou decisão judicial.

Por sua vez, o art. 166 do Código Penal sancionava o ato de "alterar, sem licença da autoridade competente, o aspecto de local especialmente protegido por lei"; tendo por objeto jurídico a inviolabilidade do patrimônio ideal da nação, coibindo a sua mudança, modificação ou desfiguração.

Entretanto, tal tipo fora revogado pelo art. 63 da Lei nº 9.605/98, que é mais abrangente e contempla a alteração, sem licença ou em desacordo com ela, de aspecto ou estrutura de edificação ou local, protegido não só por lei, mas por ato administrativo ou decisão judicial, em virtude dos seus valores.

Interessante também é referirmos a relação entre o art. 91[488] do Código Penal e o novo art. 124-A[489] do Código de Processo Penal. Aquela determina a indenização do dano causado pelo crime, o que nos interessa em termos de

[488] Art. 91 – São efeitos da condenação:
I – tornar certa a obrigação de indenizar o dano causado pelo crime;
II – a perda em favor da União, ressalvado o direito do lesado ou de terceiro de boa-fé:
a) dos instrumentos do crime, desde que consistam em coisas cujo fabrico, alienação, uso, porte ou detenção constitua fato ilícito;
b) do produto do crime ou de qualquer bem ou valor que constitua proveito auferido pelo agente com a prática do fato criminoso.
§ 1o Poderá ser decretada a perda de bens ou valores equivalentes ao produto ou proveito do crime quando estes não forem encontrados ou quando se localizarem no exterior.
§ 2o Na hipótese do § 1o, as medidas assecuratórias previstas na legislação processual poderão abranger bens ou valores equivalentes do investigado ou acusado para posterior decretação de perda.
Art. 91-A. Na hipótese de condenação por infrações às quais a lei comine pena máxima superior a 6 (seis) anos de reclusão, poderá ser decretada a perda, como produto ou proveito do crime, dos bens correspondentes à diferença entre o valor do patrimônio do condenado e aquele que seja compatível com o seu rendimento lícito. [...]

[489] Art. 124. Os instrumentos do crime, cuja perda em favor da União for decretada, e as coisas confiscadas, de acordo com o disposto no art. 100 do Código Penal, serão inutilizados ou recolhidos a museu criminal, se houver interesse na sua conservação.
Art. 124-A. Na hipótese de decretação de perdimento de obras de arte ou de outros bens de relevante valor cultural ou artístico, se o crime não tiver vítima determinada, poderá haver destinação dos bens a museus públicos.

ataques ao patrimônio cultural, já que as ações ou omissões desferidas conta tais bens deverão receber restauração e indenização.

Também, comina a perda dos instrumentos e do produto do crime, o que é relevante em termos de aquisição de bens culturais materiais móveis e imóveis por vias ilícitas. No que vem a se somar ao CPP, quando este comanda que os instrumentos do crime podem ser recolhidos a museu criminal, e que no caso de decretação de perdas de obras de arte ou outros objetos que tenham valor cultural ou artístico, mas que não possuam vítima determinada, devem ser destinados a museus públicos. Dispositivos todos esses que representam importantes aspectos em termos de atenção e de ganhos para o patrimônio cultural brasileiro.

Por fim, importa registrar que no atual projeto de reforma do Código Penal em tramitação no Congresso Nacional, os delitos e bens jurídicos até aqui ilustrados constam no título dos "Crimes Contra Interesses Metaindividuais", junto ao capítulo dos "Crimes Contra o Meio Ambiente", mais especificamente na seção dos "Crimes Contra O Ordenamento Urbano e o Patrimônio Cultural", o qual está a tramitar como Projeto de Lei do Senado nº 236/2012.[490]

490 FLACH, Michael Schneider. Considerações sobre a proteção do patrimônio cultural no projeto do novo código penal brasileiro. *Revista do Ministério Público do RS*, Porto Alegre, nº 78, p. 9-14, set./dez. 2015.

6. CRÍTICAS E APONTAMENTOS SOBRE O SISTEMA BRASILEIRO DE PROTEÇÃO

Adentrando no capítulo final, passaremos a elaborar algumas críticas sobre o sistema de proteção brasileiro e apontamento para a sua qualificação, o que em especial seria possível pela edição de um Estatuto do Patrimônio Cultural, que pudesse contemplar um regime jurídico de proteção integrado, por via de mecanismos civis, administrativos e penais, capazes de desempenhar uma tutela mais qualificada, para o bem jurídico-constitucional em questão.

6.1 O mandado constitucional de proteção penal do patrimônio cultural

A existência de mandados expressos de criminalização bem demonstra a importância do direito penal no nosso sistema. Como mais um instrumento disponível ao poder público, com o fito de realizar os preceitos com os quais o Estado Democrático de Direito está comprometido, em especial a tutela dos direitos fundamentais e dos valores mais caros ao indivíduo e à sociedade.

No caso dos mandados expressos a obrigação constitucional de penalização está claramente enunciada por via de normas resultantes das escolhas políticas e criminais do constituinte, o qual não se limita apenas a "afirmar o valor eminente de um dado bem, mas reconhece na pena o único instrumento adequado à sua tutela."[491] Aqui, ao realizar uma prévia seleção de certos objetos como alvo de tutela da via criminal, a Constituição considerou a larga importância dos respectivos bens, erigindo-os a bens jurídicos penais.

Fundada no primado do trabalho e tendo como objetivos o bem-estar e a justiça sociais, o título da Ordem Social inaugura as suas disposições penais

[491] DOLCINI; MARINUCCI, op. cit., p. 181.

no art. 216, que define no que se constitui o nosso patrimônio cultural, determina as suas formas de proteção e comina no seu parágrafo quarto que os "danos e ameaças ao patrimônio cultural serão punidos, na forma da lei".

Com este dispositivo que orienta ações para a proteção do patrimônio cultural, o constituinte originário demonstra a importância que tal bem jurídico possui, definindo no que ele se constitui, determinando que o próprio poder público em conjunto com a sociedade resguarde-o e promova-o, assinalando que serão desenvolvidos incentivos para tal e ordenando que não apenas os danos, mas as ameaças a tais objetos sejam punidos.

Mais do que uma cominação pedagógica, tal previsão constitucional ressalta perante a sociedade a importância do bem e vincula o Poder Público à sua proteção penal. Ainda, afasta dúvidas que pudessem surgir a seu respeito, apesar de ser bem jurídico relevante, ele ainda figura num menor cenário de consolidação, o que também se mostra muito vantajoso, pois vem a repelir eventual negligência que poderia incidir em relação à sua proteção. Circunstâncias que por si só demonstram que o uso das vias criminais não é apenas necessário e adequado, como também este objeto é capaz e suscetível de receber tal tipo de tutela, a qual desde já é requerida.[492]

Ao assim proceder, o legislador constitucional de 1988 tutelou de forma ainda mais ampla esta categoria de objetos, já contida nas Cartas anteriores, vindo a reforçar e orientar várias normas sobre tal matéria, tanto prévias como posteriores, além de melhor empregar a terminologia que transcende ao mero valor histórico e artístico, bem como contemplando diversos instrumentos de proteção, não apenas restrito a conceitos de monumentalidade e ao tombamento, e que agora se estendem ao inventário, à desapropriação e a outras formas.

Idêntica disposição temos na Constituição da Espanha, quando no art. 46 determina que a lei penal sancionará os atentados contra o patrimônio cultural.[493] Aqui, tal dispositivo reconhece a valia dos bens culturais e a necessidade

[492] GONZÁLES RUS, Juan José. Puntos de partida de la protección penal del património histórico, cultural y artístico". *Anuario de derecho penal y ciencias penales,* Tomo 48, Número 1, p. 40-1, disponível em https://www.boe.es/publicaciones/anuarios_derecho/abrir_pdf.php?id=ANU-P-1995-10003300056. Acessado em: 05 fev. 2021.

[493] Artículo 46
Los poderes públicos garantizarán la conservación y promoverán el enriquecimiento del patrimonio histórico, cultural y artístico de los pueblos de España y de los bienes que lo integran, cualquiera que sea su régimen jurídico y su titularidad. La ley penal sancionará los atentados contra este patrimonio. Disponível em: https://www.boe.es/buscar/act.php?id=BOE-A-1978-31229. Acessado em: 05 fev. 2021.

da sua preservação, num propósito de "satisfazer componentes vitais vinculados à ideia da dignidade da pessoa humana e elevação espiritual da coletividade".[494]

Assim, a importância do bem jurídico em questão resulta indubitável bem como a danosidade social das condutas lesivas contra ele, tornando inquestionável a sua proteção penal, o que está conectado com os próprios objetivos de um Estado Democrático e Social de Direito, já que o "acesso à cultura constitui uma das premissas fundamentais da dignidade da pessoa, do livre desenvolvimento da personalidade e da própria noção de liberdade".[495]

Ao utilizar de mecanismos constitucionais e penais para garantir a sobrevivência do seu acervo cultural, acaba-se por tutelar efetivamente as liberdades dos demais cidadãos, mediante seu acesso à cultura somado à importância de garantir o seu bem-estar social e cultural. O que justifica o emprego de instrumentos de ordem criminal, como um fator de mérito e necessidade, diante da magnitude do objeto, da vulnerabilidade, da urgência de se intervir frente aos ataques mais intoleráveis e da existência real de risco e de uma potencialidade lesiva.[496]

Com efeito, além da previsão constitucional, o correto e o pleno exercício dos "direitos fundamentais no espaço, no tempo e no modo, só será muitas vezes possível ou efetivo se houver medidas concretas" que venham a organizar e disciplinar o uso, e ainda "previnam o conflito, ou visem proibir o uso e a violação dos direitos". O que estará sujeito também a um controle sobre a forma de ordenação escolhida e a "fiscalização da sua conformidade com a intenção que justifica e funda o poder respectivo de efetivar o direito", transpondo para a realidade a realização do previsto pelo constituinte.[497]

Diante do que, temos aqui a "tarefa fundamental" de o Estado promover a proteção e a efetivação de tais direitos e institutos, sendo destinatários dos correlatos deveres todos os poderes e órgãos públicos. Entre estes, a vinculação do legislador é absoluta, significando que a regulamentação legislativa deve corresponder à respectiva aspiração e aos termos constitucionais.

[494] GARCÍA RENART, op. cit., p. 159, tradução livre do autor.

[495] GARCÍA RENART, op. cit., p. 160, tradução livre do autor.

[496] GARCÍA RENART, op. cit., p. 153-5. ALONSO IBÁÑEZ, Maria Rosario. El patrimonio. Destino público y valor cultural, Civitas: Madrid, 1992, p. 52 defende que "no puede existir verdadera igualdad ni puede darse un verdadero ejercicio de la libertad, ni en definitiva, un funcionamiento efectivo de la democracia si un substrato cultural que los cimente"

[497] ANDRADE, José Carlos Vieira. Os direitos fundamentais na constituição portuguesa de 1976, 4ª ed. Coimbra: Almedina, 2009, p. 209-12.

Tal vínculo é tanto negativo, no sentido de não afrontar a constituição, como positivo, para regulamentar e concretizar o teor da ordem oriunda da Carta Magna.[498]

Na escolha das providências o legislador possui a sua margem de conformação, porém tal deve ser dirigida a plena e maior eficácia da tutela indicada pela constituição. De tal modo que, por exemplo, o grau máximo de proteção seria a qualificação dos atentados contra os bens jurídicos assinalados pelo constituinte como um crime, cominado tanto por ação, como omissão imprópria, dolo ou culpa, mas devendo ser observado o princípio da proporcionalidade.

No que diz respeito ao patrimônio cultural, temos tanto no ordenamento pátrio, como no lusitano, uma obrigação de defesa e proteção, um direito de fruição e um dever de resguardo. A função protetiva determina ao legislador que estabeleça *mecanismos específicos e eficientes* para a proteção e garantias especiais dos direitos assinalados. E a função promotora objetiva criar condições práticas e favoráveis destinadas ao exercício de tais direitos.[499]

Em Portugal, tal missão foi cumprida fielmente por meio da Lei nº 107/2001, que estabelece as bases da política e do regime de proteção e valorização do seu patrimônio cultural, com previsões de ordem civil, administrativa e penal. Contudo, no Brasil, não dispomos de nenhum tipo de consolidação legislativa em torno do patrimônio cultural, dirigida a implementar e cumprir os princípios e valores ditados pelo constituinte de 1988.

Na seara criminal brasileira, os atentados contra o patrimônio cultural já eram antes da Carta de 1988 tipificados e punidos pelos artigos 165 e 166 do Código Penal, para bens tombados e protegidos. Entretanto, o comando constitucional viria a ser complementado por via da Lei nº 9.605/98, ao tipificar dos artigos 62 a 65 os "crimes contra o ordenamento urbano e o patrimônio cultural", de forma mais ampla que a contida no Código Penal, incrementando as sanções, prevendo a modalidade culposa e mantendo a punição não só das ações, mas da omissão imprópria do garante que se configura ofensiva ao bem jurídico.

De um lado, temos tipos que contemplam os ataques diretos com o dano, destruição ou alteração de objetos protegidos, a nova previsão ainda impediu

[498] MIRANDA, Jorge. Manual de direito constitucional, tomo IV, direitos fundamentais, 4ª ed. Coimbra: Coimbra ed., 2008, p. 291-3 e 426.

[499] ANDRADE, Vieira, op. cit., 2008, p. 215.

a construção em solo não edificável e no seu em torno, quando estes forem resguardados em virtude do seu valor cultural amplo, além de prever o caso de pichação. Contudo, de outro lado não há qualquer previsão no tocante ao furto, roubo, receptação, estelionato, falsificação, contrabando e tráfico internacional de bens culturais materiais, os quais têm que se valer das figuras do Código Penal, não tão apropriada para a espécie.

Entretanto, o determinante é saber se os tipos penais cominados na lei dos crimes ambientais são suficientes e capazes o bastante para a efetiva tutela do patrimônio cultural, nas formas com que fora determinada pela Constituição Federal. E, no presente estudo, nos posicionamos que os quatro ilícitos estudados não conseguem satisfatoriamente desempenhar a missão que lhes foi incumbida de promoção e de proteção dos bens culturais.

Na espécie, entendemos que quando o constituinte determina que os "danos e ameaças ao patrimônio cultural serão punidos, na forma da lei", está se referindo a formas punitivas oriundas do direito penal. E, ao assim proceder, por certo não se contentaria com o atual âmbito sancionatório estabelecido pelo legislador ordinário.

Basta ver que da forma como posta, estamos diante da possibilidade de adoção de medidas despenalizadoras, com a qualificação dos delitos contra o patrimônio cultural como de menor potencial ofensivo e passível de suspensão condicional do processo, ou de acordo de não persecução penal, sem a prolação de sentença, a qual, ainda que aplicada, comportaria suspensão da pena e a substituição da sanção privativa por medidas restritivas, como meras prestações pecuniárias e de serviço comunitário.

Usando uma figura de linguagem, quer nos parecer que o constituinte desenhou uma obra de arte para contemplar a proteção do patrimônio cultural, relegando ao legislador superveniente a singela e não difícil tarefa de emoldurar esta bela pintura. Contudo, a impressão que temos é que o mandatário ordinário não teve o menor zelo em interpretar a vontade constitucional, contentando-se em dar por moldura, para tão preciosa obra artística, qualquer tipo de material vulgar, desde que este fosse capaz de cumprir a mera funcionalidade de enquadrá-la.

Continuando, a distância da previsão entre a Constituição brasileira e a Lei nº 9.605/1998 torna-se ainda maior quando colocamos lado a lado o nosso conteúdo normativo com o de Portugal. Nos artigos 9º e 78 da Constituição portuguesa consta o importante desiderato de promover, valorizar e proteger o seu patrimônio cultural. Porém, o comando constitucional esgota-se e contenta-se com tais cominações, confiando que o legislador realizaria as medidas restantes para alcançar uma proteção eficaz, inclusive em termos criminais.[500]

No caso, ainda que não estivesse constitucionalmente obrigado em termos penais, entendemos que o legislador residual lusitano cumpriu muito bem a sua missão e conseguiu conferir interpretação precisa ao espírito constitucional e à dimensão da sua incumbência em realizá-lo.

Primeiro, pelo fato de que os delitos contra o patrimônio cultural possuam espaço para sancionamento junto aos crimes contra o patrimônio comum, como na hipótese de dano qualificado do art. 213 do Código Penal de Portugal, e mesmo de furto e roubo de bens materiais móveis. Segundo, por possuir uma norma específica, a Lei nº 107/2001, a qual contempla a proteção e a valorização do patrimônio cultural. E terceiro por esta mesma conter tipos próprios específicos de tutela penal, como o artigo 103º do crime de destruição de vestígios, entre outros que veremos adiante com a devida atenção.

Portanto, tais situações e o conjunto do que fora até aqui estudado é que nos fazem refletir e questionar com veemência se realmente as previsões dos artigos 62 a 65 da Lei nº 9.605/1998, e mesmo dos demais instrumentos esparsos que possuímos, como o octogenário Decreto-lei nº 25/1937, são suficientes e razoáveis para despenhar o tamanho da incumbência salientada pelo art. 216 da Constituição Federal. E ainda, se os nossos instrumentos disponíveis possuem capacidade para desempenhar uma tutela eficiente e proporcional, tanto para a proteção do bem jurídico, como para a satisfação do comando constitucional.

Outrossim, importante grifar que a redação de que os "danos e ameaças ao patrimônio cultural serão punidos, na forma da lei", tem claramente um sentido de punição penal, e não outro, não havendo nenhuma referência a sancionamento civil e administrativo. Para reforçar, nos valemos das discussões e previsões realizadas por ocasião da Assembleia Nacional Constituinte, dentro da Subcomissão VIII-a, que tratava da educação, cultura e esporte, aí compreendido o patrimônio cultural, e que era presidida pelo Deputado Federal do RS Hermes Zaneti.

Conforme Yussef Campos, foi a partir de contribuição do Serviço do Patrimônio Histórico e Artístico Nacional (SPHAN), que tinha entre os seus integrantes o ilustre jurista Modesto Carvalhosa, que adveio a primeira

500 Na mesma linha na Espanha, onde o patrimônio cultural possui acento constitucional, previsão específica na lei de proteção nº 16/1985, e punição no Código Penal, nos dispositivos que tratam dos delitos relativos à ordenação do território, ao urbanismo, ao meio ambiente e à tutela do patrimônio histórico, artigos 319 a 340.

proposta de redação do atual art. 216 da CF-BR, na qual trazia os conceitos de patrimônio cultural material e imaterial, e previa que "os atentados contra eles cometidos são equiparados aos cometidos contra o patrimônio nacional".[501] Aliás, redação esta que se iguala a do art. 21[502] do Decreto-lei nº 25/1937.

O tema voltaria a discussão por ocasião da 19ª reunião da subcomissão, nela René Dotti reafirma a importância do documento elaborado pelo SPHAN, entendendo como inevitável a criminalização de atos lesivos ao patrimônio cultural, ao se pronunciar que acredita ser "absolutamente necessário que se criminalize as condutas que ofendam o patrimônio característico da memória nacional", bem como "todo e qualquer bem de valor cultural". No que é seguido por Antônio Augusto Arantes, representante da Associação Brasileira de Antropologia (ABA), o qual solicita que se tenha "a existência de uma lei mais rígida que preveja sanções às transgressões contra a defesa do Patrimônio Histórico Brasileiro".[503]

Nas rodadas posteriores que já tratavam do anteprojeto, a partir das elaborações técnicas das Comissões Afonso Arinos, do SPHAN e demais intervenções, foi registrada na proposta de estruturação do artigo a *criminalização de vilipêndios ao patrimônio*, com a seguinte redação: "Toda pessoa física ou jurídica tem o direito e o dever de defender o patrimônio cultural do País, denunciando, conforme a lei, as ameaças e crimes contra ele praticados".[504]

[501] CAMPOS, Yussef. *Palanque e patíbulo*. 3ª ed., Belo Horizonte: Letramento, 2022, p. 86-7.

[502] Decreto-lei nº 25/1937.

Art. 1º Constitue o patrimônio histórico e artístico nacional o conjunto dos bens móveis e imóveis existentes no país e cuja conservação seja de interêsse público, quer por sua vinculação a fatos memoráveis da história do Brasil, quer por seu excepcional valor arqueológico ou etnográfico, bibliográfico ou artístico.

Art. 21. Os atentados cometidos contra os bens de que trata o art. 1º desta lei são equiparados aos cometidos contra o patrimônio nacional.

[503] CAMPOS, Yussef, op. cit., p. 114-5, citando o Anexo à Ata da 19ª reunião, Assembleia Nacional Constituinte, 1987, p. 278 e 285, e concluindo: "A exigência de previsão legal foi atendida. Determina o §4º do artigo 216 que los danos e ameaças ao patrimônio cultural serão punidos, na forma da lei'."

[504] CAMPOS, Yussef, op. cit., p. 127, citando o Anexo à Ata da 19ª reunião, Assembleia Nacional Constituinte, 1987, p. 474, que tratava do art. 22, §2º. Acrescenta ainda a emenda proposta pelo Deputado Chico Humberto, nos sentido de "garantir a reconstrução dos espaços culturais que foram destruídos, isto vem na verdade apenas e, tão somente, fazer com que os espaços culturais assegurados por essa categoria não sejam destruídos, não sejam desmanchados pelo Executivo ou poder público", p. 478. O que aqui podemos interpretar como uma decorrência do que chamamos do Princípio da Reparação Integral do Dano, um sucedâneo do Princípio de Direito Ambiental do Poluidor Pagador.

Esta mesma redação é repetida pelo relator da subcomissão, com a versão final do anteprojeto.[505] E apresentada na 6ª reunião da respectiva comissão, que trata sobre a Cultura.[506] Porém, na apresentação ao plenário, como Projeto A, Fase Q, a redação legal já apresenta a forma do atual art. 216, §4º.[507] O mesmo se repete na apresentação do Projeto B, reorganizado pelo relator Bernardo Cabral.[508] O que ao final sacramenta o dispositivo em comento como um autêntico mandado expresso de criminalização.

Outrossim, a já citada relação de patrimônio cultural, meio ambiente e urbanismo, aparece em texto encaminhado pela Associação Brasileira de Antropologia à Subcomissão de Cultural da Assembleia Nacional Constituinte, na qual reforça que é "dever do Estado assegurar que o desenvolvimento das cidades, que são espaços culturais por excelência, se faça respeitando e valorizando o patrimônio ambiental urbano, tanto no seu aspecto de memória social quanto no que diz respeito a questões de meio-ambiente físico".[509]

Tal colocação se torna importante, se concatenada com as previsões constitucionais sobre o meio ambiente e a criminalização dos ataques contra ele, desenvolvido em comissão diversa do patrimônio cultural, mas que ao final sedimenta no seu art. 225, § 3º, que "as condutas e atividades consideradas lesivas ao meio ambiente sujeitarão os infratores, pessoas físicas ou jurídicas, a sanções penais e administrativas, independentemente da obrigação de reparar os danos causados."

[505] CAMPOS, Yussef, op. cit., p. 131. Anexo à Ata da 24ª reunião, Assembleia Nacional Constituinte, 1987, p. 562, com a seguinte redação:
"Art. 11, §1º A demolição ou transformação de espaços culturais, por parte do Estado ou de particulares, só poderá ser realizada com a construção ou destinação de outra instalação de nível igual ou superior ao existente anteriormente, para o mesmo fim.
[...]
§3º Toda pessoa física ou jurídica tem o direito e o dever de defender o patrimônio cultural do País, denunciando, conforme a lei, as ameaças e crimes contra ele praticados."

[506] CAMPOS, Yussef, op. cit., p. 134-5, o qual colaciona a Ata da 6ª reunião da Comissão da Família, da Educação, Cultura, Esportes, da Ciência e Tecnologia e da Comunicação, Assembleia Nacional Constituinte, p. 50, com a redação: "São preservados no anteprojeto os bens de valores culturais, histórico, arqueológico, científico, ecológico e paisagístico, através de inventários, tombamentos e vigilância organizada, proibindo-se a demolição ou transformação de espaços culturais por parte do Estado sem outro espaço similar que substitua".

[507] CAMPOS, Yussef, op. cit., p. 146, sobre o Plenário em outubro de 1987, volume 253.

[508] CAMPOS, Yussef, op. cit., p. 148-9, sobre o Plenário em julho de 1988, volume 299.

[509] CAMPOS, Yussef, op. cit., p. 117.

Ora, na medida em que o nosso objeto de estudo está compreendido dentro do chamado *meio ambiente cultural*, resta reforçado pela combinação do art. 216, §4º, com o art. 225, § 3º, da CF-BR, que em ambos os dispositivos estamos diante de mandado de criminalização por expresso. O que é integralizado, ainda que com dimensão e eficácia discutível, na Lei nº 9.605/1998, em especial pelo alcance da responsabilização nos seus dispositivos iniciais,[510] e pelo fato de que ela tutela os atentados contra o patrimônio cultural, entre os já examinados artigos 62 a 65.

Diante do que, e não apenas por isso, podemos observar que a proteção do patrimônio cultural por via de instrumentos de direito penal é uma realidade não apenas irrenunciável, como também urgente e que deve ser aperfeiçoada por via de novos tipos penais, que forneçam uma tutela mais completa, sem prejuízo da previsão de um sancionamento maior, para que se tornem mais eficientes no seu mister.

Para tanto, entendemos que o ideal seria que toda a matéria em torno do patrimônio cultural estivesse sistematizada em um estatuto único, prevendo os respectivos institutos e princípios que tocam a matéria, bem como as devidas medidas civis e administrativas para a sua tutela, além de tipos penais próprios capazes de realizar uma proteção suficiente do bem jurídico em questão.

6.2 O dever de proteção do patrimônio cultural

Já pudemos examinar a conexão do patrimônio cultural com o meio ambiente e o urbanismo e a sua configuração como parte do chamado "meio ambiente cultural". Assim como examinamos a sua exata posição na constituição,

[510] Lei nº 9.605/1998. Dispõe sobre as sanções penais e administrativas derivadas de condutas e atividades lesivas ao meio ambiente, e dá outras providências.
Art. 2º Quem, de qualquer forma, concorre para a prática dos crimes previstos nesta Lei, incide nas penas a estes cominadas, na medida da sua culpabilidade, bem como o diretor, o administrador, o membro de conselho e de órgão técnico, o auditor, o gerente, o preposto ou mandatário de pessoa jurídica, que, sabendo da conduta criminosa de outrem, deixar de impedir a sua prática, quando podia agir para evitá-la.
Art. 3º As pessoas jurídicas serão responsabilizadas administrativa, civil e penalmente conforme o disposto nesta Lei, nos casos em que a infração seja cometida por decisão de seu representante legal ou contratual, ou de seu órgão colegiado, no interesse ou benefício da sua entidade.

possuindo feições e características análogas a um direito fundamental,[511] o que gera uma série de necessidades e cuidados no tocante a tal categoria.

As suas características e notas de fundamentalidade geram os efeitos naquilo que diz respeito à dimensão subjetiva do direito ao patrimônio cultural. A consequência é atrair uma série de ações positivas de parte dos poderes públicos e da ordem jurídica, por conta das correlatas obrigações estatais sobre os direitos em questão. Temos então que o Estado deve empregar meios proporcionais para atingir a devida eficácia dos direitos que orbitam em torno do patrimônio cultural. Também, não podem estar os seus institutos sujeitos a ações erosivas ou de retrocesso dos níveis protetivos.

A quitação de tais obrigações podem ser exigidas tanto pelo indivíduo, como por instituições legitimadas, como o Ministério Público, e são oponíveis tanto em face de terceiros, como contra o próprio Estado. Uma das decorrências também poderá ser a restrição de direitos particulares, em favor de um interesse maior da sociedade, o qual predominará nestas hipóteses.

Na espécie, temos uma responsabilidade do poder público como um todo de assegurar a tutela dos direitos atinentes ao patrimônio cultural, tanto num caráter *prima facie*, como em situações de risco e lesividade. Tais obrigações devem ser adimplidas pelos mais variados ramos do direito, tanto em termos civis e administrativos, como também sob o ponto de vista penal, diante da natureza do bem jurídico em questão, do seu caráter constitucional e fundamental, bem como da eficácia que devem possuir os mecanismos em questão.

Podemos observar que a consecução de direitos não requer apenas o afastamento do Estado enquanto abstenção, mas também roga ações concretas exatamente dirigidas para a realização e proteção de direitos. Assim, o desfrute de um meio ambiente saudável, do ordenamento urbano organizado e do patrimônio cultural preservado não se tratam apenas de questões de não intromissão estatal, mas são categorias que exigem uma atuação positiva do poder público em nível de tutela e prestação, para que tais institutos sejam realizáveis.

Neste ponto, passa a ser exigível que o Estado realize imperativos de tutela, como forma de quitar as suas obrigações e de realizar na exata medida os

[511] CANOTILHO; MOREIRA, op. cit., p. 845, assinalam que a "compreensão antropocêntrica de ambiente justifica a consagração do direito ao ambiente como um direito constitucional fundamental". WECHENFELDER, Paulo Natalício. O paradigma brasileiro do direito de propriedade. *Revista do Ministério Público do RS*, nº 85, p. 221, jan.-jun. 2019, defende que o "meio ambiente ecologicamente equilibrado deve ser mais que um princípio de Direito Ambiental. Deve ser um dos *princípios fundamentais do Estado Democrático de Direito*".

comandos constitucionais do art. 216. Seja conformando a suas instituições nesta direção ou editando normas que prevejam, regulem e resguardem tais direitos.

No caso em estudo, tivemos a oportunidade de examinar a legislação em torno tema, o seu percurso evolutivo e as formas de proteção. Mas salvo a lei de tombamento (Decreto-lei nº 25/1937), e alguma previsão vaga sobre inventário e o registro, o certo é que o ordenamento brasileiro não possui um compêndio legislativo próprio que verse exclusivamente sobre patrimônio cultural. Ao menos não da forma com que deveria e de modo concreto, conforme podemos observar em relação a Portugal, com a sua Lei nº 107/2001, a qual estabelece a política, o regime de proteção e a valorização deste patrimônio.

Ainda no âmbito normativo, os deveres de proteção devem ser realizados das mais diversas formas, de maneira proporcional e visando a atingir ao maior espectro de eficácia do bem jurídico sob enfoque. Diante do que, tem-se também a adequação e a necessidade do manejo dos instrumentos penais, o que na hipótese em questão é desempenhada pelos artigos 62 a 65 da Lei 9.605/1998.

Contudo, será que tipos penais cujas consequências estão sempre vinculadas à justiça negocial, sem maior repercussão, são realmente proporcionais e razoáveis para realização do seu objetivo? Será que as previsões e sanções contidas em tais cânones são suficientes para a devida tutela que os bens culturais rogam para si? Será que com estes quatro crimes podemos dar por satisfeita e cumprida a ordem constitucional de proteção e de punição dos atentados contra o patrimônio cultural?

A grande questão é que se acaso não estivermos diante de um patamar básico e mínimo de tutela, estaremos frente a uma violação constitucional da proibição da proteção deficiente. E o interessante é que a concreta proteção do patrimônio cultural não diz respeito apenas a um direito, mas à própria liberdade do cidadão em transitar, contemplar, ter contato e usufruir da forma mais ampla possível de bens culturais que devem ser conservados no seu melhor estado.

Na espécie, o dever de proteção em pauta manifesta-se perante todos, sejam em face dos particulares ou também para os entes públicos. Entretanto, tal *direito/dever* pode ser violado de diversas formas, seja por via de atos antijurídicos, como uma demolição de um casario, ou do uso de instrumentos jurídicos existentes, como o destombamento indevido de um prédio histórico. E ainda, temos que estas obrigações de cuidados devem ser dirigidas não apenas para repelir ações indevidas, como também em face de omissões prejudiciais, como a do proprietário que deixa de adotar os cuidados necessários em uma edificação inventariada por sua riqueza arquitetônica.

Por sua vez, na medida em que o Estado está obrigado a este dever de proteção, o efeito colateral é se tornar inevitável a colisão de direitos e a restrição de algum direito de defesa e de liberdade de outros cidadãos. Porém, tal é um efeito próprio do fato de que nem as liberdades individuais, nem os poderes do soberano estatal são absolutos e imunes a certas restrições autorizadas.

Com efeito, tais intervenções são inerentes à própria realização do direito de caris fundamental consistente na manutenção de um meio ambiente sadio e de um patrimônio cultural conservado. O aparente choque entre direitos é autorizado pela cláusula do art. 216, §1º, da CF-BR, que determina ao Poder Público e à sociedade como um todo o dever de promover e proteger este nosso patrimônio.

Igualmente a possibilidade de restrições do direito de propriedade está prevista e permitida pelos artigos 182, §2º, e 186, II, da Constituição Federal, consistente na qualificação do ordenamento urbano e na preservação do meio ambiente.

Em termos de patrimônio cultural, uma das decorrências deste intervento figura no próprio art. 17 do Decreto-lei nº 25/1937, o qual apresenta limites por expresso, ao comandar que as "coisas tombadas não poderão, em caso nenhum ser destruídas, demolidas ou mutiladas" e modificadas sem a prévia autorização do órgão competente pelo tombamento, como o IPHAN ou IPHAE.

Portanto, temos que a propriedade não mais é um direito individual e absoluto, no entanto, comporta exceções e cede perante outros direitos de igual quilate, na medida em que a nossa ordem constitucional determina que ela deve cumprir uma função social. O que lhe impõe obrigações positivas, consistentes juntamente no adimplemento desta função, como adequar-se ao ordenamento urbano e preservar o meio ambiente. Mas também deveres negativos e mistos, como não intervir no patrimônio cultural sem autorização e empregar os devidos esforços para a sua conservação.

Assim, temos uma restrição constitucionalmente autorizada e proporcional, voltada à tutela de outros valores de grande relevância e de calibre não inferior aos afetados. E que também cumpre a própria principiologia contida no art. 18º, 2º da Constituição Portuguesa, quando autoriza a restrição de direitos e liberdades nos casos expressos na Carta Magna e desde que a intervenção seja realizada dentro dos limites necessários à salvaguarda de importantes outros interesses constitucionais, como no presente caso.

Com efeito, o que da mesma forma se revela em termos penais, já que se trata de um bem jurídico reconhecido, com um mandado constitucional de tutela e que facilmente passa pelos filtros limitadores da intervenção penal, possuindo adequação e necessidade indiscutíveis, além do fato de ser inquestionável a ofensividade que os riscos e os ataques aos bens culturais representam.

De tal forma que o Estado não poderia ser omisso, na medida em que a restrição ao direito de propriedade e às próprias liberdades em termos de lei criminal são exatamente o custo operável e proporcional para a garantia e a realização de outros direitos, de modo que as presentes e futuras gerações possam desfrutar de um patrimônio cultural preservado.

Assim, a título de arremate firmamos que os direitos de defesa são uma conquista multissecular oriunda das construções da era iluminista e que tocam diretamente às liberdades. Porém, de forma mais recente também foram reconhecidos os deveres de proteção, por meio dos quais o Estado não pode renunciar a determinadas formas de tutela na proteção dos direitos fundamentais dos seus associados.

Para a utilização de mecanismos penais na proteção de bens jurídicos, é preciso verificar em que medida não violam os direitos de defesa, assim como a forma com que atendem aos deveres de proteção. Entendemos que embora a tutela do patrimônio cultural toque aos direitos de defesa, como na limitação da propriedade e das próprias liberdades diante das cominações criminais, a sua tutela é legítima e exigível, devendo também satisfazer os deveres de proteção de bem jurídico tão relevante, cujo interesse é público e coletivo, transitando entre os direitos sociais e fundamentais.

6.3 As desproporções do sistema

Primeiramente, é importante ter em conta que quanto mais elevada for na escala constitucional "a posição do bem jurídico em ameaça, maior será a exigência de proteção dirigida ao Estado (necessidade), e mais enérgicos e agressivos poderão e deverão ser os meios a utilizar (justa medida", ou proporcionalidade em sentido estrito).[512]

Ainda, "quanto mais difícil a reversão ou reparação das eventuais lesões a que o bem jusfundamental se encontra exposto", como no caso de destruição de uma edificação tombada, "maior importância terá de assumir a proteção

[512] SILVA, Jorge Pereira, op. cit., p. 488.

estadual (necessidade), e mais relevância deverá ser conferida às intervenções protetoras de caráter preventivo (adequação)".[513]

Também, "quanto menor for a capacidade do titular do direito para se colocar a salvo das ameaças que o afetam, ou para proceder autonomamente à sua defesa", o que vale para o meio ambiente e para um bem cultural, mais relevante "será o papel da proteção a conceder pelo Estado (necessidade), e maior deverá ser o investimento em meios destinados a reforçar a capacidade de defesa própria daquele", ou ainda "mais intensos poderão e deverão ser os instrumentos a empregar (justa medida)".[514]

Prosseguindo com o nosso estudo, examinaremos aqui brevemente como a Lei dos Crimes Ambientais trata diferentes bens jurídicos no seu âmbito de proteção penal, a partir de uma dupla comparação, para se aferir um âmbito de proporcionalidade ou não, de acordo com os vetores da adequação, necessidade e proporcionalidade em sentido estrito antes estudados.

Podemos verificar que a tutela penal do patrimônio cultural é adequada, pois apesar de limitações que possa criar ela é idônea para desempenhar um fim protetivo. Ou seja, o uso de mecanismos penais é apropriado e possui idoneidade para a sua tutela, já que se trata de um autêntico bem jurídico, dotado da devida relevância, completando-se a exata relação entre o meio eleito e a sua finalidade.

Igualmente, temos como necessária a escolha dos instrumentos de matriz criminal, já que entre os demais disponíveis ela não restringe indevidamente os outros direitos contrapostos, sendo apta e exigível para a tutela em questão, na medida em que meros instrumentos administrativos e civis não teriam o condão de proteger com a mesma e requisitada eficácia o patrimônio cultural.

Logo, a tutela penal do patrimônio cultural não apenas atende aos postulados da *adequação e necessidade*, mas, para ainda além disto, ela vem desde já pré-indicada pelo constituinte, quando determina no artigo 216, § 4º, da CF-BR, que "os danos e ameaças ao patrimônio cultural serão punidos, na forma da lei". E aqui, interpreta-se que tal punição será pelas vias criminais, em conformidade com lei penalizadora.

Entretanto, a questão a ser considerada é se os artigos 62 a 65 da Lei nº 9.605/1998 desempenham de forma proporcional a tutela criminal do patrimônio cultural, na forma com que foi requisitada pela Constituição

[513] SILVA, Jorge Pereira, op. cit., p. 488-9.

[514] SILVA, Jorge Pereira, op. cit., p. 489.

pátria, dentro do conceito que o art. 216 traça e da determinação que o poder público promoverá e protegerá este nosso patrimônio.

Já tivemos a oportunidade de examinar que o principal delito figura do artigo 62 e abarca as formas diretas de dano ao patrimônio cultural, seja por ação ou omissão, dolo ou culpa. Ou seja, sob ponto de vista do âmbito da conduta o objeto encontra-se devidamente resguardado, mas e quanto à sanção?

Primeiramente, a forma culposa é sancionada com detenção e passível de transação penal, resultando que a prática do delito possa ser resolvida pelo mero adimplemento de alguma prestação pecuniária ou de serviço social. Mas será que tal é suficiente quando nos deparamos no perecimento eterno de um determinado bem cultural, por negligência, imperícia ou imprudência do garante?

Prosseguindo, a forma dolosa é apenada com reclusão, mas no máximo de três anos. Portanto, passível de receber os institutos de suspensão condicional do processo, ou da pena, e também a substituição da pena privativa de liberdade pela restritiva de direitos. Ou ainda atualmente sequer redundar na deflagração completa do processo penal, já que pode ser contemplada com o moderno acordo de não persecução penal, além de contar com rápido prazo prescricional.

Queremos aqui grifar que após um decênio da Constituição, o legislador ordinário editou novos tipos de tutela do patrimônio cultural, em substituição aos antigos artigos 165 e 166 do Código Penal. Contudo, escolheu um âmbito sancionatório para o qual desde já era possível a adoção de medidas despenalizadoras, já que admitido o uso dos citados institutos mais benignos ao acusado.

A nosso ver tal significa que o emprego dos mecanismos penais, embora desde já estejam constitucionalmente gabaritados como adequados e necessários à proteção do patrimônio cultural, não atendem à proporcionalidade em sentido estrito e violam o princípio da proibição da proteção deficiente do bem jurídico em pauta, na medida que se optou por um modelo de sanção tímido, passível de não penalização, suscetível dos mais variados benefícios, podendo simplesmente ser resolvido na via negocial, sem outras consequências mais gravosas ao infrator.

Não se trata simplesmente de se insurgir contra a justiça consensual, ou postular mais pena, mas, sim, que aqui estamos diante de uma questão fulcral intransponível. Os instrumentos e benefícios em questão pressupõem como condição do acordo a reparação do dano, o que é referendado pelos próprios artigos 27 e 28, I, da Lei nº 9.605/1998 e determinado pelo art. 225, §3º, da CF-BR.[515]

Contudo, na hipótese do delito do art. 62 da norma ambiental, com a destruição completa do bem cultural protegido, como no caso de um casario tombado, de que forma operar-se-ia a recuperação e reparação? Na espécie, a reconstrução do imóvel é uma solução por demais controvertida, e esta não seria necessariamente uma medida recuperatória ou reparatória, pois a novel edificação nada mais seria do que uma réplica de si mesmo, uma reprodução do passado, uma cópia do original incapaz de assumir as características e o relevo da antiga construção.

No caso, estamos certamente diante de uma grave lacuna legislativa e que poderia ser resolvida com o tratamento mais denso da matéria, conferindo maior atenção ao patrimônio cultural. Entendemos que para tais situações e para uma tutela mais eficiente, o sistema deveria dispor de uma legislação estatutária sobre a matéria, na qual estariam previstos vários instrumentos, com medidas administrativas que impusessem restrições e sanções pecuniárias ao causador de tal dano, com meios civis que previssem formas de reparação adequadas e com tipos penais capazes de dissuadir tais práticas e de puni-las proporcionalmente se realizadas.

Prosseguindo, também é importante mirar o quão irreversíveis são as lesões ao *bem* protegido e a impossibilidade de defesa própria que os objetos culturais materiais possuem, o que cria para o Poder Público uma obrigação de remoção dos riscos, de reparação na medida do possível dos atentados ou de compensação equivalente dos danos.

[515] Lei nº 9.605/1998. Art. 27. Nos crimes ambientais de menor potencial ofensivo, a proposta de aplicação imediata de pena restritiva de direitos ou multa, prevista no art. 76 da Lei nº 9.099, de 26 de setembro de 1995, somente poderá ser formulada desde que tenha havido a prévia composição do dano ambiental, de que trata o art. 74 da mesma lei, salvo em caso de comprovada impossibilidade.
Art. 28. As disposições do art. 89 da Lei nº 9.099, de 26 de setembro de 1995, aplicam-se aos crimes de menor potencial ofensivo definidos nesta Lei, com as seguintes modificações:
I – a declaração de extinção de punibilidade, de que trata o § 5° do artigo referido no caput, dependerá de laudo de constatação de reparação do dano ambiental, ressalvada a impossibilidade prevista no inciso I do § 1° do mesmo artigo;
CF-BR. Art. 225. Todos têm direito ao meio ambiente ecologicamente equilibrado, bem de uso comum do povo e essencial à sadia qualidade de vida, impondo-se ao Poder Público e à coletividade o dever de defendê-lo e preservá-lo para as presentes e futuras gerações. [...]
§ 3º As condutas e atividades consideradas lesivas ao meio ambiente sujeitarão os infratores, pessoas físicas ou jurídicas, a sanções penais e administrativas, independentemente da obrigação de reparar os danos causados.

Porém, é claro, sem com isso abrir mão do uso proporcional dos instrumentos de índole penal, já que os demais mecanismos disponíveis (seja administrativo, civil ou ambos) não são suficientes e adequados para a tutela eficiente do patrimônio cultural, reconhecido como bem jurídico-constitucional.

Com efeito, a posição explanada torna-se ainda mais forte e evidente se verificada dentro do microssistema da Lei dos Crimes Ambientais, e cotejada com outro objeto específico, consistente no crime de maus tratos aos animais, previsto no art. 32[516] desta lei e que aqui escolhemos como um referencial para análise.

De início, veja-se que a pena mínima de agressão contra um animal é maior do que aquela empregada caso a mesma conduta fosse dirigida contra uma criança[517] ou um idoso.[518] Mas se for um animal doméstico, exclusivamente do tipo cão e gato, a pena é severa, de dois a cinco anos de reclusão,

[516] Art. 32. Praticar ato de abuso, maus-tratos, ferir ou mutilar animais silvestres, domésticos ou domesticados, nativos ou exóticos:
Pena – detenção, de três meses a um ano, e multa.
§ 1º Incorre nas mesmas penas quem realiza experiência dolorosa ou cruel em animal vivo, ainda que para fins didáticos ou científicos, quando existirem recursos alternativos.
§ 1º-A Quando se tratar de cão ou gato, a pena para as condutas descritas no caput deste artigo será de reclusão, de 2 (dois) a 5 (cinco) anos, multa e proibição da guarda. (Incluído pela Lei nº 14.064, de 2020)
§ 2º A pena é aumentada de um sexto a um terço, se ocorre morte do animal.

[517] Código Penal.
Maus-tratos. Art. 136 – Expor a perigo a vida ou a saúde de pessoa sob sua autoridade, guarda ou vigilância, para fim de educação, ensino, tratamento ou custódia, quer privando-a de alimentação ou cuidados indispensáveis, quer sujeitando-a a trabalho excessivo ou inadequado, quer abusando de meios de correção ou disciplina:
Pena – detenção, de dois meses a um ano, ou multa.
1º – Se do fato resulta lesão corporal de natureza grave:
Pena – reclusão, de um a quatro anos.
§ 2º – Se resulta a morte: Pena – reclusão, de quatro a doze anos.
§ 3º – Aumenta-se a pena de um terço, se o crime é praticado contra pessoa menor de 14 (catorze) anos.

[518] Estatuto do Idoso.
Art. 99. Expor a perigo a integridade e a saúde, física ou psíquica, do idoso, submetendo-o a condições desumanas ou degradantes ou privando-o de alimentos e cuidados indispensáveis, quando obrigado a fazê-lo, ou sujeitando-o a trabalho excessivo ou inadequado:
Pena – detenção de 2 (dois) meses a 1 (um) ano e multa.
§ 1o Se do fato resulta lesão corporal de natureza grave:
Pena – reclusão de 1 (um) a 4 (quatro) anos.
§ 2o Se resulta a morte:
Pena – reclusão de 4 (quatro) a 12 (doze) anos.

pena máxima de uma lesão corporal grave e a mínima de uma lesão corporal gravíssima, maior do que um homicídio culposo simples e próxima a do infanticídio.[519]

Portanto, flagrante as desproporções, pois o mesmo sistema de crimes ambientais superdimensiona a tutela penal exclusivamente de duas espécies de animais e não consegue conferir a devida valia e proteção ao patrimônio cultural, em que pese o comando claro do constituinte determinado que ele seja promovido e protegido e que para tanto sejam empregues instrumentos de natureza criminal. Ou seja, estamos aqui diante de uma situação de hiperproteção de uma categoria e de hipoproteção de outra.

Contudo, a situação que mais nos chama a atenção é o cotejo com os crimes contra o patrimônio. Afinal, o patrimônio cultural é antes de tudo um bem material, porém, ao qual se agrega um outro valor imaterial, em virtude das suas qualidades singulares, que fazem dele um objeto único e não reproduzível. Ainda assim, apesar deste *plus*, os atentados contra o patrimônio cultural recebem uma atenção em termos sancionatórios muito menor do que aquela dedicada aos crimes meramente patrimoniais.

Infelizmente, apesar de desde já sindicada a adequação e necessidade do citado meio, o legislador ordinário não se desincumbiu do seu dever

[519] Código Penal.
Homicídio culposo. Art. 121, § 3º Se o homicídio é culposo:
Pena – detenção, de um a três anos.
Infanticídio. Art. 123 – Matar, sob a influência do estado puerperal, o próprio filho, durante o parto ou logo após:
Pena – detenção, de dois a seis anos.
Lesão corporal de natureza grave. Art. 129, § 1º Se resulta:
I – Incapacidade para as ocupações habituais, por mais de trinta dias;
II – perigo de vida;
III – debilidade permanente de membro, sentido ou função;
IV – aceleração de parto:
Pena – reclusão, de um a cinco anos.
§ 2° Se resulta:
I – Incapacidade permanente para o trabalho;
II – enfermidade incuravel;
III perda ou inutilização do membro, sentido ou função;
IV – deformidade permanente;
V – aborto:
Pena – reclusão, de dois a oito anos.
Lei 9.503/1997 – CTB. Art. 302. Praticar homicídio culposo na direção de veículo automotor:
Penas – detenção, de dois a quatro anos, e suspensão ou proibição de se obter a permissão ou a habilitação para dirigir veículo automotor.

e empregou ferramentas penais rudimentares e não talhadas para a grandiosidade da tarefa para qual foi instruído, optando por um modelo de sanção passível de despenalização e que interpretamos como não suficiente do ponto de vista da proporcionalidade para a proteção do nosso patrimônio cultural.

Salienta-se que os atentados contra tal bem jurídico podem advir tanto de ação ou omissão, como de dolo e culpa, mas quer nos parecer que nenhum dos atuais tipos penais está devidamente coberto se cotejada o esperado efeito de dissuasão penal e a sua relação com o princípio da proporcionalidade.

Ainda, importa lembrar que o art. 59 do Código Penal brasileiro determina que a sanção deve ser necessária e suficiente para a "reprovação e prevenção do crime". Entretanto, aqui cremos que esta suficiência não esta devidamente atendida, sendo tímida tanto para a reprovação, como a prevenção de ilícitos contra o patrimônio cultural.

Na espécie, basta ver que um ato criminal pode advir do descumprimento dos deveres do garante ou mesmo da sua negligência. Neste caso, se o resultado for a perda total do objeto protegido, como a ocorrência de um incêndio culposo e sem risco, mas que leva a um prédio histórico a ruína, a consequência penal será a de uma mera transação, como se a perda perpétua pudesse ser compensada ou mitigada pelo pagamento de uma prestação material, de uma cesta básica, ou de algum serviço comunitário.

Da mesma forma, se o nosso rico patrimônio cultural edificado, como o caso dos casarios mineiros protegidos por norma federal, e até listados pela Unesco como de interesse da humanidade, forem destruídos por dolo direto ou eventual, o resultado será que talvez nem processo haja. Caso seja impulsionado, pode ser suspenso ou se resultar em condenação, a penalidade máxima, que é de apenas três anos, pode ser suspensa ou substituída por medidas alternativas, e isto se o delito já não tiver sido atingido pelo curso rápido do prazo prescricional.

De onde, patente que além da já indicada desproporção, temos um modelo penal que viola o princípio da proibição da insuficiência e que está em desacordo com o postulado da proporcionalidade em sentido estrito, já que o patamar penal dos tipos ora disponíveis são irrazoáveis e anêmicos para solver a tarefa constitucional dirigida à devida e eficaz proteção do patrimônio cultural.

O que pontuamos é que o princípio da proporcionalidade é uma baliza para aferir se a tutela de um bem jurídico está sendo realizada da forma devida e proporcional. Além da sua incidência, é preciso verificar se esta proteção é adequada, necessária e razoável, tanto diante dos direitos de defesa, como dos deveres de proteção, de modo a não violar a dupla face desta proporcionalidade, enquanto proibição de excesso e da vedação da tutela deficiente.

Dentro de uma equação própria do princípio da proporcionalidade e do seu duplo viés, devem também ser verificadas as formas com que outros objetos de valores análogos e até questionadamente inferiores são protegidos pelo sistema. O que irá merecer uma especial comparação dos crimes *contra o patrimônio* em relação às figuras típicas no que diz respeito aos atentados *contra o patrimônio cultural*, ou mesmo deste em relação às demais previsões da *lei dos crimes ambientais*.

Entendemos que tal poderia ser solucionado caso instituído um Estatuto do Patrimônio Cultural, abarcando conceitos, princípios, formas de proteção e promoção e demais institutos em torno deste tema. De modo a fornecer uma tutela ampla e articulada, inicialmente desempenhada por instrumentos de direito civil e administrativo, mas também reforçada pela irrenunciável presença de mecanismos penais, nos quais o bem jurídico coletivo patrimônio cultural não tivesse em nosso ordenamento um nível de proteção tão desarrazoado e tão inferior ao de outras categorias, como o do patrimônio.

6.4 A insuficiência da proteção penal no sistema brasileiro

Demonstramos que os direitos fundamentais reclamam prestações positivas para a sua defesa e sustentáculo, o que demanda uma atuação prática do Estado, inclusive com o devido implemento de medidas penais. Porém, uma tutela completa não é traduzível simplesmente com a edição de um tipo penal com referência a um bem jurídico, na medida que também pende o compromisso de que tal dispositivo possua um âmbito de eficácia suficiente e de razoabilidade para o exercício desta proteção.

Para a satisfação deste débito protetivo o Estado dispõe de vários instrumentos, e no presente caso o penal é exigido e irrenunciável. Quando da configuração dos tipos incriminadores o legislador é dotado de um certo nível de discricionariedade, o qual no caso do patrimônio cultural é mais reduzido por força dos comandos anteriores emanados da Constituição.

Neste mister, não existe a obrigação de adotar um nível máximo de tutela, o qual ainda que satisfatório e desejável também pode gerar algum efeito colateral em face dos direitos contrapostos restringidos. Contudo, tal não significa que a tutela mínima basta e, menos ainda, que o legislador está autorizado ao uso de figurais criminais de natureza meramente simbólicas e que não sejam capazes de desempenhar um patamar mínimo de proteção.

Ainda que se considere que o princípio da proporcionalidade exige atender "*um mínimo* constitucionalmente exigido, não é menos verdade que o conteúdo essencial define tão-somente *o mínimo dos mínimos*". Também, podem existir restrições que apesar de excessivas não afetem o conteúdo essencial do direito atingido, assim como podem ser empregues soluções protetivas que são insuficientes.[520]

De qualquer forma, a "intangibilidade do conteúdo essencial representa uma cláusula de segurança relativamente à atuação ou inação dos poderes públicos e do legislador em especial". Ocorre que "nem todos os quadros legais que cingem à proteção jurídica do núcleo essencial de um direito são constitucionalmente aceitáveis", na medida em que os "deveres de proteção de direitos fundamentais demandam mais do que isso" e, em regra, a própria proibição da insuficiência é sensivelmente mais ambiciosa. Fazendo com que a realização do *princípio da máxima efetividade* das normas constitucionais demande ainda mais, evitando a "redução sistemática e perversa dos direitos fundamentais ao seu standard mínimo".[521]

No que diz respeito ao legislador, em casos como o do patrimônio cultural a sua liberdade de conformação é mais limitada, por conta do reconhecimento do bem jurídico e do mandado constitucional de criminalização. De onde aumentam o seu ônus e as suas responsabilidades no sentido da elaboração de normas, em especial a penal, capazes de representar uma tutela suficiente, eficaz e proporcional ao objeto grifado pelo constituinte, mormente em se tratado de bem que pode ser completamente aniquilado, a depender da intensidade do ataque.

Na hipótese presente, esta liberdade de conformação do legislador está "delimitada pelos preceitos constitucionais onde nascem e crescem os deveres estaduais de proteção, está igualmente sujeita ao influxo de inúmeros princípios constitucionais e das diretrizes [...] que dele derivam". Entre tais princípios estão os de natureza geral, alguns mais restritos e outros que dizem respeito aos imperativos de tutela.[522]

520 SILVA, Jorge Pereira da; op. cit., p. 609.

521 SILVA, Jorge Pereira da; op. cit., p. 611-12.

522 SILVA, Jorge Pereira da; op. cit., p. 572.

Nos referidos princípios destacamos o da máxima otimização dos direitos fundamentais. E que na lição de Alexy "são normas que ordenam que algo seja realizado na maior medida possível dentro das possibilidades jurídicas e fáticas existentes". Tais princípios são *mandamentos de otimização*, que podem ser satisfeitos em graus variados, a depender das ditas possibilidades e dos valores colidentes.[523]

Aqui, é preciso mencionar a existência de posicionamento no sentido de que o "nível de proteção garantido pelo princípio da proibição da insuficiência deve considerar-se atingido apenas quando o legislador" não puder ir mais longe, "concedendo ao direito em causa um nível de proteção superior", diante das razões fáticas, jurídicas e dos direitos contrapostos. Tem-se aqui a maximização da proteção jusfundamental, na "escolha de meios de ação compatível com a mais elevada intensidade de proteção admissível".[524]

Com efeito, tendo em conta que a proteção absoluta é impossível, o desejável poderia ser mecanismos que garantam a tutela mais plena exequível. Contudo, entendemos que diante da própria capacidade estatal e dos correlatos direitos restringidos, a máxima proteção não seria exigível. Ainda assim, também defendemos que o nível de tutela deve afastar-se ao máximo do piso e se aproximar o quanto possível do teto, não sendo obrigatória a proteção mais graduada, nem aceitável uma proteção meramente mínima.

Entretanto, considerando-se a timidez como sancionado os ataques ao *patrimônio cultural*, mormente diante do mencionado cotejo com os *crimes contra o patrimônio*, nos posicionamos que no presente caso estamos diante da hipótese de violação do princípio da proteção deficiente. Em especial, tendo em vista a forma como a tutela foi constitucionalmente imposta e a "relação de conformidade entre o tipo e a intensidade dos meios nela envolvidos pelo legislador ordinário e o objetivo último fixado pela Lei Fundamental".[525]

Tal constatação é reforçada levando em conta que os deveres de proteção não são "o campo por excelência para o legislador dar largas à sua imaginação criadora ou a eventuais tendências experimentalistas". Em situação na qual o princípio da proibição da insuficiência "tem por função garantir que nenhum

523 ALEXY, Teoria [...], 2008, op. cit., p. 90.

524 SILVA, Jorge Pereira da; op. cit., p. 612.

525 SILVA, Jorge Pereira da; op. cit., p. 576.

direito fundamental é deixado pelo legislador abaixo do nível de proteção imprescindível para assegurar o seu conteúdo essencial".[526]

Conteúdo este que se esvairia por completo, como no caso da destruição de um casario tombado, cuja tutela penal é resguardada apenas pelo art. 62 da Lei nº 9.605/1998, com sanção máxima de três anos. Aqui, não há como negar que, ainda que o modelo penal não seja o único protetivo, a eficácia dissuasória "será tanto mais efetiva quanto mais gravosos forem, para os agentes, as consequências decorrentes da violação dos bens jurídicos em questão". E, também, "quanto mais firme for a convicção dos cidadãos de que existem instituições capazes de extrair essas mesmas consequências com elevada probabilidade e prontidão".[527]

Afinal, mais do que um operoso mecanismo para a salvaguarda de bens jusfundamentais, a eleição dos instrumentos penais fora previamente exigida para a tutela dos bens culturais, figurando como uma modalidade de considerável eficácia. De onde, não pode o legislador, o qual ainda está sujeito ao controle jurisdicional, abrir mão de tal ferramenta, rebaixar o seu grau de abrangência e, muito menos, empregá-la aquém de um mínimo adequado, necessário e proporcional.

Por tais razões, cumpre reprisar que no caso dos delitos contra o patrimônio cultural o patamar sancionatório deveria ter sido avaliado com maior zelo e cautela do legislador, quando da elaboração dos citados tipos penais. Já que diante do quilate do bem jurídico e do seu mandado constitucional ele se defronta com uma barreira intransponível que afeta a sua liberdade de modulação, na qual está o legislador restrito a parâmetros obrigatórios e preferencialmente acima de um mínimo, ainda que sem compromisso com o máximo de proteção.

[526] SILVA, Jorge Pereira da; op. cit., p. 577 e 605.

[527] SILVA, Jorge Pereira da; op. cit., p. 637 e 641. Acrescenta que a "protecção penal aparenta conter, de facto, todos os predicados para se constituir num verdadeiro cavalo de Tróia da repressão, permitindo ao legislador ordinário entrar de rompante no campo dos direitos fundamentais – isto é, num campo que deveria ser dominado pela ideia de liberdade e pelo seu exercício desinibido – e, a pretexto da defesa de uns, acabar por desfeitear outros tantos. De qualquer forma, os receios mais ou menos velados quanto ao uso abusivo da tutela penal não se têm de todo confirmado [...]. Por isso, a tutela penal de bens jusfundamentais permanece tão imprescindível".

Diante do que, apresentamos o seguinte quadro para ilustrar o nosso entendimento de como se encontra configurada atualmente a proteção penal:

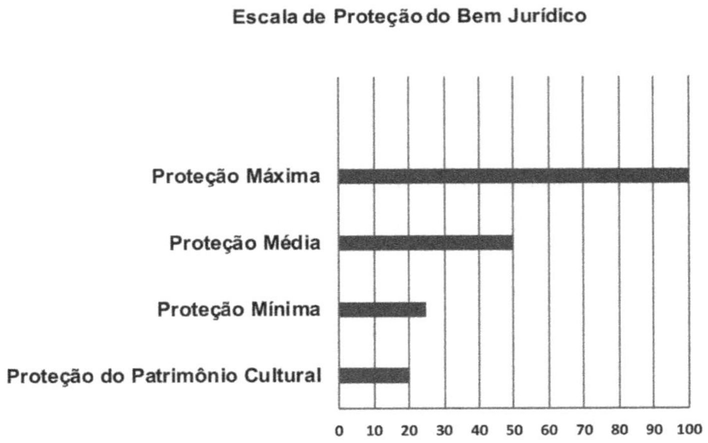

A partir deste gráfico, propomos que uma proteção máxima atingiria eficácia total, uma média alcançaria a metade da tutela, e uma proteção mínima deveria ao menos estabelecer um âmbito protetivo na escala de um quarto. Contudo, no atual sistema pátrio estamos abaixo da proteção básica, o que claramente configura a violação do princípio da proibição da proteção insuficiente.

Por sua vez, em termos de patrimônio cultural brasileiro, primeiramente o nosso sistema dispunha de institutos de direito civil, administrativo e processual, como os do Decreto-lei nº 25/37 e das Leis nº 6.513/77, nº 7.348/85 e nº 10.257/2001, que isolados ou reunidos, não seriam suficientes para a devida tutela do dito patrimônio. Um outro combina tais métodos com os de natureza penal, inicialmente dos artigos 165 e 166 do Código Penal, os quais foram reforçados e atualizados por um terceiro meio, decorrente dos artigos 62 a 65 da Lei nº 9.605/98.

Aqui, os primeiros instrumentos por si só são importantes, mas ainda não são o bastante e devem ser qualificados. Já os da lei penal ofereciam uma proteção complementar. Mas e quanto aos tipos atuais, são suficientes e conseguem eles desempenhar o mínimo de tutela proporcional e constitucional?

A edição da Lei nº 9.605/1998 guarda consonância com a Constituição Federal, em especial, naquilo que diz respeito ao direito ao meio ambiente, e ao dever do Poder Público e da coletividade de defendê-lo e preservá-lo, conforme o seu art. 225. Igualmente contempla nos seus artigos 62 a 65 a tutela penal do patrimônio cultural, de modo que não estamos em situação de omissão, nem de conflito em relação à Lei Maior. Mas, repetimos, será que estes dispositivos são capazes de quitar o comando de promoção e proteção do patrimônio cultural, bem como o mandado expresso de criminalização?

Na espécie, dando vazão ao cominado pelo constituinte o legislador adotou os mecanismos expressos na Lei dos Crimes Ambientais, objetivando uma melhor proteção bens culturais, ainda que possam representar mais restrições do ponto de vista penal. Por certo, tais instrumentos são uma evolução em relação aos cíveis, administrativos e penais existentes até então. Contudo, estão muito longe de conferirem a tutela ideal, e são passíveis de questionamento se realmente estão oferecendo ao menos uma proteção mínima e como tal proporcional.

Tudo isto, considerando-se a categoria do bem jurídico, sua importância, posição constitucional e representatividade coletiva, em relação às sanções arbitradas para o caso de risco ou vulneração a ele, além do necessário cotejo em relação ao tratamento sancionatório que o mesmo sistema oferece em relação ao bem jurídico individual "patrimônio", seja ele público ou privado.

Aqui, o contraste entre o mandado constitucional e a realização penal torna-se ainda mais abissal quando colocados lado a lado o tratamento conferido ao bem jurídico coletivo "patrimônio cultural", em relação ao "patrimônio". Basta por exemplo ver as previsões para o furto no art. 155 do Código Penal. Se for de um botijão de gás, será apenado com até quatro anos, algo já maior do que a destruição do nosso casario. Se o furto for de um bovino, pena de até cinco anos. Se for de um veículo a ser transportado para fora do Estado, até oito anos. Se for usado explosivo, pena de até dez anos.

Contudo, se um prédio tombado for destruído por explosão (sem risco coletivo), a pena máxima ainda segue em até três anos. E a disfunção continua, se verificarmos outros ilícitos patrimoniais.[528] Da mesma forma, o sistema sequer contempla a hipótese do crime ser cometido contra patrimônio cultural da humanidade, assim reconhecido pela Unesco, o que torna o bem de valia ainda maior e, por lógico, deveria receber uma proteção penal equivalente, como por meio de figuras qualificadas ou majorantes, no caso de atentados contra este especial objeto.

[528] Como no caso do estelionato, com pena de até cinco anos e que pode dobrar, ou na receptação qualificada com até oito anos de reclusão, artigos 171 e 180 do CPB.

Note-se que o crime de furto possui gradientes de acordo com a gravidade do ataque ou do bem jurídico, inclusive prevendo outras punições, como no caso de prática contra idosos, vulneráveis, se utilizado por meios eletrônicos, ou se valendo de explosivos.

Enquanto que para o dano contra o patrimônio cultural o resultado é sempre o mesmo, punição máxima de três anos, incidência da justiça negocial ou de meios alternativos, independente do grau de lesividade da conduta, se atingiu bem inventariado ou tombado, se é considerado um patrimônio municipal, estadual, nacional ou até da Unesco, e se é passível de recuperação ou não.

A baixa evolução no tratamento da matéria e o seu paradoxo também se mostra se levarmos em conta que no antigo projeto de Código Penal de Nélson Hungria a pena do dano ao patrimônio cultural era equivalente ao furto simples, de 01 a 04 anos, e possuía um tipo penal bem completo: "Art. 176. Destruir, inutilizar, deteriorar ou fazer desaparecer coisa tombada pela autoridade competente, em virtude de seu valor artístico, paisagístico, arqueológico, histórico, etnográfico ou bibliográfico".

Não bastasse, os crimes contra o patrimônio também não possuem nenhum tipo de proteção específica no caso de serem cometidos contra objeto que seja considerado patrimônio cultural. Assim, o furto ou a receptação de um bem material culturalmente tutelado, como uma obra de arte, segue sendo um delito comum, incidindo quando muito alguma qualificadora. Logo, ainda que socialmente mais danoso, segue sendo penalmente menos grave surripiar um quadro singular de centenas de anos, do que o abigeato de uma cabeça de gado, ou a subtração de um carro velho que é conduzido até o Estado vizinho para desmanche de peças.

Igualmente, nota-se que os crimes contra o patrimônio possuem um variável gradiente de tutela e sanção, o qual vai avançando na medida em que se intensifica o ataque ao bem jurídico. Todavia, no caso dos delitos contra o patrimônio cultural não dispomos dos mesmos níveis de manejo. Indiferente do nível de agressão o teto sancionatório será sempre o mesmo, de três anos. E todas as punições levam, ao menos em nível abstrato, a soluções negociais ou à substituição da pena privativa, sem contar a porta larga da prescrição frente a qual estão adstritos, tendo em vista que, de todos, como dito e repetido, a sanção máxima prevista pode chegar apenas a três anos de reclusão.

É indiscutível que a possibilidade de solução consensual representa uma evolução em termos processuais e penais, de modo que a existência destes mecanismos não é um empecilho por si só. Contudo, o problema reside no fato de que sempre, ao menos em abstrato, não importa o quão grave e fulminadora seja a depredação do objeto, a única resposta que o sistema oferecerá será a da justiça negocial e das medidas tão só restritivas, de rápida fluição prescricional.

Para nós, o grande contraste em relação a tais previsões está no fato de que o patrimônio cultural não é restituível. Pois, ainda que possível adotar algum método reconstrutivo, na verdade teremos uma edificação nova, uma réplica de si mesma, já que a original foi perdida e para sempre. Enquanto que nos delitos patrimoniais tratamos em regra de um bem fungível e, pois, restituível, ou, no mínimo, indenizável. Trata-se então de um autêntico problema na arquitetura normativa, a qual está incompatível com a premissa constitucional e não consegue aquilatar a verdadeira grandeza do bem.

Não há como ignorar que a sanção é um relevante índice de importância jurídica, estando ligada à própria ofensa ao bem jurídico. Assim como não podemos negar que estamos diante de um bem digno e merecedor de proteção penal. Porém, esta proteção previamente sindicada como adequada e necessitada, não está se realizando de forma razoável. E a cisão da sua proporcionalidade em sentido estrito torna-se ainda mais alarmante, quando realizamos a sua comparação em relação à pena para os delitos patrimoniais.

No entanto, não queremos aqui dizer que o problema todo reside na quantia da pena, pois entendemos que a sua abrangência é ainda maior e que deve ser vista de forma mais aprofundada, assim como não cremos que o mero aumento penal seja por si só um remédio para este mal consistente em índices tão inferiores de tutela do patrimônio cultural.

Na verdade, trata-se de uma questão sistêmica, de uma lacuna persistente, que ora é parcialmente preenchida por algumas disposições avulsas, por uma legislação antiga e por uma sanção penal tímida. E aqui, a solução mais compatível que defendemos é a construção de uma codificação própria e compatível, com diferentes níveis de proteção administrativa, civil e penal e a sua graduação.

Para tanto, deveríamos ter um Estatuto do Patrimônio Cultural, o qual atenderia às normativas do art. 216 da Constituição Federal, nos mesmos moldes que temos hoje os Estatutos da Criança e do Adolescente e do Idoso, os quais são uma decorrência dos comandos dos artigos 227 e 230 da Carta Magna, respectivamente.[529]

[529] E não se tratam de casos únicos, temos ainda o Estatuto da Pessoa com Deficiência, nos mesmos moldes, e também o Estatuto da Igualdade Racial, cujo complemento penal é fornecido pela Lei nº 7.716/1989, a qual dispõe sobre os crimes de preconceito de raça e cor, atendendo às disposições do art. 5º, "caput", XLII, da CF, sobre a igualdade e a criminalização do racismo, respectivamente.

A exemplo destes poderíamos ter um conjunto ordenado de direitos, garantias, medidas de proteção, infrações administrativas e crimes, os quais estariam dispostos de acordo com as categorias e os fins tutelados nos estatutos, ordenados de forma ascendente e gradual a partir da necessidade e relevância de tutela, além do grau de ameaça ou ataque ao bem jurídico.

Com efeito, convém grifar que a proteção penal dos bens culturais não reside na proteção do objeto em si ou de sua propriedade, mas, sim, na defesa da função social e coletiva dos bens culturais e daquilo que representam, pois são dotados de valia suprapatrimonial. Na espécie, não se tratam de objetos seriados e comuns, mas de bens irrepetíveis e infungíveis, os quais são tão sensíveis e limitados, de modo que inclusive a possibilidade de reparação do dano pode não ser exequível. Ou seja, são passíveis de uma extinção tal que romperá por completo a continuidade de uma rica herança pretérita, levará ao fim da contemplação pelas gerações presentes e redundará na total impossibilidade da sua transmissão futura.

Prosseguindo, não se trata aqui de simplificar e afirmar que mais pena traduzir-se-á necessariamente em mais proteção penal, mas é gritante o fato de que no ordenamento pátrio a retribuição máxima prevista é a detenção de um a três anos para um caso de dano.

Em termos práticos significa que a destruição de importantes casarios como os de Ouro Preto – MG, ou de enormes danos para as Ruínas de São Miguel – RS, ambos tombados nacionalmente e também reconhecidos pela Unesco, atualmente poderiam ser resolvidos em termos criminais inclusive sem a necessidade de processo, pois estariam contemplados na alçada do acordo de não persecução penal[530] do art. 28-A, do Código de Processo Penal,[531] ou da suspensão condicional do processo do art. 89,

[530] Sobre a sua aplicação nas hipóteses de delitos ambientais ver: ROCHA, Fernando A. N. Galvão da Rocha. Acordo de não persecução penal em crimes ambientais, in: Estudos de direito penal ambiental, ROCHA, Fernando A. N. Galvão da (org.) Belo Horizonte: Expert, 2021, p. 38-66.

[531] Art. 28-A. Não sendo caso de arquivamento e tendo o investigado confessado formal e circunstancialmente a prática de infração penal sem violência ou grave ameaça e com pena mínima inferior a 4 (quatro) anos, o Ministério Público poderá propor acordo de não persecução penal, desde que necessário e suficiente para reprovação e prevenção do crime, mediante as seguintes condições ajustadas cumulativa e alternativamente:

I – reparar o dano ou restituir a coisa à vítima, exceto na impossibilidade de fazê-lo;

II – renunciar voluntariamente a bens e direitos indicados pelo Ministério Público como instrumentos, produto ou proveito do crime;

da Lei n º 9.099/1995,[532] e quando muito poderiam receber ao final as benesses das penas restritivas do art. 44,[533] ou da suspensão condicional da pena,

III – prestar serviço à comunidade ou a entidades públicas por período correspondente à pena mínima cominada ao delito diminuída de um a dois terços, em local a ser indicado pelo juízo da execução, na forma do art. 46 do Decreto-Lei nº 2.848, de 7 de dezembro de 1940 (Código Penal);
IV – pagar prestação pecuniária, a ser estipulada nos termos do art. 45 do Decreto-Lei nº 2.848, de 7 de dezembro de 1940 (Código Penal), a entidade pública ou de interesse social, a ser indicada pelo juízo da execução, que tenha, preferencialmente, como função proteger bens jurídicos iguais ou semelhantes aos aparentemente lesados pelo delito; ou
V – cumprir, por prazo determinado, outra condição indicada pelo Ministério Público, desde que proporcional e compatível com a infração penal imputada.
§ 1º Para aferição da pena mínima cominada ao delito a que se refere o caput deste artigo, serão consideradas as causas de aumento e diminuição aplicáveis ao caso concreto. [...]

[532] Art. 89. Nos crimes em que a pena mínima cominada for igual ou inferior a um ano, abrangidas ou não por esta Lei, o Ministério Público, ao oferecer a denúncia, poderá propor a suspensão do processo, por dois a quatro anos, desde que o acusado não esteja sendo processado ou não tenha sido condenado por outro crime, presentes os demais requisitos que autorizariam a suspensão condicional da pena (art. 77 do Código Penal).
§ 1º Aceita a proposta pelo acusado e seu defensor, na presença do Juiz, este, recebendo a denúncia, poderá suspender o processo, submetendo o acusado a período de prova, sob as seguintes condições:
I – reparação do dano, salvo impossibilidade de fazê-lo;
II – proibição de freqüentar determinados lugares;
III – proibição de ausentar-se da comarca onde reside, sem autorização do Juiz;
IV – comparecimento pessoal e obrigatório a juízo, mensalmente, para informar e justificar suas atividades.

[533] Art. 43. As penas restritivas de direitos são:
I – prestação pecuniária;
II – perda de bens e valores;
III – limitação de fim de semana.
IV – prestação de serviço à comunidade ou a entidades públicas;
V – interdição temporária de direitos;
VI – limitação de fim de semana.
Art. 44. As penas restritivas de direitos são autônomas e substituem as privativas de liberdade, quando:
I – aplicada pena privativa de liberdade não superior a quatro anos e o crime não for cometido com violência ou grave ameaça à pessoa ou, qualquer que seja a pena aplicada, se o crime for culposo;
[...]
§ 2o Na condenação igual ou inferior a um ano, a substituição pode ser feita por multa ou por uma pena restritiva de direitos; se superior a um ano, a pena privativa de liberdade pode ser substituída por uma pena restritiva de direitos e multa ou por duas restritivas de direitos.
§ 3o Se o condenado for reincidente, o juiz poderá aplicar a substituição, desde que, em face de condenação anterior, a medida seja socialmente recomendável e a reincidência não se tenha operado em virtude da prática do mesmo crime.

do art. 77[534], caso o fato ainda não tenha sido alcançado pela prescrição, prevista no art. 109,[535] todos do Código Penal.

Interessante pontuar que nestas hipóteses não penalizadoras, em regra, uma das condições é a reparação do dano, salvo impossibilidade de fazê-lo. O que acreditamos agravar mais a situação em termos de hipoproteção, pois nos posicionamos pela irrepetibilidade do bem cultural destruído, na medida em que sua reconstrução não seria autêntica e histórica, mas contemporânea e meramente inspirada na sua originalidade, a qual foi perdida para sempre com a sua extinção.

Portanto, somos levados a concluir que no caso do patrimônio cultural nos deparamos diante daquilo que Canotilho denomina como "*defeito de proteção*", o qual surge quando da adoção de medidas insuficientes para garantir a devida tutela, em especial aqui, quando tal tarefa de índole penal desde já foi auditada como adequada e necessária, e figura como constitucionalmente exigível.

[534] Art. 77 – A execução da pena privativa de liberdade, não superior a 2 (dois) anos, poderá ser suspensa, por 2 (dois) a 4 (quatro) anos, desde que:
[...]
§ 2o A execução da pena privativa de liberdade, não superior a quatro anos, poderá ser suspensa, por quatro a seis anos, desde que o condenado seja maior de setenta anos de idade, ou razões de saúde justifiquem a suspensão.
Art. 78 – Durante o prazo da suspensão, o condenado ficará sujeito à observação e ao cumprimento das condições estabelecidas pelo juiz.
§ 1º – No primeiro ano do prazo, deverá o condenado prestar serviços à comunidade (art. 46) ou submeter-se à limitação de fim de semana (art. 48).
§ 2° Se o condenado houver reparado o dano, salvo impossibilidade de fazê-lo, e se as circunstâncias do art. 59 deste Código lhe forem inteiramente favoráveis, o juiz poderá substituir a exigência do parágrafo anterior pelas seguintes condições, aplicadas cumulativamente:
a) proibição de freqüentar determinados lugares;
b) proibição de ausentar-se da comarca onde reside, sem autorização do juiz;
c) comparecimento pessoal e obrigatório a juízo, mensalmente, para informar e justificar suas atividades.

[535] Art. 109. A prescrição, antes de transitar em julgado a sentença final, salvo o disposto no § 1o do art. 110 deste Código, regula-se pelo máximo da pena privativa de liberdade cominada ao crime, verificando-se:
[...]
IV – em oito anos, se o máximo da pena é superior a dois anos e não excede a quatro;
V – em quatro anos, se o máximo da pena é igual a um ano ou, sendo superior, não excede a dois;
VI – em 3 (três) anos, se o máximo da pena é inferior a 1 (um) ano.

Na espécie, a opção legislativa por medidas penais dotadas de baixa suficiência está a ferir diretamente a cláusula da *Untermassverboten*, resguardada não apenas pelo princípio da proporcionalidade, mas pela nossa ordem constitucional que exige a tutela efetiva dos direitos fundamentais. Os quais não podem ser atacados nem por agressões diretas e, muito menos, por omissões do Poder Público, quando este não é capaz de desempenhar uma tutela eficaz dos objetos mais elevados, e que previamente foram gravados pelo constituinte como bens jurídicos valiosos.

Infelizmente, entendemos que a atual conformação sancionatória dos referidos tipos não satisfaz as exigências mínimas de tutela, que o âmbito de proteção conferido não é suficientemente eficaz sob o prisma da proporcionalidade e que o modelo sancionatório eleito subavalia a importância do patrimônio cultural. Temos aqui como desde já indicada a adequação e a necessidade da medida penal, porém esta não se mostra razoável em termos concretos, da forma como configurada a sanção.

Em nosso entender, estamos diante de um *defeito de proteção* no que diz respeito ao princípio da proporcionalidade em sentido estrito, no qual o fim e as normas estão definidas pelo texto constitucional, porém, na prática, possuem um curto alcance, não pela omissão plena, mas parcial.

É como se a ponte normativa construída para a proteção do patrimônio cultural, ainda que completa na sua extensão fosse por demais estreita e estivesse recoberta por sérios defeitos e falhas estruturais, as quais acabam por tornar o seu percurso difícil, extenuante, inconveniente e a exigir prontas reformas, para corrigir as suas faltas e permitir a correta e plena travessia segura para a qual foi concebida desde sempre.

Na mesma linha, acreditamos que o sistema pátrio está a preterir de forma flagrante e relapsa um objeto constitucional grifado, ao mesmo tempo em que tutela com muito maior cuidado outros bens jurídicos, como podemos verificar na análise comparativa já citada em relação aos crimes contra o patrimônio, o que demonstra até mesmo um desvio protetivo indevido.

Entendemos que a tutela em vigor ainda está abaixo do minimamente aceitável, de modo que a atual posição não seria capaz de satisfazer um âmbito de proteção razoável, seja pela forma pálida como as sanções foram configuradas, seja pela ausência de um catálogo legislativo especial destinado ao objeto em pauta.

Aqui o grau de favorecimento e o conteúdo legislativo restou aquém do constitucionalmente exigível, e não é capaz de atender na sua completude as exigências do direito social fundamental do patrimônio cultural. Em outras palavras, o que queremos dizer é que o legislador ordinário não foi capaz de traduzir na sua plenitude o conteúdo do art. 216 da Constituição Federal e segue com um largo débito, ainda que não total, mas o qual deve ser satisfeito.

Nessa toada interessante registrar o elucidativo modelo proposto por Pereira da Silva, sobre os níveis de proteção:[536]

VI – Proteção Absoluta
V – Proteção máxima permitida pelo princípio da proibição de excesso
IV – Proteção intermediária (ótima) decidida pelo legislador
III – Proteção mínima exigida pelo princípio da proibição de déficit
II – Proteção do conteúdo essencial
I – Proteção zero

Primeiramente, ambos os extremos são descartados (I e VI), pois a proteção absoluta e nula são representações teóricas. No nível de proteção do conteúdo essencial (II) a tutela não abarca o direito como tudo, ficando restrito ao seu núcleo principal, o qual então será garantido, mas, ainda assim, tal não satisfaz um padrão básico de proteção e conflita com a vedação do déficit. Já a proteção máxima permitida (V) também pode não ser a ideal, diante do risco de falhar no teste da necessidade e da proporcionalidade em sentido estrito, vindo a colidir com outros princípios e valores constitucionais incidentes.[537]

Na proteção intermediária e ótima (IV) estaria o chamado "*ponto de Arquimedes* entre os bens e direitos a salvaguardar e as posições jurídicas contrapostas". Seria este o ponto "em que supostamente se realiza a mais perfeita concordância prática entre todos os valores constitucionais envolvidos, numa lógica próxima das concepções mais moderadas dos direitos fundamentais", assim tomados enquanto princípios e imperativos de otimização. Ainda assim, em circunstâncias ordinárias abaixo dos níveis IV e V e acima da simples garantia do núcleo essencial do direito (II), é "que a questão da proibição do déficit deve ser colocada e assume a sua máxima pertinência".[538]

536 SILVA, Jorge Pereira, op. cit., p. 630.

537 SILVA, Jorge Pereira, op. cit., p. 630-2.

538 SILVA, Jorge Pereira, op. cit., p. 631.

Quanto a nós, reiteramos que o atual modelo de proteção penal e o sistema legislativo como um todo não fornecem um teor protetivo proporcional, na forma determinada pelo constituinte, estando aquém do mínimo razoável e não sendo aprovado no teste da proibição de insuficiência.

Ocorre que mesmo que não necessária a tutela mais elevada, e ainda que desejável que esta se posicione acima do mínimo, quer nos parecer que o modelo do nosso ordenamento sequer chega a atingir o grau básico, exigível e irrenunciável de proteção.

Em sendo assim, para honrar o compromisso legado na Carta de 1988 antevemos dois caminhos, um mais direito e o outro mais tortuoso. O primeiro passaria pela reforma do nosso sistema legislativo e pela edição de um Estatuto do Patrimônio Cultural, contemplando instrumentos administrativos, civis e penais de proteção, num sistema que não abarcaria apenas as sanções negativas, mas também as positivas (por meio de incentivos e outras ações),[539] para uma maior promoção e proteção do bem jurídico, além de estabelecer tipos criminais que estejam talhados e que sejam aptos à satisfação mínima e eficaz da tutela requerida por tal bem jurídico.

Não se trataria tão somente de mais crimes ou pena, de uma repetição legal, ou de uma lei a mais, mas de um compêndio único e atualizado capaz de contemplar as mais variadas formas de patrimônio cultural material e imaterial, como o histórico, artístico, arquitetônico, arqueológico, subaquático, natural, paisagístico, estético, turístico, documental e as nossas manifestações culturais como um todo, podendo ainda diferenciar o patrimônio local, do estadual, nacional e mundial.

[539] BOBBIO, Norberto. Da estrutura à função. Novos estudos de teoria do direito. Barueri: 2008, p. 7, explica que em nível de sanção cabem "não apenas as consequências desagradáveis de inobservância das normas, mas também as consequências agradáveis da observância, distinguindo-se, no *genus* sanção, duas *speceis*: as sanções positivas e as sanções negativas. As positivas fazem parte do Estado assistencial contemporâneo, com normas de organização, nas quais tanto o Estado faz diretamente e também deve fazer, como por via das leis de incentivo, nas quais junto a função de tutela ou garantia aparece a função de promover, visível, por exemplo, no art. 9º, §1º, da Constituição italiana: promover o desenvolvimento da cultura". Em termos de patrimônio cultural assinalamos o tombamento, o qual contempla restrições ao direito de propriedade e sanções negativas (em nível de conservação social e desencorajamento), para o caso de alteração do bem tombado. Mas que também poderia contemplar sanções positivas (para o encorajamento e a transformação), o que seria uma facilitação para atingir uma finalidade, ou um prêmio por ter alcançado o escopo, como prever a possibilidade de negociação e venda do direito de construir relativo a um imóvel tombado, "buscando tornar a ação necessária, fácil e vantajosa" (p. 15) ao seu proprietário.

Seria capaz de agregar um arcabouço protetivo dos vários ramos do direito, como o civil, o administrativo e o penal, bem como de amalgamar e regular os atuais institutos, como o do inventário, ou de revigorar os vigentes, como o tombamento, prevendo questões importantes, como contemplar hipóteses de imunidade tributária, ou da possibilidade de negociação e transferência do direito de construir, tendo em conta as restrições que este gera aos direitos de propriedade, os altos custos com a manutenção destas e a possibilidade de tal benefício contribuir para que a proteção de bens culturais seja ampliada.

Uma outra forma, mais árdua e questionável, seria por via do controle jurisdicional de constitucionalidade. Não se trata aqui de questionar uma omissão plena, nem um conflito contraditório com o objeto constitucional, mas o baixo grau de adesão satisfativa em relação às determinações da Magna Carta.

Neste ponto as consequências podem ser duas. Uma é pacífica e consiste na notificação do legislador federal para que termine por completar uma tarefa já iniciada, mas que não atendeu na sua plenitude aos comandos do art. 216 da Constituição.

A segunda, mais complexa e controvertida, é saber se o Supremo Tribunal Federal pode ir ainda mais além, como no caso do recente julgamento da homofobia e racismo. Não apenas declarando o legislativo como inadimplente, porém, traçando algum paralelo punitivo enquanto não satisfeito o débito, como relacionar os níveis de proteção do patrimônio cultural de uma forma simétrica ao tratamento conferido aos crimes patrimoniais. O que seria revolucionário, arriscado e questionável, em especial, frente ao inatingível princípio da legalidade.

Ocorre que o Poder Judiciário é o responsável pela apreciação e mesmo o controle sobre o emprego de instrumentos penais, atento à dupla face do princípio da proporcionalidade. Cabendo a ele examinar excessos e insuficiências no âmbito de tutela, em especial à luz dos direitos fundamentais e dos deveres de sua proteção.

A jurisdição não apenas interpreta e aplica a constituição, como examina a própria constitucionalidade da norma e se ela está de acordo com os gradientes mínimos de tutela, objeto este do nosso exame. E como os deveres protetivos são um ônus que incumbe a todos os órgãos do Estado, situações existem em que será necessária e requerida a intervenção do judiciário, para a devida salvaguarda e garantia plena dos direitos assegurados pelo constituinte.

Trata-se, pois, de uma situação complexa, mas que não pode ser ignorada e que em algum momento deve ser atendida na sua plenitude. Afinal, como expõe Bobbio, o "problema fundamental em relação aos direitos do homem, hoje, não é tanto de *justificá-los*, mas o de *protegê-los*", é um obstáculo "não filosófico, mas político". Pois, do plano ideal ao plano real, "uma coisa é falar dos direitos do homem, direitos sempre novos e cada vez mais extensos, e justificá-los com argumentos convincentes; outra coisa é garantir-lhes uma proteção efetiva".[540]

Assim, se a garantia dos direitos fundamentais, seja de defesa ou de proteção, tem um custo, a recusa em observá-los cobra um preço ainda maior, arcado por toda a sociedade. Motivos pelos quais, num Estado Democrático de Direito, o custo com a efetivação de tais direitos "não deveria sequer ser posto em questão".[541]

De modo que o sistema não pode negligenciar, nem subestimar a ocorrência da infraproteção do patrimônio cultural, cujos riscos são latentes e as possibilidades de perdas se concretizadas são irreparáveis, seja para as presentes ou futuras gerações, fazendo com que a existência de um Estatuto do Patrimônio Cultural soe como uma medida real, urgente, necessária e capaz de desempenhar nela uma tutela mais efetiva e congregada por meio da reunião de vários mecanismos de direito.

6.5 Indicações para o aperfeiçoamento do sistema brasileiro

Entendemos que no Brasil tão relevante tema não recebe o tratamento condizente com a sua grandeza. Primeiramente as normas iniciais do nosso sistema foram introduzidos apenas no século vinte, inclusive impulsionada pela preocupação com a cultural local, como podemos observar a contar do segundo decênio, o qual teve como marco principal a Semana de Arte Moderna.

Até o momento o instrumento mais forte e efetivo em vigor continua sendo o decreto-lei de tombamento, que completou 85 anos de vigência. Outros instrumentos como verificamos foram promulgados, mas jamais catalogados ou reunidos em compêndio único.

540 BOBBIO, Norberto. *A era dos direitos*. Rio de Janeiro: Campus, 1992, p. 24 e 63. Ver FERRAJOLI, Luigi, Derechos fundamentales, *in Los Fundamentos [...]*, op. cit., 2007, p. 36-7; GRIMM, op. cit., p. 165, e FREITAS, Juarez. O controle dos atos administrativos e os princípios fundamentais. São Paulo: Malheiros, 1997, p. 56-7.

541 D'ÁVILA, op. cit., 2006, p. 107. Ver ALMEIDA, Luiz Antônio de Freitas. O controle jurídico da omissão estatal pela norma da proporcionalidade. *Revista de Ciências Jurídicas Pensar*, v. 26, nº 2, p. 1-16, abr.-jun. 2021.

O maior destaque para a matéria foi alcançado com a Constituição Federal de 1998. Mas até hoje o instituto do inventário não recebeu nenhuma previsão expressa ou regulamentação legal. E seguimos desconhecendo no que consistiria realmente a vigilância[542] e as apregoadas outras formas de acautelamento e preservação.

Embora a tutela do patrimônio cultural tenha sido erigida a mandado expresso de criminalização, ocorre que a sua proteção penal é pálida, muito inferior à conferida aos crimes contra o patrimônio, e muito distante da forma como tratada em Portugal[543], Espanha[544] e Itália,[545] as quais possui bem estruturada em termos normativos a sua tutela, inclusive por via dos instrumentos penais.

No tocante ao índice sancionatário os quatro únicos tipos estão sujeitos a justiça negocial, e por ironia o maior patamar de pena já estabelecido continua sendo o antigo e natimorto Código Penal de Nélson Hungria. O delito de maior gravidade possui sanção de no máximo três anos, em que pese contemple condutas de elevada danosidade e provável irreversibilidade, como no caso de destruição de prédios tombados, de museu, biblioteca ou outra instalação científica e cultural.

Prosseguindo, completando três décadas e meia do vigor da Constituição Cidadã, era de se esperar, ou melhor, era obrigatório que o ordenamento pátrio pudesse contar com um sistema mais organizado, como no caso de Portugal, urgindo que tenhamos um Código, um Estatuto ou uma Lei Geral de Patrimônio Cultural, a exemplo de normas protetivas, entre as quais verificamos em matéria de meio ambiente, urbanismo, museus, águas, consumidor, ou mesmo dos hipossuficientes, como crianças, adolescentes, idosos e da pessoa com deficiência.

542 Trata-se de uma decorrência do poder de polícia da administração pública, ou do direito da população de zelar pela proteção de determinado patrimônio, colocando-o sob a sua vigilância e informando ao poder público as hipóteses de eventual risco ou dano, ou ambas as figuras?

543 Lei nº 107/2001, estabelece as bases da política e do regime de proteção e valorização do património cultural, possuindo cominações em termos administrativo, civil e penal. Além das previsões no Código Penal, junto aos crimes contra o patrimônio.

544 Lei 16/1985, do Patrimônio Histórico Espanhol, cujo objeto é a "proteção, valorização e transmissão às gerações futuras do Patrimônio Histórico espanhol". E o Código Penal, sob a rubrica de "crimes relacionados com o ordenamento do território e urbanismo, a proteção do património histórico e do meio ambiente".

545 Decreto Legislativo nº 42/2004, o Código dos Bens Culturais e da Paisagem, o qual contém previsões de ordem administrativa, civil e penal, bem como as novas alterações de 2022 do Código Penal, com a matéria prevista como "os delitos contra o patrimônio cultural"

A conclusão a que chegamos é que o legislador brasileiro ainda não aperfeiçoou o seu sistema e não o adaptou aos comandos constitucionais de proteção e preservação do patrimônio cultural, estando ainda preso a instrumentos avulsos, questões que deveriam ser disciplinadas como o processo de inventário, e atualizadas aos desafios do presente, como no caso da lei de tombamento.

No Brasil, os parcos instrumentos estão desordenados e vagam de forma avulsa por vários diplomas, em contrariedade ao princípio da unidade do patrimônio cultural. Veja-se que o tombamento é previsto por decreto-lei, os delitos estão relacionados na Lei dos Crimes Ambientais, e alguns mecanismos de proteção, como plano diretor, zoneamento e estudo de prévio impacto estão previstos no Estatuto das Cidades.

Portanto, não possuímos uma norma única que discipline as regras em tornos de bens culturais, e temos de nos valer de dispositivos que tratam de meio ambiente e urbanismo, em circunstâncias nas quais emprestam previsão para o direito do patrimônio cultural.

Da mesma forma, em não estando sistematizadas e regulamentadas as formas de proteção, também é desatendido o princípio da graduabilidade, já que formalmente o ordenamento não adota nenhum tipo de graduação entre os diversos institutos protetivos e que se daria no caso do arrolamento, do inventário e do tombamento, no que, e em ordem crescente, esta seria a forma mais forte de proteção.

Podendo se mirar nos citados exemplos Europeus, o direito pátrio deveria adotar um estatuto do patrimônio cultural, contendo um conceito aberto e definição de bens culturais, tratando dos princípios do direito do patrimônio cultural, dos instrumentos diretos e indiretos de proteção e valorização de objetos culturais e com um rol completo de crimes contra o patrimônio cultural, mais extenso que o atual, dirigido a bens móveis e imóveis, e possuindo penas mais proporcionais e condizentes com a grandeza de um bem jurídico com acento constitucional.

Neste compêndio inovador o tombamento mereceria destaque, devendo ser indicado critérios para a sua adoção, a possibilidade de ser adotado nas três esferas do poder público e emitido pelos três poderes, além de ser definido o seu procedimento. Também, é importante que a norma trate dos direitos e deveres da administração e dos responsáveis pelos bens, além de prever o direito coletivo de fruição do patrimônio cultural e o direito de participação popular.

Na medida em que o tombamento é a forma mais forte de proteção é inerente que acabe por restringir certos direitos dos proprietários. Daí figura como relevante que a nova lei de alguma forma regule os encargos impostos aos proprietários e detentores sobre os bens protegidos, como garantias, compensações, imunidades tributárias e até indenização total ou parcial a depender do grau de restrição aos direitos de uso e fruição dos imóveis.

Outrossim, deve ser regulamentado o destombamento para casos excepcionais, nos quais o bem tombado tenha perdido por completo as suas características mais relevantes e que o levaram a esta especial condição, mas ainda assim destinada alguma forma menor de proteção, caso ainda contenha o mínimo de valor cultural.

Quanto a nós, portanto, não restam dúvidas sobre a necessidade de uma profunda revisão legislativa.[546] Não apenas no ancião, mas positivo, corajoso e heroico, decreto-lei de tombamento, mas em todo nosso ordenamento. De modo a ser adotada uma nova norma que sistematize o direito do patrimônio cultural e os seus instrumentos, em nível civil, administrativo e penal, fortalecendo as suas formas de proteção.

Exemplo recente que confirma a nossa posição é a Lei Estadual nº 18.232, de 06 de novembro de 2022, que institui o Código do Patrimônio Cultural do Estado do Ceará, e Cria o seu Sistema Estadual do Patrimônio Cultural, o qual objetiva a promoção, a proteção e a realização da gestão integrada e participativa do patrimônio cultural no âmbito do Estado do Ceará, com a elaboração de políticas públicas, ações e atividades.

Nela, estão previstos como instrumentos de identificação do patrimônio cultural os Inventários de Conhecimento e Estudos Temáticos ou Pareceres Técnicos e Dossiês. E como instrumentos de proteção, o Inventário com Efeitos Restritivos, o Tombamento,[547] o Registro, a Desapropriação, a Vigilância,

[546] CLARO, João Martins. Enquadramento e apreciação crítica da Lei nº 13/1985. *In: Direito do património cultural*, op. cit., p. 320-1, faz uma importante crítica à antiga lei de proteção de Portugal e que se aplica perfeitamente à realidade brasileira, considerando-se as lacunas e as defasagens legislativas. "As bases de uma lei do patrimônio cultural devem ser exatamente isto, um quadro de referência legislativa que permite o desenvolvimento de grandes opções com uma margem de conformação. A lei encontra-se claramente desajustada à evolução do direito do urbanismo, do procedimento administrativo, do atual quadro legal de proteção de interesses difusos, não conseguindo, portanto, introduzir regimes especial quando a defesa do patrimônio cultural o reclame. Podemos agora responder à interrogação sobre a inércia legislativa que tradicionalmente afeta o direito do patrimônio cultural. A falta de vontade política existe e traduz-se, sobretudo, na impossibilidade de concretizar regimes especiais. Hoje estas lacunas constituem uma das causas de destruição do patrimônio cultural. Importa substituir, reformular o regime jurídico através de nova legislação do quadro que não espartilhe os decretos-leis de desenvolvimento que poderão dar origem a um Código do Patrimônio Cultural Português."

[547] Art. 72. O tombamento constitui instrumento acautelatório para proteção do patrimônio cultural percebido na dimensão material e cuja preservação seja de interesse público.

§ 1.º Os bens poderão ser protegidos, nos termos deste artigo, por razões históricas, antropológicas, artísticas, arquitetônicas, arqueológicas, paleontológicas e por memória coletiva.
§ 2.º Para fins deste artigo, sujeitar-se-á o bem tombado a regime especial de proibição ou aplicação de limitações administrativas leves, moderadas ou rígidas, referentes à construção, à modificação, à destruição, à demolição, à mutilação, ao transporte, bem como limitações para construções em seu entorno, dentre outras medidas na forma da legislação.
§ 3.º O acautelamento por meio do tombamento poderá contemplar edificações e conjuntos urbanísticos, monumentos, obras de arte, acervos documentais e paisagens naturais, coleções arqueológicas e paleontológicas, dentre outros cuja preservação seja do interesse público.
§ 4.º O acautelamento por tombamento poderá ser total ou parcial, isolado ou em conjunto, e recair sobre bens móveis e imóveis, públicos ou particulares.
§ 5.º O tombamento de bens naturais, arqueológicos e paleontológicos, observará a pertinência técnica da medida e sua consonância com os instrumentos protetivos específicos.
§ 6.º O tombamento deverá atender a, pelo menos, uma das seguintes diretrizes de preservação:
I – representar a capacidade criativa dos grupos formadores da sociedade cearense e brasileira, com expressivo nível simbólico ou expressivo grau de habilidade artística, técnica, arquitetônica ou científica;
II – representar evidente intercâmbio de ideias e valores dos grupos formadores da sociedade cearense e brasileira;
III – representar uma tradição cultural viva ou desaparecida que exemplifique grupos formadores da sociedade cearense e brasileira;
IV – representar ou ilustrar um estágio significativo de grupos formadores da sociedade;
V – representar modalidades da produção artística oriunda de um saber advindo da tradição popular e da vivência do indivíduo em seu grupo social;
VI – representar modalidades da produção artística que se orientam para o registro ou representação de eventos, com expressivo valor simbólico, da história estadual integrada à nacional;
VII – representar modalidades da produção artística ou científica que se orientam para a criação de objetos, de peças e/ou construções úteis ao cearense em sua vida cotidiana;
VIII – representar aspectos sociais, históricos, comunitários e científicos.
Parágrafo único. Deverá ser evitada a realização de proteção por tombamento de bens já tombados por outro ente (União ou municípios), sem que exista motivação técnica para novo pedido.
Art. 73. A natureza do bem e o motivo do tombamento determinarão o grau da limitação administrativa de modo a não descaracterizá-lo.
§ 1.º Os bens imóveis poderão ser tombados com base nos seguintes níveis de preservação:
I – nível de preservação 1 (NP1): preservação de áreas, espaços e edificações de referência à identidade, ação ou memória coletivas, sem restrições rigorosas à manutenção integral de suas características, conforme definido no caso concreto;
II – nível de preservação 2 (NP2): preservação parcial do bem tombado, que, no caso de imóvel, deverão ser mantidas as características externas, a ambiência e a coerência com o bem vizinho classificado como NP3 e NP4, bem como prevista a possibilidade de recuperação das características arquitetônicas originais;
III – nível de preservação 3 (NP3): preservação parcial do bem tombado, que, no caso de bem imóvel, implicará a preservação de todas as características arquitetônicas externas da edificação, com a possibilidade de preservação de algumas partes internas;
IV – nível de preservação 4 (NP4): preservação integral do bem tombado, que, no caso de imóvel, implicará a preservação de todas as características arquitetônicas da edificação, externas e internas, com a possibilidade de inclusão de bens móveis a ele integrados.

a Fiscalização, a Educação Patrimonial, e outros instrumentos diretos ou indiretos, estejam em normas municipais, estaduais ou federais, como, por exemplo, os Estatutos das Cidades e dos Museus, a Política Nacional do Meio Ambiente e as leis sobre monumentos arqueológicos, pré-históricos e depósitos fossilíferos.

Ainda, está prevista uma ação integrada entre Poder Público e entidades privadas, dirigidas à identificação, pesquisa, conservação, restauro, documentação, comunicação e acautelamento dos bens culturais. E no caso de infrações ao patrimônio cultural estão arroladas penalidades administrativas, sem prejuízo da imposição de medidas penais comuns da lei brasileira. Ou seja, sobre vários aspectos a adoção do código[548] mostra-se vantajosa e promissora.

Portanto, concluímos que uma codificação é urgente para que, em espaço não longo de tempo, possamos ter no direito brasileiro um Estatuto do Patrimônio Cultural. O preço que pagamos pela nossa inércia e demora infelizmente é alto[549] e consiste no perecimento e na dilapidação dos nossos mais importantes objetos culturais. De modo que estamos a sonegar a contemplação no presente, e a fruição às gerações futuras, daquilo que nos foi legado pelo passado com tanto esmero.

§ 2.º O detalhamento da preservação será analisado na instrução do processo, com a sua previsão clara no decreto de tombamento definitivo.

§ 3.º Os bens móveis serão sempre tombados na integralidade.

548 Nesta linha o recente artigo de autoria de FRANCA FILHO, Marcilio Toscana; MARQUES, Cláudia Lima. Um Código de Bens Culturais para o Brasil. Jornal Folha de São Paulo, 11 dez. 2022, p. A3.

549 Exemplo próximo temos nos distúrbios ocorridos em Brasília em 08-01-2023, com ataque às sedes dos três poderes, causando danos e a destruição de importantes bens culturais móveis e imóveis.

CONCLUSÕES

Após o estudo em apreço, procuramos verificar se os diferentes mecanismos de tutela do patrimônio cultural do nosso ordenamento jurídico são suficientes e eficazes para atender ao comando constitucional de sua promoção e proteção. Diante do que, passaremos a formular sob a forma de ementa as seguintes conclusões:

PRIMEIRA: A construção de um conceito de patrimônio cultural aponta o seu valor no sentido de fornecer indicativos para a identificação de bens culturais e a sua consequente proteção.

SEGUNDA: O patrimônio cultural é um direito ao alcance de todos e de fruição coletiva multigeracional. Para tanto, ele também deve ser protegido, o que é um dever que toca tanto ao poder público, como à sociedade em geral.

TERCEIRA: Ainda que não expresso na Constituição, a localização do patrimônio cultural o insere como um direito social. Mas, mais do que isto, o seu significado, a sua representatividade, a relevância e a conexão com o meio ambiente fazem dele um direito com feições análogas à categoria de direitos fundamentais.

QUARTA: O estabelecimento de princípios relativos ao patrimônio cultural, em especial, se tiverem expressos em ato normativo, mostra-se como fulcral no sentido de orientar a proteção e a valorização dos bens culturais.

QUINTA: A tutela do patrimônio cultural pode ser realizada de diversas formas, seja por meio de ato administrativo, de lei, ou de decisão judicial, os quais podem emanar de qualquer uma das fontes dos três poderes, por parte de qualquer um dos entes federativos. Ainda que seja a modalidade principal e a mais conhecida, a proteção do patrimônio cultural vai além do tombamento e pode ser desempenhada por diversos institutos, conforme assegurado pela Constituição Federal.

SEXTA: O direito penal é um instrumento de proteção de relevantes bens jurídicos e, no caso do patrimônio cultural, a sua tutela já se encontra previamente indicada, por via de mandado constitucional expresso de criminalização. A existência de tipos penais específicos na lei dos crimes ambientais indicia em alguma medida o atendimento da cominação mandamental. Porém, ainda assim, se torna necessário que seja aferida a eficácia de tais dispositivos.

SÉTIMA: A proteção do patrimônio cultural pelos mais variados instrumentos deve atentar aos direitos de defesa e aos deveres de proteção. Nesta equação as colisões e a ponderação são inerentes; e em que pese aqueles sejam tocadas pelas limitações daí decorrentes (como em face do direito de propriedade), tal se encontra em acordo com a ordem constitucional (como, por exemplo, à luz do princípio da função social da propriedade), e é realizado numa forma de desempenhar o ônus de proteção do bem jurídico em questão.

OITAVA: O dever de tutela do patrimônio cultural está previamente indicado pela Constituição Federal. No desempenho de tal mister está autorizada a utilização de mecanismos de ordem penal. Porém, se por um lado esta forma de tutela já figura como adequada e necessária, ainda resta verificar se ela é razoável.

NONA: O exame dos únicos quatro tipos penais do nosso sistema nos indica que estes não atendem ao princípio da proporcionalidade em sentido estrito, por estarem aquém do mínimo necessário para a proteção do bem jurídico e por não fazer jus ao seu grau de importância, sendo o objeto em questão de gabarito constitucional.

DÉCIMA: Além da *proibição do excesso*, o princípio da proporcionalidade também possui por feição a *vedação da tutela deficiente*. A análise da proteção fornecida para o patrimônio cultural, em especial, em termos penais, revela que estamos diante de uma situação de insuficiência. Tal conclusão é realizada a partir do âmbito de abrangência e das sanções estabelecidas de tais crimes, bem como do cotejo destes frente a uma maior tutela que o nosso ordenamento oferece em relação aos crimes patrimoniais.

DÉCIMA PRIMEIRA: O primeiro passo para o aperfeiçoamento do sistema brasileiro percorre necessariamente um itinerário que compreende a atualização e a sistematização das suas normas em compêndio único, a exemplo do que já temos com o código do direito do consumidor, estatuto das cidades e das leis dos crimes ambientais e da política nacional do meio ambiente.

DÉCIMA SEGUNDA: Esta nova norma seria o "Estatuto do Patrimônio Cultural", a qual traria as diretrizes para a sua preservação e valorização, abarcando um conceito amplo e aberto, contendo princípios gerais, formas de proteção e as mais completas e atuais diretrizes em termos de direito civil e administrativo.

DÉCIMA TERCEIRA: A proteção penal também deve ser revista e ampliada. Primeiramente mirando o patrimônio cultural móvel, como as obras de arte, e instituindo tipos que formulem uma tutela para inibir e reprimir condutas como furto, roubo, receptação, dano, estelionato, falsificação, contrabando e tráfico internacional.

DÉCIMA QUARTA: A tutela penal dos bens culturais imóveis também deve ser revista e aperfeiçoada. É inadmissível que condutas como a destruição e o perdimento eterno de uma edificação protegida sejam sancionadas com penas tão tímidas e cuja solução processual possa simplesmente ser objeto de uma *barganha jurídica*. Para tanto, os novos patamares sancionatórios podem ter como parâmetros os mesmos indicadores cominados para os crimes patrimoniais, mas jamais inferiores a estes, principalmente tendo em conta o valor coletivo do patrimônio cultural, a sua categoria constitucional e a irrepetibilidade em caso de perecimento.

DÉCIMA QUINTA: A reforma jurídica do sistema de patrimônio cultural, a instituição de uma codificação única e moderna e a combinação de instrumentos de direito civil, administrativo e penal, fariam com que fossem atendidos os objetivos e as cominações constitucionais que gravaram este como um bem jurídico de singular importância. A partir da realização de tais preceitos chegaríamos a uma tutela proporcional e eficiente, o que de rigor e mérito requerem os bens culturais. Por tais razões, urge o aperfeiçoamento da ordem jurídica pátria e a adoção de um "Estatuto do Patrimônio Cultural".

REFERÊNCIAS

ACEDO PENCO, Ángel; PERALTA CARRASCO, Manuel. El régimen jurídico del patrionio cultural. Madrid: Dykinson, 2016, p. 15, 17 e 69.

ALEXANDRINO, José de Melo. O conceito de bem cultural. In: Direito da cultura e do património cultural, GOMES, Carla Amado; RAMOS, José Luís Bonifácio (Org.), Lisboa: AAFDL, 2011, p. 239, 240 e 244.

ALEXANDRINO, José de Melo. O conceito de bem cultural. Instituto de Ciências Jurídico Políticas, Centro de Investigação de Direito Público, Universidade de Lisboa, disponível em https://www.icjp.pt/sites/default/ files/media/565-466.pdf. Acessado em 08 ago. 2020.

ALIBRANDI,Tommaso; FERRI, Piergiorgio. *I beni culturali e ambientali*: Milão: Giuffré, 1985, p. 25-9.

ALMEIDA, Luiz Antônio de Freitas. O controle jurídico da omissão estatal pela norma da proporcionalidade. *Revista de Ciências Jurídicas Pensar*, v. 26, nº 2, p. 1-16, abr.-jun. 2021.

ALONSO IBÁÑEZ, Maria Rosario. El patrimonio. Destino público y valor cultural, Civitas: Madrid, 1992, p. 52.

ALVES, Alexandre Ferreira de Assumpção. O tombamento como instrumento de proteção ao patrimônio cultural. Revista Brasileira de Estudos Políticos Belo Horizonte, n. 98, p. 80-2, jul.- dez. 2008.

ALZAGA VILLAAMIL, Oscar. Comentario sistematico a la constitución española de 1978. Madrid: Del Foro, 1978, p. 328.

AMARAL, Diogo Freitas. Ordenamento do território, urbanismo e ambiente: objecto, autonomia e distinções. *Revista Jurídica do Urbanismo e do Meio Ambiente*, Coimbra nº 1, junho 1994, p. 11-22.

AMARAL JR., José Levi Mello. *Medida Provisória e sua Conversão em Lei*. São Paulo: RT, 2004.

ANDRADE, Filippe Augusto Vieira. O patrimônio cultural e os deveres de proteção e preservação. Temas de Direito Urbanístico 3, São Paulo: Ministério Público e Imprensa Oficial, 2001, p. 394.

ANDRADE, José Carlos Vieira. Os direitos fundamentais na constituição portuguesa de 1976, 4ª ed. Coimbra: Almedina, 2009, p. 209-12.

ANIBAL, Bruno. *Direito Penal, Parte Geral*, Tomo 1º. Rio de Janeiro: Forense, 1967, p. 204-5.

ÁVILA, Elna Leite; ALMEIDA, Ione Monteiro. O Estudo do Impacto Ambiental. Licenciamento. Responsabilidade Criminal, *Revista do Ministério Público do RS*, nº 27, p. 179.

AYALA, Patrick de Araújo. A dupla face da responsabilidade civil ambiental: o lugar da prevenção e da precaução em um direito de riscos. In: *Ação civil pública após 30 anos*, MILARÉ, Edis (Org.), São Paulo: RT, 2015, p. 684-93.

BARRERO RODRIGUEZ, Concepción. La ordenación jurídica del patrimonio histórico. Civitas, 1990, p. 168-9 e 196.

BARRETO JÚNIOR, Luiz Fernando Cabral. O controle judicial das omissões do poder público no dever de proteção ao patrimônio cultural. In O *ministério público e a proteção do patrimônio cultural*, Instituto Centro-Brasileiro de Cultura, 2004, p. 147-63.

BARROSO, Luís Roberto. *O direito constitucional e a efetivação das suas normas*. 5ª ed., Rio de Janeiro: Renovar, 2001, p. 158.

BARTHES, Roland. Escritores, intelectuais, professores. In: BARTHES, Roland. Intelectuais, Professores e outros ensaios. Lisboa: Presença, 1975, p. 25-61.

BAUMER, Franklin L. O pensamento Europeu Moderno. Vol. 1, séculos XVII e XVIII, Lisboa: Edições 70, 1977.

BECCARIA, Cesare. *Dos Delitos e das Penas*. Tradução de José Cretella Jr. e Agnes Cretella. São Paulo: Revista dos Tribunais, 1999, p. 27.

BEVILÁQUA, Clóvis, *apud* CONSTATINO, Carlos Ernani. *Delitos Ecológicos*. São Paulo: Atlas, 2002, p. 205.

BENJAMIN, Antônio Hermann. Os Princípios do Estudo do Impacto Ambiental como Limites da Discricionariedade Administrativa, *Revista do Ministério Público RS*, Porto Alegre, nº 27, p. 61, 1992.

BENJAMIN, Antônio Herman V. Função Ambiental. In: Dano Ambiental: prevenção, reparação e repressão. BENJAMIN, Antônio Herman V. (Org.), São Paulo: RT, 1993, p. 09-82.

BENJAMIN, Antônio Herman. O princípio do poluidor-pagador e a reparação do dano ambiental. In: *Dano ambiental: prevenção, reparação e repressão*. São Paulo: RT, 1993, p. 227.

BENJAMIN, Antônio Hermann. Responsabilidade Civil pelo Dano Ambiental, *Revista de Direito Ambiental*. São Paulo: Revista dos Tribunais, v. 3, nº 9, p. 24-5, jan./mar. 1998.

BENJAMIN, Antônio Herman V. O meio ambiente na Constituição Federal de 1988. In *Desafios do direito ambiental no século XXI: estudos em homenagem a Paulo Affonso Leme Machado*, KISHI, Sandra Akemi Shimada; SILVA, Solange Teles da; SOARES, Inês Virgínia Prado (Org.), São Paulo: Malheiros, 2005, p. 386.

BENJAMIN, Antônio Herman. Constitucionalização do ambiente e ecologização da constituição brasileira. In: *Direito constitucional ambiental brasileiro*, 2ª ed., CANOTILHO, José Joaquim Gomes; LEITE, José Rubens Morato (Org.), São Paulo: Saraiva, 2008, p. 66-70.

BENJAMIN, Antônio Herman. Reserva legal, áreas de preservação permanente e controle ambiental da propriedade. In: *Efetividade da Tutela Ambiental*, op. cit., p. 295-303.

BOBBIO, Norberto. *A era dos direitos*. Rio de Janeiro: Campus, 1992, p. 24 e 63.

BOBBIO, Norberto. Da estrutura à função. Novos estudos de teoria do direito. Barueri: 2008, p. 7.

BONAVIDES, Paulo. A quinta geração dos direitos fundamentais, *Direitos Fundamentais & Justiça*, v. 3, abr.-jun. 2008, p. 82-93.

BONAVIDES, Paulo. *Curso de direito constitucional*, 29ª ed., São Paulo: Malheiros, 2014, p. 576-95.

BORGES, Marco Antônio. O Tombamento como Instrumento Jurídico para a Proteção do Patrimônio Cultural, *Revista de Direito Ambiental*, São Paulo: RT, nº 22, p. 261, 2001.

BRITO, Felipe Pires M. Princípio da vedação ao retrocesso (socio) ambiental no sistema jurídico brasileiro: uma visão prospectiva e limitadora do ponto de não retorno. In: Direito ambiental e cidades, MADRUGA FILHO, Vital José Pessoa; MOURA, Giovanna de Britto Lyra (Org.), Editado por: Talden Farias Fernando Joaquim Ferreira e Maia Álvaro Sánchez Bravo, Punto Rojo Libros, Espanhã, 2021, p. 501 e 507.

BRITO, Miguel Nogueira. Propriedade de bens culturais e restrições de utilidade pública. In: Novos Estudos de Direito do Património Cultural, op. cit., p. 126-7.

CAFFERATTA, Néstor. El princípio de prevención en el derecho ambiental. Revista de Direito Ambiental, nº 0, Buenos Aires: Lexis Nexis, 2004, p. 42.

CAFFERATTA, Néstor. Princípio precautório en el derecho ambiental argentino e brasilero. Revista de Direito Ambiental, nº 5, Buenos Aires: Lexis Nexis, 2006.

CAMPOS, Bernardo; ALVES, Maria Luísa Ramalho. Instrumentos de apoio à gestão do património. *I Curso de Gestão do Património Cultural*, Coimbra: Centro de Estudos e Formação Autárquica, 1994, p. 129-42.

CAMPOS, Yussef. *Palanque e patíbulo*. 3ª ed., Belo Horizonte: Letramento, 2022, p. 86-7.

CANOTILHO, J. J. Gomes; MOREIRA, Vital. *Fundamentos da constituição*. Coimbra: Coimbra Ed., 1991, p. 131.

CANOTILHO, José Joaquim Gomes. Relações jurídicas poligonais ponderação ecológica de bens e controlo judicial preventivo. *Revista Jurídica do Urbanismo e do Meio Ambiente*, Coimbra nº 1, junho 1994, p. 55-66.

CANOTILHO, José Joaquim Gomes; MACHADO, Jónatas. Bens culturais, propriedade privada e liberdade religiosa. Revista do Ministério Público, Lisboa, ano 16, nº 63, jul.-set. 1995, p. 16-7.

CANOTILHO, J. J. Gomes. *Direito constitucional e teoria da constituição*. 7ª ed., 4ª reimpressão, Coimbra: Almedina, 2003, p. 474-9.

CANOTILHO, J. J. Gomes, MOREIRA, Vital. *Constituição da República Portuguesa Anotada*, vol. I. 4.ª ed., Coimbra, 2007, p. 925.

CANOTILHO, J. J. Gomes. *Estudos sobre direitos fundamentais*, 2ª ed. Coimbra: Coimbra Editora, 2008, 183-4.

CARVALHO, Afrânio de. O Tombamento de Imóveis e o Registro, *Revista dos Tribunais*, v. 80, nº 672, p. 63-4, out. 1991.

CARVALHO, Ana Luisa Soares de; PRESTES, Vanêsca Buzelato. Plano Diretor e Proteção do Patrimônio Cultural. *In:* BENJAMIN, Antônio Herman (Org.). *9º Congresso Internacional de Direito Ambiental.* São Paulo: Instituto O Direito por um Planeta Verde, 2005, v. 1, p. 443-57.

CASINI, Lorenzo. 'Todo es peregrino e raro...': Massimo Severo Giannini i Beni Culturali. *Rivista Trimestrale di Diritto Pubblico*, anno LXV, nº 3, 2015, p. 992-4.

CASTRO, Sônia Rabello de. O *estado na preservação dos bens culturais*. Rio de Janeiro: Renovar, 1991, 35-40.

CASTRO, Sonia Rabello de. O Estado na preservação de bens culturais: o tombamento. Rio de Janeiro: IPHAN, 2009, p. 129.

CASINI, Lorenzo. La valorizzazione dei beni culturali. *Rivista Trimestrale di Diritto Pubblico*, nº 3, 2001, p. 651-707.

CEZZI, Gabriella de Giorgi. Lo statuto dei beni culturali. *Rivista di Arti e Diritto on line*, Aedon, nº 3, dic. 2001, disponível em http://www.aedon.mulino.it/archivio/2001/3/degiorgi.htm. Acessado em: 08 ago. 2020.

CHOAY, Françoise. A alegoria do patrimônio. 4ª ed., São Paulo: Unesp, 2006.

CID, Benito Castro. Los derechos económicos, sociales y culturales. Análisis a luz de la teoría general de los derechos humanos, León: Universidad de León, 1993, p. 161.

CLARO, João Martins. Enquadramento e apreciação crítica da Lei nº 13/1985. *In: Direito do património cultural.* MIRANDA, Jorge; CLARO, João Martins; ALMEIDA, Marta Tavares (Org.), Oreias: Instituto Nacional de Administração, 1996.

COIMBRA, Mário; BUGALHO, R. Nélson; SOUZA, Gilson Sidney Amancio. Alguns Aspectos sobre a Tutela Penal da Ordenação do Território. *In:* PRADO, Luiz Regis (Org.). *Direito Penal Contemporâneo.* São Paulo: Revista dos Tribunais, 2007, p. 315.

CONDESSO, Fernando dos Reis. *Direito do ambiente.* Coimbra: Almedia, 2001, p. 1201

CORREIA, Fernando Alves. *Direito do património cultural.* Oeiras: AAVV, 1996, p. 395.

CORREIA, Fernando Alves. Propriedade de bens culturais – restrições de utilidade pública, expropriação e servidões administrativas. In: *Direito do património cultural*, MIRANDA, Jorge; CLARO, João Martins; ALMEIDA, Marta Tavares de (Org.), Lisboa: Instituto Nacional de Administração, 1996, p. 401.

COSTA, José de Faria. *O Perigo em direito penal.* Coimbra: Coimbra, 1992, p. 319.

COSTA NETO, Nicolao Dino de Castro e; COSTA, Flávio Dino de Castro; BELLO FILHO, Ney de Barros. *Crimes e Infrações Administrativas Ambientais.* Brasília: Brasília Jurídica, 2001, p. 15-6, 161-2.

COSTA NETO, Nicolao Dino de Castro e. Crimes Contra o Ordenamento Urbano e o Patrimônio Cultural – Alguns Aspectos, *Boletim Científico da Escola Superior do Ministério Público da União, Brasília,* ano II, n. 9, p. 161-84, out./dez. 2003.

CRAWFORD, Ronaldo Assis. Os principais instrumentos utilizados pelo Ministério Público na tutela do patrimônio cultural. In: Direito e proteção do patrimônio cultural imóvel, op. cit., p. 268.

CRETELA JÚNIOR, José. Regime jurídico do tombamento. *Revista de Direito Administrativo,* nº 112, abr.-jun. 1973, p. 50-3.

CUNHA, Paulo Ferreira da. Património cultural e direito: alguns desafios contemporâneos. In: Estudos em Homenagem ao Professor Doutor Heinrich Ewald Hörster, GONÇALVES, Luís Couto et al. (Org.), Coimbra: Almedina, 2012, p. 1371-84.

CUNHA, Paulo Ferreira da. Direitos fundamentais. Fundamentos e direitos Sociais. Lisboa: Quid Juris, 2014, p. 271-77.

CUNHA FILHO, Francisco Humberto. Direitos culturais como direitos fundamentais no ordenamento jurídico brasileiro. Brasília: Brasília Jurídica, 2000, p. 22-3.

CUNHA FILHO, Francisco Humberto. Cultura e democracia na Constituição Federal de 1988: a representação de interesses e sua aplicação ao programa nacional de apoio à cultura. Rio de Janeiro: Letra Legal, 2004, p. 49.

CUNHA FILHO, Humberto. Teoria dos direitos culturais. Fundamentos e finalidades. 2ª ed., São Paulo: SESC Edições, 2020, p. 49-50

CUSTÓDIO, Helita Barreira. Normas de proteção ao patrimônio cultural brasileiro em face da Constituição Federal e das normas ambientais. *Revista de Direito Ambiental,* nº 6, 1997, p. 18.

CUSTÓDIO, Luiz Antônio Bolcato. Patrimônio edificado: conservação e ética. *Revista Ciências e Letras,* Porto Alegre, n. 27, p. 177-188, jan.-jun. 2000.

DALLARI, Adilson Abreu. "Tombamento", *Revista de Direito Público,* São Paulo, v. 21, nº 86, p. 37, abr./jun. 1988.

DALLARI, Adilson Abreu; FERRAZ, Sérgio (Coord.). *Estatuto da Cidade. Comentários à Lei Federal 10.257/2001.* 3. ed. São Paulo: Malheiros, 2010.

D'ÁVILA, Fábio Roberto. Aproximações à teoria da exclusiva proteção de bens jurídicos no direito penal contemporâneo. *Revista Brasileira de Ciências Criminais,* nº 80, set.-out. 2009, p. 7-34.

D'AVILA, Fábio Roberto. *Ofensividade em Direito Penal. Escritos sobre a Teoria do Crime como Ofensa a Bens Jurídicos.* Porto Alegre: Livraria do Advogado, 2009, p. 105-127.

DELGADO, José Augusto. Direito de propriedade e proteção do meio ambiente; In: *Efetividade da Tutela Ambiental,* op. cit., p. 279-294.

DELMAS-MARTY, Mireille. Os Grandes Sistemas de Política Criminal. Barueri: Manole, 2004, p. 4.

DERANI, Cristiane. A Propriedade na Constituição de 1988 e o Conteúdo da Função Social, *Revista de Direito Ambiental*. São Paulo: RT, nº 27, p. 58-69, 2003.

DI PIETRO, Maria Sylvia Zanella. *Direito Administrativo*. São Paulo: Atlas, 2000, p. 131-7.

DIAS, Augusto Silva. 'Delicta in se' e 'delicta mere prohibita': uma análise da descontinuidade do ilícito penal moderno à luz da reconstituição de uma distinção clássica. Coimbra: Coimbra, 2008, p. 657-9.

DIAS, Figueiredo. Direito penal. Parte geral. Tomo I, 2ª ed., Coimbra: Coimbra, 2007, p. 119-21.

DIAS, Jorge de Figueiredo. *Questões fundamentais do direito penal revisitadas*. São Paulo: RT, 1999, p. 78.

DIAS, Maria Tereza Fonseca. Tombamento de imóveis urbanos e indenização: estudos das tendências contemporâneas a partir da jurisprudência. In: *Direito e proteção do patrimônio cultural imóvel*, DIAS, Maria Tereza Fonseca; PAIVA, Carlos Magno de Souza (Org.), Belo Horizonte: Fórum, 2010.

DIAS, Maria Tereza Fonseca; PAIVA, Carlos Magno de Souza (Org.), Direito e proteção do patrimônio cultural imóvel, Belo Horizonte: Fórum, 2010.

DIAS, Pedro. Duas breves reflexões sobre a política de salvaguarda do património. *I Curso de Gestão do Património Cultural*, Coimbra: Centro de Estudos e Formação Autárquica, 1994, p. 95-104.

DÍEZ PICAZO, Luís; GULLÓN, Antonio. Sistema de Derecho Civil, tomo II. Madrid: Tecnos, 2015, p. 55 e 397.

DIMOULIS, Dimitri; LUNARDI, Soraya. Curso de processo constitucional: controle de constitucionalidade e remédios constitucionais. São Paulo: Atlas, 2011, p. 351.

DOLCINI, Emilio; MARINUCCI, Giorgio. Constituição e escolha de bens jurídicos, *Revista Portuguesa de Ciências Criminais*, p. 173-4, nº 4, 1994.

DOTTI, René Ariel. O patrimônio natural de um milhão de anos. In: Ação civil pública após 30 anos, MILARÉ, Édis (Org.), São Paulo: RT, 2015, p. 742-56.

DUGUIT, León. *Fundamentos do direito*. Tradução Eduardo Salgueiro, Porto Alegre: SAFE, 2005, p. 19.

ELIZABETH, Grace. Sociedade e Patrimônio Cultural. In: *Encontro Nacional do Ministério Público na Defesa do Patrimônio Cultural*, vol. 1, 202, Goiânia, Instituto Centro-Brasileiro de Cultura, p. 50.

FARIA, Edimur Ferreira. O tombamento e seus reflexos. In: *Direito e proteção do patrimônio cultural imóvel*, DIAS, Maria Tereza Fonseca; PAIVA, Carlos Magno de Souza (Org.), Belo Horizonte: Fórum, 2010.

FARIA, José Santiago. Salvaguardo do património edificado – perspectivas de futuro. In: *I Curso de Gestão do Património Cultural*, Coimbra: Centro de Estudos e Formação Autárquica, 1994, p. 49-57.

FERRAJOLI, Luigi, "Direito e Razão. Teoria do Garantismo Penal", 2ª ed., Trad.: Juarez Tavares et al., São Paulo: Revista dos Tribunais, 2006, p. 795.

FERREIRA, Aurélio Buarque de Holanda. *Novo Dicionário Aurélio de Língua Portuguesa*, 1986.

FERREIRA, Ivete Senise. *Tutela Penal do Patrimônio Cultural*. São Paulo: Revista dos Tribunais, 1995, p. 62, 115-6.

FERRI, Enrico. *Princípios de Direito Criminal. O Criminoso e o Crime*. Tradução Paolo Capitanio. 2. ed. Campinas: Bookseller, 1999, p. 121.

FINK, Roberto Daniel. *Meio Ambiente Cultural*: Regime Jurídico da Responsabilidade Civil. Rio de Janeiro: Forense, 2003, p. 51.

FIORILLO, Celso Antônio Pacheco; RODRIGUES, Abelha Marcelo. Manual de direito ambiental e legislação aplicável. 2ª ed., São Paulo: Max Limonad, 1999, p. 27.

FIORILLO, Celso Antônio Pacheco. Curso de direito ambiental brasileiro. 2ª ed., São Paulo: Saraiva, 2001, p. 48-52.

FIORILLO, Celso Antônio Pacheco; FERREIRA, Renata Marques. *Tutela jurídica do patrimônio cultural em face do direito ambiental constitucional*. Rio de Janeiro: Lumen Juris, 2018, p. 99.

FLACH, Michael Schneider. A Estreita Vinculação entre Direito Penal e Constituição, *Revista Ibero-Americana de Ciências Penais*, Porto Alegre, Ano 10, nº 18, p. 201-233, 2010.

FLACH, Michael Schneider. A Relação entre Bem Jurídico-Penal e Constituição, *Revista Sistema Penal e Violência*, Porto Alegre, v. 2, n. 1, p. 45-63, jan./jun. 2010.

FLACH, Michael Schneider. Considerações sobre a proteção do patrimônio cultural no projeto do novo código penal brasileiro. *Revista do Ministério Público do RS*, Porto Alegre, nº 78, p. 9-14, set./dez. 2015.

FLACH, Michael Schneider. A intervenção estatal no direito de propriedade e a salvaguarda dos bens culturais. *Revista Juris Plenum Direito Administrativo*, ano V, nº 18, jun. 2018, p. 138.

FLACH, Michael Schneider. A relação entre os direitos fundamentais e os coletivos. *Revista do Ministério Público do RS*, nº 83, mai.-mar. 2018, p. 109-10.

FLACH, Michael Schneider. Crime e dano contra o patrimônio cultural por omissão. *Revista Magister de Direito Ambiental e Urbanístico*, nº 85, ago.-set. 2019, p. 88-92.

FLACH, Michael Schneider Flach. *A Consistência do Patrimônio Cultural, Conceito e Constitucionalização*. Revista Magister de Direito Ambiental e Urbanístico, ano XVII, nº 100, Fev-Mar 2022, p. 156-185.

FLORES FILHOS, Edgar Gastón Jacobs. Direito e cultura: um novo regime jurídico para os bens culturais imóveis em centros históricos. In: *Direito e proteção do patrimônio cultural imóvel*, DIAS, Maria Tereza Fonseca; PAIVA, Carlos Magno de Souza (Org.), Belo Horizonte: Fórum, 2010, p. 43.

FONTAL MERILLAS, Olaia. El patrimonio cultural para el futuro: in paso por la post-modernidad. In: *I Congreso Iberoamericano del Patrimonio Cultural, GARCÍA OTERO*, Juan Maria (Org.), Madrid: Associaciación Española de Gestores de Patrimonio Cultural, 2011, p. 323.

FRANCA FILHO, Marcilio Toscana; MARQUES, Cláudia Lima. Um Código de Bens Culturais para o Brasil. Jornal Folha de São Paulo, 11 dez. 2022, p. A3.

FRATTARI, Rapahel; PIANCÓ, Sheila. Projetos culturais e incentivos fiscais para a conservação de bens imóveis tombados. In: Direito e proteção do patrimônio cultural imóvel, DIAS, Maria Tereza Fonseca; PAIVA, Carlos Magno de Souza (Org.), Belo Horizonte: Fórum, 2010.

FREITAS, José Carlos de. A ação civil pública, a ordem urbanística e o estatuto da cidade, In: *A ação civil pública após 20 anos: efetividade e desafios*, MILARÉ, Edis (Org..), São Paulo: Revista dos Tribunais, 2005.

FREITAS, José Carlos de. Proteção jurídica do meio ambiente urbano. In: Leituras complementares de direito ambiental, MARQUES, Claudia Lima (Org.), Salvador: Podium, 2008, p. 197-213.

FREITAS, Juarez. O controle dos atos administrativos e os princípios fundamentais. São Paulo: Malheiros, 1997, p. 56-7.

FREITAS, Vladimir Passos de. *A Constituição Federal e a efetividade das normas ambientais.* São Paulo: RT, 2000, p. 93.

FRIDEL, Henri, *apud* CAPPELLI, Sílvia. Estudo do Impacto Ambiental na Realidade Brasileira, *Revista do Ministério Público do RS*, Porto Alegre, nº 27, p. 51-2, 1992.

GALHARDO, Manuela. As convenções da UNESCO no domínio do património cultural, *Direito do património cultural*, MIRANDA, Jorge; CLARO, João Martins; ALMEIDA, Marta Tavares (Org.), Oreias: Instituto Nacional de Administração, 1996.

GALVÃO JUNIOR, José Leme. A preservação do patrimônio cultural como direito à memória. In: Patrimônio Cultural Brasileiro. Poder Judiciário, Tribunal de Justiça do Distrito Federal e Territórios, 2022, p. 15 e 18.

GARCÍA FERNÁNDEZ, Javier. La protección del patrimonio cultural. Problemas de técnica legislativa que se suscitan en la legislación estatal y autonómica. *In: Estudios en homenage al Professor Martinéz Valls*, Alicante: Universidad de Alicante, 2000, vol. I, p. 221-9.

GARCÍA RENART, Felipe. El delito de daños al patrimonio cultural español. Granada: Comares, 2002, p. 141.

GARRIDO FALLA, Fernando, et al. Comentarios a la constitución. Madrid: Civitas, 1985, p. 827-8.

GAVIÃO FILHO, Anizio Pires. *Direito fundamental ao ambiente*, Porto Alegre: Livraria do Advogado, 2005, p. 26-36.

GAVRONSKI, Alexandre Amaral. A tutela coletiva no século XXI e sua inserção no paradigma jurídico emergente. In: A ação civil pública após 25 anos, MILARÉ, Édis (Org.), São Paulo: RT, 2010, p. 37-59.

GIANNINI, Massimo Severo. *Difesa Dell'ambiente e del Patrimonio Naturale e Culturale*, Milano: Giuffrè, 1971, p. 249.

GIANNINI, Massimo Severo. *Uomini, leggi e beni culturali*, Milano: Giuffrè, 1971, p. 285.

GIANNINI, Massimo Severo. I beni culturali. *Rivista Trimestrale di Diritto Pubblico*, 1976, p. 6-36

GOFF Jaques Le. *História e memória*. Trad. Bernardo Leitão et al., *Campinas*: Unicamp, 1990, p. 535.

GOMES, Carla Amado. Textos dispersos de direito do património cultural e de direito do urbanismo. Lisboa: AAFDL, 2008, p. 143-7.

GOMES, Carla Amado. O patrimônio cultural na Constituição. In: Textos Dispersos de Direito do Patrimônio Cultural e de Direito do Urbanismo, GOMES, Carla Amado (Org.), AADFDL: Lisboa, 2018, p. 13.

GOMES, Luís Roberto. O Princípio da Função Social da Propriedade e a Exigência Constitucional de Proteção Ambiental, *Revista de Direito Ambiental*, São Paulo, nº 17, p. 177, 1999.

GOMES, Luiz Flávio; MACIEL, Sílvio. Leis de Crimes Ambientais, Comentários à Lei nº 9.605/1998. São Paulo: Método, 2ª ed., 2015, p. 261

GOMES, Nestor Castilho; GUSSO, Luana de Carvalho Silva. Patrimônio cultural e direitos fundamentais: os desafios para uma ordenação constitucional da cultural. *Constituição, Economia e Desenvolvimento: Revista da Academia Brasileira de Direito Constitucional*, Curitiba, vol. 9, nº 17, jul.-dez. 2017, p. 364 e 368-70.

GOMES, Orlando. A função social da propriedade. Boletim da Faculdade de Direito da Universidade de Coimbra, número especial estudos em homenagem a A. Ferrer-Correia. Coimbra, nº 2, p. 426, 1989.

GONZÁLES RUS, Juan José. Puntos de partida de la protección penal del património histórico, cultural y artístico". *Anuario de derecho penal y ciencias penales*, Tomo 48, Número 1, p. 40-1, disponível em https://www.boe.es/publicaciones/anuarios_derecho/abrir_pdf.php?id=ANU-P-1995-10003300056. Acessado em: 05 fev. 2021.

GONZÁLEZ-VARAS, Ignácio. Patrimonio cultural conceptos, debates y problemas. Madrid: Cátedra, 2ª ed., 2018.

GONZÁLES-VARAS, Ignacio. Conservación de bienes culturales. Teoría, historia, princípios e normas. Madrid: Catedras, 2008.

GRAU, Eros Roberto. *A ordem econômica na Constituição de 1988: interpretação e crítica*. 2ª ed. São Paulo: RT, 1991.

GULARTE, Caroline de Melo Lima. Tutela Penal Preventiva do Meio Ambiente e a Constitucionalidade dos Crimes de Perigo Abstrato, *Revista do Ministério Público do Rio Grande do Sul*, Porto Alegre, nº 78, p. 57-80, set./dez. 2015.

HÄBERLE, Peter. National-verfassungstaatlicher und universaler Kulturgüterschutz – ein Textstufenvergleich. In: Tübinger Schrifetn zum internationalen und europäischen Recht. Prinzipien des Kulturgüterschutzes – Ansätze im deutschen, europäischen und internationalen Recht. vol. 37. Berlin: Duncker und Humblot, 1996.

HÄBERLE, Peter. La protección constitucional y universal de los bienes culturales: un análisis comparativo. Revista Española de Derecho Constitucional, año 18, nº 54, sep.-dic. 1998, p. 11-38.

HÄBERLE, Peter. Teoria de la constitución como ciencia de la cultura. Tecnos: Madrid, 2000, p. 80-3 e 180.

HANDL, Günter. Declaración de la conferencia de las naciones unidas sobre El medio humano (declaración de estocolmo), de 1972, y declaración de río sobre el medio ambiente y el desarrollo, de 1992. In: *United Nations Audiovisual Library of International Law*. Disponível em: https://legal.un.org/avl/pdf/ha/ dunche/dunche_s.pdf. Acesso em 24 set. 2020.

HARADA, Kiyoshi. *Direito Urbanístico. Estatuto da Cidade. Plano Diretor Estratégico.* São Paulo: Nova Dimensão Jurídica, 2005, p. 85-93.

HASSEMER, Winfried. A Preservação do Ambiente pelo Direito Penal. Tradução Carlos Eduardo Vanconcelos, *Revista da Fundação Escola Superior do Ministério Público do Distrito Federal e Territórios.* Brasília, ano 6, nº 12, p. 213-28, 1998.

HEFENDEHL, Roland (Org.). *La Teoría del Bien Jurídico.* Madrid: Marcial Pons, 2007, 478 p.

HESSE, Konrad. *A força normativa da constituição.* Porto Alegre, SAFE: 1991, p. 14-17.

JARAMILLO URIBE, Germán. Nuevos desafíos entre el discurso oficial y local del patrimonio cultural inmueble. Revista Territorios 44 / Bogotá, 2021, p. 1-21. Disponível em: https://eds.p.ebscohost.com/eds/pdfviewer/pdfviewer?vid=9&sid=8bc2a033-8779-4298-96db-3d4b4837fb39% 40redis. Acessado em 08 maio 2022.

KELSEN, Hans. *Teoria Pura do Direito.* Tradução Henrique de Carvalho. Belo Horizonte: Líder, 2004, p. 133-45.

LEAL, Rogério Gesta. A proteção dos bens comuns enquanto problema jurídico e político. *Revista do Ministério Público do RS*, nº 68, jan.-abr. 2011, p. 205-28.

LECEY, Eládio, *Crimes Contra o Patrimônio Cultural e o Ordenamento Territorial e Urbano na Lei nº 9.605/98.* São Paulo: Revista de Direito Ambiental, v. 47, 2007, p. 42-57.

LEHMEN, Alessandra. Governança Ambiental Global e Direito. Juruá: Curitiba, 2015, p. 78.

LEITE, George Salomão; LEITE, Glauco Salomão. A abertura da Constituição em face dos princípios constitucionais. In LEITE, George Salomão (Org.), *Dos princípios constitucionais. Considerações em torno das normas principiológicas constitucionais*, 2ª ed., São Paulo: Método, 2008, p. 19, 23-4.

LEITE, José Rubens Morato. Dano ambiental: do individual ao coletivo extrapatrimonial. São Paulo: RT, 2000, p. 95.

LEITE, José Rubens Morato; AYLA, Patrick Araújo. Direito ambiental na sociedade de risco. Rio de Janeiro: Forense Universitária, 2002, p. 62.

LEMOS, Carlos A. C. O que é patrimônio histórico. 5ª ed. São Paulo: Brasiliense, 1987.

LEUZINGER, Márcia Dieguez; CUREAU, Sandra. *Direito Ambiental*. Rio de Janeiro: Elsevier, 2008, p. 128-9.

LIMA, Vinicius de Melo. O direito fundamental à cidade sustentável e a atuação do ministério público: estudo de caso. *Revista do Ministério Público do RS*, nº 68, jan.-abr. 2011, p. 33-58.

LISZT, Franz von. *Tratado de direito penal*. Tomo I. tradução José H. D. Pereira, Campinas: Russell, 2003, p. 139-43.

LOMBARDI, Eduardo Augusto. Direito coletivo urbano. Belo Horizonte: Del Rey, 2016.

LÓPEZ BRAVO, Carlos. El patrimonio cultural en el sistema de derechos fundamentales. Sevilla: Universidad de Sevilla, 1999, p. 140 e 148.

LUGOS Y GUILLÉN, Félix Benitex. El patrimonio cultural español. Aspectos jurídicos, administrativos y fiscales. Granada: Comares, 1988.

LUISI, Luiz. *Os Princípios Constitucionais Penais*. 2. ed. Porto Alegre: SAFE, 2003, p. 29-30.

MACHADO, Paulo Affonso Leme. Tombamento: instrumento jurídico de proteção do patrimônio natural e cultural. Revista dos Tribunais, São Paulo, v. 563, p. 22, setembro de 1982.

MACHADO, Paulo Affonso Leme. Crimes Ambientais, *Revista do Ministério Público*, Porto Alegre, nº 23, p. 61, 1990.

MACHADO, Paulo Affonso Leme. *Direito Ambiental Brasileiro*. 7. ed. São Paulo: Malheiros, 1999, p. 754-5 e 770.

MAGALHÃES, Maria Luisa Faro. Função social da propriedade e meio-ambiente – princípios reciclados. In: *Dano ambiental, prevenção, reparação e repressão*, BENJAMIN, Antônio Herman V. (Org.), São Paulo: Revista dos Tribunais, 1993, p. 147-51.

MANCUSO, Rodolfo de Camargo. *Ação civil pública*. 5ª ed. São Paulo: RT, 1997, p. 32-3.

MANTILLA, César Uzcátegui. El patrimonio cultural bajo la luz de la globalización y el multiculturalismo. In: I Congreso Iberoamericano del Patrimonio Cultual. GARCÍA OTERO, Juan María (Coord.), Madrid, 2001, p. 703.

MARCHESAN, Ana Maria Moreira. A proteção constitucional ao patrimônio cultural. *Revista de Direito Ambiental*, nº 20, p. 111-120, out.-dez. 2000.

MARCHESAN, Ana Maria Moreira. Alguns Aspectos sobre a Lei dos Crimes Ambientais, *Revista do Ministério Público do Rio Grande do Sul*, Porto Alegre, nº 42, p. 227, 2000.

MARCHESAN, Ana Maria Moreira. A Importância da Preservação do Patrimônio Cultural na Pós-Modernidade. In: FREITAS, Vladimir Passos de (Org.), *Direito Ambiental em Evolução 4*. Curitiba: Juruá, 2005, p. 55-61.

MARCHESAN, Ana Maria Marchesan. O estatuto da cidade (lei 10.257/2001) e a proteção do patrimônio cultural urbano, *Revista de Direito Ambiental*. São Paulo, v. 12, nº 48, p. 46-65, out. 2007.

MARCHESAN, Ana Maria Moreira. *A Tutela do Patrimônio Cultural sob o Enfoque do Direito Ambiental.* Porto Alegre: Livraria do Advogado, 2007, p. 49-5 e 70-1.

MARCHESAN, Ana M. A Importância da Preservação do Patrimônio Cultural na Pós-modernidade. *In:* FREITAS, Vladimir Passos (Org.) *et al. Direito Ambiental em Evolução.* Curitiba: Juruá, 2007, p. 49-78.

MARCHESAN, Ana Maria Moreira. O entorno dos bens tombados na legislação brasileira. Revista Magister de Direito Ambiental e Urbanístico, nº 35, p. 73-98, abr.-maio 2011.

MARCHESAN, Ana Maria Moreira. Responsabilidade Civil pelos Danos ao Meio Ambiente Cultural no Direito Brasileiro. In: *Dano ambiental na sociedade de risco* FERREIRA, Heline Sivini; FERREIRA, Maria Leonor Paes Cavalcanti (Org.). São Paulo: Saraiva, 2012, p. 315-386.

MARCHESAN, Ana Maria Moreira. Mídia exterior e a publicidade abusiva: o respeito à paisagem urbana e ao patrimônio cultural. *Revista Magister de Direito Ambiental e Urbanístico,* nº 61, p. 106-26, ago-set. 2015.

MARCHESAN, Ana Maria Moreira. O inventário de bens imóveis como instrumento de proteção do patrimônio cultural urbano no Brasil. *Revista Magister de Direito Urbanístico,* nº 83, p. 67-88, abr-maio 2019.

MARCHESAN, Ana Maria Moreira; OLIVEIRA, Giselle Ribeiro de; MIRANDA, Marcos Paulo de Souza; FLACH, Michael Schneider; CUREAU, Sandra. Comentários sobre o projeto de lei nº 2396-2020: alterações injustificáveis no instituto do tombamento. *Revista do Ministério Público do Rio Grande do Sul,* nº 89, jan.-jun. 2021, p. 306.

MARCHESAN, Ana Maria Marchesan. Proteção do patrimônio cultural urbano à luz do Estatuto da Cidade (Lei nº 10.257/2001), Revista Brasielira de Direiro Municipal, Belo Horizonte, ano 23, n. 85, p. 43-64, jul./set. 2022.

MAROJA, Carlos. A proteção jurídica ao patrimônio cultural. *In: Patrimônio Cultural Brasileiro,* op. cit., p. 39.

MARQUES, José Frederico. *Curso de Direito Penal.* São Paulo: Saraiva, 1954, vol. 1, p. 203-8.

MARTÍNEZ, María Cristina Garros. Desarrollo sostenible y sustentable. *Revista de Derecho Ambiental,* Buenos Aires, nº 71, jul.-set. 2022, p. 88-93.

MARTINI, Goastone. Disciplina urbanística e tutela del patrimonio storico artístico e paesistico, Milano: Giuffré, 1970; SCIULLO, Girolamo. I beni. In: Il direitto dei beni culturali. BARBATI, Carla; CAMMELL.

MARTINS JÚNIOR, Wallace Paiva. Ação civil pública, improbidade administrativa e políticas pública. In Ação civil pública após 25 anos, MILARÉ, Édis (Org.), São Paulo: RT, 2010, p. 853-70.

MATOS, Federico Nunes de. A tutela do meio ambiente cultural no Estatuto da Cidade, Revista RJLB, Ano 1, 2015, nº 1, p. 793-819.

MAZZILLI, Hugo Nigro. A defesa dos interesses difusos em juízo, 32 ed., Salvador: Juspodivm, 2001, p. 241-3.

MAZZUOLI, Valerio de Oliveira. A proteção internacional dos direitos humanos e o direito internacional do meio ambiente. In: O novo direito administrativo, ambiental e urbanístico, São Paulo: RT, 2010, p. 81-104.

MEDEIROS, Fernanda Luiza Fontoura. *Meio ambiente direito e dever fundamental.* Porto Alegre: Livraria do Advogado, 2004, p. 113-4.

MEIRELLES, Hely Lopes. Tombamento e Indenização, *Revista dos Tribunais.* São Paulo: Revista dos Tribunais, v. 74, nº 600, p. 15, out. 1985.

MEIRELLES, Hely Lopes, "Direito Administrativo", São Paulo: Malheiros, 1994, 19ª ed., p. 133 et seq.

MELLO, Celso Antônio Bandeira. *Curso de Direito Administrativo.* 10. ed. São Paulo: Malheiros, 1998, p. 225 *et seq.*

MELO FILHO, José Celso. Constituição Federal anotada. 2ª ed., São Paulo: Saraiva, s. d., p. 538.

MERLIN, Pierre; CHOY, Françoise. Dictionnaire de l'urbanisme et l'aménagement. Quito, Presses Universitaires de France, 1998.

MILARÉ, Édis. *Direito do Ambiente.* São Paulo: Revista dos Tribunais, 2005.

MILARÉ, Edis (Org..). A ação civil pública: após 20 anos: efetividade e desafios. São Paulo: Revista dos Tribunais, 2005.

MIR PUIG, Santiago. Introducción a las bases del derecho penal. Concepto y método. 2ª ed., Montevideo e Buenos Aires: B de f, 2002, p. 123-4.

MIRANDA, Jorge; CLARO, João Martins; ALMEIDA, Marta Tavares (Org.), *Direito do património cultural,* Oreias: Instituto Nacional de Administração, 1996.

MIRANDA, Jorge. Os direitos fundamentais na ordem constitucional portuguesa. *Revista Española cíe Derecho Constitucional,* año 6, número, 18, sep.-dec. 1986, p. 130

MIRANDA, Jorge. Manual de Direito Constitucional. Coimbra: Coimbra Editora, 2001, Tomo. 6. p. 397.

MIRANDA, Jorge. Manual de direito constitucional, tomo IV, direitos fundamentais, 4ª ed. Coimbra: Coimbra ed., 2008, p. 291-3 e 426.

MIRANDA, Jorge. Direitos fundamentais, 2ª ed. Coimbra: Almedina, 2018, p. 181.

MIRANDA, Jorge. O património cultural na constituição portuguesa. In: Novos Estudos de Direito do Património Cultural, tomo II, RAMOS, José Luís Bonifácio; CLARO, João Martins, Vila Franca de Xira: Petrony, 2019, p. 7.

MIRANDA, Marcos Paulo de Souza. Configuração e indenizibilidade de danos morais coletivos decorrentes de lesões a bens integrantes do patrimônio cultural brasileiro. Revista de Direito Ambiental, vol. 54, abr.-jun. 2009.

MIRANDA, Marcos Paulo de Souza. *Crimes Ambientais, Comentários à Lei 9.605/98.* Marchesan, Ana Maria Moreira; Steigleder, Annelise Monteiro (Orgs.). Porto Alegre: Livraria do Advogado, 2013.

MIRANDA, Marcos Paulo de Souza. Evolução histórica da legislação protetiva do patrimônio cultural no Brasil. Fórum Administrativo, Belo Horizonte, ano 17, nº 198, ago. 2017.

MIRANDA, Marcos Paulo de Souza. *Introdução ao direito do patrimônio cultural brasileiro.* Belo Horizonte: 3i editora, 2021.

MIRANDA, Marcos Paulo de Souza. Inventário é instrumento constitucional de proteção de bens culturais. Revista Magister de Direito Ambiental e Urbanístico, nº 80, p. 88-96, out.-nov. 2018.

MIRANDA, Marcos Paulo de Souza. *Lei de Tombamento Comentada. Doutrina, Jurisprudência e Normas Complementares.* Belo Horizonte: Del Rey, 2014.

MIRANDA, Marcos Paulo de Souza. Fundamentos e institutos jurídicos para a salvaguarda dos valos divisores e muros de pedra históricos. Revista Magister de Direito Ambiental e Urbanístico, nº 87, dez.-jan. 2020.

MIRANDA, Marcos Paulo de Souza. Patrimônio cultural: um aspecto negligenciado nos estudos de impacto ambiental. Revista Magister de Direito Ambiental e Urbanístico, nº 24, p. 63-68, jun./jul. 2009.

MIRANDA, Marcos Paulo de Souza. *Tutela do patrimônio cultural brasileiro: doutrina, jurisprudência e legislação.* Belo Horizonte: Del Rey, 2006.

MIRRA, Álvaro Luiz Valery. Princípios fundamentais de direito ambiental. *Revista de Direito Ambiental,* vol. 2, abr.-jun. 1996, p. 341.

MIRRA, Álvaro Luiz Valery. *Ação Civil Pública e a Reparação do Dano Ambiental.* São Paulo: Juarez de Oliveira, 2004.

MIRRA, Álvaro Luiz Valery. Acesso Participativo à Justiça em Matéria Ambiental e o Princípio da Proibição do Retrocesso, *Revista de Direito Ambiental,* vol. 94, abr.-jun. 2019, p. 21-2.

MONTERROSO MONTERO, Juan M. *Protección y Conservación del Patrimonio. Principios teóricos.* Santiago de Compostela: Tórculo, 2001, p. 37-9.

MONTESQUIEU. *O Espírito das Leis.* Tradução Henrique de Carvalho. Belo Horizonte: Líder, 2004, p. 12.

MORAES, Alexandre de. Direito constitucional. 17ª ed., São Paulo: Atlas, 2005, p. 166-170, 732, 738-740.

MUKAI, Toshio. *Direito Urbano-Ambiental Brasileiro.* São Paulo: Dialética, 2002, p. 245-84; RODRIGUES, Ruben Tedeschi. *Comentários ao Estatuto da Cidade.* Campinas: Millenium, 2002, p. 201-22.

MUSSO, SPAGNA, Enrico. Lo Stato di cultura nella Constituzione italiana, Napoli: Morano, 1961.

NABAIS, José Casalta. Noção e âmbito do direito do património cultural, *Revista do Centro de Estudos de Direito do Ordenamento, do Urbanismo e do Ambiente,* ano III, n. 2, 2000, p. 11-38. Disponível em: https://digitalis -dsp.uc.pt/bitstream/10316.2/5721/3/revcedoua6%20art.1%20 CASNAB.pdf. Acessado em 02 mai. 2022.

NABAIS, José Casalta. *Considerações sobre o quadro jurídico do património cultural em Portugal,* Revista de Direito da Cidade, vol. 2, nº 01, p. 1-19. Disponível em: https://www.e-publicacoes. uerj.br/index.php/rdc/article/view/11285. Acessado em 02 mai. 2022.

NORONHA, Magalhães Edgard. *Direito Penal.* 26. ed. São Paulo: Saraiva, 1994, v. 2, p. 321

NOVAIS, Jorge Reis. Direitos sociais. Teoria jurídica dos direitos sociais enquanto direitos fundamentais. Coimbra: Coimbra editora, 2010, p. 84.

NUCCI, Guilherme de Souza. Leis Penais e Processuais Comentadas. São Paulo: RT, 5ª ed., 2010, p. 1013-4.

OLIVEIRA, Celso Maran de; ESPÍNDOLA, Isabela Battistello. Harmonização das normas jurídicas ambientais nos países do mercosul. Disponível em: https://www.scielo.br/j/asoc/a/ 9KtFNSt45kHvJJ3cXSk5Tbt/?format=pdf&lang=pt. Acessado em 29 mar. 2022.

OLIVEIRA, Fábio André Uema. Solução consensual de conflitos na tutela do patrimônio cultural: o compromisso de ajustamento de condutas e a restauração de bens tombados. Revista do Ministério Público do RS, nº 91, jan.-jun.2022, p. 291-2.

OLIVEIRA, Fábio André Uema. Compromisso de ajustamento de conduta: previsão legal e tomadores legitimados. Conteúdo Jurídico, Brasília – DF, disponível em: https://conteudo juridico.com.br/consulta/Artigos/ 50050/ compromisso-de-ajustamento-de-conduta-previsao-legal-e-tomadores-legitimados. Acesso em 05 set. 2022.

OLIVEIRA, Giselle Ribeiro de. Aspectos de patrimônio cultural na avaliação de impactos ambientais, *Revista do Ministério Público do RS,* nº 90, jul-dez. 2021.

OROSCO PARDO, Guillermo; PÉREZ ALONSO, Esteban J. La tutela civil y penal del patrimonio histórico, cultural o artístico. Madrid: Mac Graw Hill, 1996, p. 46 e 56.

ÖST, François. O tempo do direito. Lisboa: Piaget, 1999.

PAIVA, Carlos Magno de Souza. O Direito fundamental ao patrimônio cultural em tempos de isolamento social. *In: Direitos culturais: múltiplas perspectivas (vol. V) – impactos da pandemia.* CUNHA FILHO, Francisco Humberto; LINS, Mateus Rodrigues; AGUIAR, Marcos Pinto, Fortaleza: UECE, 2021, p. 170-1.

PAIVA, Carlos Magno de Souza. Direito do patrimônio cultural. Autonomia e efetividade, 2ª ed., Curitiba: Juruá, 2022, p. 83, 93-5.

PAIVA, Carlos Magno de Souza. A intensidade normativa e o núcleo essencial do direito ao patrimônio cultural: considerações em tempo de isolamento social. *Revista do Ministério Público do Rio Grande do Sul,* nº 91, jan-jun. 2022, p. 123-4.

PASTOR PÉREZ, Ana; DÍAZ-ANDREU, Margarita. 2022. Evolución de los valores del patrimonio

Cultural, *Revista de Estudios Sociales* 80: 3-20, p. 7. Disponível em: https://doi.org/ 10.7440/res80.2022.01. Acessado em 05 maio 2022.

PAULA, Paulo Afonso Garrido de. Tutela de precaução. In: *Ação civil pública após 30 anos,* MILARÉ, Edis (Org.), São Paulo: RT, 2010, p. 674-5.

PAZ, Maria Isabel Sanches García de. *El Moderno Derecho Penal y la Anticipación de la Tutela Penal.* Valladolid: Universidad de Valladolid, 1999, p. 15-6 e 73

PEREIRA JÚNIOR, Magnos Vasconcelos. Patrimônio cultural e institucionalização da memória coletiva. *Biblio 3 W, Revista Bibiliográfica de Geografía y Ciencias Sociales,* Universidad de Barcelona, vol. XXIII, nº 1239, jun. 2018, p. 3.

PERETTI, Enrique; CAFFERATTA, Néstor A. A 50 años de la declaración de estocolmo. El cambio de paradigma y la resignificación del principio 21. *Revista de Derecho Ambiental,* Buenos Aires, nº 71, jul.-set. 2022, p. 94-103.

PINTO, Eduardo Vera-Cruz. Contributos para uma perspectiva histórica do direito do património cultural em Portugal. In *Direito do património cultural,* MIRANDA, Jorge; CLARO, João Martins; ALMEIDA, Marta Tavares (Org.), Oreias: Instituto Nacional de Administração, 1996.

PIRES, Maria Coeli Simões. Da proteção ao patrimônio cultural. O tombamento como principal instituto, 2ª. ed., Belo Horizonte: Del Rey, 2022..

PIRES, Maria Coeli Simões. Direito urbanístico, meio ambiente e patrimônio cultural. In: *Direito e proteção do patrimônio cultural imóvel,* DIAS, Maria Tereza Fonseca; PAIVA, Carlos Magno de Souza (Org.), Belo Horizonte: Fórum, 2010.

PIRES, Maria Coeli Simões. *Proteção ao Patrimônio Cultural.* Belo Horizonte: Del Rey, 1994, p. 148.

PRADO, Luiz Regis. Direito Penal do Ambiente. São Paulo: Revista dos Tribunais, 2005, p. 133.

PRADO, Luiz Regis *et al.* Crimes Contra o Patrimônio Cultural, *Revista dos Tribunais, Ciências Penais.* São Paulo, vol. 4, p. 165, jan. 2006.

QUINTERO, Alberto Blanco-Uribe. El derecho humano al paisaje y la calidad de vida. In: *Libro homenaje al Dr. Pedro Nikken,* BREWER-CARÍAS, Allan R.; CORAO, Carlos Ayala, Caracas: Jurídica Venezolana, 2021, p. 1449.

RABELLO, Sônia. Estatuto da Cidade e a Preservação do Patrimônio Cultural Federal: Compatibilizando a Gestão. *Temas de Direito Urbanístico.* São Paulo: Imprensa Oficial, 2005, p. 45-50.

RABELLO, Sônia. O estado na preservação de bens culturais. O tombamento. Rio de Janeiro: IPHAN, 2009, p. 104.

RÁO, Vicente. *O Direito e a Vida dos Direitos.* 5. ed. São Paulo: Revista dos Tribunais, 1999, p. 293.

REHBINDER, Eckard. *Los princípios del derecho ambiental en la Republica Federal Alemana.* Buenos Aires: Fundación Manliba, 1987, p. 157.

REISEWITS, Lúcia. Direito ambiental e patrimônio cultural: direito à preservação da memória, ação e identidade do povo brasileiro. São Paulo: Juarez de Oliveira, 2004, p. 63.

RICHTER, Rui Arno. *Omissão do Poder Público na Gestão do Patrimônio Cultural.* Goiânia: Anais do 1º Encontro Nacional do Ministério Público da Defesa do Patrimônio Cultural, Goiânia, 2003, p. 74-5.

RICHTER, Rui Arno. *Meio Ambiente Cultural.* Curitiba: Juruá, 2003, p. 83-4

ROCHA, Cármen Lúcia Antunes. O princípio da dignidade da pessoa humana e a exclusão social. *Revista de Interesse Público,* Porto Alegre, nº 4, 1999, p. 32.

ROCHA, João C. de Carvalho. Estudo Prévio de Impacto Ambiental, *Revista do Ministério Público do RS,* nº 27, Porto Alegre, p. 139.

RHODEN, Luiz Fernando. Legislação e inventários do patrimônio. *Revista Ciências e Letras,* Porto Alegre, n. 27, p. 189 e ss., jan.-jun. 2000.

RODRIGUES, Francisco Luciano Lima. Direito ao patrimônio cultural preservado – um direito e uma garantia fundamental. Revista Pensar, Fortaleza, abr. 2007, p. 59-60.

RODRIGUES, José Eduardo Ramos. Patrimônio cultural e seus instrumentos de jurídicos de proteção: tombamento, registro, ação civil pública e estatuto da cidade. In A ação civil pública após 20 anos: efetividade e desafios, MILARÉ, Édis (Org.), São Paulo: RT, 2000, p. 287-9.

RODRIGUES, Silvio. *Direito Civil. Parte Geral.* São Paulo: Saraiva, 1993, vol. 1, p. 15-6.

RODRÍGUEZ, Gloria Amparo. Fundamentos del derecho ambiental colombiano. Bogotá: Friedrich-Ebert-Stiftung en Colombia (Fescol), 2022, p. 127.

ROLLA, Giancarlo. Bienes culturales y constituición. Trad. Emilio Calderón Martín. *Revista del Centro de Estudios Constitucionales,* Madrid, ene.-abr. 1989, nº 2, p. 168-172.

ROUSSEAU, Jean-Jaques. *O Contrato Social.* Tradução Pietro Nasseti. São Paulo: Martin Claret, 2004.

ROXIN, Claus. *Derecho Penal Parte General. Fundamentos. La Estructura de la Teoría del Delito.* Tomo I, Tradução Diego-Manuel Luzón Penã, Miguel Díaz García Conlledo y Javier de Vicente Remesal, Madrid: Civitas, 1997, p. 45-6.

RUIZ-RICO RUIZ, Gerardo. Introducción metodológica sobre el estúdio de la cultura por el derecho constitucional. In: Constitución y Cultura, op. cit., p. 29-31.

RUIZ MIGUEL, Carlos. Multiculturalismo e constitución. *Cuadernos Constitucionales de lá Cátedra Fradrique Furrió Cerriol,* nºs 36/37, 2001, p. 5 e ss.

RUIZ MIGUEL, Carlos. La protección del patrimonio cultural desde la constitución. *Revista de Derecho Político,* nº 63, 2005, p. 59-61.

SAMPAIO, José Adércio Leite. Teoria da constituição e dos direitos fundamentais. Belo Horizonte: Del Rey, 2013, p. 550 e 556.

SANTANA, Jair Eduardo. *Competências Legislativas Municipais.* 2. ed. Belo Horizonte: Del Rey, 1998.

SANTIAGO, Alex Fernando. Fundamentos do direito penal ambiental. Belo Horizonte: Del Rey, 2015, p. 157-9.

SANTIAGO, Alex Fernandes; MARCHESAN, Ana Maria Moreira; MIRANDA, Marcos Paulo de Souza. Degradação do patrimônio cultural e urbanístico por meio da pichação de monumentos. Possibilidade de caracterização do concurso formal dos crimes de pichação e dano. *Revista Magister de Direito Ambiental e Urbanístico*, nº 77, p. 110, abr.-maio 2018.

SANTOS, António Marques dos. Projecto de Convenção do UNIDROIT sobre a restituição internacional dos bens culturais roubados ou ilicitamente exportados. In *Direito do património cultural*, MIRANDA, Jorge; CLARO, João Martins; ALMEIDA, Marta Tavares (Org.), Oreias: Instituto Nacional de Administração, 1996.

SANTOS, Saint-Clair Honorato. *Direito Ambiental*. Curitiba: Juruá 2005, p. 134

SARAIVA, Antônio José. O que é cultura. Lisboa: Difusão Cultura, 1993, p. 11.

SARLET, Ingo Wolfgang. *Dignidade da pessoa humana e direitos fundamentais na Constituição Federal de 1988*. Porto Alegre: Livraria do Advogado, 2001, p. 35 e 81-2.

SARLET, Ingo Wolfgang. *A eficácia dos direitos fundamentais*. 9ª ed., Porto Alegre: Livraria do Advogado, 2008, p. 437-8.

SARLET, Ingo Wolfgang. *Curso de direito constitucional*. 5ª ed., São Paulo: Saraiva, 2016, p. 322-7.

SARMENTO, Daniel. Interesses públicos vs. interesses privados na perspectiva da teoria e da filosofia constitucional. In: SARMENTO, Daniel (Org.). Interesses públicos versus interesses privados: desconstruindo o princípio de supremacia do interesse público. Rio de Janeiro: Lumen Juris, 2007, p. 84.

SCHECAIRA, Sérgio Salomão. *Criminologia*. São Paulo: RT, 2004, p. 168-76.

SÉGUIN, Elida. *Lei dos Crimes Ambientais*. São Paulo: Adcoas, 1999, p. 182.

SERRANO, Mario Medes. A protecção dos direitos culturais: cultura e património na experiência jurídica e judiciária portuguesa. Revista do Centro de Estudos Judiciários, II, 2013, p. 385.

SILVA, José Afonso da. *Direito urbanístico brasileiro*. São Paulo: RT, 1981, p. 491.

SILVA, José Afonso da. *Curso de Direito Constitucional Positivo*. São Paulo: Malheiros, 1997, p. 496-504.

SILVA, José Afonso da. *Direito urbanístico brasileiro*. São Paulo: RT, 1981, p. 435.

SILVA, José Afonso. *Ordenação constitucional da cultura*. São Paulo: Malheiros, 2001, p.48-52.

SILVA, José Afonso da. Fundamentos constitucionais da proteção ao meio ambiente. *Revista de Direito Ambiental*, São Paulo, nº 27, p. 51-7, jul.-set. 2002.

SILVA, José Afonso da. *Direito Urbanístico Brasileiro*. 4. ed. São Paulo: Malheiros, 2006, p. 443.

SILVA, Jorge Pereira. Deveres do Estado de Protecção de direitos fundamentais. Lisboa: Universidade Católica, 2015, p. 355.

SILVA, Suzana Tavares. Da 'contemplação da ruína' ao patrimônio sustentável. Contributo para uma compreensão adequada dos bens culturais. Revista do centro de estudos de direito do ordenamento, do urbanismo e do ambiente, Coimbra, nº 10, ano V, 2002, p. 79.

SILVA, Vasco Pereira da. *A cultura a que tenho direito. Direitos fundamentais e cultura*. Coimbra: Almedina, 2007, p. 68-70.

SILVA SÁNCHEZ, Jésus-Maria.*A Expansão do Direito Penal. Aspectos da Política Criminal nas Sociedades Pós-industriais*. Tradução: Luiz Otávio de Oliveira Rocha. São Paulo: RT, 2002, p. 27.

SILVA SÁNCHEZ, Jesús Maria. El delito de omisión. Concepto y sistema, 2ª ed., Montevideo – Buenos Aires: B de f, 2003.

SIRVINSKAS, Luís Paulo. Tutela Penal do Meio Ambiente. Breves Considerações Atinentes à Lei nº 9.605/98, de 12-02-1998. 4. ed. São Paulo: Saraiva, 2011, p. 208.

SOARES, Inês Virgínia Prado. Crimes contra os bens culturais. São Paulo: Instituto o Direito por um Planeta Verde, 2017, p. 129.

SOUZA, Luciano Anderson de. Comentários à Lei de Crimes Ambientais, Lei nº 9.605/1998. São Paulo: Quartier Latin do Brasil, 2009, p. 287.

SOUZA FILHO, Carlos Frederico Marés. *Bens Culturais e Proteção Jurídica*. 2. ed. Porto Alegre: Unidade Editorial, 1999, p. 81.

SOUZA JÚNIOR, José Rufino. Sistema nacional de proteção ambiental. Belo Horizonte: Del Rey, 2007, p. 101.

SPADONI, Joaquim Felipe. Tutela preventiva e repressiva do ilícito e do dano. In: *Efetividade da Tutela Ambiental*, SOARES JÚNIOR, Jarbas. MIRANDA, Marcos Paulo de Souza; PITOMBEIRA, Sheila. Belo Horizonte: Del Rey, 2008, p. 1-11.

STEINMETZ, Wilson. A Vinculação dos Particulares a Direitos Fundamentais. São Paulo: Malheiros, 2004, p. 39 *et seq*.

STRECK, Lênio Luiz. Da proibição de excesso (übermassverbot) à proibição de proteção deficiente (untermassverbot): de como não há blindagem contra normas penais inconstitucionais, *Revista do Instituto de Hermenêutica Jurídica*, Porto Alegre: IHJ, nº 2, p. 280-3, 2003.

STRECK, Lênio Luiz. A dupla face do princípio da proporcionalidade e o cabimento do mandado de segurança em matéria criminal: superando o ideário liberal-individualista-clássico, *Revista do Ministério Público do Rio Grande do Sul*, Porto Alegre, nº 53, p. 242-3, 2004.

STUDART, Vitor Melo. O Inventário como um Instrumento de Gestão e Acautelamento do Patrimônio Cultural Material nas Cidades, In: III Encontro Internacional de Direitos Culturais, 2014, Fortaleza/CE.

TEIXEIRA, Glória; SILVA, Sérgio. Direito do património cultural. Revista da Faculdade de Direito da Universidade do Porto, Coimbra Editora, ano V, 2008, p. 25-6.

TELLES JÚNIOR, Goffredo. *Direito quântico – ensaio sobre o fundamento da ordem jurídica*. São Paulo: Max Limonad, 1985.

TELLES, Mário Ferreira de Pragmácio; COSTA. O (in)verso da proteção do patrimônio cultural: análise do instituto jurídico do cancelamento de tombamento. Disponível em: http://www.publicadireito.com.br/artigos/?cod=42dac78c17149caa. Acessado em: 03 abr. 2021.

TIEGHI, Osvaldo N. *Tratado de Criminologia.* Buenos Aires: Editorial Universidad, 1989, p. 416-7.

TOLEDO, Francisco de Assis. *Princípios Básicos de Direito Penal.* São Paulo: Saraiva, 1994, p. 34.

TORRES, Carolina de Fátima da Silva. A Efetividade da Tutela do Patrimônio Cultural Brasileiro e o Instituto Municipal dos Imóveis Especiais de Preservação; In: III Encontro Internacional de Direitos Culturais, 2014, Fortaleza/CE.

TUGORES TRUYOL, Francesca; FERRES PLANAS, Rosa. *Introducción al patrimonio cultural.* España: Trea, S. L., 2006, p. 17.

VAQUER, Marcos. Estado y cultura: la función cultural de los poderes públicos em la constitución española. Madrid: Centro Editorial Ramón Areces, 1998, p. 234.

VARINE-BOHAN, Huges. *Patrimônio cultural. A experiência internacional.* Notas de aula, de 12.8.1974. Edição em convênio: Universidade de São Paulo, Faculdade de Arquitetura e Urbanismo e Instituto do Patrimônio Artístico e Nacional, São Paulo, 1975, p. 24 e 66.

VILLAÇA, Flávio. *Dilemas do Plano Diretor. In: CEPAM.* O Município no Século XXI: Cenários e Perspectivas. São Paulo: Fundação Pref. Faria Lima – Cepam, 1999, p. 237-247.

VITTORIO FROSINI, Los derechos humanos en la era tecnológico, *In: Derechos humanos y constitucionalismo ante el tercer milenio,* PÉREZ LUÑO, Antonio Enrique, Madrid: Marcial Pons, 1987, p. 87.

VON LISZT, Franz. *Tratado de direito penal.* Tomo I, 1. ed. Campinas: Russel, 2003, p. 170.

VON MÜNCH, Ingo. A proteção do meio ambiente na constituição. *Revista Jurídica do Urbanismo e do Meio Ambiente,* Coimbra nº 1, junho 1994, p. 47.

WALCACER, Fernando Cavalcanti. Meio-ambiente urbano no Brasil. In: Dano ambiental. Prevenção, reparação e repressão. BENJAMIN, Antônio Herman (Org.), São Paulo: RT, p. 144-9.

WALD, Arnoldo. *Curso de Direito Civil Brasileiro. Introdução e Parte Geral.* São Paulo: Revista dos Tribunais, 1995, p. 55.

WECHENFELDER, Paulo Natalício. O paradigma brasileiro do direito de propriedade. *Revista do Ministério Público do RS,* nº 85, p. 221, jan.-jun. 2019.

WELZEL, Hanz. Introduccion a la filosofia del derecho. Derecho natural e justicia material, 2ª ed. Tradução Felipe González Vicén. Madrid: Aguillar, 1971.

ZAFFARONI, Eugênio Raúl; PIERANGELI, José Henrique. *Da Tentativa: Doutrina e Jurisprudência.* 6. ed. São Paulo: Revista dos Tribunais, 2000, p. 117-22.

ZAFFARONI, Eugênio Raúl; PIERANGELI, José Henrique. *Manual de Direito Penal Brasileiro. Parte Geral.* 5. ed. São Paulo: Revista dos Tribunais, 2004, p. 439.